박종성 지음

떠나고
머무는,
흩어지고
돌아오는

한국의
파벌정치

한울
아카데미

이 도서의 국립중앙도서관 출판시도서목록(CIP)은 e-CIP홈페이지(http://www.nl.go.kr/ecip)와 국가자료공동목록시스템(http://www.nl.go.kr/kolisnet)에서 이용하실 수 있습니다.(CIP제어번호: CIP2012000113)

머리말

 인간은 파벌을 만든다. 홀로 있기 싫어 무리를 짓거나 새로운 무리를 만드는 일은 사람 사는 세상에서도 이상할 리 없다. 문제는 '만드는 일' 그 자체보다 일단 만들고 난 후 '그들'이 행하는 '짓'과 '흔적'에 눈길이 갔던 데 있다. 그즈음 입소문이 더해지는 건 인간사의 흔한 얘깃거리다.
 자신의 과오보다 타인의 '그것'에 유난히 인색한 우리네 문화는 제 무리의 '흠'보다 경쟁자가 속한 집단의 '티'나 '잘못'에 먼저 관심의 더듬이를 곧추세우곤 했다. 그리하여 혹여라도 '저들'의 '잘못'이 '우리'의 '실수'나 '비리'를 덮어줄 만큼 크기라도 할라치면 그건 곧 숨기지 못할 행복이자 '즐거움'이었다. 그처럼 증폭되는 반사효과를 마치 신기한 기쁨처럼 확인하곤 할 때 자기가 존재하는 이유는 역설적으로 커져 갔고 상대를 공격할 핑계도 그에 비례하곤 했다.
 그런가 하면, 자신의 실력과 공적을 자기 '무리'의 힘과 모범적인 자원으로 인정받는 경우도 얼마든지 가능했다. '무리 짓기'가 세상의 모순인 양 치부하는 일도 그래서 재고해야 했다. 그럼에도 자신의 정치적 세(勢)를 불리기 위해 뜻을 같이하는 사람들을 모으고 집단의 힘을 더욱 키우는 일이란 곧 바람직스럽지 않은 파당(派黨)의 작태(作態)로 경계하고 꺼려야 할 사단(事端)이었다. 그리하여 구태여 만들고 키우려면 그에 걸맞은 기발한 까닭과 핑계가 필요했던 터였다.

이름 하여 '명분의 정치'는 그렇게 생겨났고 그처럼 자라났다. 이 같은 정치의식이 '문화'가 되고 '역사'로 자리 잡는 가운데 조선조 유교정치사의 기억들은 심지어 '당파성'이 왕조의 전부였던 양, 결정론적 사고를 부추기기도 했다. 그것은 곧 '당파[혹은 파당(派黨)]'가 '파쟁'의 근원이며 온갖 갈등과 알력의 출발점이라는 사고를 낳는다. 따라서 '무리'는 '싸움'의 텃밭이자 씨앗이며 정치적 불편함을 앞세우는 여러 파벌 집단들이라는 생각을 자극한다. 게다가 패덕(悖德)과 탐욕의 주체일 수밖에 없다는 인식이 세월의 늪 속에서 배양·숙성되었다고 보면 우리의 과거는 크게 틀리지 않는다.

그러므로 '정치'란 이유 있는 싸움의 과정이며 이를 바탕으로 한 건설적 긴장과 창조적 갈등의 연속체(a continuum)라는 당연한 사고마저 우리에겐 불식과 제거의 대상이 되고 만다. 그것도 허구적 명분과 실체 없는 논리의 틀에 갇혀서 말이다. 싸워야 할 힘의 단위들이 치밀한 논리를 바탕으로 경쟁 상대의 정책적 허구와 입법 기조의 모순을 공박·극복하는 대신 '대권(大權)'과 '공직(公職)'을 추구하는 표의 포로가 되는 동안 유교 질서에 착실하게 물든 '왕조의 자식들'은 당파의 개념을 파벌로 도치·재구(再構)하는 데 성공한다.

속절없이 끊어져 나간 역사의 흐름은 그러나 국가의 과잉성장과 복지개념의 조기 숙성을 재촉했고 능력에 앞서는 의지의 폭발 역시 정치파벌들의 논리적 경쟁을 차단·외면하게 만든다. 시민 사회의 성장 지체와 민중 부문의 오랜 배제 역시 파벌들의 발호를 막거나 합리적 경쟁을 재촉하지 못한 구조적 한계로 작동한다.

　서구의 대의제 민주주의와 절차적 합의의 전통을 고스란히 복제·학습할 수 없었던 한국의 제한적 정당정치는 곧 '분단구조'와 '지역갈등'의 고착화라는 두 개의 협곡을 성공적으로 통과하지 못한다. 그리고 그 척박한 공간 곳곳에서 끝없이 갈등한다. 숱한 '무리'들이 내건 보이지 않는 깃발과 결코 버리지 못할 욕망의 구호들이 난무한 해방 후 한국 현대사는 따라서 무진장한 파벌들의 '무덤'이었다.

　그러나 적어도 이 땅의 정치사에서 이 둘은 이음동의어였다. 서로는 서로를 가려주고 위로하는 기형의 동반관계를 정리하지 못한 채 세기말의 아련한 절망의 늪과 어정쩡한 환호의 신기루를 동시에 곁눈질하며 시나브로 건너고 있었다. 한국의 파벌정치는 결국 '정당'이란 외피를 만만한 제도로 핑계 삼아 걸치고 억누를 길 없는 권력 장악의 욕망과 이를 실현할 인적·물적 자원을 독점 관리하는 배타적 이기성을 바탕으로 삼는다.

　여기서 '이기적'이란 형용사는 사실상 보편의 사회적 본능이나 참을 수 없는 욕망 일반의 심리적 인프라로 누구라도 부인 못할 심성의 한 요소를 차지한다. 직업정치인들이라 해서 무슨 유별난 비인간적 기준이나 엄청난 기대치를 별도로 요구하기보다 단지 일상의 시민사회를 이끌 만한 수준의 모범적 도덕률을 적용하자는 바람조차 이 땅에서는 실현되기 어렵다는 데 문제는 각별해진다.

　제아무리 명분 싸움일망정, 직업정치가 애당초 이타적 행위의 으뜸임을 부인할 길은 어디에도 없을 것이다. 권력의 쟁취를 담보하는 제도적 절차가 설령 공정한 '게임의 법칙'을 칼같이 지켜야 할 대상이라 한들, '그들'도 인간이며 욕망의 원색성이란 개념이 차라리 솔직한 담론 세계를 이룰 것이라는 생각에도 미치지 못하는 것은 아니다.

단지 기대의 최소치에도 미치지 못하는 저들의 정치적 존재양식이란 것이 실망의 수준을 넘어 환멸과 혐오의 지평을 건드리려 할 때 이를 어찌 견딜 것인지가 문제의 또 다른 영역을 이룬다. 저들이 만든 법과 저들이 세운 원칙을 저들이 깨고 위반할 때 끓어오르는 분노를 어떻게 삭이고 극복할 것인지가 새삼스러워진다는 얘기다.

오로지 권력의 핵을 향해 모든 것을 걸며 돌진하는 정치파벌들의 행각이란 신선한 피를 찾는 동물적 감각과 튼실한 고기를 갈구하는 야수적 먹이 본능의 범위를 벗어나지 못한다. 어차피 같이 나눌 피가 아니요 살코기도 아닐진대, 한 번의 치열한 힘겨룸으로 결판낼 싸움이라면 애초에 '눈치'나 '염치'를 의식할 동물의 세계도 아니었던 셈이다.

더 큰 문제는 이익의 향배와 권력의 배분을 둘러싼 파벌의 이동에 있었다. 몸담고 있던 파벌의 수장이 힘을 잃거나 더 의지해봤자 기대할 가치의 최소한도 건질 가망이 희박해질 때 기꺼이 떠나고 저버리는 일탈의 행렬이 보란 듯 되풀이되는 땅 또한 '여기'였다. 그것을 전혀 '문제'로 여기지 않는 이들 역시 바로 '그들'이었다.

그것이 혼돈의 원인이요, 정치질서의 왜곡을 재촉하는 문제의 원천이었건만 이를 '차단·치유'할 궁극의 수단은 좀체 나타나지 않았다. 일찍이 자발적 근대화의 경험칙(經驗則)을 뼈저리게 선망해야 했던 우리의 경우, 오로지 유권자들이 도모하는 아래로부터의 사회혁명이나 급격한 질서의 변혁을 기대한다는 것도 무망한 일이었다.

뽑아놓고 실망하며 또다시 배반하는 저들의 행각을 뒤로 한 채 탄식과 메마른 분노로 해소해야 할 나날만이 4, 5년에 한 번 되돌아오는 선거철과 함께 흐르고 흘렀을 뿐이다. '허무'와 '탐욕'이라는 상극의 묘비명으로 아로새겨진 한국의 파벌정치사는 따라서 정의의 논쟁과 공동선의 쟁취를 위한 치열한 정책 다툼으로 일관하지 않는다. 대신 경쟁 파벌의 승리를 사전에 억제하고 적어도 '지연·균열'시키기 위한 허점의 발견을 위해 광분한다. 거기에 타협과 양보란 개입할 틈이 없었다. 무한 투쟁과 결사 항전, 선명성 부각과 양자택일의 호전성 강화 등이 한국 정당이 지니는 파벌적 존재이유의 모두였다.

정당은 파벌이 아니다. 이 문장의 주종관계는 바뀌어도 상관없다. 그렇다면 파벌은 정당이 아니다. 하지만 정당이 지니는 문제와 파벌이 지니는 '그것'이 결코 같지 않기 때문에 논의의 필요는 진지해진다. 여기서 이들 둘을 모조리 따지고 뛰어넘을 묘안을 찾기란 힘겹다. 다만 파벌의 문제를 고치지 않는 한, 정당의 문제 역시 극복하기 어렵다는 사실에 우선 착안할 따름이다. 문제를 '문제'로만 방임하지 않겠다면 방법은 어떻게 찾을 것인가.

얽히고설킨 실타래를 어찌 풀지 난감할 때 방법은 크게 세 가지로 나뉠 것이다. 아무리 힘들어도 실마리 찾아 한사코 풀어내는 일이 가장 대견할 터이다. 굳이 그럴 필요 없다고 판단, 급한 마음 못 이기며 가위질하거나 쓸 만한 부분만 골라내는 방법도 있으리라. 굳이 그걸 풀 이유가 어디 있냐며 고스란히 내버려 두는 길도 있긴 있을 것이다.

그러나 '실'은 꼭 써야만 하고 새로 살 형편도 안 된다면 문제는 간단치 않다. 하는 수 없이 앞의 두 방법을 놓고 좀 더 고민할 수밖에 없다는 데 머리는 아파진다. 풀긴 풀되 어찌 풀 것인가? 절박하면 절박할수록 상황을 인식하는 이들의 시각도 다를 수밖에 없으리라. 그리고 어느 한쪽을 선택하든 후회와 반성 역시 때늦은 일임을 알게 될 것이다.

한국정치를 꼬여 있는 실타래에 비유한다면, 그리고 '꼬여 있음'을

'문제'로 인식해 이를 풀어야 한다면 해법 역시 위의 상식적 사고를 크게 벗어나지 못한다. 우리 정치가 어쩌다 이 지경에 이르렀을까? 형편없이 꾸겨지고 얼룩진 오늘의 모습을 '문제'라고만 인식·분노할 뿐 어떤 행동도 도모하지 못하면서 이따금 돌아오는 선거나 치르며 눈 흘기면 문제는 해결되는 걸까?

어떤 이들은 한국정치의 '꼬여 있음'이 직업정치인들 자신의 업보라고 치부해버린다. 그래서 해결 주체는 이를 쳐다보는 '우리'일 수 없고 문제를 저지른 '그들'의 일이라 미루기도 한다. 꼬인 실타래를 끝까지 같이 풀거나 가위로 잘라낼 필요조차 없이 그냥 방치해두는 게 옳다는 판단 때문이다. 소극적 참여보다 적극적 불참과 정치적 무관심이 낫다는 이들의 판단은 오늘의 한국정치를 밤하늘의 별처럼 또는 소가 닭 보듯 만들었는지 모른다. 정치적 무관심의 씨앗이 소리 없는 환멸과 극단적 실망의 싹을 틔워 오늘의 불신초(不信草)도 콩나무 줄기처럼 자라났는지 모른다.

그러나 그 누구도 인식의 세계에선 자유로울망정, 결과와 책임의 세계에서마저 여유로울 수 없다. 특히 무관심의 약점을 정치적으로 이용당할 경우, 더욱더 그 자유의 한계를 절감하게 되는 공간이 바로 이 땅이다. 한국정치를 어떤 시각에서 바라보고 해석하든 이제껏 '대입·적용'한 숱한 이론들은 주로 바다 건너 성공적 현상을 보고 만든 것들이었다. 이론뿐 아니라 저들의 정치사상적 고민과 흔적을 통해 우리의 정치현실을 '치유·측정'하려 함도 무리였다는 사실을 곧 깨닫게 된다.

어느 이론이나 사상체계를 통하더라도 흔쾌히 풀리지 않는 우리 정치의 '꼬임'은 그렇다면 무엇으로 어떻게 풀 것인가? 이론이나 사상이란 것들이 그대로 지탱해야 할 필요성 뒤에는 고상하거나 거룩한 언어들로만 묘사할 수 없는 또 다른 현실이 역사로 되살아나게 마련이다. 더는 우아(優雅)한 언어로만 말할 수 없는 부분은 어디부터인가? 그리고 그것은 어디까지일까? 게다가 의외로 간단히 풀릴 꼬임의 매듭 또한 어딘가 따로 있으려나?

한국정치는 정치파벌이 결정한다. 정치파벌은 누구도 공략할 수 없는 이 나라의 굳건한 지배세력이며 정치발전과 아무 관련이 없다. 파벌을 이어가는 여러 젖줄과 생명연장수단은 유권자들이 생각하고 바라는 정치 이미지와 전혀 관계가 없다. 파벌의 경계선을 쉴 사이 없이 녹이며 그들끼리 끝없이 변신하고 변명해도 용서되는 땅 또한 바로 '여기'다. 파벌 간 배신과 복수는 이들 정치적 무리를 끝없이 해체시키면서 한국정치사의 그늘진 계곡을 파놓는다. 의리도 믿음도, 진지함이나 고뇌 따위 끼어들 틈조차 용납되지 않는 파벌 표류의 행각이 지금도 계속되고 있다는 믿음에서 이 책은 출발한다.

'파벌이 존재한다'는 사실 그 자체는 문제의 본질이 아니다. 적과 동지가 확실히 나뉜다는 사실은 어느 쪽 말과 행동이 옳고 또 누굴 지지해야 할지 판단하는 데 건전한 긴장을 유발한다는 점에서 어차피 바람직한 현상일 수도 있다. 하지만 한번 몸담은 파벌을 미련 없이 떠나며 보스를 배반하고 게다가 떠나버린 부하의 행적을 뒤쫓아 끝내 복수의 칼날을 휘두르는 수장(首長)의 행동은 도무지 무엇을 말하는 걸까. 이는 풀어야 할 매듭의 한 꼭지로 남는다. 파벌 간 쉼 없는 이합과 집산, 그리고 그 여전한 표류의 역사 주변에서 여전히 새어나오는 '가증스러움'은 무엇을 뜻할까?

이 나라 정치파벌들이 저지른 행각은 고상한 언어나 지당한 논리로 정리할 수 없다. 그럴 수 없는 이유보다 그래야 할 필요를 더 조리 있게 변명해야 할 판이다. '있었던 일들'과 '있는 일들'을 다시 정리하고 이를 토대로 '있게 될 일들'을 가늠해보아야 한다. 그리고 과거의 행각들을 역사적으로 재추적함으로써 다가오는 시간 속에서 무엇을 할 것인지 고민해야 한다.

이러한 작업이 의지와 끈기를 필요로 하는지, 아니면 칼과 가위를 요구하는지는 여전한 과제로 남는다. 다만 꼬인 실타래를 그냥 쳐다만 볼 수 없다는 생각이 책 쓰기를 지탱한 힘이었다. 이 같은 작업이 표피적 감상주의의 발로라거나 역사적 상식의 재구성이란 역비판도 문제 삼을 필요는 없으리라. 그보다 중요한 것은 너무나 쉽게 잊고 또다시 분노하는 이 나라 유권자들의 두 얼굴뿐 아니라 이제까지의 파벌정치를 누구도 종합하려 들지 않았다는 학문적 무관심에 있다.

이 책은 기존의 정치연구문헌들이 취하는 전문적 구성방법을 탈피한다. 정밀한 이론이나 세련된 개념 틀로 지난 역사를 미시적으로 훑거나 또다시 무슨 거대 담론의 출현을 기약하며 긴 호흡을 준비하려는 것은 더더욱 아니다. 가장 좋은 작업의 변명 근거로는 그간의 상대적 무관심을 꼽을 뿐이다. 알고는 있으나 확실히 정리되지 않은 과거 파벌들의 행적. 기억할 수는 있으나 누가 어디서 어디로 떠나갔는지 굳이 헤아릴 순 없는 정치무리들의 표류사(漂流史). 그 '어지러움'의 정돈과 '헛갈림'의 체계적 축적. 그것이 이 책의 목적이다.

파벌은 지금도 암약(暗躍) 중이다. 자기 이익의 극대화와 권력 쟁취의 속내를 감추는 저들의 이동이 늘 '현재진행형' 시제를 취할 수밖에 없는 까닭은 행여 자기 파벌의 패배와 지체를 용납할 수 없다는 정치적 긴장의 항상성 때문이다. 그것이 '어른'의 뜻이요, 말 못할 보스의 눈빛이라면 '졸개'들이 마다할 까닭은 어디에도 없었던 셈이다. 하지만 네가 죽어야 내가 산다면 배반과 변절은 기꺼이 허용되고 복수와 설욕 또한 얼마든지 변명의 구실을 찾는 기발함도 이 나라 파벌들에겐 비일비재하다.

시작하지 않아도 좋을 작업이었다면, 아니 그럴 필요조차 없던 '역사'라면 그것은 차라리 사회과학적 행복이었을 터다. 쓸 수 있어 그나마 다행이고 다시 뒤쫓을 수 있기에 아직은 가망의 여백이 엿보이는 곳. 거기가 '한국정치'가 이루어지는 공간이라면 정치학도 기다리지 못할 까닭은 없다.

'있었던 일'들이 과거의 탈을 쓰고 완전히 잊히기 전, 이들을 정리하면서 확실한 역사의 근거는 무거운 각주의 꼴들을 대체해나갈 것이다. 하지만 정작 이 같은 '정리'가 한국정치를 천착·탐구하는 이들에게 어떤 보탬이 되는지 답할 말은 아직 없다. 누르지 못할 욕망을 애써 보듬으며 지금도 하염없이 곁눈질하고 있는 직업정치인들의 이동을 돌아보게 해주신 김종수 사장님께 고마움을 더한다. 편집진의 노고야 더 말할 나위도 없다.

2012년 1월
서원대학교 연구실에서
박종성

차례

머리말 3

제1장 | 한국정치, 무엇이 결정하는가?

1. 정치파벌과 한국정치 19
2. 목적·구성·방법·자료 28
3. 정치질서와 파벌구조의 변화
   여소야대·거여야소·대여강야·반여반야의 기형성 30
4. 탈권위주의적 민주화 추진과 파벌의 표류 43
5. 재야와 진보의 제도권 흡수 58

제2장 | 파벌의 형성과 변화

1. 한국 정치파벌의 형성 해방공간에서 김영삼 정권까지 65
   해방공간과 파벌의 태동 69 | 이승만의 카리스마와 파벌 안배 72 | 제2공화국과 민주당의 분열 76 | 5·16과 파벌의 재생산 81 | 신군부의 등장과 파벌 분열의 답습 99 | 신군부의 연장과 파벌의 대란 109 | 정치군부의 퇴장과 정치적 재문민화 119
2. 한국정치파벌의 성격 128
   제도권 파벌의 정치·정책성향 131 | 재야 파벌의 정치·정책성향 135

제3장 | 파벌과 자원

1. 정치자금 147
2. 권력배분 165
3. 이념결속 175
4. 지역기반 179
5. 주변 세력의 연대 183
6. 정치적 리더십 195

제4장 | 한국 야권파벌의 약진과 정치권력의 순환

1. **야당의 여당화와 여당의 야당화 1** 김대중 정권의 파벌정치   201
2. **야당의 여당화와 여당의 야당화 2** 노무현 정권의 파벌정치   247
3. **야당의 여당화와 여당의 야당화 3** 이명박 정권의 파벌정치   277

제5장 | 파벌의 표류 정치학

1. **파벌의 어제와 오늘**   290
2. **변혁기 한국의 정치질서와 파벌**   300
   민주화-제도화 304 | 탈민주화-제도화 306 | 탈제도화-탈민주화 309 | 탈제도화-민주화 311

참고문헌   316

찾아보기   323

표·그림 차례

제1장

표 1-1 　11·12대 국회의원 총선 결과에 나타난 의석수·득표율 비교　34
표 1-2 　13대 국회의원 총선 결과에 나타난 각 정당별 의석수 대비　35
표 1-3 　14대 국회의원 총선 전후 정당별 의석수 변화　37
표 1-4 　14대 국회의원 총선 정당별·지역별 득표 분석　38
표 1-5 　제14대 대통령 선거 후보별·시도별 득표상황 분포　42
표 1-6 　제15대 총선 전국 시도별·정당별 득표율　48
표 1-7 　제15대 총선 지역별·정당별 의석수　49
표 1-8 　1995년 6·27 지방선거 지역별 지지정당 분포　50
표 1-9 　15대 대선 지역별·후보별 득표 분포　51
표 1-10　16대 총선 정당별 득표율 분석　52
표 1-11　16·17대 대선 주요 후보 시·도별 득표율　54
표 1-12　6대 총선 정당별 득표율·의석수·의석률　54
표 1-13　17대 총선 정당별 의석 현황　55
표 1-14　18대 총선 정당별 의석수　55
표 1-15　6·29 이후 한국 유권자의 정치적 무관심 변화 추이　56

제2장

표 2-1 　신민당 1세대의 인맥 계보　85
표 2-2 　신민당 2세대의 인맥 계보　88
표 2-3 　민주공화당 창당준비 과정의 친김·반김의 세력 분포　92
표 2-4 　'김종필 플랜'의 조직원리　93
표 2-5 　민주공화당 1세대의 파벌구조와 인맥　95

표 2-6	신민당 3세대의 인맥 계보	102
표 2-7	육사 기수별 하나회 명단과 5공 당·정 권력구조 분석	106
표 2-8	해방 후 한국의 역대 대통령 득표율 대비 투표율	108
표 2-9	신민당 3세대의 해체와 양김세력의 분화	116
표 2-10	김대중 은퇴 선언 후 민주당 내 계파별 인맥	120
표 2-11	14대 대선 전후 정치파벌의 이합집산	121
표 2-12	14대 대선 후 민자당의 '김영삼당화(金泳三黨化)' 정도와 민자당 지역별·계파별 위원장 분포(1994년 8월 12일 기준)	123
표 2-13	1995년 6·27 지방선거 전 민주당 동교동계 세력 분포(1995년 2월 5일 기준)	125
표 2-14	'민정·민한·국민' 3당의 주요 정강 정책내용 대비	133
표 2-15	1980년대 중반 한국재야운동세력의 분화와 인맥 계보	142
그림 2-1	정치변혁기 한국파벌정치의 외피구조	64
그림 2-2	해방공간 조선의 좌·우익 정치파벌	71
그림 2-3	'김종필 플랜'의 조직구조	94
그림 2-4	1980년대 초 한국 재야운동세력의 구성 남화연구소	139

제3장

표 3-1	1982년도 3당 정치자금 수입·지출상황 대비	157
표 3-2	3당별 보조금·후원금 현황 대비(1983년 9월 30일 기준)	157
표 3-3	5공화국 정치자금 지정기탁내역	160
표 3-4	5공화국 경제단체별 정치자금 기탁내역 대비	160
표 3-5	1983~1987년 상위 30개 주력업체 기부금 지출내역 대비	162
표 3-6	15대 국회 상임위원회별 위원 명단(1996년 7월 10일 기준)	171

표 3-7   신한국당 주요 당직과 15대 국회직 현황(1996년 7월 10일 기준)   174
표 3-8   민주공화당의 주변 정치세력 유인 188
표 3-9   민주정의당의 주변 정치세력 유인 190
표 3-10   신한국당 15대 초·재선의원 계보별 분포(1997년 3월 기준) 191
표 3-11   신한국당 범민주계 세력 분포(1997년 5월 기준) 194

제4장

표 4-1   김대중 정권 초기 정치파벌의 변화 205
표 4-2   15대 국회와 의회권력 변화 207
표 4-3   세기말 한나라당의 주류와 비주류 세력 분포(1999년 1월 기준) 209
표 4-4   15대 국회의원들의 신상변동 211
표 4-5   16대 국회의 계보정치 퇴조와 파벌 재구성 214
표 4-6   범동교동계의 세력 분포(2001년 6월 기준) 222
표 4-7   민주당 초·재선의원 세력화 분포(2001년 6월 기준) 223
표 4-8   16대 대선 직전 민주당 내 역학구도 1(2002년 8월 기준) 227
표 4-9   16대 대선 직전 민주당 내 역학구도 2(2002년 9월 기준) 227
표 4-10   김대중 정권 출범 후 민주당 입당인사의 분포와 성향(2002년 9월 기준) 233
표 4-11   16대 국회의원 당적 변경 현황: 16대 대선 직전(2002년 10월 기준) 237
표 4-12   노무현의 집권 초기 청와대 비서관 명단(2003년 2월 기준) 257
표 4-13   노무현 취임 전후 동교동계와 민주당 신주류의 분화 261
표 4-14   열린우리당 창당 전 민주당 의원 100인의 정치적 입장 분포(2003년 9월 기준) 263
표 4-15   열린우리당의 생성과 균열 265
표 4-16   노무현 탄핵 직전의 한나라당 세력 판도(2004년 2월 기준) 269

표 4-17　열린우리당 입당 주요 단체장 명단(2004년 3월 기준)　271
표 4-18　17대 열린우리당 의원 계파 분류(2004년 4월 기준)　273
표 4-19　열린우리당 의원 모임의 유형과 성격(2004년 5월 기준)　274
표 4-20　17대 의원 네트워크와 계보의 퇴조　277
표 4-21　한나라당 전당대회 개표 결과(2010년 7월 14일 기준)　281
표 4-22　2010 민주당 전당대회 후보별 득표(2010년 10월 3일 기준)　284
표 4-23　'새로운 한나라' 의원 명단(2011년 5월 10일 기준)　285
표 4-24　'안국포럼(AF)' 구성원들의 분화(2011년 5월 13일 기준)　286
표 4-25　2011 한나라당 전당대회 후보별 득표(2011년 7월 4일 기준)　287
그림 4-1　세기 초 한나라당 지도부의 정치적 역학관계(2001년 4월 기준)　216
그림 4-2　세기 초 민주당의 잠재적 대선주자 간 역학관계(2001년 4월 기준)　217

제5장
표 5-1　한국정치의 변화 전망　308
그림 5-1　세기말 한국의 파벌정치와 대결구도　293
그림 5-2　세기 초 한국의 파벌정치와 대결구도　297
그림 5-3　민주화와 제도화의 상호관계　303

1
한국정치, 무엇이 결정하는가?

1. 정치파벌과 한국정치

한국정치를 결정하는 힘은 어디서 나올까? 그 기운의 실질은 뭘까. 복잡한 이론이나 난삽한 개념 대신 바로 떠오르는 답을 궁리해보자. 그것은 권력을 장악하거나 장악하려는 사람들 혹은 그 집단 속에 있지 않을까. '정치적 힘의 원천이 국민들에게 있다'는 헌법 상식이 타당하려면 권력집단에 대한 국민(유권자)의 '제어력'부터 분명해야 할 것이다.

그러나 우리의 정치현실은 그렇지 못하다. 정치권력을 몇몇 집단이 폐쇄회로 안에서 독점하기 때문이다. 이 문제는 그래서 꼼꼼히 추적할 필요가 있다. 한 번 더 묻자. 한국정치를 결정하는 지배적 힘은 어디서 우러나는 걸까. 원만한 정치를 숙성시키는 정치이론이나 이를 이끄는 '사상'조차 태동할 조짐이 없고 제도화 절차조차 제대로 학습해보지 못한 현실 속에서 형체 없는 권력을 내뱉는 자원이 있다면 그것은 뭘까.

게다가 그 주체는 또 누굴까. 이 같은 질문들은 물론 새삼스럽지 않다.

널리 알려진 대로 해방 후 분단의 고착화는 한국정치를 지속적인 폭력과 예측할 수 없는 정치위기에 만성적으로 시달리게 만든다. 여기서 생겨난 면역의 패러독스는 정치적 무관심과 소외, 극도의 환멸과 허무주의 속에 모두를 가둔다. 이른바 '민주화'란 이름 아래 추진된 정치변화는 그 사이 대중에게 정치적 믿음과 기대를 스스로 저버리도록 강요하고 대신 실망의 열매가 직업정치인들의 반사이익으로 알뜰하게 활용된 것 또한 사실이다.

따지고 보면 대중의 정치적 불만은 곧바로 시민혁명의 잠재력을 키워 나가기 충분할 만큼 심각했다. 그러나 해방 후 유권자들은 혁명적 변혁의 직접적 담지 주체로 나서기보다 '표'를 통한 거부와 '합리적 선택'을 반복한다. 정치적 반항과 지속적 저항의 맥이 단절된 것은 물론 아니었다. 예측할 수 없는 정치적 위기와 폭력으로 헌정은 종종 중단되고 새로운 대체세력이 출현, 정권이 바뀔 때마다 중산층과 시민들은 일단 크게 분노한다.

그러나 분노는 분노로만 그쳤다. 분노가 결코 시민혁명에 불을 붙이거나 자발적 불복종으로 연결되진 않았기 때문이다. 해방 후 시민들은 대부분 '정치적 침묵'의 주체들이었다. 현대사의 굽이굽이가 어슷비슷 파도쳐도 과거의 교훈을 쉽사리 잊고 또다시 '억제된 분노'와 '준비된 침묵' 속에서 정국변화를 주시하는 질서정연한 '관객'으로 그쳤던 셈이다.

한국정치와 대중의 이 같은 침묵은 어떤 관계를 가질까? 대중의 정치적 침묵도 그 자체만으로 새로운 힘의 원천일 수 있을까? 그들은 과연 헌법상의 주권자 기능을 착오 없이 수행하고 있는가? 지나간 얘기지만 새삼스레 물어보자. 헌정 중단을 막거나 그에 정면 대항하지도 못한 채 변화하는 정국과 개정 헌법을 사후 승인해주면서 몇 년에 한 번씩 돌아오는 선거에서 헌정 중단에 책임 있는 후보를 선출하는 것만으로 정치의 힘은 새롭게 충전할 수 있었다는 얘긴가?

바꾸어 말해보자. 한국 유권자들은 혁명에 앞장서야 하는가, 아니면 침묵의 대열 안에서 후보 선택을 위한 냉정한 사고만 되풀이해야 하는가? 이에 답하려면 별도의 분석이 필요하다. 또한 유권자들 모두는 자신의 침묵을 변명하거나 실천적 대안에 관해 고민해야만 한다. 게다가 침묵의 실체가 맹목적 복종인지, 아니면 순응이나 동조 혹은 극단적 환멸에서 비롯된 적극적 무관심인지까지 짚어보아야 한다.

그러나 이제껏 한국 정치학은 이들 물음에 정확히 답하지 못했다. 아니, 어느 한 가지에 대해서도 흔쾌한 답변이나 실마리조차 제공하지 못했다. 왜 한국의 정치현실과 한국 정치학은 따로 존재하는 걸까? 정치학이 정치현실을 이끌 만한 기준을 제시하지 못하는 데는 변명의 여지가 있을까? 정치학자들이 직업정치인들과 담 쌓고 직업정치인들 또한 지식인들을 종종 무시하는 풍토는 왜 생겨났을까? 정치이론이 정치현실을 이끌지 못하는 것은 학문이 너무 앞선 탓일까, 아니면 일반대중과 직업정치인들이 뒤처져 있기 때문인가? 정치현실은 정치이론으로 치유할 수 있는가? 그런 가능성을 예측할 만한 이론은 우리에게 있는가? 이 같은 포괄적 의문에 우리는 답해야 한다.

무엇이 한국정치를 결정하는가? 적어도 그것은 이론이나 사상, 학문이 아니다. 유권자 일반의 헌법적 주권도 아니다. 교과서적 함의가 한국의 정치현실을 해부하는 데 설득력을 갖지 못한다는 사실은 누구나 다 안다.

정치는 인간이 결정한다. '정치적 인간'들이 좌우한다. '정치적 인간'들이 정치적 이해관계에 따라 만드는 파벌과 계파가 한국정치를 결정한다. 권력욕이란 개인의 동기를 깊이 숨기고 가능한 한 그럴듯한 핑계로 공적인 목적을 만들어 자기의 행위가 공익만을 위한 것인 양, 덧씌우고 합리화하는 '정치적 인간'의 변신술을 먼저 이해하지 않고선 한국정치를 이해하기 힘들다. 한국정치를 결정하는 힘의 원천이 '정치적 인간'들이 은폐하고 있는 권력 추구와 대권 획득을 위한 정치적 욕망에서 싹트기 때문이다. 그 욕망의 씨앗은 곧 '파벌 모체'의 '계파 조직'이란 자궁 속에서 자라난다.

한국의 정치파벌은 정치적 인간의 개인 욕망을 담는 공식 은신처로 기능한다. 조직이 보호하고 파벌이 감싸는 동안 '정치적 인간'들이 품고 있던 욕망의 씨앗은 '야망'의 살과 '변신'의 피를 공급받고 성장하기 시작한다. 욕망이 파벌과 조직의 모체에 착상하는 순간, 그 생장 가능성을 확인한 모체는 씨앗이 클 수 있는 조건을 마련하고 피를 공급하기 시작한다. 두말할 필요조차 없이 생육의 대가는 보스에 대한 충성(효도)과 맹세로 확고하게 지불해야 한다. 일단 태어난 정치신생아는 조직과 계파의 생태는 물론 이를 감싸는 파벌의 생리와 생존 철칙을 파벌 선배들에게 이어받는다.

파벌의 '비극의 싹'은 이때부터 새롭게 돋아나기 시작한다. 출발부터 파벌공동체의 구성원인 '나'는 자신을 길러주고 보호해주는 보스가 얼마나 높은 곳에 위치하고 있는지 터득하게 된다. 동시에 '나'는 '나' 아닌 유사한 '나'를 다른 계파 조직에서 발견한다. 거기서 '나'는 경쟁만이 정치적 생존수단이며 거기서 탈락할 때 자신의 생명은 끝난다는 또 다른 철칙을 처절하게 배운다.

그러나 경쟁이 치열할수록 '나'의 경쟁은 의심스러워지고 의심이 커 갈 때 '나'는 승리를 위해 얼마든지 조직을 이탈할 수 있다. 나아가 계파를 배반할 수도 있다. 여기서 자신의 오늘을 있게 한 보스마저 저버릴 수 있다는 변신과 둔갑의 테크닉을 배운다. 변신하는 자들의 숫자에 따라 계파나 파벌이 해체될 수 있고 커질 수도 있다. 이것이 한국정치파벌의 첫 번째 특성이다.

잇따른 변신 과정에서 유교적 전통이 강조하던 의리와 지조 혹은 정치적 절개는 하등의 제약이 되지 않는다. 이를 가장 먼저 강조하자면 '나'는 신임 받는 인물은 될망정, 결코 승리의 쾌감을 맛보진 못한다. 그저 중간 보스에 머물러야만 한다. 하지만 흥미롭게도 중간 보스 없이 계파와 파벌의 수장(首長)은 대권에 도전할 수 없다. 중간 보스로 성장한 '나'는 그래서 대권을 의식하는 수장에게 중요한 존재가 되고 이내 치열한 공생관계를 이룬다. 권력획득 이후의 정치적 실익과 실질적 부가가치를 고려할 때 보스를 향한 '나'의 충성과 정치적 맹세는 그만큼 강해질 수밖에 없다.

중간 보스는 계파 보스에게, 계파 보스는 중간 보스에게 서로 믿음을 보여줄 때 이들 사이에는 정치적 계약관계가 성립한다. 이때 형성되는 양자 간 이익교환은 단기간 유지될 수도 있고 평생을 갈 수도 있다. 계파에 따라 그 관계는 복잡한 모습을 띤다. 이들 사이에 오고가는 실질적 이익 가운데 압도적인 요소는 두말할 필요조차 없이 정치권력지분과 그 배분을 둘러싼 나의 '몫'으로 귀결된다. 보스를 향한 '나'의 충성과 정치적 맹세라는 심정적·정의적(情誼的) 요소는 어디까지나 자신이 획득할 수 있는 실질 권력과 이를 위한 개인적 동기의 은폐 수단일 뿐이다. 아울러 자신의 정치욕망을 감싸주는 그럴듯한 포장지에 지나지 않는다.

정녕 끓어오르는 충성심과 자발적 복종으로 평생 한 인물을 좇는 경우란 드물다.

엄밀히 따지자면 계파 조직 내 '정치적 인간'들의 '면종복배(面從腹背)'와 '양봉음위(陽奉陰違)'의 행태가 모든 직업정치인들에게 보편적으로 발견되는 것은 아니다. 그러나 한국정치를 파벌들 사이의 경쟁 과정으로 볼 때 직업정치인들의 이중적 사고는 '정치' 그 자체를 항상 복선적으로 바라보게 만든다. 더 근본적인 문제로 정치적 인간의 정체의식 부재와 대중의 정치 불신을 조장하는 직접적 동인이 되기도 한다. 바로 이 점에 주목하지 않으면 안 된다. 정치적 인간들의 '자기정체성' 부재와 대중의 정치 불신은 한국의 정치변화를 전혀 예측할 수 없도록 유인했을 뿐 아니라 단속(斷續)적으로 이어진 해방 후 정치폭력과 위기에 정치인 스스로 옳게 대응할 수 없도록 만든 주요인이 된다.

한국의 정치엘리트나 대중 모두가 미래의 정치변화를 예측할 수 없음은 곧 보스를 향한 정치적 의문과 자신의 정치운명에 관한 의구심이 얼마나 큰지 잘 보여준다. 이러한 의문은 자신이 몸담는 계파가 어느 정도 실리를 얻을 수 있을지를 둘러싼 기대 효용과 자기 보스가 최종 권력의 쟁취자일 수 있는지의 정치적 손익계산과 맞물려 더 깊어질 수도 있다.

다른 한편, 대중의 정치적 관심은 오로지 누가 더 자신에게 유리한 존재인지로 맞춰진다. 즉 합리적 선택 대상으로 '나'는 권력 접근이라는 목표를 획득하는 데 우선의 관심을 갖지만 대중은 이와 관계없이 불확실한 선택자로 존재할 뿐이다. 이러한 양자의 '불확실성'이 한국정치변화를 예측할 수 없도록 유인하며 이들 현상이 일상적이거나 상식을 넘어설 때 문제는 훨씬 심각해진다. 이 같은 상황이 구체적으로 가시화되는 계기는 해방 후 무수하게 반복된 직업정치인들의 계파 이탈과 조직의 이합 그리고 '신(新)파벌' 형성 과정에서의 집산으로 압축된다.

한국의 정치파벌들이 경쟁한다는 사실 자체는 논란의 대상이 되지 않는다. 아니, 될 수 없다. '정치파벌성'은 지극히 자연적인 현상이기 때문이다. 정치가 적(敵)과 동지(同志)의 확연한 구분 아래 진행되는 게임의 과정이든, 사회적 가치의 권위적 배분이든 뜻을 같이하는 그룹과 다른 그룹 사이에 이루어지는 '관계 개념'으로 본다면 이들이 목표를 획득하기 위해 서로 '무리'를 짓고 계파를 마련해 힘을 겨룬다는 사실 역시 극히 자연스러울 수밖에 없다.

그러나 한국파벌정치에 내재하는 근본 모순은 파벌과 파벌 간에 반복되는 끝없는 '이합·집산'에 있다. 특히 이 모순은 정권 교체기나 충격적 위기 상황 속에서 더 깊어진다. 정치적 인간들의 이중성과 파벌의 한계가 겹칠 때 한층 기형적으로 변하기도 한다. 결국 한국파벌정치의 모순은 정치권력의 '반민주·반민중'적 정치행태로 나타나며 집단의 극단적·폐쇄적 당파성을 반증한다.

파벌의 모순은 한국정치의 또 다른 병폐들과도 강한 친화력을 갖는다. 파벌의 폐쇄성과 배타성에서 비롯되는 지역주의와 인물중심주의가 그것이다. 상대 파벌에 대한 배타적 사고와 타 지역 파벌에 대한 폐쇄적 행태는 자파 구성원들의 맹목적 단결을 유도하는 한편 궁극적으로 '파벌의 최고 수장이 누구인가'라는 변수, 즉 사람을 보고 무리 짓게 만드는 중요한 배경이 되기 때문이다. 유난히도 '무리 짓기(political gathering)'를 선호하는 한국정치인들은 일시적·잠정적 이해득실을 바탕으로 파벌 보스와 중간 보스를 중심으로 편의에 따라 모이고 흩어지거나 흩어진 후 다시 모이는 일련의 과정을 거듭한다.

결국 누가 어디에서 어디로 누구와 함께 움직이는지를 중심으로 정치적 인간들의 이동 행각을 집요하게 추적해보지 않고선 한국정치의 경험적 분석은 불가능하다. 그렇다면 한국파벌정치의 모순은 어디서 비롯된 걸까? 해방 후 한국정치의 파행이 파벌의 이합과 집산의 결과였다면 보스들의 파행적 파벌 운용은 무엇을 시사해주는가? 그 같은 파벌운용의 결과가 오늘의 한국정당구조와 정치계파로 나타난다면 그 정치적 의미는 뭘까? '여-야-재야'의 삼각구도 속에서 이합집산을 거듭하는 파벌들의 정책내용과 이념 그리고 정치성향은 서로 어떻게 다른가? 파벌을 운용·유지·확대해나가는 내부 정치 자원은 어떻게 동원하는가? 그것은 정치자금인가, 이념적 결속인가, 아니면 권력배분과 지분의 보장인가? 그것만으로 부족하다면 지역기반이나 학맥·혈연·지연에 의한 불가항력으로부터 비롯되는가? 이들 변수를 종합적으로 채택·동원할 수밖에 없는 것이 한국정치파벌의 근본 생리라면 이를 관리·조정하는 각 파벌의 리더십 운영은 어떠한가?

결국 현 단계 한국 정당의 파벌구조는 존속되어야 하는가, 해체되어야 하는가? 존속된다면 오늘의 정치적 한계는 어떻게 극복되어야 하는가? 해체된다면 그 공백을 메울 실천적·정책적 대안은 과연 뭘까? 한국의 정치파벌은 현재의 모습을 타파하고 발전적으로 재구성될 필요가 있는가? 그 대안은 무엇일까? 한국의 정치파벌은 앞으로의 정치변동방향을 결정할 주요 독립변수로 남을 것인가, 아니면 시민사회의 지속적인 민주화 노력에 의해 제도화될 것인가?

이 같은 물음에 답을 찾으려는 게 이 책의 의도다. 이들을 체계적으로 규명하기 위해 네 가지 가설을 세우기로 한다.

1. 한국정치는 정치파벌이 결정한다. 정치파벌은 대권장악을 위한 권력 게임을 주도하고 대권 향배와 정치적 예상실익에 따라 이합·집산을 거치며 지속적으로 표류한다.

2. 한국의 정치파벌은 일정 파벌의 수장이 차지하는 정치적 비중과 그를 둘러싼 인맥을 중심으로 표류한다. 그러나 수장과 인맥 계파의 정치적 비중이 파벌 구성원들에게 정치적 예상실익을 보상해주지 못할 정도로 약해지거나 정치위기에 따라 감소할 경우 파벌과 계파 그리고 조직 간 이합집산이 시작된다. 이러한 현상은 해방 후 한국제도정치의 변화와 권력구조를 결정한다. 이는 특히 정치적 격변기와 정치폭력에 의한 권력교체기에 두드러진다.

3. 한국정치의 발전 지체는 어느 한 사람을 정점으로 모인 정치적 인간들의 '무리 짓기'에서 출발하며 그 '무리'의 해체와 재구성으로 끝난다. 정치적 '무리'를 존속시키는 요인은 매우 복잡하다. 대체로 자금과 인맥, 이념과 지역 토대 그리고 권력배분과 재생산 욕구, 보스의 리더십 등 여러 요인들의 복합적인 화학작용에 따라 결정된다.

4. 시민사회는 한국파벌정치를 견제할 잠재력을 지니나 그 근본의 파괴까지 담보하지는 못한다. 견제의 유일한 방법은 '투표혁명'이다. 시민혁명이나 사회혁명이 투표혁명을 대체하지 못하는 한, '표'를 통한 파벌의 견제는 한국정치의 민주적 변화를 예고하는 제한수단에 지나지 않는다. 한국정치의 비극은 여기서 더 깊어진다.

2. 목적·구성·방법·자료

현대 한국정치의 반민주성은 파벌의 구조적 한계에서 출발한다. 이 책은 파벌 모순이 정치 환경의 역사적 단절과 관계없이 이어진다는 데 초점을 맞춘다. 한국 시민사회의 정치의식 성숙과 관계없는 파벌의 권력 추구욕과 그 치열한 자기중심성은 민주화 과업도, 엘리트들 자신의 정치의식발전도 끝내 담보하지 못한다. 이 책은 이 점을 증명하는 데 주력할 것이다. 아울러 몇몇 부수적 문제에도 초점을 맞춘다.

정당이 차기정권접수라는 목적의식과 전략을 갖는 정치집단이라 하더라도 파벌의 끝없는 이합과 집산은 대체 뭘 의미하는 걸까? 정당 주변에 포진하면서 제도정당을 공략하는 재야·진보의 정치활동과 그들의 점진적 보수화 경향은 어떻게 이해해야 할까? 새로운 정치적 입지점을 민중과 노동자·농민 속에서 구하면서도 변혁운동의 초기 명분은 은폐한 채 기존 보수야당들이 경험한 정치적 한계를 답습하는 '그들'의 정치적 모순은 어디에 있는 걸까? 그들이 갈구하는 진정한 가치는 단순히 실제(de facto) 권력인가, 아니면 의심할 나위없는 순(純)민주적 자유와 평등인가?

논의를 위해 책은 앞서 제시한 네 가지 가설을 크게 두 부문으로 다시 나누려 한다. 첫째, 변혁기 한국 정치파벌이 보인 이합과 집산, 특히 권력교체(혹은 전환)기 여러 파벌의 비일관적 행태에 비친 개인적 동기가 한국 민주화에 어떤 영향을 미쳤는지를 먼저 분석한다. 둘째, 이들의 행태는 어떻게 '생성 - 유시 - 관리'되고 있으며 앞으로의 발전방향과 과제는 무엇인지 살펴보기로 한다.

이를 위해 여기서는 다음의 방법을 사용한다. 우선 오늘날까지 이어진 정치파벌의 구조를 분석한다. 다음으로 이들의 성격이 도드라지는 권력교체기 파벌행태와 주요 행적 그리고 그 분열과 통합의 모습을 견준다. 국내 미디어 가운데 기사와 사건일지를 토대로 삼되 그 신빙성과 사실 여부는 각 일(월)간지에 나타난 내용들을 비교 검토해 확인한다. 아울러 문헌 분석도 병행한다.

이와 유사한 국내연구는 흔치 않다. 해방 후 현대정치사 전반에 관한 관심은 위축되고 있지만 한국정치연구는 실증연구가 먼저라는 측과 기존 이론의 적용과 적실성 검토가 선행되어야 한다는 측으로 갈린다. 그러나 앞의 '필요'를 인정하면서도 연구 분위기는 정작 후자로 치우치는 게 오늘의 학문 현실이다. 이 책은 전자의 자세가 필요하다는 데 동의한다. 동시에 정치적 인물과 파벌들에 관한 구체적 데이터를 분석한 다음 이를 토대로 이론적 해석에도 관심을 기울일 것이다. 그러나 실증 분석을 중시하는 만큼 과거 정치일정에 나타난 움직임을 쫓는 데 주력할 것이다.

그간의 국내연구는 대부분 총선 결과나 투표행태 분석 그리고 정치엘리트 충원과 정치사회적 배경 분석 등에 한정되어 있었다. 그러다 보니 파벌의 권력동학(power dynamics)에 초점을 맞춘 연구란 거의 없었다. 연구의 공백을 메우고 파벌들의 살아 있는 움직임을 뒤쫓는 데 저널리즘은 일차적 참조 준거일 수밖에 없다. 그것은 현재로서의 역사를 확인할 거의 유일한 도구란 점에서 더없이 유용하다. 역사연구와 사회과학적 학제 분석이 원활하지 못했던 우리의 학문풍토를 감안할 때 한국정치연구에서 언론 기록물들은 곧 홀대할 수 없는 가치를 반영한다.

3. 정치질서와 파벌구조의 변화
: 여소야대·거여야소·대여강야·반여반야의 기형성

권력교체기나 정치적 격변기에 파벌의 이동이 잦아지는 현상은 현대사 전체를 관통한다. 하지만 정치군부의 등장과 퇴조를 전후해 파행은 특히 고조된다. 5·6공의 정치파벌이동은 박정희 시대의 상대적 안정기를 지나 또 다른 문제의 시기로 진입한다. 그것은 개발독재의 프리미엄을 고스란히 챙긴 전두환의 관제정당 만들기가 정치과정을 왜곡시킨 만큼 불확실하거나 예측 불가능한 문제였다. 게다가 6공은 5공의 상대적 안정성을 무너뜨린 불안의 시대로 규정할 수 있을 것이다.

6공의 정치조건은 지속적 민주화와 탈권위주의를 두 축으로 삼는다. 이들이 중첩 작용함으로써 여러 역기능들은 정치의 민주화와 제도화 작업에 적잖은 어려움으로 다가간다. 그뿐 아니라 이 같은 현상들은 마치 민주화 과정에서 감수해야 할 필연의 모습으로 비쳐지거나 조급한 기대심리가 빚어낸 파행으로 인식되기도 한다. 하지만 그것은 결코 우연이 아니었고 어느 정도 예견된 일이기도 했다.

10·26(1979)을 계기로 다시 군부화한 당국은 정치적 자유화의 기회를 다시 차단한다. 국민들의 직접선거를 거치지 않고 권력을 승계한 전두환은 유신 이후의 정통성 위기와 비민주적 문화를 그대로 이어간다. 이에 따라 5공은 새로운 권위를 만들기 위해 지나치게 권력자원을 동원할 수밖에 없었다. 여러 개혁조치가 있었음에도 전두환 정권에 대한 평가가 낮고 시민사회의 정치참여욕구가 폭발적으로 상승한 것은 당연한 일이었다.

이러한 기대효과는 정치의 민주화를 바라는 시민들의 투표혁명으로 노골화한다. 노태우 후보의 과반수 득표실패라는 전대미문의 결과는 기왕의 정통성 위기 위에 '대표성의 위기'까지 보여주는 일대 사건이었다. 그것은 해방 후 어느 대통령 당선자들도 보이지 않았던 일종의 치욕이었다.

그러나 6공은 평화적으로 이양된 대한민국 최초의 정권이란 통치의 명분과 1987년의 6·29 조치로 이 같은 이중의 위기를 극복하려고 노력한다. 하지만 시민사회의 정치적 기대상승욕구를 방임함으로써 탈권위주의의 비용을 고스란히 무릅쓴다. 집권수뇌부 스스로 권위주의 시대의 종말을 선언하고 민주화와 자유화를 동시 보장하는 새로운 시대의 개막을 연출하자 '박정희 – 전두환' 통치기에 배양된 정치적 반발 심리는 곧바로 드러난다.

사회 전반에 걸쳐 기존 권위에 도전하고 이를 해체하려는 폭력사용이 미화되거나 심지어 이를 호소하는 상황까지 나타난다. 아노미를 우려한 사회 한쪽에서는 당연히 보수우익 논리가 동원되고 있었고 과거에 안주하며 침묵하거나 방관하려는 노스탤지어 또한 두드러진다. 그 가운데 '대학생 – 지식인 – 노동자'로 연계되는 민주화 추진세력은 분명한 자기 목소리를 내면서 대다수 중간계층의 침묵을 비겁한 행위로 단죄하기도 한다. 하지만 점차 '무시할 수 없는' 투표혁명의 주체로 중간계층의 면죄가 확실해지자 그들은 자신감을 갖는다.

1980년대는 1970년대의 '자식(子息)'이다. 1990년대 또한 1980년대의 유산이 지속적으로 증폭된 결과였다고 볼 일이다. 앞으로의 한국정치변화 역시 이 같은 역사적 유증(遺贈)의 거울이 될 것이다. 그렇다면 가장 먼저 해결해야 할 과제는 무엇일까? 권력구조의 개편과 함께 대통령 중임제 개헌을 포함, 1990년대를 회고하고 그 '이후'를 살피는 데 먼저 고려할 문제는 한국정당의 구조다. 정당은 여전한 제도적 정치행위주체이기 때문이다. 설령 이제껏 가해진 숱한 비판이나 환멸이 지속된다고 해도 정당은 여전히 이익표출과 집약의 주체이며 의회는 이러한 이익을 대변·구현하는 대화공간이라는 데 다시 주목해야 할 것이다.

그렇다면 한국 정당구조의 문제는 뭘까? 현 정당구조가 탈권위주의적 민주화 시대의 정치문제를 해결하지 못한다면 그 이유는 어디서 비롯되는 걸까? 지자제 실시 이후 지방의회와 정당의 관계는 어떤가? 기존 정당구조로는 시민사회의 정치적 기대를 더는 충족시킬 수 없게 된 것이 오늘의 현실이라면 그 구조는 어떻게 재편되어야 하는가? 기존의 여야가 보수논리에 안주하고 진보정당의 각개 약진을 끝내 포용하지 못한다면 그들 간의 차별성은 어떻게 설명할 수 있을까? 정치적 중산층이 집단행동이 아닌 '표'로 분출할 때마다 한국의 정당구조는 지탱해야 하는가, 개편되어야 하는가? 이상의 물음들은 변혁기 한국의 정치상황 속에서 정당구조의 문제와 맞물린다.

1980년대 정당구조의 변화에서 가장 중요한 사실은 다수 정당체계가 자리를 잡았다는 점이다. 물론 이러한 변화가 다원적 시민계층을 지지기반으로 등장한 것이 아니라 집권층의 상징 조작과 정치 공학에 따라 '관제정당'의 틀을 유지한 것은 사실이다. 그 구조는 출발부터 치명적 한계를 내포한 셈이다.

그러나 1980년대 다수 정당체계가 대중 정당의 기반을 갖지 못한다고 해서 당시의 정당구조 자체를 부정적으로 바라보는 자세는 바람직하지 않다. 왜냐하면 그 속에는 '정당 만들기'에 관한 집권층의 의도 말고도 과거의 양당제가 빚은 여러 정치적 폐단에 관한 시민사회의 반발과 새로운 기대심리가 자리 잡고 있었기 때문이다. 신군부는 바로 이런 정치심리가 권력의 정당성 확보를 위해 최대한 활용되길 바랐고 초보적 수준에서나마 그 기대를 현실화하는 데 성공한다.

11대 국회의원 선거 이후 한국의 정당구조는 결국 해방 후 지속된 양당구도(자유당 대 민주당, 민주당 신파 대 구파, 공화당 대 신민당 등)로부터 다수정당 간 경쟁과 대결로 단절적 변화를 경험한다. 그 후로도 이러한 변화는 12대 총선 결과에 계속 반영된다.

당시의 모습을 살펴보기로 하자. 11대 총선에서 군부세력에 의해 창당된 민주정의당(1981. 1. 15 창당)이 여당으로 등장하고 다수 야당정치인들의 정치활동이 금지된 가운데 친(親)여적인 민주한국당은 제1야당으로 부상한다. 12대 총선에서는 정치활동금지가 해제된 인사들과 재야인사를 주축으로 한 신한민주당(1985. 1. 22 창당)이 11대 총선 당시 제1야당이던 민주한국당을 제치고 야당 진영의 수위를 차지한다. 민주한국당의 의석수(35석)가 신한민주당의 절반밖에 되지 않았기 때문에 민주한국당은 사실상 군소정당으로 전락한다.

양대 선거의 정당별 의석수와 득표율을 비교하면 <표 1-1>과 같다. 한편 6공 출범 직후 실시된 13대 총선(1988. 4. 26)에서는 민주화를 향한 정치적 기대심리폭발로 야당세가 급속히 커진다. <표 1-2>가 가리키듯, 당시 집권여당인 민정당 지지도는 34.0%로 나타나 11대(35.6%), 12대(35.2%)에 비해 더 떨어졌고 정통야당인 평화민주당과 통일민주당 지지도는 집권여당을 단연 압도하는 42.1%에 이른다. 더구나 민주공화당 후신인 신민주공화당도 15.6%의 지지율을 확보한다. 이로써 집권여당의 존립자체가 위태롭게 된다. 요컨대 일당 지배체제가 붕괴하고 야권 우세의 정국구도가 등장함으로써 정당정치와 의회정치의 활성화를 기대할 만했다.

〈표 1-1〉 11·12대 국회의원 총선 결과에 나타난 의석수·득표율 비교

단위: 석(席), %

제11대 총선(1981. 3. 25)				제12대 총선(1985. 2. 12)			
정당	의석수	의석률	득표율	정당	의석수	의석률	득표율
민주정의당	151 (90/61)	54.7	35.6	민주정의당	148 (87/61)	53.6	35.2
민주한국당	81 (57/24)	29.4	21.6	신한민주당	67 (50/17)	24.3	29.3
한국국민당	25 (18/7)	9.1	13.3	민주한국당	35 (26/9)	12.7	19.7
민권당	2	0.7	6.7	국민당	20 (15/5)	7.2	9.2
민사당	2	0.7	3.2	신사당	1	0.4	1.4
신정당	2	0.7	4.2	신민주당	1	0.4	0.6
민농당	1	0.35	1.4	무소속	4	1.4	3.2
안민당	1	0.35	0.9	기타	-	-	1.4
무소속	11	4.0	10.7				
기타	-	-	2.4				
계	276 (184/92)	100	100	계	276 (184/92)	100	100

주: 괄호 안의 숫자는 지역구/전국구 의원수를 말함.
자료: 김호진, 『한국정치체제론』(서울: 박영사, 1990), 378쪽에서 재인용.

 정통 야당인 신민당이 평민당과 민주당으로 분열·대체된 신(新)야권은 신민주공화당과 더불어 새로운 정국을 출현시킨다. 4개의 정당이 각자 비슷한 세력판도를 차지하자 종래의 양당체제는 다당제로 전환, 협상 위주의 정당정치가 시작되는 새로운 국면을 맞이한다. 이 같은 정치 상황의 급격한 변화는 여소야대의 의석분포와 행정부 기능의 위축을 볼리온다.

 이는 한국에서도 다수의 정치적 반대세력과 그 합법적 제도화 절차가 자리 잡는 계기가 마련되었다는 점에서 고무적이기도 했다. 여소야대

〈표 1-2〉 13대 국회의원 총선 결과에 나타난 각 정당별 의석수 대비

단위: 석(席), %

13대 국회의원 총선			
정당	의석수	의석률	득표율
민주정의당	125(87/38)	41.8	34.0
평화민주당	70(54/16)	23.4	19.3
통일민주당	59(46/13)	19.7	23.8
신민주공화당	35(27/8)	11.7	15.6
한겨레민주당	1(1/0)	0.4	1.3
무소속	9(9/0)	3.0	4.8
기타	-	-	1.2
계	299(224/75)	100	100

주: 괄호 안의 숫자는 지역구/전국구 의원수를 말함.
자료: 김호진, 『한국정치체제론』(서울: 박영사, 1990), 379쪽에서 재인용.

정국운용에 따른 면역체가 전혀 마련되지 않았던 전통야당의 고질적 병폐(일방독주와 극한대립 등)가 상존했다는 점에서 약점을 안는 것은 사실이다. 게다가 4개의 다수 정당체계가 자리 잡혔다 해도 선거는 철저한 인물중심주의와 분파주의에서 추진되었고 정당 간 경쟁은 결국 골 깊은 지역감정만 재확인시켜준 꼴이 되고 만다.

다수 정당체계의 운용기회는 한국정당사에서 드문 일이었고 민주화 추진을 위한 고무적인 계기였다. 그것은 마치 내각책임제의 순기능을 기대할 만한 상황이었을 것이다. 하지만 이러한 기대는 총선 후 20개월 만에 깨진다.

1990년 1월 22일, 민정당의 노태우 대통령과 통일민주당의 김영삼 총재, 그리고 신민주공화당의 김종필 총재는 3당 합당을 선언한다. 왜 합당했는지 그 명분이나 이유는 접어두더라도 이 선언은 기왕의 '대표성의 위기' 위에 또 다른 유형의 '정통성 위기'를 불러일으킨다. 합당 합의

와 단행이 어디까지나 '권력의 자의(恣意)'에서 우러났기 때문이다. 물론 총선 후 정국운영이 지극히 파행적이고 이러한 병폐가 다수 정당체계의 순기능 발휘에 저해요인이 된 것은 사실이다. 그러나 국민적 합의가 도출될 겨를도 전혀 없이 다수 정당체계의 역기능이 합당의 볼모로 저당잡히는 꼴이 되고 만 것이다. 어렵게 조성된 여소야대의 복수 정당구조는 이로써 '거여야소'라는 기형적 양당체제로 다시 바뀐다.

3당 합당으로 만들어진 민주자유당은 당직자 인선, 지구당 개편, 합당대회를 거쳐 원내 의석 218석을 가진 거대여당이 되고 종래 제1야당으로 막강한 정치력을 행사하던 70석의 평민당 위상은 크게 위축된다. 한편 구(舊)민주당이 민정당과 합당하는 데 반대한 의원들은 무소속 의원들과 함께 새로 민주당을 창당한다.

평민당과 민주당은 여소야대의 정당구조가 거여야소로 위축되는 기습 상황에 대해 그들 스스로 불가피한 통합 명분을 발견한다. 1991년 9월의 야권통합은 어쩔 수 없이 마주해야 할 상대들 모두가 한 집안에 모여 같이 살 수밖에 없다는 위기를 공감한 필연의 파생물이었다.

민자당의 거대한 몸집과 통합 민주당의 기형적 대결구도는 한 지붕 세 가족의 불편함과 왕성한 주인의식, 그리고 정치적 피해의식으로 무장된 다섯 파벌들의 동상이몽을 집약적으로 대변한다. 다섯 파벌을 주도하는 각 수장들은 절대 포기할 수 없는 1992년 말의 대권도전 기회를 향해 1년여 동안 자신들의 정치적 가용 자원을 총동원한다. 아울러 이들의 치열한 경쟁구도 주변에 포진하고 있던 재야세력과 제도권 정당체계의 정통성을 전면 부정하는 혁신정당들은 다섯 파벌들의 난맥상 위에 또 다른 날줄과 씨줄을 그으며 대권고지를 공략해 들어간다.

하지만 고지를 점령하는 길목에 버티고 있던 14대 총선은 어떤 파벌

〈표 1-3〉 14대 국회의원 총선 전후 정당별 의석수 변화

단위: 석(席)

의석수	민자당			민주당			국민당			신정당	민중당	무소속	합계
	지역	전국	소계	지역	전국	소계	지역	전국	소계				
공천 전	157	58	215	61	17	78	–	–	–	–	–	7	299
총선 전	141	53	194	48	15	63	10	–	10	5	–	27	299
총선 후	116	33	149	75	22	97	24	7	31	1	–	21	299

주: 총선 후 무소속 영입은 제외.

들도 피해 갈 수 없는 장애물이었다. 그리고 선거 결과는 또 다른 강한 의외성을 반영한다. <표 1-3>과 <표 1-4>는 이러한 의외성을 잘 말해 준다. 14대 총선은 민자당의 예상외의 패배와 민주당의 개헌 저지선 돌파실패, 그리고 국민당의 급부상으로 요약된다. 민자당과 민주당의 예상외 선거 결과는 외형적으로 한국정치의 파벌결정현상과 크게 배치된다. 한국정치가 파벌에 의해 결정·주도된다는 가설은 14대 총선 결과를 놓고 보면 여지없이 무너져내린다.

그러나 이 '의외성'은 한국정치의 강한 파벌성에 대한 유권자들의 정치적 응징을 뜻할 뿐, 총선 결과가 미래의 파벌구조를 크게 전환시킬 가능성은 희박했다. 즉 1992년 봄의 총선 결과는 정치권의 적잖은 각성 계기였을지 몰라도 한국의 파벌정치 자체를 붕괴시킬 만한 결정적 동인이 될 순 없었다. 여기서 한국 유권자들의 정치의식성장과 달리 정치권 내부에 살아 있는 강한 파벌성의 뿌리를 발견하게 된다. 따라서 14대 국회는 파벌적 경향을 타파시키기보다 기존의 흐름을 더 강하게 활용함으로써 대권을 의식해야 했던 당대 현실을 고스란히 반영한다.

민자당의 대항세력으로 등장한 통합 야권은 모두가 국민적 합의에 기초하지 않았다는 점에서 반(反)정치적인 현상들이었다. 그리고 파벌들

〈표 1-4〉 14대 국회의원 총선 정당별·지역별 득표 분석

단위: 석(席), %

지역		민자당		민주당		국민당		기타
	의석수	의석수 (의석률)	득표율	의석수 (의석률)	득표율	의석수 (의석률)	득표율	
수도권	서울(44)	16(36.4)	34.7	25(56.8)	37.2	2(4.5)	19.2	1
	인천(7)	5(71.4)	34.5	1(14.3)	30.8	0	20.6	1
	경기(31)	18(58.1)	37.3	8(25.8)	31.9	5(16.1)	19.5	0
	소계(82)	39(47.6)	35.5	34(41.5)	34.8	7(8.5)	19.4	2
영남권	부산(16)	15(94.0)	51.8	0	19.4	0	10.2	1
	경남(23)	16(65.2)	45.8	0	8.7	3(13.0)	20.4	4
	대구(11)	8(72.7)	46.1	0	12.1	2(18.2)	28.8	1
	경북(21)	14(66.7)	49.0	0	6.8	2(9.5)	17.9	5
	소계(71)	53(74.6)	48.4	0	11.8	7(9.9)	18.2	11
호남권	광주(6)	0	9.1	6(100)	76.4	0	3.9	0
	전남(19)	0	25.2	19(100)	61.6	0	5.0	0
	전북(14)	2(14.3)	32.8	12(85.7)	59.0	0	4.8	0
	소계(39)	2(5.1)	24.5	37(94.9)	63.6	0	4.7	0
중부권	대전(5)	1(20.0)	24.5	2(40.0)	25.5	0	21.3	2
	충남(14)	7(50.0)	43.4	1(7.1)	20.2	4(28.6)	16.0	2
	충북(9)	6(66.7)	44.6	1(11.1)	23.8	2(22.2)	21.5	0
	강원(14)	8(57.1)	38.8	0	11.7	4(28.6)	31.9	2
	소계(42)	22(52.4)	39.8	4(9.2)	19.6	10(23.8)	22.5	6
기타	제주(3)	0	34.1	0	19.9	0	0	3
합계	237	116		75		24		22

스스로 기왕의 대표성 위기를 한층 심화시킨 정치적 자의의 표출 결과였다. 따라서 선거가 정당과 파벌구조를 근본적으로 바꾸지 않는 한, 한국정치의 파벌결정요인은 계속될 수밖에 없었다. 선거에 의해 파벌이 재구성되고 정당구조가 바뀐다 해도 유권자들의 동의에 기초하지 않은 선거 후 자의적 행태는 파벌정치로 인한 기존의 위기구조를 더욱 심화

시킬 수밖에 없었기 때문이다. 이렇듯 한국의 선거는 마르크스주의 국가론자들이 말하는 것처럼 '조직적이고도 체계적으로 자신을 억압할 인물을 4년에 한 번씩 자신의 손으로 선택하는 행위'일 뿐이다.

여하튼 14대 총선을 전후로 결성된 대여강야의 정당구조는 이면에 도사린 '기형성'과 해소되지 않은 정치적 한(恨)을 동시 반영한다. 무엇보다 국민당의 급부상은 이 같은 성격을 강하게 반영한다. 특정 파벌이 스스로 생존·적응하지 못하고 그 환경을 벗어날 수 있는 최소한의 빌미를 발견할 때, 그리고 더는 정치적 예상실익을 기대할 수 없을 때 자신의 정치적 소속과 입지점을 일탈하는 현상을 우리는 해방 이후 정당사에서 무수히 발견한다.

국민당이라는 급조(急造) 정당이 그 연장선상에서 발견할 수 있는 대표적 예다. 민자당이 '구국의 결단'이라는 슬로건으로 합당의 명분을 찾았던 것처럼 국민당은 '깨끗한 정치'를 표방한다. 하지만 당시 총선에 반영된 것처럼 당의 이중적 한계는 정주영이라는 인물 중심성과 지지기반이 일부 지역으로 한정된다는 점에서 충분했고 그 개인의 사적 동기도 작용했음을 알 수 있다. 자본을 기반으로 한 권력 추구와 현대그룹의 불이익 처분에 대한 정치적 보상심리 등 '한풀이' 정치심리가 중첩 작용한 셈이다.

'반(反)민자'를 목표로 대여강야 구도를 깨고자 할 경우 국민당이 여야 어느 계파와 연계할지는 당시 상황에서 일단 해소할 수 있는 문제였다. '민자·민주' 양대 정당들이 이들을 자파에 끌어들이려 노력할 일은 불 보듯 뻔했고 국민당 역시 최대한 파벌관리를 통해 자기중심적 사고를 지속하고 한(恨)의 해소를 위해 전력투구할 것이라는 분석도 얼마든지 가능했기 때문이다.

국민당의 또 다른 이중성은 반여반야(半與半野)의 정당구조에서 발견된다. 국민당은 창당 단계부터 민자당 공천탈락자들과 과거 야당경력으로 점철된 원로급 정치 예비군들을 정치적 재생산구조 강화를 위한 자원으로 최대한 활용한다. 여야 가리지 않는 국민당 지도부는 정당결성 후의 모습보다 정당결성 그 자체를 더욱 중요시하고 있었다. 따라서 외형적으로는 야당 모습을 갖추었지만 내면적으로는 과거의 야당과 여당 경력을 고루 갖춘 인물들을 단일 계파로 포섭하려는 이중성을 보인다.

국민당 지지와 같은 일종의 정치적 반발 심리는 1985년 2월, 12대 총선에서도 비슷하게 확인된다. 선거 실시 불과 3주 전에 창당된 신한민주당이 대도시에서의 압승 결과 제1야당이 되고 기존 제1야당이던 민주한국당이 패배 후 당이 분열되어 의원 대부분이 신당에 가입, 와해된 사실을 기억하면 될 것이다.

이러한 일련의 사실들은 당대 한국파벌정치와 어떤 관계가 있을까? 군소정당으로 전락한 한국국민당을 제외하고 야권 거의 모두가 신한민주당으로 통합함으로써 5공의 시험적 다당제가 과거의 양당제로 복귀한 사실을 14대 총선 유권자들은 어떻게 생각하고 있었을까? 그리고 지난 1987년 대선 정국에서 신한민주당을 모체로 출발한 한국의 신야(新野) 정치권이 평화민주당과 통일민주당, 신민주공화당으로 세포분열하고 이어 평민당이 신민주연합과 민주당으로 변신, '민정-통일민주-공화'가 민자당으로 이합집산한 현상은 어떻게 이해해야 할까? 국민당 또한 표류하는 잠정적 정치집단으로 단명할 수밖에 없었던 사실은 뭘 뜻할까? 지난 수년간 '어소아내-서어아소-내어강아-만어만야'의 모습으로 변신한 한국정당구조의 기형성은 어떻게 설명해야 하는가? 오로지 대권 도전을 향한 끝없는 욕망과 포기할 수 없는 개인적 동기에서 비롯된 각 수장들의 정치행위나 정당구조의 기형성은 서로 떨어질 수 없는 관계일까?

이 같은 물음은 14대 대선전까지 빈번하게 제기된 정치적 회의론의 골자였다. 그러나 14대 대선이 김영삼의 승리로 끝나자 한국정당구조는 또다시 양당구도로 바뀐다. 특히 김대중의 정계은퇴와 정주영의 의원직 사퇴는 민주당과 국민당 지도부를 크게 흔들고 이들 없이 새로운 야권을 재편성, 신집권세력으로 김영삼의 민자당과 공존·경쟁해야 하는 새로운 상황을 연출한다.

<표 1-5>에 나타난 것처럼 김영삼은 42%라는 비교적 압도적인 득표율을 자랑한다. 비록 58%의 반대와 기권이라는 표의 한계를 안지만 과거 대통령 당선자보다는 훨씬 강한 정당성을 확보한다[그러나 13대 총선에 이어 14대 총선에서도 연속 확인된 투표율 하락 현상은 주목할 만한 연구대상이다. 이러한 현상이 곧 선진국형의 성격을 갖는지는 논란의 여지가 있다. 이와 관련해서는 다음 연구를 참조할 것(Piven and Cloward, 1988: 3~25)]. 김대중 없는 민주당과 김영삼 총재의 민자당, 미미한 흔적만 남은 국민당으로 대변되는 1993년의 양당 지배구도는 결국 '강여약야'의 정당구조로 바뀐다.

13대 총선 후 5년간 한국정당구조는 크고 작은 변화를 겪는다. 즉 '여소야대 → 거여야소 → 대여강야 → 반여반야 → 강여약야'의 변화다. 이러한 변화는 한국정당이 평균 일 년에 한 번씩 힘의 균형을 잃거나 심한 갈등에 휩싸이는 등 정치적 불안정 속에서 당의 생명을 유지했음을 뜻한다. 당의 생명력은 유지했어도 힘의 균형과 정치질서의 안정적 유지가 극히 힘들었던 것은 한국정당이 단지 파벌과 계파를 담는 지도자 정당으로만 자기 정체를 보존한 데서 비롯된다.

〈표 1-5〉 제14대 대통령 선거 후보별·시도별 득표상황 분포

단위: 명(名), %

	선거인 수	투표인 수	투표율	김영삼		김대중		정주영	
				득표	득표율	득표	득표율	득표	득표율
합계	29,422,658	24,096,806	81.9	9,936,099	42.0	8,026,305	33.9	3,850,233	16.3
서울	7,394,554	6,022,563	81.4	2,167,735	36.4	2,246,788	37.7	1,071,216	18.0
부산	2,565,831	2,135,659	83.2	1,551,473	73.3	265,055	12.5	133,907	6.3
대구	1,494,057	1,172,736	78.5	690,245	59.6	90,641	7.8	224,642	19.4
인천	1,346,964	1,081,140	80.3	397,361	37.3	338,538	31.7	228,505	21.4
광주	769,300	685,797	89.1	14,504	2.1	652,337	95.8	8,085	1.2
대전	725,583	582,615	80.3	202,137	35.2	165,067	28.7	133,646	23.3
경기	4,354,271	3,502,818	80.4	1,254,023	36.3	1,103,497	32.0	798,356	23.1
강원	1,025,018	834,896	81.5	310,884	42.0	113,378	15.3	250,642	33.9
충북	922,701	750,484	81.3	281,710	38.3	191,789	26.0	175,746	23.9
충남	1,232,586	972,988	78.9	351,789	36.9	271,922	28.6	240,400	25.2
전북	1,321,778	1,126,629	85.2	63,172	5.7	991,491	89.1	35,919	3.2
전남	1,500,662	1,285,118	85.6	53,360	4.2	1,170,398	92.2	26,656	2.1
경북	1,934,544	1,559,488	80.6	991,424	64.7	147,440	9.6	240,646	15.7
경남	2,504,339	2,118,621	84.6	1,501,990	72.3	192,075	9.2	239,737	11.5
제주	330,470	265,254	80.3	104,292	40.0	85,889	32.9	42,130	16.1

주: 총 후보 7인 중 박찬종, 이병호, 김옥선, 백기완 후보 등은 제외.
자료: ≪조선일보≫, 1992년 12월 20일 자.

　김영삼의 정치권력 장악은 한국의 정당체계와 인적 구성에서 상당부분 3·4공의 양당 대결구도를 계승한다. 김영삼 총재의 민주계와 김종필 대표의 구(舊)공화계, 정치군부 출신들과 민간정치세력 일부를 담고 잔존하는 구(舊)민정계, 게다가 김대중은 물러났으나 그를 대신한 평민당 석사들로 구민주당 이기택계와 공존을 도모하는 민주당 내 다수 계파의 혼재는 정치엘리트 다수가 정당 안에 숨어들어 자기 파벌의 신경조직을 튼튼히 키우는 정치현실을 잘 반영한다.

4. 탈권위주의적 민주화 추진과 파벌의 표류

한국의 정치발전은 파벌의 이합집산에 따라 지체된다. 이는 한국정치가 진작 권위주의 시대를 벗어났음에도 정당 엘리트들과 권력층 내부에 아직도 그 잔재가 작동하고 있음을 뜻한다. 아직도 권위주의요소가 작용한다는 사실은 정당이 누굴 위해 뭘 대표하는지 답할 수 없게 만든다. 정치적 권위주의와 대표성의 위기는 그래서 서로 연관된다. 한국정치의 한계를 이해하는 데 이는 새삼 중요하다.

정치 환경이 권위주의를 벗어난 지 이미 오래라는 점은 직업정치권이 너무나 잘 안다. 그러면서도 정치권 스스로 낡고 빛바랜 틀을 버리지 못하는 것은 뿌리 깊은 파벌유지 욕구 때문이다. 그들이 파벌정치유형을 정당정치유형으로 바꾸기 위해 새로운 행동방향을 제시해야 할 주체임에 틀림없다. 이를 잘 알고 있음에도 노력을 기울이지 않는 것은 유권자들의 정치안정심리를 담보로 한 고의적 직무유기나 다름없다.

그 같은 행태는 어디서 비롯된 걸까? 그것은 대권욕이었다. 대권을 눈앞에 둔 각 파벌 수장의 개인적 야망과 중간 보스들에 대한 수장의 정치적 보상의무가 맞물려 나타나는 불가항력의 작동이라 보면 크게 틀리지 않는다. 자신을 추종하는 중간 보스와 가시적으로 충성을 맹세하는 계파 정치인들에 대한 지분 보장은 수장들에게 부담스러운 요인이다. 이 요인은 한국 파벌정치현장에서 수장의 권위주의적 정치행태를 좀체 사라지기 어렵게 만든다.

여야 막론하고 이 점이 확대된 참여를 제도화하지 못하거나 소수 당권자에 의해 당을 중앙집권적으로 조직·운영하게 만드는 직접적 배경이 된다. 결국 참여 확대의 정치적 기운을 정당으로 통합시키기 위해

당 조직을 민주적으로 제도화시켜야 한다는 당위론은 적어도 한국 파벌정치현장에서만큼은 의미가 없다.

이러한 한계는 운동권을 제도권으로 흡수하는 데에도 마이너스 효과를 일으킨다. 당시 그들이 과연 제도정치권으로 흡수될 만한 자질을 갖추고 있었는지는 논외로 하더라도 제도권 파벌들은 관대하지 않았다. 재야의 제도권 진입을 둘러싼 난관으로 '운동'과 '정치'를 혼동하는 정체성 위기나 현실감각 부족 등 내부의 한계를 꼽을 수도 있겠지만 근본적인 문제는 제도권 스스로가 이들의 진입이나 정치적 입지점을 허용하려 들지 않는 데 있었다.

기존의 양당체계가 시민사회를 대표하지도 못하고 유권자들 역시 여야 대결구도 밖에서 심각한 정치적 무관심이나 반대심리에 젖어 있음은 과거의 여러 연구에서 확인한 바 있다. 1991년에 실시한 한 조사에서는 노태우 대통령이 대통령으로서의 역할을 '잘못하고 있다'는 비판이 54.2%였고 민자당 지지율은 불과 16.8%로 나타났다(《조선일보》, 1991년 1월 12일 자, 1면 참조). 민자당에 대한 이 같은 지지율은 같은 정치지표를 조사한 이래 최저였고 3당 합당 이전 민정당 지지율 34.9%를 크게 밑도는 수준이었다(당시 그 밖의 정당 지지율은 평민당이 18.5%, 민주당이 11.2%, 민중당이 2.6%였다).

그러나 '지지 정당이 없다'는 응답이 38.2%였고 기존 정당에 대한 불만은 계속 증가하고 있었다. 거의 비슷한 시기에 실시된 다른 조사에서도 '지지 정당이 없다'는 반응은 36.2%였다. 평민당은 여느 조사 때와 마찬가지로 시시율이 큰 변화를 보이지 않아 그들의 세(勢)가 고정적임을 알 수 있었다(이 같은 결과는 14대 총선에서 민주당에 대한 고정적 지지층의 정치심리를 잘 반영한다. 대표성의 위기를 반영하는 이 같은 심각성은

'가장 믿을 수 없는' 직업집단이 바로 '정치인 집단'이라고 집약한 1990년 한 통계에서도 읽을 수 있다. 여기서 연구자는 그 결과를 이렇게 압축한다.

> 우리나라 사람들이 가장 싫어하는 직종의 사람은 정치인이다. (복수응답) 응답자의 70%가 싫은 사람으로 정치인을 가장 먼저 꼽았다. 대기업가의 경우는 41%이며, 경찰은 29%이다. 우리나라 사람들은 평균으로 보아서 정치인, 대기업인, 경찰 순서로 싫어하고 있다. 그러나 복수응답의 성향을 볼 때, 대기업인에 대한 부정적 이미지는 경찰에 비해서 2차적이다. 정치인에 대한 부정적 판단은 압도적이다. 군인은 적극적으로 좋아하는 사람도 적지만 싫어하는 사람도 적다. 회사원의 경우는 더욱 그러하다. 회사원을 좋다고 한 비율은 중간 정도이지만 싫다고 하는 사람은 거의 전무하다. 중소기업가에 대한 선호도 회사원과 대동소이하다. 농민들과 근로자들을 싫어하는 사람도 거의 없다. 요컨대 정치인, 경찰, 대기업가들 이외에 적극적으로 기피당하는 사람들은 없다고 말할 수 있겠다[서울대학교 사회과학연구소, 「21세기를 향한 국민의식성향 조사연구」(1990: 32)].

이를 깨기 위해 가능한 정치적 대안은 무엇이었을까? 이런 상황을 잘 알고 있었음에도 여권은 여권대로 재집권을 위해 노력했고 야권은 '정치적 도덕성'을 내걸면서 여권의 재집권 의도에 맞선다. 민주당을 제외한 야권의 소수 정당들은 정치권에서 제3의 비토 그룹 역할을 원했지만 현실적으론 약세였다.

한국의 제도정치권에 정당구조의 불균형을 이겨낼 만한 자율적 대처방안이나 합리적 적응 메커니즘을 기대할 수 없었던 것은 불행이다. 당

내 민주화 실현이니, 지역감정타파니 하는 문제들 역시 이제는 너무나 진부해 기대조차 않는 게 오늘의 현실이다. 더 중요한 문제는 한국의 정당체계가 어떻게 정착할 것인지 하는 점이다. 이제까지는 정국 안정을 위해 양당제의 안착이 필요하다는 논리가 현실적으로 우세했다.

그러나 이 논리가 현실정치운영에 반드시 긍정적이라고 기대할 수는 없었다. 흔히 우리의 경우 양당제는 시민사회의 정치적 요구에 대한 대응능력에서 심각한 한계를 보여왔고 이를 대체할 만한 현실 정치세력 또한 극히 미미하거나 회의적이었기 때문이다. 이런 실정에서 복수정당구조의 기능적 측면만 강조하는 것은 탁상공론이라고 비판받을 소지가 있었다. 그러나 분명한 것은 13대 총선 결과로 나타난 4당체계가 중요한 검토대상이었다는 점이다. 왜냐하면 선거 결과는 중요한 정치적 실험계기를 제공했지만 그 구현 과정을 보지도 못한 채 다당제 운용기회를 박탈당했기 때문이다.

4당체계는 물론 한계를 안고 있었다. 보스 한 개인의 중앙집중방식으로 운영한 인물 중심의 정당이었다는 점에서 당 운영과 리더십의 한계를 안는다. 비록 전국적인 것이었다고 해도 각 당의 조직기반이 지역 편중된 정치의사를 집중 대변한다는 뜻에서 지역당의 모순도 배제할 수 없었다.

새로 상정할 수 있었던 복수 정당체계는 사회적 직능집단의 이해를 대변할 다원 정당체계였다. 이미 뚜렷해진 계층화 현상과 사회 부문별 다원적 이해관계의 충돌을 고려할 때 더 이상 양대 정당의 존립만 고집할 이유는 없었기 때문이다. 전교조, 노동자, 농민단체, 여성단체, 그리고 재야의 복합적 정치조직 등 다양한 집단별 이해관계가 공존하는 한, 기존 정당은 이들의 조직운동을 제도권으로 흡수하기 위한 최소한의 조치를 검토할 필요가 있었을 것이다.

3당 합당이 아무리 설득력을 지니더라도 정당체계가 거여야소의 기형적 모습으로 변한 것은 타협능력의 부족과 정치적 다원주의의 훈련 미숙에서 비롯한다. 복수정당 운영을 위한 준비가 미숙했다 하더라도 정치적 다원주의는 저지해서는 안 될 일이었다. 그 같은 흐름의 비중을 감안할 때 민자당의 합당 명분도 당연히 퇴색할 수밖에 없었다.

민자당은 당기(黨旗) 디자인과 로고를 바꾸고 1995년 6·27 지방선거 참패 후 신한국당으로 당명까지 바꾼다. 하지만 그런다고 이 나라 파벌 정치문화나 수장 중심의 파행적 정국운용 관행이 바뀔 리 만무했다. 민정계의 입지점을 대폭 줄이고 당 대표였던 김종필을 축출·고사(枯死)시킨 다음의 일이었다. 1995년 6·27 지방선거와 1996년 4·11 총선(15대 총선)은 민자당의 정치 위상을 크게 약화시키거나 집권여당의 이미지를 희석·후퇴시킨다. 그것은 곧 15대 대선의 전초전 성격을 표방하는 데 그치지만 이들 양대 선거는 앞선 분석 결과들을 고스란히 반증하는 토대였다는 점에서 흥미롭다.

민자당에서 용도 폐기된 김종필은 또다시 기사회생(起死回生), '자유민주연합'을 창당한다. 한편 6·27 대승 이후 정치적 자신감을 확인한 김대중은 자신의 정계은퇴를 번복하고 민주당을 쪼개 '새정치국민회의'를 창건하면서 지방선거와 총선 정국을 이끈다. 이로써 1995·1996년 야권의 정치적 시간대는 마치 김영삼의 레임덕을 기다리며 작곡된 '적들의 송가(頌歌)'가 교묘히 울려 퍼진 시기처럼 기록될 일이다.

여기서 김종필의 권토중래(捲土重來)나 김대중의 정치적 식언(食言)은 대권을 향한 극단의 이해관계 앞에서 별다른 감화나 분노의 이미지를 동원하지 못한다. 그것은 곧잘 흥분하거나 슬퍼하고 쉽사리 망각하는

〈표 1-6〉 제15대 총선 전국 시도별·정당별 득표율

단위: %

시·도	총 유효표	신한국	국민회의	민주	자민련	무소속	기타
서울	4,444,415	36.5	35.2	13.5	11.3	3.1	0.4
부산	1,581,518	55.8	6.4	18.8	5.5	11.7	1.8
대구	1,004,744	24.5	1.4	4.0	35.8	29.7	4.6
인천	926,196	38.2	29.5	11.0	14.5	5.9	0.9
광주	533,664	7.5	86.2	2.0	0.8	3.4	0.1
대전	519,584	21.5	11.4	12.6	49.8	4.1	0.6
경기	3,195,769	33.2	27.4	13.9	18.6	6.6	0.3
강원	710,803	37.3	6.7	14.5	23.6	17.7	0.2
충북	655,953	31.5	8.9	8.9	39.4	10.9	0.4
충남	852,930	28.9	6.1	7.9	51.2	5.5	0.4
전북	910,490	23.4	63.7	5.8	0.5	5.7	0.9
전남	1,104,151	17.6	71.0	1.3	0.8	9.2	0.1
경북	1,352,267	34.9	1.6	6.9	20.6	33.3	2.7
경남	1,702,909	46.5	4.2	14.7	4.7	28.7	1.2
제주	224,703	37.2	29.4	2.0	1.2	30.2	0.0
계	19,653,096	34.5	25.3	11.2	16.2	11.8	1.0

자료: 《중앙일보》, 1996년 4월 12일 자; 《국민일보》, 1996년 4월 12일 자; 《한겨레신문》, 1996년 4월 13일 자 참조 재구성.

정치문화의 초라한 반영이었다. 3김의 부활은 분노할 필요조차 느끼지 않게 된 일상의 정치상식에 지나지 않았기 때문이다.

그러나 15대 총선은 그간의 한국정당정치 전반에 관한 총체적 비판이자 새로운 심판이었다. 전통 지배세력 일부의 와해와 해방 후 선거사상 최저 투표율(15대 총선: 63.9%, 14대 총선: 71.9%), 신한국당의 과반수 의석 점유 좌절, 여소야대의 부활 등이 대표적 단시들이다. <표 1-6>과 <표 1-7>은 4·11 총선이 기왕의 선거와 얼마나 차별적이었는지를 잘 말해 준다.

〈표 1-7〉 제15대 총선 지역별·정당별 의석수

단위: 석(席)

구분	의석수	신한국	국민회의	자민련	민주	무소속
총계	299	139	79	50	15	16
서울	47	27	18	0	1	1
부산	21	21	0	0	0	0
대구	13	2	0	8	0	3
인천	11	9	2	0	0	0
광주	6	0	6	0	0	0
대전	7	0	0	7	0	0
경기	38	18	10	5	3	2
강원	13	9	0	2	2	0
충북	8	2	0	5	0	1
충남	13	1	0	12	0	0
전북	14	1	13	0	0	0
전남	17	0	17	0	0	0
경북	19	11	0	2	1	5
경남	23	17	0	0	2	4
제주	3	3	0	0	0	0
소계	253	121	66	41	9	16
전국구	46	18	13	9	6	0

자료: ≪중앙일보≫, 1996년 4월 12일 자; ≪국민일보≫, 1996년 4월 12일 자 참조 재구성.

그러나 이 같은 차이에도 불구하고 15대 총선은 여느 선거처럼 철저한 지역주의와 인물중심주의의 골을 여전히 헤어 나오지 못한다. 그 점에서 강한 아쉬움을 반복 답습한다. 이 한계는 이미 15대 총선 전, 1995년 6·27 지방선거에서도 예고된 바 있다. 그 모습의 한 단면을 비추어보는 데 <표 1-8>은 좋은 준거가 된다.

변함없는 '지역중심주의·파벌주의·인물중심주의'는 인치(人治)에 의한 정당의 사당화(私黨化)나 도당화(徒黨化) 경향을 고스란히 증명한다. 아

〈표 1-8〉 1995년 6·27 지방선거 지역별 지지정당 분포

단위: %, ( )는 명(名)

	민자당	민주당	자민련	무소속	계
부산·경남	41.3	7.8	1.4	24.7	21.0(152)
대구·경북	28.8	9.2	29.6	41.1	27.7(200)
대전·충청	15.6	12.4	64.8	16.0	19.6(142)
광주·호남	14.4	70.5	4.2	18.2	31.7(229)
계	100.0(160)	100.0(217)	100.0(71)	100.0(275)	100.0(723)

주: $X^2 = 342.4$ $P < .001$
자료: 안병만·김인철·서진완, 「6·27 지방선거에 나타난 유권자의 자치성향과 투표행태」, 《한국정치학회보》, 제29집 제4호(1996), 378쪽.

울러 그 같은 폐단이 수장의 술수적 정치공학이나 경쟁정당의 합리적 선택 결과였음도 재론의 여지는 없다.

김영삼은 집권여당의 총재라는 프리미엄을 최대한 활용해 퇴색해가는 개혁의 고삐를 더 움켜잡길 원했다. 게다가 전두환·노태우 구속 이후 국내정치적 우위를 지속적으로 선점해 대중적 설득력을 확보하기 위한 집권 종반부 통치계획을 굳혀나간다. 신한국당의 과반수 의석점유. 그것이 15대 국회개원 전 총재의 우선 목표였다. 실제로 신한국당은 당선자 확정발표 후 139석으로 굳어진 의석을 늘리기 위해 혼신의 힘을 다해 원 구성 전까지 무소속 당선자 10명 이상을 영입하는 데 성공한다. 이 같은 정략은 국민회의와 자민련의 연대를 배후에서 기술적으로 촉진·강화하고 결국 대권 도전을 노리며 칩거하던 양김 모두를 흥분시킨다.

결과는 김대중의 승리와 진보 진영의 약진으로 구체화된다(<표 1-9> 참조). 이는 곧 뒤늦은 야권의 감각이 문제 해결과 입적의 생산으로 연결되어야만 한다는 정치적 부담과 마주하는 계기를 이룬다. 그뿐 아니라 모처럼의 기회를 살리지 못할 경우 그들이 그토록 공격하던 과거 정권

〈표 1-9〉 15대 대선 지역별·후보별 득표 분포

단위: ( )는 %

구분	선거인 수	투표인 수	투표율	이회창	김대중	이인제
합계	32,290,416	26,042,359	80.7	9,935,379(38.7)	10,328,196(40.3)	4,925,370(19.2)
서울	7,358,547	5,926,686	80.5	2,394,311(40.9)	2,627,309(44.9)	747,846(12.8)
부산	2,692,311	2,124,138	78.9	1,117,069(53.3)	320,178(15.3)	623,756(29.8)
대구	1,707,338	1,347,062	78.9	965,607(72.7)	166,576(12.5)	173,649(13.1)
인천	1,639,655	1,311,516	80.0	470,560(36.4)	497,839(38.5)	297,739(23.0)
광주	870,554	783,025	89.9	13,294(1.7)	754,159(97.3)	5,181(0.7)
대전	881,474	692,823	78.6	199,266(29.2)	307,493(45.0)	164,374(24.1)
울산	654,125	529,794	81.0	268,657(51.4)	80,671(15.4)	139,615(26.7)
경기	5,707,087	4,600,021	80.6	1,612,108(35.5)	1,781,577(39.3)	1,071,704(23.6)
강원	1,077,853	846,574	78.5	358,921(43.2)	197,438(23.8)	257,138(30.9)
충북	1,015,921	805,500	79.3	243,210(30.8)	295,666(37.4)	232,254(29.4)
충남	1,330,627	1,024,226	77.0	235,457(23.5)	483,093(48.3)	261,802(26.1)
전북	1,391,537	1,190,193	85.5	53,114(4.5)	1,078,957(92.8)	25,037(2.1)
전남	1,519,292	1,325,748	87.3	41,534(3.2)	1,231,726(94.6)	18,305(1.4)
경북	1,988,379	1,574,465	79.2	953,360(61.9)	210,403(13.7)	335,087(21.8)
경남	2,094,036	1,681,589	80.3	908,808(55.1)	182,102(11.0)	515,869(31.3)
제주	361,680	278,999	77.1	100,103(36.6)	111,009(40.6)	56,014(20.5)

주: 총 후보 7인 중 '권영길·허경영·김한식·신정일' 후보의 득표통계는 생략.
자료: ≪조선일보≫, 1997년 12월 20일 자.

과 자신들이 크게 다를 바 없고 그 같은 한계는 고스란히 다음 선거의 부메랑이 될 것이라는 경고마저 배양하고 있었다.

무엇보다 중요한 사실은 이때를 기점으로 '여촌야도'의 선거문화가 근본적 지각변동을 겪는다는 점이다. 야당 지도자의 대권장악과 그에 따른 보수세력의 주기적 재결집은 누구에게라도 한꺼번에 모든 걸 주진 않겠다는 '정치적 인색함(the political parsimony)'으로 노골화한다. 한 번은 주고 한 번은 거두어들이는 지지의 지그재그는 철저히 반복하거나 주기

〈표 1-10〉 16대 총선 정당별 득표율 분석

단위: ( )는 %

		한나라당	민주당	자민련	민국당	한국신당	민주노동당	청년진보당	공화당	무소속	합계
전체		7,365,359 (39.0)	6,780,625 (35.9)	1,859,331 (9.8)	695,423 (3.7)	77,498 (0.4)	223,261 (1.2)	125,082 (0.7)	3,950 (0.0)	1,774,211 (9.4)	18,904,740
수도권	서울	1,747,482 (43.3)	1,819,735 (45.1)	189,185 (4.7)	52,265 (1.3)	3,862 (0.1)	39,568 (1.0)	121,418 (3.0)	176 (0.0)	64,598 (1.6)	4,038,289
	인천	378,903 (41.7)	368,924 (40.6)	110,120 (12.1)	11,141 (1.2)	0 (0.0)	6,906 (0.8)	3,664 (0.4)	0 (0.0)	24,844 (3.2)	908,502
	경기	1,304,676 (39.1)	1,365,304 (40.9)	413,362 (12.4)	52,426 (1.6)	1,613 (0.1)	40,909 (1.2)	0 (0.0)	3,252 (0.1)	156,706 (4.7)	3,338,248
	소계	3,431,061 (41.4)	3,553,963 (42.9)	712,667 (8.6)	115,832 (1.4)	5,475 (0.1)	87,383 (1.1)	125,082 (1.5)	3,428 (0.0)	250,148 (3.0)	8,285,039
강원		266,136 (38.6)	251,571 (36.5)	70,280 (10.2)	45,076 (6.5)	1,037 (0.2)	0 (0.0)	0 (0.0)	0 (0.0)	55,807 (8.1)	689,907
충청권	대전	115,186 (23.3)	140,745 (28.5)	169,683 (34.3)	4,607 (0.9)	4,620 (0.9)	10,852 (2.2)	0 (0.0)	0 (0.0)	49,058 (9.9)	494,751
	충북	193,089 (30.6)	197,459 (31.3)	185,920 (29.5)	4,143 (0.7)	5,227 (0.8)	0 (0.0)	0 (0.0)	0 (0.0)	44,526 (7.1)	630,364
	충남	141,684 (17.4)	244,128 (30.1)	319,066 (39.2)	9,279 (1.1)	52,678 (6.5)	7,391 (0.9)	0 (0.0)	0 (0.0)	39,844 (4.9)	814,070
	소계	449,959 (23.2)	582,332 (30.0)	674,669 (34.8)	18,029 (0.9)	62,525 (3.2)	18,243 (0.0)	0 (0.0)	0 (0.0)	133,428 (6.9)	1,939,185
호남권	광주	16,144 (3.3)	342,888 (69.9)	1,503 (0.3)	2,015 (0.4)	0 (0.0)	0 (0.0)	0 (0.0)	0 (0.0)	128,038 (26.1)	490,588
	전북	30,442 (3.6)	555,462 (65.4)	28,675 (3.4)	1,811 (0.2)	0 (0.0)	0 (0.0)	0 (0.0)	0 (0.0)	232,459 (27.4)	848,849
	전남	41,284 (4.1)	666,697 (66.4)	16,029 (1.6)	4,797 (0.5)	0 (0.0)	0 (0.0)	0 (0.0)	0 (0.0)	275,782 (27.5)	1,004,589
	소계	87,870 (3.7)	1,565,047 (66.8)	46,207 (2.0)	8,623 (0.4)	0 (0.0)	0 (0.0)	0 (0.0)	0 (0.0)	636,279 (27.1)	2,344,026
영남권	대구	585,974 (62.9)	101,854 (10.9)	95,305 (10.2)	58,163 (6.2)	132 (0.0)	4,287 (0.5)	0 (0.0)	522 (0.1)	85,531 (9.2)	931,768
	경북	673,537 (52.5)	188,063 (14.7)	180,031 (14.0)	129,194 (10.1)	4,318 (0.3)	0 (0.0)	0 (0.0)	0 (0.0)	108,305 (8.4)	1,283,448
	부산	904,040 (60.3)	225,160 (15.0)	24,356 (1.6)	223,328 (14.9)	1,449 (0.1)	8,020 (0.5)	0 (0.0)	0 (0.0)	112,338 (7.5)	1,498,691

울산	166,186 (41.7)	38,189 (9.6)	12,277 (3.1)	15,375 (4.0)	0 (0.0)	68,749 (17.3)	0 (0.0)	0 (0.0)	97,398 (24.4)	398,534
경남	690,973 (53.7)	151,981 (11.8)	41,948 (3.3)	80,358 (6.3)	2,562 (0.2)	36,579 (2.8)	0 (0.0)	0 (0.0)	281,884 (21.9)	1,286,285
소계	3,020,710 (56.0)	705,247 (13.1)	353,917 (6.6)	506,778 (9.4)	8,461 (0.2)	117,635 (2.2)	0 (0.0)	522 (0.0)	685,456 (12.7)	5,398,726
제주	109,623 (44.2)	122,465 (49.4)	1,591 (0.6)	1,085 (0.4)	0 (0.0)	0 (0.0)	0 (0.0)	0 (0.0)	13,093 (5.3)	247,857

자료: 김도종·김형준, 「제16대 국회의원 선거 결과에 대한 집합자료 분석」, 한국정치학회(편), ≪한국정치학회보≫, 제34집 제2호(2000.8), 113쪽.

적 정치성을 드러낸다.

이를 굳이 '일여일수(一與一收)'로 표현하면서 일반화하긴 어렵겠지만 <표 1-10>이 보여주는 또 다른 이변은 이 땅의 정치문화가 다분히 권력을 향한 선택적 친화력을 갖는다는 사실을 잘 말해준다. 김대중을 권력 정상에 올려놓은 뒤 입법부 권력은 다시 한나라당으로 몰아가는 유권자들의 정치심리는 결코 모든 걸 몰아주진 않겠다는 의도를 선명히 반영하기 때문이다.

이 같은 현상은 <표 1-11>, <표 1-12>, <표 1-13>, <표 1-14>를 면밀히 검토할 경우 더 분명해진다. 이는 곧 지지의 기복(起伏)과 주기적 반복이 단순한 순간의 감정이나 도발적 선택 결과가 아님을 잘 말해준다. '김대중-노무현'으로 이어지는 야권의 지속적 권력승계는 비록 예외지만 15대 대선 이후 여야의 권력부침은 해방 후 지속된 일방적 여권 우위를 뒤집는 좋은 사례들이다.

그럼에도 한국정치의 파벌중심주의는 사라지지 않는다. 이는 마치 정치질서 변인(變因)의 상수인 양, 정권 창출과 사수 혹은 재생산구조의 숨은 공신(功臣)들로 제 역할을 다한다. 파벌이 이처럼 유권자들의 정치적

〈표 1-11〉 16·17대 대선 주요 후보 시·도별 득표율

단위: %

	16대 대통령 선거		17대 대통령 선거		
	한나라당 이회창	민주당 노무현	민주신당 정동영	한나라당 이명박	무소속 이회창
서울특별시	45.0	51.3	24.5	53.2	11.8
부산광역시	66.7	29.9	13.5	57.9	19.7
대구광역시	77.8	18.7	6.0	69.4	18.1
인천광역시	44.6	49.8	23.8	49.2	15.2
광주광역시	3.6	95.2	79.8	8.6	3.4
대전광역시	39.8	55.1	23.6	36.3	28.9
울산광역시	52.9	35.3	13.6	54.0	17.5
경기도	44.2	50.7	23.6	51.9	13.4
강원도	52.5	41.5	18.9	52.0	17.6
충청북도	42.9	50.4	23.8	41.6	23.4
충청남도	41.2	52.2	21.1	34.3	33.2
전라북도	6.2	91.6	81.6	9.0	3.6
전라남도	4.6	93.4	78.7	9.2	3.6
경상북도	73.5	21.7	6.8	72.6	13.7
경상남도	67.5	27.1	12.4	55.0	21.5
제주도	39.9	56.1	32.7	38.7	15.0
전국	46.6	48.9	26.1	48.7	15.1

자료: 김영태, 「한국의 선거와 출신지역」, 서강대학교 현대정치연구소(편), ≪현대정치연구≫, 제2권 제2호 (2009), 63쪽.

〈표 1-12〉 16대 총선 정당별 득표율·의석수·의석률

단위: 석(席), 득표율과 의석률은 %

구분	득표율	지역구 의석	전국구 의석	계	의석률
한나라당	39.0	112	21	133	48.7
민주당	15.9	96	19	115	42.1
자민련	9.8	12	5	17	6.2
민국당	3.7	1	1	2	0.7
한국신당	0.4	1	0	1	0.4
무소속	9.4	5	0	5	1.8

자료: 심지연, 『한국정당정치사: 위기와 통합의 정치』(서울: 백산서당, 2009), 471쪽.

〈표 1-13〉 17대 총선 정당별 의석 현황

단위: 석(席)

구분	열린우리당	한나라당	민주노동당	새천년민주당	자유민주연합	기타
지역구	129	100	2	5	4	3
비례대표	23	21	8	4	0	0
합계	152	121	10	9	4	3

자료: 심지연, 『한국정당정치사: 위기와 통합의 정치』(서울: 백산서당, 2009), 530쪽.

〈표 1-14〉 18대 총선 정당별 의석수

단위: 석(席)

정당명	지역구 의석수	비례대표 의석수	전체 의석수
한나라당	131	22	153
통합민주당	66	15	81
민주노동당	2	3	5
자유선진당	14	4	18
친박연대	6	8	14
창조한국당	1	2	3
진보신당	0	0	0
무소속	25	0	25

자료: 손병권, 「제18대 총선과 서울」, 서강대학교 현대정치연구소(편), ≪현대정치연구≫, 제1권 제2호 (2008), 132쪽.

지지대상 변화나 개인적 무관심과 관계없이 현실로 지탱하고 있음은 비극이다. 이는 곧 서로 관계없는 듯 보이는 현상들이 얽히고설켜 나타나는 정치적 화학반응의 단서가 되기도 한다.

<표 1-15>에 드러나는 6·29 이후 한국 투표율의 착실한 감소추세는 그 물리적 단서가 기실 모호하다. 이는 그 자체만으로도 방대한 근거와 추적이 필요한 연구 과제이기 때문이다. 그 경험적인 단서들을 감안해야 함에도 이를 극도의 환멸과 실망의 결과로 볼 수밖에 없는 까닭 역시

〈표 1-15〉 6·29 이후 한국 유권자의 정치적 무관심 변화 추이

단위: %

	1987	1988	1992	1992	1996	1997	2000	2002	2004	2007	2008
총선	–	75.8	–	71.9	63.9	–	57.2	–	60.6	–	46.1
대선	89.2	–	81.9	–	–	80.7	–	70.8	–	63	–

자료: 김윤철, 『정당』(서울: 책세상, 2009), 15쪽.

이젠 분명하다. 그것은 정치적 현 존재태(存在態)를 바라보는 뿌리 깊은 불신과 이를 배양한 권력구조의 태생적 한계와 결코 무관하지 않기 때문이다.

한국 유권자들은 왜 투표 행위 그 자체로부터 멀어져 가는 걸까. 만일 이대로 나아간다면 이 땅의 참여 양식은 '일부 투표 - 다수 외면'의 양극화 현상과 직업정치인들만의 자기중심적 향연으로 굳어갈 가능성마저 적잖을 것이다. 이를 치유·조절할 수 있을 것처럼 보이는 사회운동단체들이나 재야·진보의 존재도 사정은 크게 다르지 않다. '그들'이라 하여 이를 단숨에 뛰어넘을 고도의 도덕성이나 정치적 잠재력을 자랑할 처지는 아니기 때문이다.

1989년을 고비로 사회주의권이 몰락하자 일군의 재야세력이 크게 위축했음은 널리 알려진 사실이다. 원외에서 투쟁한다는 사실 하나만으로 뜨거운 보람을 재확인하며 끝까지 버텨보려 했던 그들의 순수한 혁명 열정은 평소 신봉하던 이데올로기가 '허구'임을 목격한 다음 급속히 식어간다. 제도 정치권이 유혹하지 않았어도 그 진입을 의식한 이들에게 이는 기왕의 정치적 편견을 앞당겨 폐기하도록 자극한 좋은 빌미가 된다.

3김은 14대 총선 후 이들의 흡인작업에 나선다. 김영삼은 집권 직후, 나머지 양김은 15대 총선을 전후해 재야물색을 표면화하기 이른다. 그

들의 이 같은 노력이 한결같이 자파 세력을 공고히 하고 인물 비축을 통한 세 불리기나 이를 향한 자기사람 만들기의 계산된 결과였음도 재론의 여지는 없다.

전력(前歷)은 중요치 않고 향후의 역량발휘에 관심 쏟기. 충성의 크기보다 승리와 고지 탈환의 능력 여부 검증하기. 동원해낼 수 있는 인원 운용과 공·사 조직의 밀도·기동성 확인하기. 배신 가능성보다 합리적 판단과 능률성 여부 먼저 고려하기. 노동자·농민·지식인·성직자·학생 등 비판적 행동과 실천적 변혁 주체를 직접 파고들 재야의 첨병 역할 부여하기.

이 같은 항목들은 재야·진보세력을 자기 표밭으로 인식한 파벌 수장들의 자기중심성을 고스란히 반증한다. 깊이 숨기고 싶지만 머잖아 드러날 수밖에 없는 그런 정치심리의 자락들 말이다. 언제까지나 제도권 외곽에서 거칠고 기약 없는 정치적 삶의 방식을 지탱할 것인지도 재야 스스로 숙고하지 않을 수 없었다. 그것은 풍찬노숙(風餐露宿)을 낭만적 삶의 양식인 양 내면화해야만 했던 예전의 독립운동과는 근본적으로 다른 물음이었기 때문이다.

살기 위해 연대해야 한다는 주문은 집권하기 위해 배신도 불사해야 하는 현실과 전혀 다른 일이다. 가난하더라도 의연히 살아가는 일이 재야의 어휘 그 자체에 한결 합당하거나 진보세력이 존재하는 이유였을 것이다. 하지만 집권은 고사하고 점차 민중과 동떨어지며 '그들' 스스로도 제도 정치권의 파벌화 경향을 답습하는 현실에서랴. 하물며 혹독한 생존 법칙을 다시 세우기 위해서라도 자기거점의 쇄신은 불가피한 일이었을 것이다.

5. 재야와 진보의 제도권 흡수

　제도권의 정치적 손익은 주요 정당 간, 계파 간 이해관계와 게임의 법칙에 따라 치밀하게 추산된다. 그들이 반드시 게임의 법칙을 준수하느냐는 문제는 논란의 여지가 있다. 그러나 각 정당들과 정당 내 파벌의 정치적 예상실익 추정은 자파의 패배가 곧 다른 계파나 제3계파의 반대급부가 될 것이라는 판단 아래 진행된다. 이는 바로 게임의 진행과 맥을 같이한다.
　권력지분을 빼앗기지 않으려는 파벌의 노력은 최고경영자가 자기 재산을 필사적으로 지키려는 자세와 같다고 보면 크게 틀리지 않을 것이다. 각 파벌의 정치적 행동방향이나 정책수립은 자기 소속의 실익을 극대화하기 위한 명분을 발견해나가면서 구체화된다. 따라서 이들의 정치적 행동은 가능한 한 위험부담이 적은 대안을 통해 궁리될 수밖에 없다. 정당과 파벌의 정치적 행동의 우선순위는 여기서 나오는 셈이다.
　15대 총선 후만 해도 신한국당은 계파 간 이해를 조절하며 지속적인 집권의 꿈을 버리지 않고 있었다. 새정치국민회의 역시 정치적 도덕성과 민주적 정치윤리를 명분으로 강한 대여투쟁을 전개한다. 자민련과 민주당은 상대적 열세 속에서도 자신들의 정치적 운신 폭과 정책적 설득기반을 넓혀 나가려 애쓰고 있었다. 이 같은 몸부림은 그러나 단지 잠정적 수준에서만 의미를 지닐 뿐, 한국정당구조의 근본이나 체질 개선을 위해 아무런 도움이 되지 못한다. 각 당의 당면과제가 아무리 긴박했어도 재야와 진보를 제도정치권이 어떻게 흡수할 것인지는 변함없이 중요한 문제였기 때문이다.
　제도권 정당들이 그들을 온전히 흡수하는 것은 상당히 어려운 문제였다. 그러나 이는 유권자들의 정치의식수준을 감안할 때 무시할 수 없었다. 만일 재야·진보에 대한 제도권 정당들의 '거리 두기'가 계속될 경우, 그래서 그들의 정치적 잠재력을 제도적으로 흡수하는 데 끝내 실패할 경우 그 책임은 제도권 스스로 지지 않을 수 없었기 때문이다.

14대 총선에서 단 한 석도 확보하지 못한 채 밀려난 민중당이나 '전국연합·전노협·전농' 등 주요 재야세력들 간에는 이념과 노선이 다르거나 이상적 정책대안을 표방하는 비(非)정치영역들 또한 엄존했던 것이 사실이다. 그럼에도 그들을 외면하면 안 되었던 것은 등장배경 때문이다. 즉 재야·진보는 기존의 강제적 양당구조나 과거 보수야당이 범한 오류와 그에 대한 정치적 환멸의 반사작용으로 전면에 부각한 집단적 반대세력이었기 때문이다.

한국에도 건전한 민주적 중간계층이 있어 오래도록 정치적 통제나 감시가 원활했다거나 그들이 제도정당과 그 외곽 사이에서 완충역할을 훌륭히 수행할 수 있었다면 문제는 물론 달랐을 것이다(정치변동의 담지주체로 중간계층은 이 같은 정치통제에 인색했다. 정치적 중간계층은 줄곧 표로 말해왔고 자신이 선택한 엘리트의 변절에 관해 집단적 항의나 리콜 등 비토를 실천하지 않는다. 재야에 대한 정치적 지지 역시 냉담했다. 민중당 침몰이 좋은 예다).

재야와 진보의 합법화는 한국정치의 아킬레스건(腱)이다. 여야가 합의할 수 없다면 제도권력의 정치력에 의존해서라도 성사시키지 않으면 안 될 문제가 이것이다. 재야와 진보의 제도권 흡수는 기존 정당들이 제 역할을 다할 때 현실화할 수 있는 문제다. 재야의 제도화를 통해 기대할 수 있는 효과는 무엇보다 기존 보수정당구도에 자극을 가하고 이념적 균형과 양당 경쟁구조를 강화할 수 있다는 점이다. 아울러 유권자들의 정치적 선택폭이 확산된다는 점에도 주목할 필요가 있었다. 여기에는 물론 자기의 위상 약화와 자칫 미래의 정당 과잉이나 정치적 혼미가 예상되는 것이 사실이다.

그러나 자본과 조직, 사람과 파벌까지 거머잡고 정치적 탐욕마저 버리지 않는 오늘의 정당정치현실에서 이 같은 당위론이 어느 정도 실현될지는 미지수다. 정당에 기대할 수 없는 현실이라면 집권층의 결단과 정치력 발휘는 가능할까? 이 같은 물음은 계속 제기될 것이다. 제도권의 정치력 발휘나 국민들의 선택 여부와 관계없이 재야와 진보는 제도권 진입과 정치세력화 앞에서 결코 자유롭지 못했다. 그뿐 아니라 재야의 보수 이미지는 NGO 활동을 통해 급부상한 시민운동세력의 약진과 맞물렸던 게 지난 세기말 상황이다.

문제는 간단치 않았다. 그것은 재야와 진보가 대중적 합법성이나 제도적 정치력을 확보할 수 있는지보다 더 중요한 문제였다. 게다가 그들 역시 해방 후 제도정치권이 보인 파벌화 경향을 갖는지 여부와 직결된다. 그들도 이념과 정세변화에 따라 이합집산한 제도권의 '무리 짓기'를 답습했는가, 그렇지 않았는가? 그들도 만약 파벌화 경향을 보인다면 이들을 유인한 요소는 질적으로 같은가, 다른가? 예외적 요소를 지닌다면 그건 뭘까? 그들 역시 대권 도전을 향한 제도권의 생각과 강한 친화력을 보인다면 그 또한 계속되는 정치적 좌절은 뭘 뜻할까?

이 같은 의문들은 정치적으로 맞물린다. 제도권이 그들의 접근을 용납하지 않고자 적극 제지한 적은 물론 없다. 제도권 때문에 그들이 정치적으로 실패와 좌절을 반복한 것도 아니다. 또 제도권이 적극 흡수하지 않았기 때문에 오늘의 재야와 진보가 분열된 것도 아니다. 그러나 제도정치권은 그들을 자신과 같은 조건 속에서 경쟁하는 정치집단으로 간주하지 않는다. 그들은 단지 간헐적으로 '경청할 가치 있는' 어느 한 세력 정도로 홀대받아왔고 유권자들의 관심 밖으로 밀려났던 셈이다.

결과적으로 이는 그들을 제도정치권과 유권자 사이의 '머무는 존재'로 고립시킨다. 바로 이 같은 어설픈 상황은 그들이 제도권의 어느 진영을 자기 동조세력으로 이용할 것인지 고민하게 했고 그들마저 불가피한 파벌화 경향으로 치닫게 만든 직·간접의 배경이 된다.

탈권위주의적 민주화 추진과 제도정치권의 파벌표류, 권력교체기마다 극심하게 요동치는 정당구조의 기형성, 제도정치권의 무관심과 유권자들의 지속적 거부, 그 속에서 암중 도전하는 재야와 진보의 또 다른 무리 짓기. 그리고 대권을 향한 치열한 권력 경쟁에서 가열되는 정치권의 또 다른 흔들림. 그 가운데 열병 같은 한국사회의 과잉 정치화 경향은 변함없었고 시민들의 정치변화욕구 역시 이어지고 있었다.

그렇다면 파벌정치의 역사적 맥은 어떤 줄기로 이루어졌을까? 인물이 사라지지 않는 한, 파벌 역시 내다 버릴 수 없었다면 오늘의 한국정치를 지배하는 '사람'들은 누구였을까? 이들에게 모여들고 등 돌린 이들의 정치적 행각은 또 무엇이었을까? 이런 물음들에 하나하나 답하자면 파벌은 과연 어떻게 만들어지고 사라졌는지 그 기원과 현주소부터 살펴보는 것이 순서일 것이다.

2
파벌의 형성과 변화

'여·야·재야'로 나뉘는 한국정당구조는 시민들의 '피'와 유권자들의 '살'을 지탱근거로 삼는다. 한국정당을 인간의 신체구조에 비유할 때 파벌은 곧 피와 살을 토대로 뻗어나간 신경조직망이다. 무엇이 그 신경조직을 통제할까? 두말할 필요조차 없이 그것은 대뇌의 명령과 그에 의해 통제되는 중추신경조직이다. 신경조직망은 계파 조직의 중간 보스와 파벌 수장 없이 잠시도 활동할 수 없기 때문이다. 그렇다면 파벌과 계파를 은폐하면서 내면 활동을 두텁게 보호하는 오늘의 한국정당구조는 어떤 모습을 취할까? 극도로 단순화하자면 이는 <그림 2-1>처럼 압축할 수 있다.

실질적 세력 크기나 정치적 힘의 질까지는 그만두더라도 현 단계 한국정치변화를 정당구조로 살펴볼 때 그 성격은 '제도권(X) - 비제도권(-X)'의 물리적 중심축과 이들이 표방하는 '보수(Y) - 진보(-Y)'의 또 다른 이념 축이 맞부딪치는 긴장과 경쟁의 메커니즘으로 결정된다. 게다가

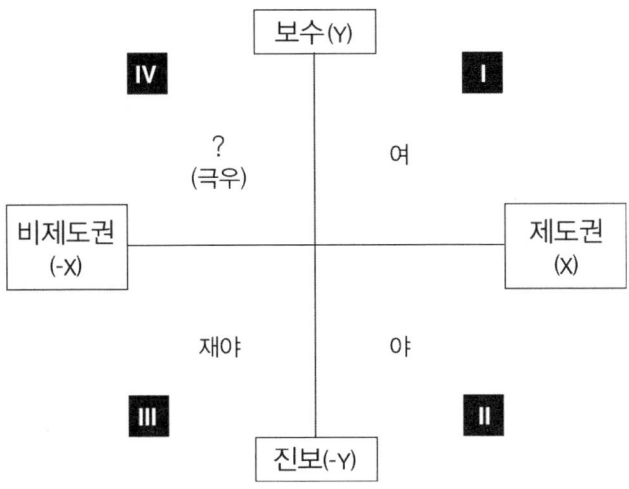

〈그림 2-1〉 정치변혁기 한국파벌정치의 외피구조

이러한 변화의 중심축은 대권을 향한 파벌정치운영에서 늘 힘의 안배를 좌우한다.

특히 보수 정당구조(X·Y)가 재야·진보세력(-X·-Y)의 제도화에 실패할 경우, 재야보수를 지지하는 정치적 중간계층의 행동선택은 (X·-Y)나 (-X·-Y)의 정치적 입지점을 더욱 강화시킬 수 있다. 야권은 늘 정국운영에서 이 같은 사실을 중요시할 것이고 유권자의 정치적 선택을 돌려놓기 위해 신중히 행동할 것이다. 즉, Ⅰ은 Ⅳ의 불특정 다수 유권자들이 Ⅱ·Ⅲ을 선택하지 않도록 신중한 전략을 검토할 것이고 Ⅱ·Ⅲ 역시 자신에 대한 지지철회가 다른 쪽의 정치적 지지와 연결되지 않게 하려는 전술적 사고에 치중할 것이다.

결국 '여·야·재야'의 정치적 대결구도가 제도적 경쟁관계로 전환할 수 있는지 여부는 한국정당이 앞으로 한국정치를 주도할 것인지에 답하는 또 하나의 전제가 된다. 하지만 한국파벌정치가 지니는 배타적 응집력과 수장 개인의 정략적 흡인력을 고려할 때 이러한 제도적 경쟁관계가 미래를 지배할 가능성은 그리 높지 않다. 특히 대권 앞에 광분(狂奔)하는 한국의 주도 정치파벌들이 수장 개인을 중심으로 재결집하는 현실 속에서 이 같은 기대는 유예시킬 수밖에 없다.

그렇다면 파벌을 움켜쥐는 중추신경조직과 대뇌구조는 지금까지 어떻게 질긴 생명력을 유지하고 있는 걸까? 대권을 장악하지 않는 한 끊임없이 지탱하는 파벌의 강인한 신경망은 어떤 환경에서 배양·분열·확산되며 오늘에 이르는가? 파벌 주변에서 이를 견제하며 등장한 유사 파벌들과 잔존세력은 어떻게 대권주변부로 모여드는가? 정권 교체기와 격변기마다 모이고 흩어지는 그들의 행각은 한국정치사에서 무엇을 말해주는가?

1. 한국 정치파벌의 형성
  : 해방공간에서 김영삼 정권까지

해방 후 정치파벌의 양대 산맥은 김영삼과 김대중이 장악한다. 산맥의 높이와 폭 그리고 그 깊이는 그들을 길러낸 해방 후 1세대 여야 정치지도자들에서 비롯된다. 그러나 양김은 14대 대선까지 누구도 대권장악에 성공하지 못한 반면 '반(反)군사·반(反)독재' 정권투쟁을 계속하며 자기 계보를 형성한다.

이 과정에서 그들은 정치적 한(恨)을 품었고 양자의 한이 균형을 이루는 가운데 게임의 룰이 배양된다. 여기서 둘은 어느 한쪽에게 유리한 정치상황이 곧 상대방의 패배와 직결된다고 인식할 뿐 아니라 자기 사람들 모두에게 이 같은 생각을 뿌리 깊이 심는다. 게다가 각자가 차기 정권 실세로 자기 이미지를 상상하는 동안, 파벌 내 충성과 은총의 가치관을 위계화하는 데 성공한다.

이들에게 정치적 한의 균형을 도모하게 만든 것은 정치군부의 출현이다. 군부와 양김은 끝없이 대립했고 서로를 폄하한다. 그 결과 군부는 군부대로 양김은 양김대로 자기 파벌의 씨를 뿌려 그 줄기는 엉키고 뒤섞인다. 나아가 그 위에 새로운 홀씨가 세 파벌구조 안팎에 얹히는 동안 한국파벌정치는 누구도 허물 수 없는 탄탄한 연결고리를 이룬다.

김영삼과 김대중, 박정희와 전두환 그리고 노태우 등 5인의 파벌 계보는 해방 직후 남북한 좌우익의 그것만큼 복잡한 조직망을 기반으로 삼는다. 이들 5인을 중심축으로 뻗어나간 계보는 4·19와 5·16, 5·17과 6·29에 이어 여러 차례의 헌법 개정 그리고 수차례 총선과 대선을 고비로 더 치열하게 변한다. 그러나 파벌의 변화는 근본적으로 이들 5인 보스를 정점으로 이루어진다. 수많은 정치적 인간들이 보인 권력 지향적 행태의 서로 다른 표현에 지나지 않았다는 점에서 그 함의 역시 의외로 단순하다.

모두가 대권 도전에 성공하고 난 후에도 파벌의 변화는 지칠 줄 모른다. 그것은 반드시 이들 5인의 영향과 조종의 결과가 아니었다. 예상과는 달리 파벌들이 자생적 분화와 변이의 모습을 보이기까지 한다는 것은 한국정치가 제도와 이념의 자연스러운 산출물이 아니라 공학과 조작의 음험한 결과였음을 잘 말해준다.

이런 현상은 세기의 전환기를 거치면서도 바뀌지 않는다. 21세기로 진입한 다음에도 파벌의 이합과 집산은 계속된다. 그래서 파벌 이동은 역사이자 현상이며 변수라기보다 차라리 고질적 상수(常數)로 이해할 일이다. 노무현의 급부상과 이를 견제하려는 신야권의 세포분열, 그리고 '김대중-노무현'의 사멸 이후 설욕과 재기를 다지는 후예들의 파벌 재편과 이명박의 등장은 밀레니엄의 한 세대 이합집산을 읽는 새로운 꼭짓점들이다.

무엇이 이들을 파벌로 이끌었는가. 파벌들의 생명은 어째서 그렇게 끈질긴 걸까? '번쩍거린다고 다 금이 아니듯' 직업정치인들 모두가 파벌 구성원은 아니다. 이것이 파벌정치의 특성가운데 하나다. 철저한 충성 맹세와 그에 대한 보상으로 주어지는 정치적 은총의 이익교환행위. 그것은 이 나라 정치파벌의 핵심가치이자 한국정당사에서 빼놓을 수 없는 담보물이다.

대권을 장악하려는 보스 한 개인의 욕망을 위해 나의 정치적 존재양식이 이용된다는 것은 이 나라에서 전혀 이상한 일이 아니다. 의리나 충성 맹세를 다짐하기보다 오히려 그가 실세를 장악할 경우 자신에게 돌아올 이익지분을 바라보며 직업정치인들의 배반과 변신이 거듭된 지도 오래다. 보스 개인이 급격한 노선 변화를 천명하며 스스로 탈색·돌변해도 그에 딸린 식솔들은 아무런 이의 없이 보스에 추종하기까지 한다. 이런 기(奇)현상마저 한국정치현장에서는 의아한 일이 아니다.

어떤 경우라도 자신의 파벌잔류 여부를 결정해주는 변수는 곧 '챙길 수 있는' 가용권력 정도다. 게다가 이를 지탱하는 정치 환경과 보스의 생명력을 분명히 가늠할 수 있는 한, 파벌은 가시적 충성과 은총의 계약관계를 유지한다. 따라서 파벌의 계약당사자들이 인지하는 이익의 양, 즉 권력지분이 늘 문제다.

한국의 정치파벌사를 뒤쫓는 작업에서 군부파벌의 맥은 부차적 의미만 지닌다. 5·16 이후 파벌의 맥이 복잡했다 하더라도 이는 곧 후발 파벌의 틀이 해방 후 여야 파벌구조를 부분 활용·편승했거나 이를 역이용했다는 얘기다. 이점에서 파벌의 뿌리는 군부 등장과 관계없이 뻗어나간다는 데 유념할 필요가 있다.

김영삼과 김대중의 자긍심 역시 이 같은 경험적 토대에서 출발한다. 자신들의 정치수업은 해방 후 정통야당에서부터 시작되었다는 자부심, 바로 그것이다. 어느 날 갑자기 대중의 의사와는 관계없이 부당한 방법으로 권력을 찬탈한 정치군부와 자신들은 질적으로 다르다는 논리 말이다. 김대중의 동교동계와 김영삼의 상도동계는 6공 말까지 파벌세력판도에서 균형을 유지했고 또 합류할 수 없는 듯 보이는 호남파와 영남파로 구분된다. 양김 파벌이 어떻게 오늘에 이르는지 추적해보면 그 원류는 2공화국의 민주당 신파와 구파에 맞닿는다.

김대중이 민주당 신파에 뿌리를 둔다면 김영삼은 같은 당 구파에서 정치신생아로 양육된다. 흥미로운 것은 당시 구파와 신파의 지역기반이 각각 호남과 영남이어서 오늘날 양김의 지역기반과 정면 배치된다는 사실이다. 한민당 본거지였던 전라도에서 정치신인 김대중이 '송진우·장덕수·백관수·김준연' 등 1세대가 주름잡는 정치판 안에 발 들여놓는 일이란 쉽지 않았다. 결국 김대중은 조병옥과 장면으로 갈라진 민주당에서 장면이 이끄는 신파에 줄을 댄다. 마치 이철승이 신파 소장세력을 등에 업고 당내 실력자가 된 것처럼 그는 맥을 같이한다.

한편 김영삼은 1954년 사사오입파동 직후 자유당을 탈당하고 민주당에 입당하면서 최초로 변신한다. 민주당 입당 후 그는 조병옥의 정치스타일에 매료되었고 민주당 구파와의 인연이 시작된다. 이어 그는 조병옥을 대통령 후보로 추대하는 데 성공하면서 4·19 이후 민주당 정부가 실권을 장악하게 되자 민주당 구파가 분당해 만든 구(舊)신민당 원내 부총무로 활동을 개시한다.

양김이 독자적으로 계보를 만들어 대결하기 시작한 것은 1965년 5월 유진오 당수체제를 출범시킨 구신민당 전당대회 때부터다. 김대중은 이때 정일형을 부총재로 추대하면서 신파의 중간 보스로 성장하기 시작했지만 그의 주변엔 인물이 없었다. 김대중은 유(兪) 당수의 지명으로 의원총회에서 신민당 원내총무로 인준되길 기대했으나 끝내 그 자리는 김영삼에게 돌아간다. 이때부터 시작되는 김영삼과 김대중의 숙명적 파벌대결은 1970년 9월 대통령 후보지명을 위한 전당대회 때 본격화한다. 김영삼이 대권을 장악한 이후까지 이어지는 저 지난한 파벌투쟁사와 양김의 정치 경쟁 서막은 이렇게 오르기 시작한다.

한때 양김을 길러내고 한국 정치파벌을 잉태한 정치원류의 모습과 그 난맥상을 파악하기 위해 이제 해방공간에서 김영삼 정권에 이르는 파벌정치의 경로를 밟아보자.

해방공간과 파벌의 태동

해방 직후 남북한 좌우익 정치세력의 각축은 현대정치사 연구의 뜨거운 주제였다. 오늘의 파벌 원류가 해방공간에서 잉태되고 분열의 시발점 역시 거기서 발견된다는 데 이론(異論)의 여지는 없다. 해방공간에서 사람들은 누가 정치공백을 메울 것인지 의아해했다. 누가 헤게모니를 장악할 것인지 궁금해하는 가운데 해외 독립운동지사(志士) 대부분이 속속 귀국한다. 귀국 인사들 모두가 같은 세력은 아니었지만 대부분 자신의 투쟁경력을 전면에 내세우며 국내기반의 동원에 나선다. 해방공간은 따라서 출발부터 서로 다른 경력기반을 가진 독립운동세력들이 급속히 정치화하는 상황을 조성하기 충분했다. 그러나 이데올로기가 도무지 뭔지 모르던 대중에게 분단은 자유주의와 사회주의의 이입을 기정화할 따름이었다.

당시 귀국 인사들의 정치적 입장과 세력의 지정학을 압축해본 것이 <그림 2-2>다. 오늘의 파벌정치가 생성되는 정치사의 뿌리는 그림의 우측 하단, 즉 남한 내 우익정치파벌들에서 비롯된다. 해방 직후 분단이 고착화되고 남한 헤게모니 장악 과정에서 좌익세력기반이 극도로 약해진 점을 감안하면 우익이 어떤 파쟁과 대결구도를 펼쳤는지 헤아리는 일은 무엇보다 중요하다. 이 의문을 푸는 것이 오늘의 파벌정치구도를 이해하는 중요한 단서가 된다.

최초의 파벌 현상은 국내파로 알려진 한국민주당 세력과 해외파로 통칭하는 임정(臨政)귀환세력의 알력에서 출발한다. 이들은 각기 한민당과 한독당이라는 외피 안에 머물며 해방공간을 달랠 이념이나 정책 제시보다 건국 주도권을 누가 쥘 것인지를 놓고 경쟁한다. 이 과정에서 '김구 – 신익희 – 김성수 – 송진우'로 이어지는 1세대 정치인들의 갈등이 본격화한다. 한민당은 호남을 지역기반으로 이미 축적한 자본력과 해외에서 유학한 엘리트 중심의 정치적 이니셔티브를 강화하고 있었다. 임정귀환세력은 고국을 등지고 중국 땅에서 천신만고 독립운동을 감행한 경력을 바탕으로 세력화했고 한민당의 일제하 친일 경력자의 '비동적 (非動的)' 정치행태를 비겁 행위로 단죄하기도 한다.

때마침 귀국한 이승만은 이들의 대결구도에 쐐기를 박는다. 게다가 한민당은 이승만의 환국을 자파에게 유리하도록 활용하기 위해 정치자금공세에 나선다. 정치자금이 파벌운영에서 가장 대표적인 자원이라는

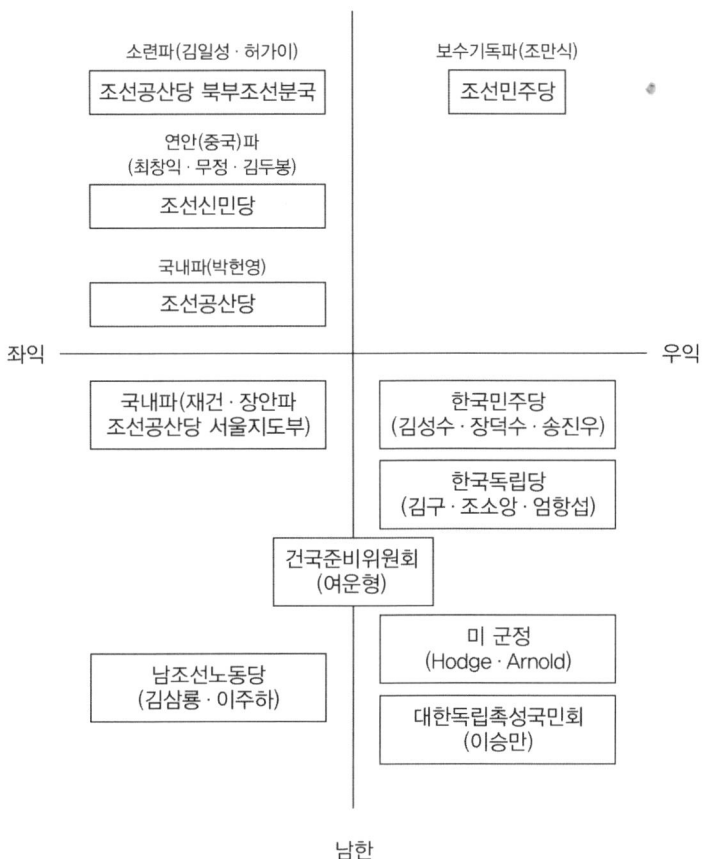

〈그림 2-2〉 해방공간 조선의 좌·우익 정치파벌

불문율은 이때부터 본격화한다. 한민당 간부들은 자신에게 부족한 '건국참여' 명분을 얻기 위해 이승만, 김구, 김규식, 신익희 등 해외파에 대해 자금공세에 나선다. 김성수는 '적수공권(赤手空拳)'으로 돌아온 이승만에게 돈암장 등 거처와 '의·식·주' 일체를 지원했고 이를 기화로 한민당과 이승만의 유대는 지속적 자금지원을 통해 일단 굳건해진다. 송진우는 송진우대로 신익희의 만류를 설득하면서 임정세력에게도 상당한 정치자금을 제공한다.

한민당과 한독당의 파쟁은 신탁통치반대와 좌우합작운동, 그리고 남북협상추진 등으로 절정에 이르나 김구 암살을 계기로 임정귀환파는 몰락한다. 이에 앞서 임정귀환파의 실력자 신익희는 이승만의 단선·단정노선에 호응, 대한독립촉성국민회 부위원장에 추대됨으로써 한독당과 인연을 끊는다. 한 소속정파의 파벌을 이탈해 타파에 합류하는 외형적 표류의 시발점은 이렇게 출발한다. 이로써 해방공간에서 남한 정국을 주름잡던 해외파와 국내파의 파벌 대결은 막을 내리고 바야흐로 파벌 내부의 치열한 세포분열이 시작된다.

이승만의 카리스마와 파벌 안배

김영명은 이렇게 말한다.

이승만과 그 부하들 사이에는 충성과 은덕 또는 물질이나 지위의 보상이 교환되는 일종의 후원-피(被)후원관계가 형성되어 있었다. 정치적 경쟁 가능성을 보인 인물에 대해서는 비정한 숙청이 뒤따랐다. …… 이러한 후원-피후원관계는 야당세력에게도 마찬가지였고 여·야를 막론한 정치세력들 간에 횡행한 파벌 다툼의 기초가 된다. 여기에는 지배자와 피지배자 관계를 규정하는 유교문화와 국민일반의 미숙한 정치의식이 한몫을 담당한 것으로 보인다. 이러한 상황은 정치제도의 발전을 저해, 점차 성장한 사회 정치세력의 도전을 여과할 정치적 중재기구를 개발하지 못한다.

그 결과는 시민봉기에 의한 이 정권의 붕괴였다[김영명,『한국의 정치변동』(2008: 76);『한국 현대정치사: 정치변동의 역학』(1992: 174)].

해방 3년의 정치공간은 단속적(斷續的) 테러와 암살로 이어진 폭력 배양기로 또 다른 의미를 지닌다. '송진우·장덕수·김구·여운형' 등이 암살되고 박헌영의 월북과 김일성의 숙청 주도로 남북한 정치현실은 결국 김일성과 이승만만 남아 1세대 경쟁주자가 거의 사라지는 방향으로 마무리된다. **누가 어디서 언제 그리고 왜 이들을 제거하지 않으면 안 되었는지는 아직도 흔쾌히 규명되지 않은 해방공간의 미스터리다.**

경쟁주자 대부분이 사라지고 미국의 지원과 단정노선의 설득력을 확보한 이승만은 특유의 카리스마와 마키아벨리즘을 동원하기 시작한다. 무엇보다 그는 급부상한 한민당의 독주가능성에 제동을 걸 필요를 느끼고 견제의 일환으로 반(半)정치적 대중조직인 '독촉(獨促)'을 결성한다. 이를 기반으로 그는 신익희와 이범석·이청천 등을 포섭함으로써 자신의 지지세를 확보, 카리스마 체제의 인적 구성에 성공한다. 한편 이승만은 건국 후 초대 내각구성 과정에서 한민당 당수 김성수를 총리지명에서 끝내 배제한다. 그뿐 아니라 같은 당 출신의 '윤치영(내무)·장택상(외무)·이인(법무)·김도연(재무)' 등을 기용하지만 결국 김도연을 제외한 세 사람을 한민당에서 떠나게 만듦으로써 당 최초의 분파를 초래한다. 자신을 기용한 대통령을 버릴 것인지 아니면 자신이 몸담은 정당을 거부할 것인지 갈림길에서 이들은 과감히 당인(黨人)으로서의 역할을 저버린다.

한민당의 지원을 받아 의·식·주를 해결하고 국회에서 대통령으로까지 선임된 이승만은 이렇게 한민당을 버린다. 외무부를 맡으려던 조병옥의 요구도 어림없었다. 이승만의 이 같은 행태에 격분한 한민당은 오히려 신익희와 이청천을 다시 영입, 민주국민당으로 당 모습을 확대 개편한다(1949년 2월 10일). 신(申)과 이(李)의 두 번째 변신이 이루어진 셈이다. 특히 이들의 당내 위상 변화에는 국회 프락치사건을 계기로 한민당 소장파와 노장파의 파쟁이 큰 계기로 작용한다. 이제 야당으로 변모한 민국당은 당 체제를 정비, 반(反)이승만 입장에서 내각책임제 개헌공세를 취하기 시작한다. 윤치영은 이에 맞서 대한국민당을 결성해 철저히 '이승만 방어'에 나선다(1948년 11월 12일).

이승만 시대의 파벌발생 사례를 찾아보면 크게 두 가지 유형이 드러난다. 흥미로운 사실은 이러한 유형이 오늘날의 한국 파벌정치현장까지 교차 반복한다는 점이다. 우선 주목하게 되는 유형은 기존 정당의 내부분열로 당내 분파가 독립변수로 작용할 때다. 둘째로는 ― 민국당처럼 정당단체가 통합함에 따라 정통파인 한민당계가 주류로 존재하고 이와 접목하는 신익희계가 비주류로 기능함으로써 ― 양대 계파가 단일정당에서 공존(혹은 공조)하는 경우다. 따라서 민주당 구파의 구신민당 결성이나 구(舊)평민당계 소장파 중심의 '정치발전연구회' 혹은 1990년 1월의 민자당 결성 등은 한국정당사에서 끝없이 반복된 두 가지 파벌발생요인의 또 다른 표현일 뿐이다.

야당 파벌들이 대를 이어 꾸준히 인맥과 계보를 형성한 데 반해 자유당과 민주공화당, 그리고 민주정의당과 민주자유당, 신한국당과 한나라당, 새정치국민회의와 열린우리당 등 집권여당의 파벌들은 단절된 정치환경 속에서도 각기 최고집권자를 향한 '은총 경쟁' 형태로 계파의 세를 이어갈 수 있었다(그러나 '김영삼-김종필-노태우'의 정치밀약이 두 가지 파벌결정요인 외에 어떤 다른 의미와 성격을 갖고 있었는지는 물론 별개의 문제다).

이승만은 정당을 통한 민주주의의 제도화에 지극히 소극적이었다. 그는 자신이 구상하는 정치적 프로그램을 측근 충성세력, 즉 경찰과 관료들에게 직접 지시하는 방법을 더 좋아한다. 한민당을 버리게 된 그의 정치심리적 배경에도 그들이 장차 '중대한' 반대세력으로 성장할지 모른다는 우려가 짙게 깔려 있었다. 이승만의 이러한 '반(反)정당적' 사고는 대한국민당에 대한 미온적 태도에도 잘 나타난다. **이승만은 정당이 민주주의의 완성을 향한 정치과정적 수단이라는 원론적 개념을 잘 알면서도 막상 정당은 달가워하지 않았다.** 대통령직을 수행하는 데 한낱 걸림돌일 뿐이라고 보았다. 따라서 그는 한 정치집단의 지도자이기보다 전국적 리더로 자신의 위상을 강화·유지하는 데 자기 카리스마를 최대한 활용한다.

이승만의 초기 카리스마가 겨눈 과녁은 경쟁 파벌들의 상호견제와 관리로 맞춰진다. 즉 이승만은 단일정당의 어느 한 계파에 대한 배려보다 상호 경쟁하는 파벌들끼리 더욱 치열하게 경쟁하도록 방임한다. 나아가 **자신에 대한 어느 한 파벌의 정치적 거부가 다른 세력들과 연계되지 않도록 카리스마를 응용하기도 한다.** 한민당과 독촉, 민국당과 대한국민당과의 관계유지는 이승만의 이 같은 통치스타일을 잘 보여준다. 이러한 리더십은 파벌을 직접 관장할 때 나타나는 인간적·심리적 부담을 크게 줄여주는 이점(利點)이 있었다. 아울러 경쟁 파벌들을 교묘히 안배함으로써 정당정치체제라는 민주적 '모양 갖추기'에 기능적으로 활용한다. 그 외피 안에서 이승만은 끝내 정치적 '안전판'을 찾는다.

그러나 집권 후기에 이르면 이 같은 파벌 안배의 균형은 깨진다. 1956년 부통령선거 패배와 1958년 의원선거에서의 자유당 패배는 이승만과 이기붕에게 반대세력에 대한 정치적 억압의 필요를 강하게 자극한다.

이들은 자유당 내 비주류나 온건파들을 당에서 추방·박해한다. 결국 당내 핵심추종세력들만이 요직에 임명된다. 자유당 말기 영향력을 행사한 핵심추종세력에는 국회의원으로 '장경근·한희석·이익흥·임철호·김의준' 등이 있었고 각료로는 최인규가 대표 인물이었다. 이들 측근세력만으로 권력을 유지하려 한 이승만의 말기적 발상은 결국 4·19로 좌절되고 1951년에 결성된 자유당 역시 몰락의 길로 접어든다(자유당 원내파벌과 원외파벌의 갈등은 생략한다).

제2공화국과 민주당의 분열

4·19는 이승만 정권 퇴진을 성사시켰다는 점에서 고무적이다. 하지만 정치지배세력 내부에 이미 자리 잡은 파벌화 경향과 정치적 인간들의 이기적 '욕망 사슬'을 끊어버리지는 못했다는 점에서 또 다른 과제를 남긴다. 자유당 내 파벌이 끝내 민주당으로 변신하게 될 기본소지와 그 기회구조의 틀까지는 부셔버리지 못한다.

민주당은 본래 이승만 정권에 대한 투쟁이라는 공동목표를 지닌 이질적 보수 정치파벌들 사이의 느슨한 결합으로 이루어진 정치집단이었다. 따라서 이승만에 대한 투쟁이 목표로 부각될 경우, 파벌 간 갈등은 어느 정도 이완될 수 있었다. 그러나 그가 사라지자마자 시작된 권력의 행진은 노골적이었고 투쟁양상 역시 한 마리 죽은 토끼를 향해 덤벼드는 두 마리 굶주린 사자의 모습과 같았다. 민주당의 정치적 배경과 집단 내 파쟁을 살펴보자.

4·19 폭발 6년 전(1954), 자유당은 유명한 사사오입개헌을 강행한다. 자유당의 이 같은 행태에 불만을 품고 당내 소장파 의원 14명이 탈당하

자 당의 붕괴는 예고되고 있었다. '현석호·이태용·김영삼·민관식·성원경·황남팔·도진희' 등이 이들이다. 민국당은 이들과 무소속 의원의 힘을 빌려 야당 연합전선구축을 위한 '호헌동지회' 결성에 나선다. 이 호헌동지회가 바로 민주당의 모체가 된다.

신당 운동을 위한 원내외 야당 연합세력은 조봉암 등 혁신세력 포섭을 둘러싸고 이를 반대하는 '자유민주파'와 찬성하는 '민주대동파'로 갈라진다. 자유민주파는 민국당 내 보수파였던 '신익희·조병옥·김준연·곽상훈' 등과 조민당계의 현석호, 그리고 흥사단계의 장면과 정일형 등이 합작해 보수야당 계파만으로 우파의 단결을 주장한다. 이에 반해 '김성수·서상일·신도성·장택상' 등 민주대동파는 조봉암을 포함하는 거대야당을 구성하자며 '범야(汎野)'의 대동단결을 주장한다. 여러 차례 진통을 거친 신당 발기위원회는 민주대동파와 유대를 포기하고 자유민주파만이 독자적으로 신당 창당을 추진한다.

때마침 김성수가 사망하자 대세는 자유민주파 쪽으로 기울고 민국당과 흥사단계, 조민당계와 원내 자유당계가 합세해 민주당을 발족시킨다. 발족 당시 주요 인사는 '신익희·조병옥·장면·윤보선·곽상훈·박순천·김도연·백남훈·김준연·유진산·오위영' 등이었다. 그러나 이들의 행동에 불만을 품은 '서상일·장택상·임흥순·신도성·윤제술·송방용·김의준·김수선·황남팔' 등은 대열에서 이탈한다.

민주당은 1955년 9월 18일 '시공관'에서 발기인대회를 개최, 중앙위원 400명을 선출하고 중앙위원회에서 신익희(구파)를 대표최고위원으로 선출한다. 최고위원에는 '조병옥·백남훈(민국당계 구파)·장면·곽상훈(원내자유당계 신파)' 등이 안배된다. 한편 신당창당 과정에서 이탈한 민국당계의 서상일·신도성은 혁신계의 '박기출·윤길중·김달호·조봉암' 등과 함께 진보당 결성에 가담한 후 민주혁신당으로 떨어져 나간다 (1990년대까지 김영삼과 윤길중의 정치 행적이 어떻게 굴절하는지는 또 다른 관심사다).

5·15 정·부통령선거가 다가오자 민주당은 당 헤게모니를 놓고 암투한다. 민주당 지도부는 구파 측에 '신익희·조병옥'이, 신파 측에 '장면·곽상훈·박순천'이 최고위원으로 있어 후자가 우세했다. 그러나 신익희가 대표최고위원이어서 어지간히 세력균형을 이룰 수 있었다. 이때부터 4·19가 발생할 때까지 민주당 신·구파 간 갈등과 암투는 파벌정치사에 중대한 골을 판다.

민주당은 1960년 3·15 정·부통령 선거 직후에도 4·19를 예상하지 못한 채 대여투쟁방법에 이견을 보인다. 구파는 의원직 총사퇴를 주장하고 신파는 이를 거부한다. 4·19 이후의 정국수습방안에 대해서도 양측은 의견을 달리한다. 신파는 '선선거·후개헌'을, 구파는 자유당 의원들과의 협조를 통해 '선개헌·후선거'를 주장하며 대립한다. 신파는 개헌을 하지 않거나 대통령 직선제라면 승산이 있다고 판단, 구파의 내각제 개헌안을 반대하다가 국회에서 내각제개헌 후 총사퇴하기로 결의한 다음날인 4월 27일까지도 내각제 개헌은 재고해야 한다고 주장한다. 과도 정부 아래에서 내각제 개헌안이 통과되고 총선이 7월 29일로 결정되자 두 파는 단 한명이라도 자파 의석을 확보하기 위해 치열한 파쟁의 길로 들어선다.

4·19 이후 자유당의 위상은 크게 약화되었고 당은 급속히 와해되기 시작한다. 그러나 자유당의 사회경제적 기반은 결코 취약하지 않았고 그들이 다시 정치세력화할 수 있는 기반마저 무너진 것은 아니었다. 이들 세력은 장면 정권의 민주당 신·구파 갈등구조로 숨어들며 소생하기

시작한다.

자유당 붕괴에 관해 한승주는 이렇게 말한다.

> 과도 기간 중 재미있는 현상의 하나는 당시 혼란상황을 개선하려는 각각의 노력에서 자유당과 민주당 구파 사이에 있던 여러 번의 협력관계다. 그들은 두드러지게 신속하고 효과적으로 정치엘리트와 일반국민에게 혁명의 가장 중요한 과제가 의원내각제 헌법을 채택하는 것이라고 설득하는 데 성공했다. 그들에 의하면 이러한 헌법 개정은 현존 국회에서 통과되어야 하며 국회는 헌법 개정이 이루어질 때까지 국가의 유일한 합법적 입법기구로 남아 있어야 한다는 것이었다. 즉, 이러한 헌법 개정을 반대하거나 국회해산의 요구는 혁명 목표에 반하는 것이었다. …… 이 기간의 정치인 대부분에 관한 중요한 양상의 하나는 그들의 정치적 행동에서 공적인 것보다는 개인적 고려가 더 큰 비중을 차지했다는 것이다. 정당에 관한 관심이 정치체제 전반에 대한 관심보다 더 앞섰다. 파벌 구성원에게는 한 파벌의 이익이 그 파벌이 속해 있는 당의 이익보다 더 중요했다—동시에 파벌의 이익마저도 단순한 개인적 유대나 개인적 이익에 의해 희생시켰다[한승주, 『제2공화국과 한국의 민주주의』(1983: 66~76)].

이 같은 주장을 2공의 민주당 파벌 분석에만 국한하긴 어렵다. 한국의 파벌정치는 1·2공 당시 전통 야당과 그 모체를 이룬 각종 이질적 정치세력들 사이의 인연 혹은 정치적으로 은폐된 개인의 욕망을 핵으로 자라나기 시작한다. 세대와 환경을 달리한다 해도 오늘의 정치인들 역시 개인 욕망에 따른 파벌 내 분화와 이합의 정치문화에 여전히 강하게 지배받기 때문이다.

정치인들 개개인이 제도나 정당 혹은 정치체제나 정부형태라는 거시 개념보다 누릴 수 있는 권력지분 같은 미시 동기에 사로잡히는 기형적 정치문화가 지배하게 된 것이다. 이는 해방공간에서 출발, 건국과 4·19 전후 더 활성화하기 시작했고 이 같은 문화가 오늘까지 그대로 이어진 다고 보면 된다.

한국의 직업 정치인들이 정치에 입문한 후 오늘까지 과연 몇 번의 당적 변경과 파벌의 이합·집산을 반복했는지 그 행적을 뒤쫓자면 치밀한 경력 검색과 통계 작업이 병행되어야 한다. 특히 현재 각 파벌 보스(정당 대표) 들의 표류 경력과 앞으로의 변신은 추적해볼 만한 가치가 있다.

정치인들의 치열한 자기중심적 사고는 2공의 집권여당이 된 민주당 안에서 더 강해진다. 민주당은 4·19 이후 권력공백의 보완과 민주주의 의 제도화보다 민주당 신·구 양 파의 헤게모니 향배에 열중한다. 이 과 정에서 파벌안배와 균형에 더 많은 관심을 지닌다. 파벌운용의 균형은 달라진 정치 환경에서도 자유당 당세를 상당부분 흡수할 수 있는 빌미 를 제공했고 파벌정치의 모순은 부분적으로 5·16 단행의 간접 명분을 제공한다.

해방 후 이승만 정권까지 파벌은 주로 지도자 개인을 중심으로 인맥 관리에 치중한다. 하지만 민주당은 내세울 지도자가 변변찮은 상황 속에 서 권력배분을 의식한 파벌 구성원들의 이합집산만 커진다. 분명한 보스 가 없다는 것은 파벌의 내부 결속과 파벌 간 상호관계 모두가 불안정하다 는 사실을 뜻한다. 이 점이 정부의 통치력과 총리의 지도력을 크게 약화시 켰음은 물론이다.

민주당 신·구파의 적대관계는 그들의 판이한 이념적 정향(定向)이나 사회경제적 기반의 결과가 아니다. 그것은 순전히 개인적 인연이나 즉

각적 이해관계에 기초한다. 그러니까 이들 간 경쟁은 상당부분 개인감정이나 반감에서 비롯된 것이다. 이런 상황에서 정책대결이나 새로운 이념 대안을 통한 두 파벌의 진로모색이란 애당초 기대할 수조차 없었다. 민주당 신·구파는 모두 같은 정책들을 제시했고 노선상 보수우익의 틀 안에서 각자 사익(私益)을 키워나간다. 이념이나 정책 혹은 대중의 이익에 기초하지 않은 경쟁적 파벌 대결은 자연스럽게 감정대립이나 인신공격으로 변질될 수밖에 없었다.

신·구파 간 파쟁을 이끈 치명적 원인은 구파가 한민당과 민국당의 정통을 잇는 당 주류라는 자부심으로 신파를 지나치게 배척했기 때문이다. 이에 대해 신파는 구파를 '사라져야 할' 세력으로 보고 당내 주도권을 장악해야 한다는 각오로 응수한다. 이러한 헤게모니 쟁탈은 두 파의 감정을 격화시키는 직접적 배경이 된다. 결국 민주당 정권은 두 파의 격렬한 파쟁을 극복하지 못한 채 집권 9개월 만에 분당한다. 당내 파벌의 각료직에 대한 불만을 무마하기 위해 네 차례나 개각을 단행했지만 마지막 개각 12일 만에 결국 5·16이 터진다.

5·16과 파벌의 재생산

박정희의 18년 집권은 5·16 이전 한국정치의 파행의 결과였다. 아울러 그 이후 드러난 여러 정치사회적 모순의 토대이기도 하다. 박정희 통치기 동안 한국은 권위주의체제와 민주투쟁을 본격 체험하고 개발독재에 따른 숱한 문제를 겪는다. 그 가운데 정치지배구조의 변화는 오늘의 한국파벌정치 판도를 결정하는 독립변수가 된다. 5·16 이전의 정치변동이 주로 권위주의독재와 자유민주주의의 이상 사이에 나타난 갈등의 결과였다면 그 이후는 자본주의 산업화의 모순이 겹치고 기존 파벌의 정치적 이해관계가 맞물리는 더 혼미한 모습을 보인다.

5·16 이후 한국파벌정치는 크게 두 가지 변화를 보인다. 우선 현대사 최초로 군부파벌이 형성된다. 다음으로는 구민주당세력을 포함한 과거 파벌들이 끈질기게 성장함으로써 전통 야당의 새로운 재생산구조가 자리 잡는다. 전통 야당파벌들이 5·16을 전후해 어떻게 전열을 재정비하는지 그 파벌지도부터 먼저 그려보자.

민주당의 신·구파 대결은 결국 구파의 신당 창당으로 발전한다. 양 파벌의 갈등을 수습하지 못한 구파 원로들은 한민당과 민국당의 정통성을 이어간다는 명분 아래 '윤보선·김도연·유진산'을 중심으로 재결집하고 이들은 3공 내에서 전통 야당의 또 다른 원형을 만들어낸다. 이들은 4·19 이후 치열한 파쟁 속에서도 구파 동지로 줄곧 같은 입장에 서고 민주당이 집권하자 신민당(新民黨)을 결성, 야당으로 변신한다. 2공의 대통령과 구파 원로 2인이 합작해 만든 새로운 야당의 출현, 그것은 박정희 집권 18년의 이면사(裏面史)를 형성하는 또 다른 정치적 신호탄이었다. 아울러 애써 구축한 의원내각제가 쓰러지고 '공화-신민' 양당제와 새로운 파벌의 난립을 예고하는 서곡이었다.

5·16 이후 정치활동재개가 허용되자 구(舊)한민당계 동지들이었던 '김병로·이인·김도연·윤보선·전진한·유진산' 등은 민정당(民政黨) 창당에 힘을 쏟는다. 그러나 곧이어 당내 주도권을 놓고 김도연과 유진산은 암투하기 시작한다. 이즈음 김준연은 김재춘 중앙정보부장이 주도한 범(汎)국민당에 소선규와 함께 참여한다. 이즈음 야당통합운동이 일어난다. 이 운동은 '국민의 당' 창당 작업으로 구체화되고 '김병로·윤보선·김도연·유진산' 등 민정계와 '허정·이범석' 등이 모여 대통령 후보

문제를 논의한다.

그러나 후보단일화는 결렬, 허정을 중심으로 한 비민정계만으로 '국민의 당'이 등록된다. 민정당도 창당등록을 하고 윤보선이 대통령후보로 추대되자 한때 후보설이 있던 김도연을 비롯, 김병로·이인이 탈당한다. 유진산도 이때부터 윤보선과 상극관계가 된다. 김도연은 범국민당 후신인 자민당(自民黨)으로 가 김준연·서민호와 당적을 같이한다.

그 후 민정당과 자민당이 통합함으로써 김도연은 윤보선과 다시 합류한다. 그러나 민정당이 민주당과 통합해 민중당으로 변신, 단일야당으로 통합 발족하자 '윤보선·김도연·유진산·허정' 등 구한민당 동지들은 또다시 한자리에 모인다. 민중당에서 윤보선은 민정계 주류, 유진산은 비주류 입장에서 서로 경합하는 파벌 보스가 된다.

그러나 한일협정 비준파동을 계기로 윤보선은 김도연과 함께 강경파를 이끌고 다시 민중당을 탈당, 신한당(新韓黨)을 결성한다. 유진산은 윤보선이 사라진 민중당에 그대로 남아 민주계 주류의 박순천과 합세해 주류 파벌을 확장한다. 한편 김준연은 민정계 속의 구(舊)자민계 보스로 진산계 산하에 들어가 민중당 고문이 된다. 또다시 야당통합이 시도되고 신민당이 발족하자 김준연·전진한이 각각 이탈, 군소정당의 대통령 후보가 된다.

5·16 이후 1960년대 한국 야권의 파벌정치가 다다르는 기착지는 결국 신민당이었다. 민주당 잔여파벌들이 보인 헤게모니 쟁탈 과정은 결국 신민당이라는 거대 야당세에 모두 흡수 통합된다. 따라서 국민의 당이나 민정당, 그리고 자민당이나 민중당, 신한당이라는 단명(短命) 정당들을 해부하기보다 신민당 파벌 계보를 파악하는 일이 더 의미 있을 것이다.

신민당 파벌구조의 이해에서 유진산은 매우 중요하다. 그는 2공 민주당 정권 탄생부터 3공에서 윤보선과 대립할 때까지 굵은 발자취를 남긴다. 야당사의 큰 정치적 변화가 있을 때마다 그는 막후실력자로 큰 영향력을 행사한다. 그런 만큼 그에게는 영광보다 비판의 소리가 높을 수밖에 없었다. 하지만 유진오가 당권을 장악하자 유진산은 명실상부한 야당의 제1실력자로 부상한다. 당내 기반이 없는 유진오가 유진산계를 발판으로 삼았기 때문이다. 비록 유진산은 당의 얼굴이 되지 않았지만 신민당 내 주도파벌 보스로 유진오에게 큰 힘을 미친다. 신민당은 1967년 2월 7일 창당대회에서 '한민당 → 민국당 → 민주당 → 민정당 → 민중당'으로 이어진 전통의 정강정책을 채택한다. 한민당 시절 2대 전통인 '반공'과 '반독재'를 그대로 계승한 것이다.

통합전당대회 당시 당내에는 민정계·신한계·민주계·재야중도계·유진오 직계·구(舊)자유당계·혁신계 등 잡다한 파벌이 혼재하고 있었다. 그러나 5·3 대선 후 윤보선이 참패하자 그는 2선으로 물러나고 유진오가 당수를 맡는다. 그러나 유진오마저 신병치료차 1969년 10월 일본으로 떠나자 당권은 유진산에게 넘어간다. 이른바 진산시대(珍山時代)가 개막한다. 1970년 1월 26일, 진산이 임시전당대회에서 도전자인 비주류의 이재형을 물리치고 당수가 되자 윤보선은 '장기영·조한백·이정래·장준하·신각휴·신중목' 등을 이끌고 신민당을 탈당, 1971년 1월 5일 대선(4월 27일)을 앞두고 국민당을 창당한다.

유진산이 당수가 되자 신민당 내 파벌계보는 범(汎)진산계·반(反)진산계로 양분되고 다시 범(汎)주류·비주류·중도계로 재구성된다. 이러한 파벌 분화와 인맥계보의 형성 축은 반(反)군부 정치세력 형성을 위한 신민당 1세대의 권력 안배를 잘 말해준다[1990년대에 이르기까지 신민당

〈표 2-1〉 신민당 1세대의 인맥 계보

	진산직계 ↓	구민주계 ↓	구신한계 ↓	구혁신계 ↓	구자유계 ↓		
범진산계	양일동 고흥문	홍익표	조한백	윤길중	신도환		
범주류계	김영삼 윤길중 김수한 이충환	이철승 서범석 김은하 이민우	고흥문 이중재 박한상 유치송	양일동 김의택 김현기	윤제술 권중돈 조연하	정해영 유청 오홍석	홍익표 조윤형 편용호
비주류계	김대중 박종률	정일형 송원영	김재광 김상현	김응주 조일환	김원만 우홍구	정헌주	정운갑
중도계	김홍일	박병배	김형일	정성태	박기출	장준하	

은 모두 세 차례에 걸쳐 분열한다. 1970년대 초 제도화에 일단 성공하는 당의 모습은 신민당 본류(本流)로 1세대라 할 수 있다. 이하 '신민당 1세대'로 통칭한다]. <표 2-1>은 반진산계를 제외한 신민당 내 주요 인맥을 재구성한 것이다.

이 같은 파벌구도 아래 1970년 9월 대통령 후보지명대회가 개최되자 유진산은 김영삼을 후보로 추천한다. 그러나 김대중과 이철승은 연합세를 형성해 김영삼을 역전패시킴으로써 진산계파의 힘은 또다시 분산된다. 이를 계기로 비주류계는 '이(李)' 지지 세력을 급속히 신장시켰고 1971년 5월 유진산 당수의 전국구 1번 등록을 계기로 당은 다시금 파동에 휩싸인다. 이를 고비로 진산은 당수직을 사퇴, 비주류계는 진산의 정치세력에 쐐기를 박는 데 성공한다.

그러나 1971년 5·25총선에서 89석을 얻은 신민당 내 파벌 판도는 크게 달라진다. 유진산을 중심축으로 모여든 범주류는 진산파동 이후 김영삼·고흥문계와 양일동계로 갈라지고 이철승과 정해영이 독자세력을 이루기 시작한다. 한편 비주류는 김대중 중심으로 단일 세력권을 형성한다. 당수 권한대행을 맡은 김홍일 주변에는 '김재광·김형일·노승환·심봉섭' 등 중도계가 모여든다.

1971년 7월 20일 전당대회를 계기로 신민당 파벌계보에는 또다시 돌풍이 분다. 당수 후보로는 '김홍일·김대중·양일동'이 경합해 3차 투표에서 김홍일이 선출된다. 김홍일의 당선은 설욕을 다짐하는 진산 직계의 결사 지원과 김홍일의 친위세력인 김형일·김재광, 그리고 김영삼-고흥문계, 이철승계 등이 제휴한 연합세력에 의해 성사된다. 이를 계기로 김홍일의 주변 세력은 독자계보로 성장하기 시작하고 진산직계였던 양일동마저 김홍일을 지지함으로써 진산과 결별한다. 김영삼-고흥문계도 독자세력을 구성할 태세를 갖춘다.

이 같은 변모를 통해 당내 계보는 다시 범주류와 비주류, 그리고 중도계로 3분되는 가운데 범주류 안에는 '김홍일 당수계·유진산계·김영삼-고흥문계·이철승계·양일동계'의 다섯 계보가 편입된다. 비주류계는 여전히 단일계보를 형성한 채 지탱한다. 중도계로는 친(親)주류 중도계와 친(親)비주류 중도계, 그리고 순수 중도계 이외에 이중 중도계까지 나타난다. 중도계를 제외하면 1970년대 초 신민당 파벌계보는 모두 6개 사단(師團)으로 편성된다. 이 사단의 보스들은 모두 1972년 8월 전당대회를 앞두고 당수 후보로 나설 것을 전제로 전열을 정비한다. 이처럼 야당 내 파벌은 한결같이 대통령 후보경합과 당권도전, 요직 안배와 국회의원 공천이라는 권력투쟁과 정치적 예상실익을 위해 치열하게 이합집산한다.

계파의 치밀한 계산이 충돌하는 상황 속에서도 자신의 독자 계보를 튼실히 지탱하려면 정치자금과 인간적 아량(혹은 매력)은 절대 필요한 변수들이다. 이를 반증해주는 당시의 대표 사례가 신도환과 이기택의 관계다. 신도환은 국회에 들어오자 독특한 보스 기질을 발휘해 여러 계보의 동지들을 규합함으로써 독자 파벌을 형성하는 계파 수장으로 두각을 나타낸다. 그 산하에 포섭된 사람이 이기택이다(이기택은 신도환의 영향 아래 정치적으로 학습·성장해 1979년 5·30 전당대회에서 일약 자기 계보를 규합하고 교묘한 막후 흥정을 거쳐 부총재 자리를 따낸다).

당권 장악을 노리는 신민당 내 파벌은 이처럼 6개의 크고 작은 무리를 형성했고 각 파벌 보스들은 각자 당내 세력을 동원·규합하기 위해 온갖 전략을 구사한다. 신민당 1세대의 파벌 계보가 각 보스들을 중심으로 어떻게 분열·해체·재규합해 신민당 2세대의 정치세력 축을 형성하는지 정리한 것이 <표 2-2>이다.

이러한 인맥을 배경으로 신민당 내 파벌은 1972년 전당대회를 향해 더 치열하게 다툰다. 각 파벌 보스들은 당수직과 대통령 후보를 겨냥하면서 타 계보와 빈번히 접촉, 연합전선을 구축한다. 당시의 이 같은 신민당 파벌정치는 한국야당사에서 파벌경합의 절정을 이룬 것으로 기록된다.

파벌들의 경쟁 속에서 1972년 9월 26일 신민당 전당대회는 '유진산·고흥문·김영삼·이철승' 등이 이끄는 구(舊)주류계와 김홍일계 일부만이 참석한 가운데 유진산을 당수로 선출한다. 유진산은 중앙선거관리위원회(이하 '중앙선관위'라 함)에 당대표 변경신청을 제출하는 한편, 반진산세력은 김홍일계·김대중계·양일동계 대의원들을 중심으로 27일 낮 별도로 모여 전당대회를 열고 전날 전당대회는 불법무효임을 선언한다. 이로써 신민당은 사실상 두 조각으로 쪼개진다. 김홍일은 당대표위원 이름으로 27일 오전 유진산을 상대로 '정당대표위원 직무집행정지 가처분신청'

〈표 2-2〉 신민당 2세대의 인맥 계보

김홍일계	(왕당파·당권파) 김재광·김형일·박병배 ↓ 동아정경연구소 ↓ ↘ 노승환·심봉섭　한건수·박일
비주류	내외문제연구소
유진산계	권중돈　유옥우　신도환　김의택　조일환　김수한　채문식 이상신　김재화　정규헌　이대우　김상진(이상 원내) 이민우　유치송　이충환(이상 원외)
김영삼 – 고흥문계	한국문제연구소 이중재　김은하　조윤형　김현기　김용성　박해충　이택희 편용호　황낙주　조흥래　이상조　김이권　최형우　신상우
이철승계	한국정책연구회 김준섭　양해준　임종기　진의종　오홍석　오세응(이상 원내 직계) 홍영기　박종률　송원영(이상 비주류) 이중재　김은하　정규헌　한병채　강근호(이상 주류)
양일동계	신조회 류청　박한상　김기섭　리종남　류성범　김정두(이상 원내)
중도계	박병배[친(親)김홍일계]　정해영[친(親)진산계]　서범석　정성태[친(親)주류계]
소장계	이택돈　황은환　최병길　나석호　이기택[친(親)신도환계]

을 서울민사지법에 제출한다. 중앙선관위는 다음날 낮 전체회의를 열어 유진산을 신민당의 새 당수로 결정하도록 한 '신민당대표자 변경등록신청서'를 수리·의결하고 이를 공고한다.

잃었던 당권을 되찾은 유진산은 이제 온건노선으로 신민당을 이끌며 강경노선으로 응수하는 김영삼의 도전을 받는다. 당시 신민당 지도체제는 유진산 아래 김영삼을 포함한 5인의 부총재가 있었고 이민우 원내총무와 이철승 국회부의장으로 구성되어 있었다. 정부는 1974년 1월 8일

오후 5시, 긴급조치 1·2호를 발동하고 개헌논의보도를 금지한다. 유진산은 계속 협상에 의한 온건노선을 지속하던 중 건강이 악화, 입원했으나 4월 28일 사망한다.

유진산이 사망하자 강경파의 김영삼이 뒤를 잇는다. 이철승은 온건파로 비주류 연합세를 형성, 한때 집단지도체제의 대표최고위원으로 당권을 장악하지만 다시 김영삼에게 넘겨준다. 이 같은 야권 파벌의 재생산 구조는 정국 변화 속에서도 민주당계 정치인들의 몸부림이 구체화한 결과다. 파벌의 유전(流轉)이 계속되는 동안 구한민당의 정통성은 점차 퇴색되었고 추악한 상처만 남는다.

유진산 없는 신민당의 헤게모니 쟁탈은 김영삼에게 절호의 기회였다. 결국 '김영삼·고흥문·정해영' 등 세 부총재와 이철승 국회부의장이 당권 경쟁에 나선다. 이들의 치열한 접전 끝에 전당대회는 3차 투표에서 최종 경쟁자로 남은 김의택이 사퇴함으로써 김영삼이 새 총재로 선출된다.

총재로 선출된 뒤, 김영삼은 박정희 대통령과의 면담 결과공개 여부를 둘러싸고 비주류계의 신랄한 공격에 부딪힌다. 비주류는 '이철승·고흥문·정해영·신도환·김원만·정운갑' 등이 연합세를 형성하는 판도로 발전, 이들은 집단지도체제의 논리로 차기 전당대회의 당권 도전을 위해 김 총재를 포위 공략한다. 김영삼은 고흥문·정해영의 지원을 받아 총재에 당선되지만 그 후 당을 개혁한다는 명분으로 고흥문이 길러온 당료파 다수를 제거하고 그(고흥문)마저 소외시킨다. 김영삼은 이어 신도환 또한 정무회의에서 축출하고 '이철승·정해영·김원만' 등도 당 핵심부에서 배제한다. 김영삼의 독주로 그들은 당권에서 점차 소외되었을 뿐 아니라 당내에 설자리마저 없어지는 것이 아니냐는 위기의식까지 공감한다.

이러한 파벌 간 이해관계와 사감(私感)은 비주류 연합전선의 반김(反金) 정치의식을 드높인 심리적 공약수로 발전한다. 불안한 정국 속에서 또 다른 어두운 돌풍을 예고한 신민당 전당대회는 1976년 5월 26일로 결정된다[당시 주류·비주류 계보는 지연·혈연·학연·정치자금 등으로 복마전(伏魔殿)처럼 얽혀 있었고 이해관계에 따라 누가 언제 어디로, 누구와 함께 배신할지 알 수 없는 극도로 불안하고 취약한 조직을 중심축으로 삼는다. 특히 상당수 지구당 위원장들이 거의 주류·비주류 두 계파에 줄을 대고 유형무형의 이익을 챙기고 있었다는 데 관심을 기울일 필요가 있다]. 5월 25일, 결국 그 유명한 '각목(角木)전당대회'가 터진다. 이날 폭력으로 쫓겨난 주류는 관훈동 중앙당사에서, 그리고 비주류는 대회장인 시민회관을 점령하여 각각 대회를 연다.

김영삼의 '유신반대 강경노선'과 이철승의 '중도통합론'에 담긴 정치적 대항논리는 결국 주류·비주류 당권 경쟁을 잉태한 파벌 알력을 더 심화시킨다. 이어 9월 15일 열린 수습전당대회에서 이철승이 집단지도체제 당헌에 의한 대표최고위원에 당선된다. 비주류 연합 측에서 신도환을 보스로 등에 업은 이기택은 이 같은 파벌 경쟁 와중에 중앙당 사무총장에 임명된다.

그러나 공동의 적인 김영삼을 제압하고 당권을 장악한 비주류 연합[혹은 신(新)주류]은 이제 또다시 동지들 간 파벌 암투에 빠진다. 정무회의 석상에서, 원내 공식석상에서, 그리고 원외 지구당 사무실이나 비공식 모임에서도 주류와 신주류는 사사건건 충돌과 파쟁을 그치지 않은 채 전통야당의 정치적 종말을 재촉하는 또 다른 역사의 흐름 안으로 빨려 들어가고 있었다.

그렇다면 이제까지 살펴본 야권의 파벌 변화와 달리 5·16 이후 군부 파벌은 어떤 문제를 갖고 있었을까? 5·16 이후 민정이양을 검토하던 박정희가 민주공화당 창당 과정에 남긴 문제는 60·70년대의 또 다른 정치모순을 잉태한다. 민주공화당은 창당 당시 근대정당임을 내세우면서 파벌과 계보의 존재가능성을 강력히 부정한다.

그러나 창당 과정에서 박정희 군부파벌은 이미 친(親)김종필계와 반(反)김종필계의 양대 계보로 나뉘었고 이는 장차 당내 파쟁을 예고한다. 5·16은 비록 4·19 이후 여야 정치권이 보인 타락과 부정에 쐐기를 박는다는 명분을 갖지만 성공한 쿠데타를 혁명으로 미화하고 쿠데타 단행에 얽힌 취약한 대중적 지지기반을 근대정당 건설로 조속하게 만회하려던 박정희의 구상은 여기서 이내 현실적 한계에 부딪힌다. 일체의 당내 모임을 부인하고 파벌 발생가능성 자체에 쐐기를 박으려 한 단호한 의지는 곧 벽을 만나는 셈이다. 창당 과정부터 파벌의 소지를 안고 출발한 민주공화당은 김종필 계파 안에서도 군 출신과 민간인 세력으로 나뉘고 민간인들 역시 구(舊)정치인과 정치신인인 사무국 요원들로 양분, 복잡한 파쟁의 불씨를 안는다.

파쟁의 불씨는 특히 사무국의 이원 조직에서부터 싹튼다. 출신배경을 달리하는 인적 구성으로부터 파쟁을 향한 이질적 신호가 울려 나온 것이다. 민정 이양을 전후한 1963년 1월, 공화당 창당을 준비하는 사람들의 '무리 짓기'는 ① 육사(陸士) 8기생을 중심으로 한 쿠데타 주체세력과 ② 민간발기인들 중 노장층, 그리고 ③ 민간발기인들 중 소장층과 중앙·지방사무국 간부 등 세 계보를 중심으로 움직인다. 훗날 공화당 주류·비주류·당료파의 전신(前身)이다.

그러나 공화당 내 본격 파벌분화에 앞서 쿠데타 주체 사이에는 김종

〈표 2-3〉 민주공화당 창당준비 과정의 친김·반김의 세력 분포

친김세력	1. 길재호 - 김형욱 - 홍종철 - 옥창호 라인
	2. 오치성 - 박원빈 - 강상욱 라인(5월 동지회)
	3. 김재춘 - 박태준 - 유양수 라인(범국민당 지원세력)
반김세력	주류: 김동하 김재춘 손창규
	비주류: 조남철 이종근

필을 지지하는 친김(親金)계와 그를 반대하는 최고위원 그룹 중심의 분열이 가시화되고 있었다. 반김 노선은 공화당의 이원 조직이 이른바 사이비 민주조직이라고 비판한 최고위원 '유원식·김동하·송요찬' 등을 주축으로 삼는다. 당시 친김세력과 반김세력의 인맥계보를 정리한 것이 <표 2-3>이다.

그러나 이들 간 알력은 번번히 박정희의 직접 개입으로 조정의 길을 찾는다. '친김-반김'의 알력이 있었지만 박정희의 개입으로 조정 가능성이 보였다는 사실은 당시 박정희의 영향력이 얼마나 컸는지를 단적으로 반증한다. 김종필은 당시 박정희의 막강한 후원과 심정적 지원을 등에 업고 민주공화당 창당을 주도한다. 특히 양 세력의 갈등은 김종필 개인이 구상한 '창당 플랜'과 당 조직운영을 위한 인적 구성과 관련해 깊어지기 시작했고 여기서 쿠데타 주체들 간의 내분은 박정희를 둘러싼 미묘한 라이벌 의식에서 비롯된다. 당시 '김종필 플랜'의 내용과 이에 따른 당 조직 운영의 기본 구도는 <표 2-4>, <그림 2-3>과 같다.

창당의 난관을 거쳐 6대 국회에 의원 110명을 배출한 민주공화당 1세대는 새로운 파벌구조를 확대 재생산한다. 1960년대 전반을 통해 이들 파벌구조는 크게 6개 계보로 확장된다. 이들은 각자의 출신배경과 개인적 친분관계, 그리고 시국관 등으로 복잡한 관계를 이루며 점차 야권과

〈표 2-4〉 '김종필 플랜'의 조직원리

I. 공공조직
1) 개인중심을 지양한다.
2) 선거를 통한 부패를 방지한다.
3) 당 소속 국회의원이 본연의 활동을 할 수 있도록 제도적으로 보장한다.
4) 인물에 대한 충성을 지양하고 공익을 위해 충성토록 한다

II. 점조직
1) 파벌과 계보를 배제한다.
2) 개체의 자립성을 확립하고 일체의 연계는 당의 기구를 통하도록 한다.
3) 이념중심으로 결속한다.

III. 핵심조직
1) 선거 때와 평상시의 구별 없는 계속적인 조직활동을 편다.
2) 일선당원의 사회참여를 확대한다.
3) 계속적인 이념의 전파와 교육으로써 국민의 정치의식을 높인다.

IV. 영도권의 확립
1) 지도체계를 단일화한다.
2) 강력한 통솔성을 확립한다.
3) 운영에 대한 책임과 관리는 신속을 원칙으로 한다.

V. 범국민적 조직
1) 각 선거구의 이익보다 전 국민적 복지를 추구한다.
2) 각계각층을 망라한 기반을 구축한다.
3) 민족공동의 목적을 추구한다.
4) 민족적 지도층을 형성한다.

자료: 김영수, "민주공화당 사전조직", ≪신동아≫(1964), 11월호, 178쪽에서 재인용.

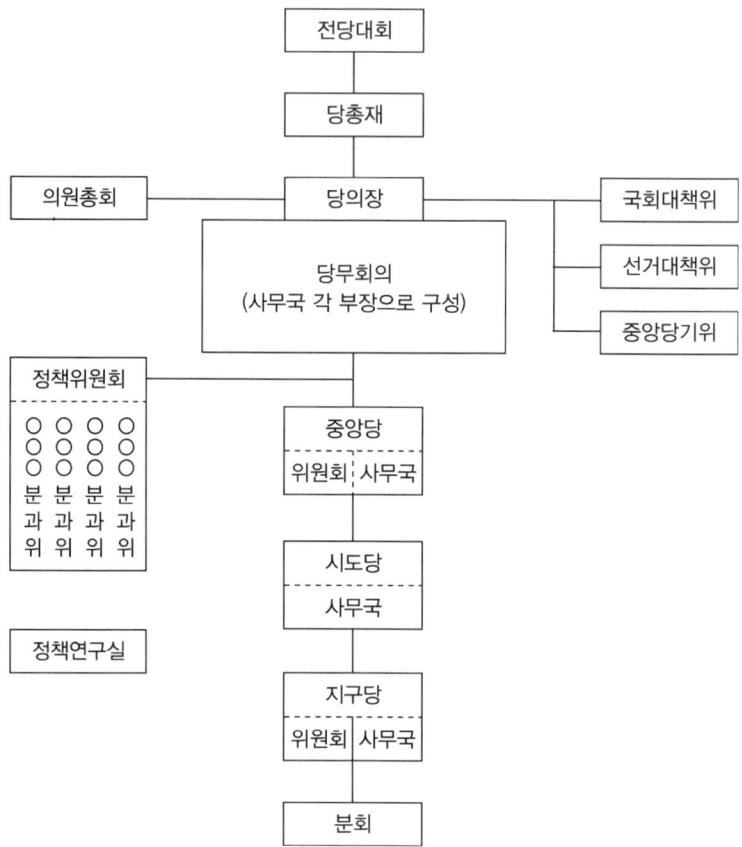

〈그림 2-3〉 '김종필 플랜'의 조직구조

자료 : 김영수, "민주공화당 사전조직", ≪신동아≫(1964), 11월호, 179쪽에서 재인용.

유사하게 이합집산한다. 특히 이들은 창당 당시 3대 계보를 축으로 세포분열을 시도, 사무국 조직운영을 둘러싼 애초의 갈등을 키우면서 독특하게 내연(內燃)한다. 이들은 우선 쿠데타 주체세력·사무국계·구자유당계로 갈라져 대결하고 그 위에 친김 라인과 반김 라인의 정치복선(政治伏

〈표 2-5〉 민주공화당 1세대의 파벌구조와 인맥

주류계	김종필 김용태 김동환 신윤창 길재호 이병희 서상린 김택수
당료계	예춘호 정태성 김호철 박규상
반김계	장경순 오치성 강상욱 조창대 조남철(5월 동지회 출신)
구민주-신민계	민관식 박준규
구자유당계	김성곤 김진만 현오봉 최치환 구태회
원외파	민주공화국 사무국 원외당원

線)이 교차하면서 복잡한 계파의 가닥을 잡는다. 무엇보다 과거 1·2공의 구(舊)정치세력들이 다시 3공에 발을 들여놓으면서 당내 파벌 판도변화에 새로운 변수로 작용한다. 이 점을 고려해 당대의 파벌구도를 인맥에 따라 그려본 것이 <표 2-5>다.

이들 각 파는 6대 국회의 요직인선을 둘러싸고 치열하게 대립한다. 당시 공화당은 원내총무단 구성에서 주류인 김용태를 총무에, 구자유당계인 최치환과 당료계인 예춘호를 부총무로 지명하는 등 파벌 간 안배 원칙을 적용한다. 한편 당의 고위요직은 '김종필-김용태' 라인을 주축으로 삼는 쿠데타 주체들이 장악한다.

그러나 '김-김 라인'은 곧 무너진다. 한일회담문제로 여야가 팽팽히 맞선 1964년 4월 25일, 국회에서 야당이 제안한 '엄민영 내무·김유택 경제기획·원용석 농림' 등 세 장관에 대한 불신임 건의안을 표결할 때 공화당은 이를 간신히 저지하지만 당 소속 의원 20여 명이 야당에 동조한다. '크로스보팅(cross voting)' 전통이 전혀 없던 한국정당사에서 이는 여권을 긴장시켰고 묵과할 수 없는 반당행위로 인식된다. 원내 비주류 대부분이 가담한 이른바 표의 반란을 계기로 당내 주류·비주류 간 대립은 본격화한다. 이때 주류는 쿠데타 주체와 당료계였고 나머지 쿠데타 주체 중 반김계와 구정치세력은 비주류에 가담한다. 이때부터 시작된 격렬한 당 내분은 계속 당 영도체계를 약화시킨다.

'표의 반란'으로 김용태 총무단이 사임하고 중도적인 김성진 총무 아래 부총무에는 '현오봉·김준태·구태회·김우경' 등 비주류계가 들어간다. 또 비주류계인 이효상 국회의장이 사표를 내고(후에 반려) 쿠데타 주체이면서 반김(反金)계인 장경순 국회부의장은 김종필의 일체 공직사퇴를 박정희에게 건의한다. 당내 일각에서는 박정희의 공화당 총재직 사퇴도 건의한다. 김종필은 1964년 6월 5일 당의장직에서 물러나 외유길에 올랐고 정구영이 당의장서리에 취임한다.

1965년에 이르자 공화당 1세대 파벌구조가 재편성된다. 주류의 파벌 판도가 재구성되기 시작한다. 크게 보아 공화당 주류는 이때부터 김용태 중심의 강경주류와 길재호 중심의 온건주류로 쪼개진다. 강경주류에는 '예춘호·정태성·신윤창·권오석' 등이 들어가고 온건주류에는 '김택수·양순직·이병희·서상린' 등이 포진한다. 온건주류는 비주류계의 '김성곤·구태회·현오봉' 등과 함께 5월동지회의 강상욱과도 제휴, 연합전선을 형성하기도 한다. 주류의 공동목표는 김종필의 당 의장 복귀였고 이들은 당내 주도권 회복을 노리는 롤백(rollback) 작전을 꾸준히 편다.

소강상태를 유지하던 당 내분은 1965년 12월 국회의장단과 12개 상임위원장 선거에서 또다시 폭발한다. 행정 권력에서 소외된 주류는 대신 원내요직 진출을 희망하지만 박정희는 이효상 국회의장과 장경순 국회부의장을 유임 지명한다. 국회 투표 결과, 공화당은 과거와 같은 표의 반란을 재연한다. 50여 표의 조직적 반란표가 또 나온 것이다. 박정희 총재의 지명에 항거한 이른바 '항명파동'이었다. 결국 항명주동자인 '김용태·민관식'은 6개월 권한정지, 김종갑·신형식에게는 경고가 결정된다.

1965년 12월 27일, 공화당 제3차 전당대회에서 김종필은 또다시 당의장에 복귀한다. 새 사무총장에는 길재호가 임명되어 '김-길 라인'이 형성된다. 이로써 '김성곤-길재호'를 축으로 삼는 신주류가 당 헤게모니를 장악하고 '김용태·예춘호·신윤창' 등 구주류는 후퇴한다. 신주류 형성의 배경은 비주류의 이효상, 반김계의 장경순 등 국회의장단과 '김성곤·구태회·현오봉' 등 구정치인들이 박정희의 개인적 신임을 얻자 김종필과 숙적관계에 있던 이후락 비서실장과 접근했기 때문이다. 또한 김종필의 측근들인 김용태와 길재호는 서로 라이벌이었기 때문이다. 둘은 모두 쿠데타 주체였지만 성격이 달랐고 그 차이는 파벌운용의 부정적 변수로 작용한다.

이러한 알력은 1968년 1월 25일, 김용태의 해당행위에 대한 공화당 당기위원회의 제명처분으로 일단락된다. 김용태 제명 이후 당무회의에서 김종필은 공직사퇴를 선언한다. 김종필이 사라진 뒤 공화당 관리체제는 길재호 사무총장을 축으로 하는 구(舊)비주류 라인으로 강화된다. 신주류 당권파는 3선 개헌을 본격 추진한 반면, 구주류 강경파는 개헌 저지를 위한 서명 활동에 들어간다. 그러나 1971년 총선을 앞두고 1969년의 개헌작업은 돌아설 수 없는 강줄기에 더 가까이 다가서고 있었다.

10월 유신 후, 9대 국회에서 유신정우회가 등장하자 공화당은 원내 제2교섭단체로 전락한다. 박정희는 1973년 3월 8일, 정일권 국회의장, 백두진 유정회 대표, 이효상 공화당 의장과 함께 유신체제의 뼈대를 세운다. 그러나 유정회 회원 73명 중 공화당적을 가진 '김종필·백두진·구태회·민병권·김진만·현오봉·김재순' 등 29명이 탈당한다. 그런가 하면 1978년 12월 12일, 10대 총선에서 이후락은 무소속으로 당선, 14명의 민정회(民政會) 회원을 이끌고 공화당에 입당한다.

  박정희는 끝내 김종필을 권력 핵심부로 끌어들이지 않는다. 접근 가능한 길목을 모조리 차단하고 그를 중심으로 모여드는 일체의 파벌세력을 멀리서 주시한다. 일촉즉발의 위기를 버티며 목숨 걸고 덤벼들던 5·16 거사(擧事)의 기억을 그는 서서히 잊어갔다. 박정희는 그렇게 김종필을 버렸다.

  1979년 10월 26일, 1980년 5월 17일, 5월 18일. 그리고 또 다른 신군부의 등장. 박정희의 사망에 따른 정치 공백은 해방 후 4공까지의 정치모순과 파벌정치의 폐단이 사라질 것이라는 과잉기대를 연출한다. 그 폭발적 기대는 이제 정치적으로 억압받지 않을 것이라는 극단적 낙관론마저 낳는다.

  정치적 자유의 과잉기대와 극단적 낙관론. 둘은 서로 맞물려 떨어질 수 없는 관계를 맺은 뒤였다. 또한 이제까지의 반(反)정치적 혐오와 환멸뿐 아니라 그간의 대중의 한(恨)을 달래기 충분할 만큼 충격적이었다. 그 누구도 또다시 '민간인의 옷을 입은 군인'이 정치무대에 나설 것이라고는 감히 상상조차 하지 못했다. 그러나 조국을 위기 속에 방치할 수 없다는 믿음으로 충만한 '애국군인'들은 이미 동원되고 있었다. 이들을 저지할 만한 힘은 직업정치인들 중 누구에게도, 시민사회 어느 세력에게도 없었다. 과거 막강했던 어느 파벌이나 이합집산의 명수들이었던 중간 보스에게도 기대할 수 없었다. 이들은 대부분 땅 속으로, 비행기 속으로 숨어들었고 자신을 감싸줄 또 다른 보스와 '나타나도 좋을 날'을 기다리며 치밀한 계산을 포기하지 않은 채 1980년대의 새날들을 기약하고 있었다.

신군부의 등장과 파벌 분열의 답습

박정희를 정점으로 삼았던 여권 파벌은 그가 사라진 정치적 진공상태 속에서도 살아남으려 혼신의 힘을 다하고 있었다. 여권 파벌은 박정희를 대체할 신인이 또다시 군부에서 등장한다는 사실에 일단 안도한다. 표면적으로는 세대교체가 이루어졌지만 그것만으로 파벌정치의 뿌리 깊은 모순을 제거하기에는 신군부 역시 역부족이었다.

얼핏 보면 5공의 파벌구조는 과거와 단절된 듯하다. 그러나 구조의 상층부를 감싸는 베일을 한 꺼풀 벗겨내면 내용물은 4공까지의 그것과 다름없다는 사실을 곧 알 수 있다. 대표적인 변화는 박정희 인맥의 상당부분이 '하나회'를 중심으로 한 전두환의 인맥구조로 대체된다는 점이다. 정치활동 금지조치해제 후 김영삼과 김대중을 정점으로 한 야권 파벌은 또다시 움직인다. 여권의 지각변동은 '군부'라는 큰 테두리를 벗어나지 않는다는 점에서 외형의 변화는 없다. 기습적·기형적 정치변동을 눈앞에 놓고 야권 파벌이 크게 동요할 때 신여권은 권력접수의 수순을 밟으며 자신들의 정치적 향배를 고민하고 있었다.

10·26에서 5·17까지 '김대중·김영삼·김종필' 등 3김은 모두 대권을 놓고 자신들의 세를 규합하기 위해 애쓴다. 특히 김종필은 과거의 한을 달래며 못다 한 정치활동과 헤게모니 장악을 위해 부심하고 양김은 양김대로 김종필과 신군부의 등장을 견제해야 할 대상으로 의식한다.

그러나 10월 유신 이후 김대중과 김영삼은 더 미묘하게 대립한다. 특히 전두환은 김대중을 내란음모죄로 구속하고 이를 역이용한 김영삼은 김대중과 다른 정치세력들을 따로 키운다. 10·26 이전 두 차례에 걸친 신민당 총재 역할과 YH 사건, 그리고 부마사태를 통해 김영삼은 반대급부적 지지세를 확충하는 데 성공한 반면 당권 경쟁 과정에서 수많은 적들도 낳을 수밖에 없었다.

이를 종합할 때 5·17 직전까지 원내 세력판도는 당권을 장악한 김영삼이 우세한 반면 김대중은 재야를 등에 업은 모습이었다. 그러나 김대중에게도 동조세력이 없었던 것은 결코 아니다. 당내에는 '박영록·송원영·한건수·고재청·예춘호·노승환·이택돈·천명기·최성석·이필선·정대철·조세형·김원기·김영배·오홍석·김유덕·손주항·이진연·임종기·허경만·이용희·박병효' 등 원내세력과 구(舊)통일당의 '김록영·김현수' 그리고 원외의 '이중재·김상현·조연하·박종률·유제연' 등이 있었다.

하지만 김대중은 1980년 4·7 성명을 통해 신민당 입당을 포기한다. 아마도 김영삼의 영향력과 위상을 전제할 때 기존 야당에서 자신의 운신 폭은 그만큼 좁아질 수밖에 없다는 판단이 섰기 때문이었을 것이다. 즉 단일정당 내 경쟁보다 독자적 파벌 보스로 변신하고픈 계산이 앞섰을 것이다. 신민당 입당을 포기하는 대신 김대중은 (정권 투쟁보다) 민주회복을 위한 국민운동이 먼저라는 명분을 걸고 국민과의 직접 대화방식으로 돌아선다.

그러나 이 같은 제스처는 대권 경쟁을 향한 전략적 우회에 지나지 않았다. 그는 '민주헌정동지회·한국정치문화연구소·남화연구소' 등 원외 조직거점을 넓히고 대권도전 기반마저 확충한다. 민주헌정동지회는 그의 재야 실무측근인 '김종완·박종태·김윤식'을 공동대표로 하고 '이상돈·유청·김달수·강봉룡·조종호·양순직·김상현·김충섭·계훈제' 등 9인 지도위원이 주축이었다. 한국정치문화연구소는 김상현을 중심으로 한 젊은 세대의 집결지로 김창환·박정훈 등이 전위 역할을 하고 조연하는 남화연구소를 운영한다.

그러나 신군부의 등장이 예기치 못했던 것처럼 의외의 현상은 되풀이된다. 유권자 다수의 표의 반란이 나타난 것이다. 전두환에 대한 정치적 환멸과 야권에 대한 정치적 지지는 1985년 2월, 12대 총선에서 이변을 낳는다. 이 선거는 5공 정당구조의 분기점이 된다. 선거 실시 불과 3주 전에 창당한 신한민주당(약칭 신민당)은 대도시에서의 압승으로 일약 제1야당이 된다. 기존 제1야당이던 민주한국당은 대부분의 의원들을 신당에 가입하도록 유인, 결국 와해된다. 비록 (1969년 9월 22일 창당, 1980년 10월 27일 제8차 개헌으로 소멸·해체된) 구신민당 법통을 고스란히 승계한 정당이었다고는 할 수 없지만 11년 1개월간 존속된 이 땅의 전통 제1야당의 맥이 다시 지속되고 있음을 여실히 입증한 것이다. '유진오 → 유진산 → 김홍일 → 김영삼'으로 이어지던 신민당의 예전 영향력이 12대 총선을 통해 부분 부활한 것이다. 이를 놓고 볼 때 한국 유권자들은 시민혁명의 잠재력을 몸으로 표출하기보다 '표(票)'로 드러낸다는 사실을 잘 알 수 있다.

선거 결과 (군소정당으로 전락한) 한국국민당(20석, 7.2%)을 제외한 야권은 신한민주당에 통합, 5공의 실험적 다수정당제가 끝나고 다시 구체제적 양당제로 복귀한다. 원내 다수야당으로 변신한 신한민주당(102석, 민주한국당계 포함) 파벌은 어떤 모습이었을까? <표 2-6>은 선거 결과 당선 확정된 인물 계보와 그들이 각기 어느 보스 밑에 포진하고 있었는지를 정리한 것이다.

신민당의 세력판도는 양김이 가르고 있었다. 주변에는 '이철승·김재광·이기택·신도환' 등이 포진하고 있었다. 왜 이들이 신민당이라는 급조 야당에 일시적으로 대거 집결했는지는 전혀 의문대상이 되지 않는

〈표 2-6〉 신민당 3세대의 인맥 계보

계파별\출신별	김영삼	김대중	이철승	김재광	이기택	신도환	기타
신민당 전국구	김형경 윤영탁 조영수 김동욱	임춘원 한석봉 임종률 김용오 최훈	신달수 김병수	고한준 신경설 이길범	정재문 장충준	신병렬	
민한당 지역구	김정길 이건일 목요상 조종익 유한열 정재원 황병우 서종렬 이상민 황낙주 박일 심완구	이중재 이용희 김성식 김봉욱 고재청 임종기 이진연 이재근 유준상					이영준 허경구 장기욱
민한당 전국구	박해충 정상구 신재휴 최운지	송현섭					
기타	김완태 조병봉	김득수 김봉호					
계	40	32	8	6	5	2	9

자료: 이경재, "김대중과 김영삼", ≪신동아≫(1985), 5월호, 200쪽에서 재인용.

다. 이들은 각자 양김에 대한 개인적 존경보다 달라진 정국과 다가올 대권 도전기회를 이용하려 했기 때문이다(6공 말기, 이철승과 신도환을 뺀 두 인물이 각기 어떻게 파벌을 갈아타는지만 보더라도 이 점은 잘 확인된다. 김재광의 친(親)김영삼적 행태나 이기택의 친김대중적 행태를 헤아릴 때 문제의 이해는 그리 어렵지 않다).

각 계파의 중간 보스들이나 힘없는 구성원들은 대부분 유리한 때가 오길 기다리고 있었다. 때가 오면 미련 없이 둥지를 떠나 새 보스에게 형식적 충성이나마 맹세하려 했던 것이다. 이 같은 행태는 세기말까지도 전혀 달라지지 않는다. 세기가 바뀐다 한들 이는 마치 변해선 안 될 정치문화의 상수처럼 튼튼한 뿌리를 자랑한다.

당시 양김 휘하에 포함되지 않았던 유동세력은 어떻게든 어느 한 사람과 인연을 맺으려 애쓴다. 정치적으로 인연이 닿을 경우 자신의 과거를 세탁하려 혼신의 힘을 쏟았던 것은 당연했다. 그 같은 상황 속에서 80년의 정치계파는 재구성된다. 특히 13대 대선을 향한 권력재편기 동안 파벌간 이합집산은 다시 극심해진다. 이것이 곧 신민당 해체와 양김이 이끄는 통일민주당·평화민주당의 복수야당 탄생을 유도했고 여소야대를 만든 직접적 요인이 된다.

당시 양김은 기왕의 확실한 충성파들과 믿을 만한 중간 보스를 축으로 삼아 그 원심력을 최대한 활용해 중간계보의 흡인작업을 계속한다. 12대 국회개원을 전후해 김대중에게는 '김상현·조연하·박종률·김록영' 등 4인 측근들 외에 신민당에서 '송원영·이택돈·유제연·조순형·송천영·신기하·신순범·이영권·강삼재·박왕식·김현수·허경만·임춘원·한석봉·김용오·최훈' 등이 추종세력으로 모여든다. 또 민한당과 기타 정당에서 '이중재·이용희·김성식·고재청·이진연·유준상·김봉욱·임종기·이재근·송현섭·김봉호·김득수·유갑종' 등이 접근을 시도한다(원외세력과 비서 참모진은 제외). 뒷날 이들 대부분은 김대중이 이끄는 평민당으로 옮긴다.

한편 김영삼은 좀처럼 자신을 배신하지 않는 '김동영·최형우·문부식' 등 측근을 옆에 두고 세를 몰아간다. 평소 그와 긴밀한 관계를 유지한 인물들로는 보좌관·비서관 출신의 '서석재·김봉조·문정수·김형경·유성환·정재원' 등이 있었고 윗세대인 '박해충·박용만·박한상·황낙주·박일·김현규·유한열·김동욱·황병우' 등이 원내 동조세력이 된다. 과거 다른 당에 있었거나 원내에 진출해 계보에 흡수된 사람들은 '박찬종·권오태·조홍래·김동규·홍사덕·목요상·윤영정·조영수·정상구·신재휴·최운지·김정길·서종렬·김완태·조영봉' 등이었고 '이건일·명화섭·심완구·조종익·김태룡·김동주' 등 구신민당 시절 원외 측근들도 다시 주변에 두기 시작한다. 또 김덕룡과 '민추협'의 '김명윤·홍영기·황명수' 등을 기용, 주변을 보강한다(원외 지구당세력과 민주산악회계는 생략). 이들 역시 신민당 해체 후 일부를 제외하고는 거의 김영삼이 이끄는 통일민주당으로 당적을 옮긴다.

　다른 한편, 당대의 여권 파벌은 어떻게 균열되어 있었을까. 1981년 1월 15일 창당한 '민주정의당'이 '민주자유당'으로 변신하기까지 전두환은 어떤 파벌과 인맥구조로 당을 유지하는가? 민정당 태동과 명맥의 유지를 살피려면 세 가지 시간대의 전후맥락에 유념해야 한다. 그 주요 축은 ① 창당 이후 11·12대 총선까지, ② 12·13대 총선까지, 그리고 ③ 1990년 1월 민주자유당 결성까지로 나뉜다. 이 시간대를 가로지르는 힘은 '하나회'와 유신세력의 민간 잔여파벌, 그리고 구(舊)야권 영입세력 등 세 꼭지를 정점으로 한다. 그러나 권력 상층부의 지각변동은 전두환의 그것에 훨씬 못 미치는 것이었다.

　국가 명운(命運)에 관한 전두환의 거의 절대적인 자율과 그를 향해 접근한 수많은 인간들의 정치적 관계는 어떻게 바라보아야 할까? 그 역시 단순한 동기에서 비롯되었던 것으로 파악할 일이다. 야권의 이합집산과 마찬가지로 신여권에로의 힘의 유인 역시 치열한 정치생존을 위해 자신이 얻을 실제 이익과 그 기대치 계산에서 비롯했기 때문이다. 따라서 전두환과 민정당을 향한 행진 역시 그 동기 밑바닥에는 끓어오르는 충성심이나 개인적 존경 혹은 정책 대안에 의한 문제해결능력 따위 개입할 필요가 없었던 셈이다.

　민정당의 신군부 인맥과 구(舊)정치권으로부터 흘러 들어온 계보를 압축한 것이 <표 2-7>이다. 민정당을 만드는 과정에 하나회가 어떤 결정권을 갖고 있었는지는 현재 확인할 수 없다. 하나회를 과연 5공 파벌구조 분석의 쓸모 있는 변수로 볼 수 있겠느냐는 반론 역시 의미가 있을 것이다. 그러나 이를 지나치지 못하는 이유는 조직의 발동주체와 수장이 정규 육사11기였다는 점과 '전두환-노태우-정호용' 라인의 공조체제에 있다.

'하나회'라는 명칭을 붙이기 전 육사 11기 동기생들 사이에서는 집단의 모체를 '김태환회(金泰煥會)'로 통칭했던 것으로 알려져 있다. 11기의 선두그룹에 속했던 '김복동·노태우·전두환'의 이름에서 각각 한 음절씩을 따온 것이다. 하지만 실질적 리더는 전두환이었고 그가 회원인 동기생들조차 동료 아닌 '부하'로 대했다는 것은 이미 널리 알려진 사실이다.

강창성은 이렇게 말한다.

> 박 장군이 육사 8기를 견제하기 위한 자신의 영남인맥 형성 과정에서 11기생이 중심이 되어 구성된 것이 이른바 칠성회(七星會)였다. 박 장군이 미국 방문을 서둘렀던 1961년 말 '전두환·노태우·손영길·정호용·권익현·최성택·백운택' 소령 등 영남출신 11기생들은 외견상 권력과 무관한 친목모임인 칠성회를 조직한다. 이 모임은 구(舊)육사세력들과 어느 정도 단절되어 있고 더욱이 구성 면면들이 모두 영남출신들이어서 박대통령 자신의 권력보호를 위한 친위대적 인맥 형성에는 안성맞춤이었다. 11기 김복동 소령도 칠성회 멤버였지만 이 모임이 하나회로 탈바꿈하는 과정에서 전두환과의 불편한 관계로 발을 뺐다는 얘기들이다. 권력의 비호 아래 발족한 칠성회는 계속 정규육사출신들을 비밀리에 포섭, 조직이 크게 확대되자 명칭도 '하나회(일명 一心會)'로 바뀌었고 군대 내 유일한 사조직으로 탈바꿈해갔다[강창성, 『일본/한국 군벌정치』(1991: 357~358)].

〈표 2-7〉 육사 기수별 하나회 명단과 5공 당·정 권력구조 분석

하나회	육군사관학교	11기	전두환 노태우 정호용 최성택 안교덕 노정기 손영길 권익현 김복동
		12기	박세직 박준병 박희도 안필준 장기오 전동철 황인수 최웅
		13기	신재기 정동호 황진기 조명기 윤태균 최문규 오한구 이우재 최세창 우경윤 권영휘 박종남 정진태
		14기	박정기 이종구 배명국 안무혁 이춘구 정도영 신우식 장홍렬 장기하 이철희
		15기	이진삼 고명승 이대희 김상구 나중배 권병식 강자화 이한종 민병돈 박태진
		16기	장세동 최평욱 정순덕 송웅섭 신말업 정만길 김정룡
		17기	허화평 허삼수 김진영 안현태 이현우 이문석 김근준
		18기	정태화 이학봉 조남풍 구창회 성환욱 김정헌 김재창
		19기	서완수 노석호 최석림 장석규
		20기	허청일 안병호 김무웅
공화당 → 민정당			남재희 신상초 최영철 정래혁 이태섭 홍성우 김숙현 홍우준 윤국로 정동성 이자헌 이해원 안갑준 정석모 이상익 유경현 정휘동 김윤환 정희채 이양우 고귀남 권중동
공화당 정부각료 → 민정당			정종택 김종호 박동진 황인성 임방현 고건 김태호
공화당 정부각료 → 민정당 정부각료			남덕우 신병현 이승윤 최광수 김상협 이원경 이진희 함병춘 유창순 이광표
야당 → 민정당 정부각료			채문식 박권흠 한병채 이재형 오세응 나석호 윤길중 조종호 진의종 김정례 김종기 김기철 천명기
공화당 → 야당			예춘호 양순직 박찬종 김창근 김봉호

자료 1) 하나회 명단(1992년 4월 확인한 총 88명 중 전·현직 미확인자 제외).
2) 조성관, "비밀결사 '하나회' 인맥은 살아 있다", 《월간조선》(1992), 4월호, 198~199쪽 참조; 권력구조 분석은 이상우, "제3공화국 이후의 '변신' 정치인들", 《신동아》(1987), 2월호, 239~249쪽 참조 필자 재구성.

　　박정희가 죽고 김종필마저 위축·배제된 상태에서 제도권력을 넘겨받은 최규하는 난국을 수습할 수 없었다. 그에게는 행정 관료의 이미지만 가득했다. 전두환은 정치적 과도기를 수습해야 할 불가피한 존재인

양 자기의 위상을 합리화하는 한편, 실질적 권력접수를 향한 수순을 이미 밟고 있었다. 이러한 교체기를 거쳐 '하나회'는 민정당 창당과 5공 전반에 걸친 정치권력의 안배 혹은 집행에서 은밀한 모체파벌로 기능한다.

일사불란한 위계에 따라 정치적 힘을 안배하려던 신군부파벌은 그러나 민정당 2기 집권을 맞아 크게 흔들린다. 파열 조짐은 육사 11기 동기생들인 '전두환-노태우-정호용' 3인의 권력지분 주장과 이에 얽힌 자기이익 추구 과정에서 첨예하게 드러난다. 이는 과거의 동지를 오늘의 적으로 만들 수밖에 없는 불가피한 통과의례였다. 그러한 알력은 민정당이 5공 집권여당에서 6공 집권당으로 변신하는 과정상 불가피하다고 모두가 내다본 일이다.

13대 총선에 나타난 여소야대 상황은 민정당 공천 과정부터 분명했던 노태우와 전두환 사이의 지분 경쟁의 결과였다. 선거 결과가 여대야소로 나타났다면 당의 비극은 별로 심하지 않았을 것이다. 그러나 '1987년 봄'은 민정당 내 파벌 분화를 재촉하고 당의 위기마저 가속화시킨다. 노태우로의 권력이양은 민정당 내 권력 재편을 불가피하게 만든다. 전두환 친위세력이 득세하던 당내 권력구조는 노태우 친위세력을 중심으로 대체되기 시작한다. 그리고 1987년 12월 16일, 제13대 대통령선거. **역사의 반복과 이변은 용납되지 않았다.** 같은 해 치러진 13대 총선과 13대 대선이라는 차수의 일치는 한낱 상징적 의미에 불과했다. 하지만 대선 결과는 적어도 입법부 권력변화와 견줄 일이 아니었다.

노태우는 역대 대선 중 가장 낮은 득표율을 무릅써야만 했다(<표 2-8> 참조). 36.6%의 지지만으로도 그것이 '종다수(從多數)'이기 때문에 인정해야만 했던 기형적 승리였다. 반사 논리로 보자면 총유권자(기권자

<표 2-8> 해방 후 한국의 역대 대통령 득표율 대비 투표율

차례	선거방식	당선자	득표율	투표율	선거일
제1대	국회간접선거	이승만	92.3%		1948. 7. 20
제2대	국민직접선거	이승만	74.6%	88.1%	1952. 8. 5
제3대	국민직접선거	이승만	70.0%	94.4%	1956. 5. 15
제4대	국민직접선거	이승만	100%	97%	1960. 3. 15
	간접선거	윤보선	82%		1960. 8. 12
제5대	국민직접선거	박정희	46.6%	85%	1963. 10. 15
제6대	국민직접선거	박정희	51.4%	83.6%	1967. 5. 3
제7대	국민직접선거	박정희	53.2%	79.8%	1971. 4. 27
제8대	통일주체국민회의 간접선거	박정희	100%		1972. 12. 23
제9대	통일주체국민회의 간접선거	박정희	100%		1978. 7. 6
제10대	통일주체국민회의 간접선거	최규하	96.7%		1979. 12. 6
제11대	통일주체국민회의 간접선거	전두환	100%		1980. 8. 27
제12대	대통령선거인단 간접선거	전두환	90.2%		1981. 2. 25
제13대	국민직접선거	노태우	36.6%	89.2%	1987. 12. 16
제14대	국민직접선거	김영삼	42%	81.9%	1992. 12. 18
제15대	국민직접선거	김대중	40.3%	80.7%	1997. 12. 18
제16대	국민직접선거	노무현	48.9%	70.8%	2002. 12. 19
제17대	국민직접선거	이명박	48.7%	63%	2007. 12. 19

자료: 필자 정리.

포함) 중 63.4%가 '원하지 않는' 인물을 대통령으로 뽑은 것이다. 유권자들은 여소야대 정국이나 과반수 미달로 당선된 대통령에 대해 냉소적이었지만 6공 수뇌부는 이와 전혀 관계없이 자신들의 정치일정을 준비하고 있었다.

전두환은 4공의 '체육관 선거' 유산을 등에 업고 소위 '합헌절차'에 따라 직접선거에 의하지 않은 정권을 출범시킨다. 그것은 중대한 '정통성 위기'의 단초였다. 이와 비슷한 위기는 노태우 정권의 표의 한계로 되풀이된다. 게다가 새로운 위기와 권력의 한계를 암시하는 신호는 민정당 내 파벌이동과 반란으로 점차 커져 갔다. 아무도 예측할 수 없는 파벌의 대이동을 포함한 변칙적 정치변동은 6공 출범과 함께 예고되고 있었던 터다. **한국정당사에서 피할 수 없는 파벌 대란은 1980년대 말에 이르러서도 고질적 궤도를 탈출하는 데 실패하고 만다.**

신군부의 연장과 파벌의 대란

노태우 정권은 시작부터 취약한 통치의 명분과 싸워야 했다. 여기서 '취약'이라는 말은 노태우의 당선과 집권 프리미엄이 과반 이하의 득표로도 가능했다는 표의 제한성과 압도적 거부의 한계를 동시 반영한다. 그뿐 아니라 노태우 역시 박정희가 비축한 경제 인프라를 바탕으로 국가를 운영할 수밖에 없었다는 점에서 정치적 리더십은 곧 바닥을 친다.

노태우의 탈권위주의 통치방식 역시 의도적인 정치공학이었다. 노태우는 정권 말기까지 정치적 방임과 무위(無爲)의 명분을 민주주의 논리로 수식, 그의 통치방식 자체가 민주화의 완성을 위해 피할 수 없는 단계임을 반복 강조한다. 마치 '아무것도 하지 않음'으로써 '매우 많은 일을 해내는 것'처럼 비치게 하려는 엔지니어링이 세상 처음 모습을 드러낸 것이다.

그의 이 같은 명분은 얼마만큼 설득력을 갖고 있었을까? 이러한 방식이 과거에 사용된 바 없었다는 이유만으로도 한국의 민주화는 진전될 수 있었던 걸까? 적어도 '의도된' 탈권위주의 통치는 기왕의 파벌정치의 악습을 끊는 데 성공적이었을까? 한국 시민사회의 민주화 정도와 지배 블록의 민주화 수준 사이에는 과연 어느 정도의 간극이 존재했던 걸까?

　이들 질문에 대한 답변 역시 부정적이라는 점에서 한국의 정치비극은 만만치 않다. 무엇보다 6공 출범 후의 정치계보변화에서 구공화당 인맥이 일제 부활한 현상은 무얼 뜻하는 걸까? 국회의장과 민정당 5역, 야3당의 정책위의장까지 포진함으로써 이들이 막강한 영향력을 행사한다는 것은 어떤 의미를 지니는가?

　이 같은 변화는 오랜 칩거 후 김종필이 1987년 10월 30일, '신민주공화당'을 창당하고 13대 대선에 입후보하면서 재생시킨 '세(勢)'와 무관치 않다. 당시 민정당 총재인 노태우가 집권여당도 아닌 신민주공화당을 이처럼 예우한 데에는 그 나름의 정치적 계산이 있었을 것으로 추론할 일이다.

　5공 말 전두환과의 불협화음 청산과 전두환의 친인척 비리공개 및 사법부 재판에 따른 고충, 그리고 전직대통령 예우에 관한 여론재판의 후유증 등을 앞에 놓고 민정당 총재 노태우는 과거와의 완전 청산 아니면 발전적 부활을 통한 과도기 혼란과 외풍의 방어를 놓고 기로에 선다. 그에게 후자 이외의 대안은 없었다.

　5공의 파벌정치는 신군부의 엘리트 변화를 축으로 삼아 주변에 모여든 일부 여야 계보이동만 있었을 뿐 눈에 띌 만한 여권 변화는 별로 없었다. 그러나 6공에서는 여야 할 것 없이 구조적으로 극심한 변화를 겪는다.

　당명은 '신민주공화당'으로 바꿨지만 대선에 패배한 김종필 총재는 지속적인 친여 경향을 버리지 못한다. 야당 지도자의 경직된 모습 뒤에는 반(反)민정당의 요소보다 지난 세월 겹겹이 쌓인 정치적 한을 어떻게 풀고 무슨 수로 정국을 유리하게 활용할 것인지 아련한 계산으로 가득차 있었다.

'외야내여(外野內與)'적인 김종필의 행태를 감안할 때 구공화당계를 등용한 6공 초기의 정치적 함의와 1990년 1월 민자당 통합에 따른 김종필의 행동 사이에는 밀접한 관계가 있음을 알 수 있다. 김종필이 김대중·김영삼과 다른 점은 '일인지하 만인지상(一人之下 萬人之上)'의 자리까지 오르고 나락에 떨어진 구(舊)권력자였다는 점이다. 그는 투사의 면모와 정치적 대항논리로 철저히 무장한 양김과 달랐다.

권력에 착취당하고 설움 받은 자들은 한사코 권력을 접수·쟁취함으로써 그 실체를 확인하려는 보상 욕구를 갖도록 스스로 자극하게 마련이다. 따라서 그들에게는 권력, 단지 그 자체만 보일 뿐이다. 하지만 권력을 사용했거나 유지·확산해본 인간에게 그것은 매력적이면서도 허망하며 동시에 얼마나 무서운 것인지 사무치게 만드는 원인일 수 있다.

김종필 역시 다른 야권 지도자처럼 하방식(下方式) 지도체제를 사용한다. 그의 주변에는 왕년의 정치스타들 대부분이 모여든다. '이효상·백두진·전예용·김용태·장영순·이석제·길전식·이영근·최정기·육인수·김성철·이상희·최두고' 등은 당고문으로 추대되고 '이병희·구자춘·이종근·최재구·김영자' 등은 부총재, 당중앙위 의장은 신철균, 정책위의장에 김용환, 사무총장 최각규, 원내총무 김용채, 중앙훈련원장 오용운, 종합기획실장 이희일, 총재 비서실장 김동근, 대변인 '김문원·조용식' 등의 진용을 갖춘다.

신민주공화당은 13대 총선 당시 공화·유정회에 속한 유신세력과 박정희 정권 당시 고위 공직자 다수가 출마, 전국구 3명을 포함해 모두 11명을 국회로 내보낸다(전국구 포함 당선자 총 35명, 원내의석 11.8% 획득). 당시 지역구에 나선 유신본당파(維新本黨派)는 김종필을 비롯 '이병희·

구자춘·이종근' 등이 당선되고 이 밖에 '김용환·최각규·김용채·오용운·신오철' 등이 지역구에 뽑힌다(전국구는 '이희일·옥만호·신철균' 등). 이들은 마치 구공화당을 부활시킨 듯 생존 주자의 면모를 잃지 않으려 몸부림친다.

당시 민정당의 당적을 갖고 있던 박준규 대표위원, 임방현 중앙위의장, 이승윤 정책위의장, 김윤환 원내총무, 그리고 입법부 대표로 김재순 국회의장, 홍성철 청와대 비서실장 등 또 다른 정치적 무리는 전부 구공화당계 인물들이었다. **이들 무리를 겹쳐 구공화당 위상이 얼마나 이어지는지 살펴보려면 치밀한 추적과 분석이 필요하다.** 또 이들의 정점에 서 있는 수장들 각자가 당시 무슨 생각을 하고 있었는지도 앞으로 주목해야 할 문제로 우리 앞에 남는다.

그러나 정국의 새로운 초점으로 떠오른 문제는 민정당의 파벌 간 갈등과 암투였다. **역사는 이변의 반복을 허락하지 않는다.** 과거 미미한 권력자에 지나지 않던 노태우가 대통령으로 변신한 뒤 5공 잔존세력은 6공의 당연한 수구파로 입지를 강화한다. 그러나 노태우는 이들 때문에 자기 측근이 커나갈 기회와 현실적 가능성을 차단할 수 없었다. 결국 과거를 이어감으로써 어제와 오늘의 존재이유를 정당화해야 한다는 수구파의 명분과 과거의 오류는 말끔히 청산하고 새 술은 새 부대에 담아야 한다는 신주류의 대항논리가 민정당 말기의 암투를 새삼 심화시킨다.

민정당 집권 2기의 파쟁과 내분은 2공 당시 민주당 신·구파의 그것과 닮은 꼴이었다. 민정당 신주류와 수구파 간 갈등은 결국 쟁점화된 현안 해결보다 계보조직 구성원들이 소모적인 정통성 시비나 법통 문제에 집착하도록 유도한다. 따라서 4·19를 비혁명적 방법을 통해 해결·승계한다는 2공의 통치 명분이 민주당 신·구파의 대결과 파쟁으로 무력해졌듯 민정당 신·구파의 대립도 스스로의 해체를 향한 명분을 키워 나간다.

이들 양 파벌 사이에서 특히 정호용은 남다른 배신감과 과거 공화당의 김종필류(流) 소외의식을 강하게 갖는다. 그는 전두환·노태우 등과 같이 육사 11기 동기로 하나회 최고 선배 중 하나며 한국전쟁과 쿠데타 그늘에서 동고동락했다. 그러나 당시 그에게는 동기생들이 향유한 대통령직도, 민정당 대표최고위원 자리도 예정되어 있지 않았다. 오직 광주 청문회 석상의 준엄한 질책과 누군가는 지불해야 할 속죄양 역할만 기다리고 있었을 뿐이다. 김종필이 그러했듯 그 역시 미국 외유를 감수·반복한다.

정호용이나 수구파와는 아랑곳없이 민정당 내 계파 간 '무리 짓기'는 계속된다. 6공 개막 과도기에 얽힌 난제들을 우선순위에 따라 정리·수습(각종 청문회 개최·전두환의 백담사행·전두환 친인척비리 관련자 사법처리)한 노태우 체제는 민정당 당직자들과 사조직 성격이 강한 인맥구조 및 원로그룹 등 세 단위를 주축으로 당내 신·구파 결속을 유인한다. 1989년 말경 노 체제는 민정당 내에서 '박준규·채문식·유학성' 고문 밑에 임방현 중앙위의장, 이승윤 정책위의장, 김윤환 원내총무, 김영구 총재비서실장, 김중권 제1사무차장, 심정구 재정위원장을 비롯해 '박준병·이도선·이자헌·심명보·이춘구·김현욱·정순덕' 의원 등으로 핵심 진용을 갖춘다. 이들이 당 총재의 총애를 받는 측근들이었고 6공 말기까지 권력의 핵 주변에 모여든 인물들이다. 반면에 '윤길중·김정례' 고문과 '이종찬·서정화·정석모·정재철·남재희·장성만·양창식' 등 당 중앙집행위원들은 권력의 핵에 접근하지 못한다. 특히 이종찬은 철저히 소외된다.

사조직 성격이 강한 인맥구조는 야당과 마찬가지로 당 총재 출신지역을 축으로 뻗어나간다. 흔히 'TK사단'으로 통용되는 경북 인맥의 정점은 두말할 필요 없이 당 총재인 노태우였고 서로 섞이기 어려운 이질적 인물들로 경쟁·대결한 '박준규·김윤환·정호용·김복동·박철언' 등이 지맥(支脈)을 이룬다. 이들은 대구·경북을 세력기반으로 삼아 정계뿐 아니라 한국의 지배블록 일부를 장악하는 확실한 파워엘리트 그룹의 하나로 뿌리내린다.

　1980년대 말 민정당 내 TK사단은 이들 4, 5명을 중간 보스로 '유수호·최운지·이정무·김용태·이치호·김한규'(이상 대구), '이진우·김일윤·박정수·박재홍·김진영·정동윤·김근수·정창화·황병우·오한구·이상득·황윤기·장영철·유학성·김중권'(이상 경북), '채문식·박태준·이원조·김인기·김종기·최재욱·이상회·김길홍·강재섭'(이상 전국구) 등이 모여 세를 형성한다. 이들은 각자 향후 최고 권력의 향배가 어느 쪽으로 기울 것인지 저울질하며 중간 보스를 추종, 경우에 따라 계보 유파의 중간영역에 포진하거나 수시 변색한다.

　이들은 분명한 색깔을 띠면서 세력을 형성해나가는 계보구축방법을 쓰기보다 당내에 종횡으로 얽힌 수많은 인연과 선(線)을 전면에 내세우고 그 후면에서 자신들의 지역세를 은밀히 키우거나 극도로 이를 감추려는 경향을 보인다. 이름을 바꾸거나 자진 해산선언을 하기도 한 '월계수회(月桂樹會)'나 '경구회(慶邱會)' 같은 조직은 전두환의 '하나회'와는 또 다른 성격의 사조직으로 활용된다.

　원로그룹으로 창당멤버 중 남아 있던 인물들로는 '이종찬·채문식·윤길중' 고문이 있었지만 이들의 지원은 부수적이었다. 이러한 세 힘의 중간단위들 주변에는 '정호용·이한동·권익현' 등 수구파가 여전히 세 확장을 위해 기회를 노리고 있었다. **수구파와 신주류, TK와 비TK, 그리고 학연·지연 등으로 복잡하게 얽히고설킨 민정당 파벌이 당 내분을 격화시키며 새로운 위기 조짐을 보이던 1980년대 중·후반, 야권 내부에도 문제는 새롭게 잉태되고 있었다.**

　신민당 3세대의 내분과 해체, 새로운 분당 조짐에 따른 일련의 정치파행사가 비극의 시발점이다. 12대 총선 후 정국의 파란은 대통령제를 유지할 것인지, 아니면 내각책임제로 타파할 것인지 뜨겁게 달아오른다. 신민당은 102석 원내 다수의석을 확보하고 가능한 한 헤게모니를 유리하게 확보할 제도적 대안으로 대통령 직선제와 '호헌론'으로 여권의 의도를 차단한다. 노태우의 6·29 선언이 있기 전까지 여야의 격돌은 일반대중의 정치의식을 둘로 나누고 상당수 시민들을 정치폭력현장으로 유인하는 직·간접 요인이 된다.

　그러나 신민당 내 사정은 미묘하게 꼬이기 시작한다. 과거 두 번이나 야당 총재를 지낸 김영삼은 이민우를 총재로 밀고 2선으로 물러나 있었고 김대중은 입당을 거부한 채 재야와의 연대를 통해 민주화 운동을 이끌고 있었다. 이런 처지에서 김영삼은 양김 공동명의로 1987년 4월 8일 오전 '민추협(民推協)' 사무실에서 신당 창당을 발표한다. 통일민주당 창당 선언이었다. 이민우 총재의 리더십 한계와 양김에 대한 정치공박, 그리고 신민당 내 일부 의원(이철승·이택희 등)들의 내각책임제 지지 주장 등 일련의 반(反)양김 움직임은 그들을 추종하는 다수세력을 격분시킨다. 그러나 이러한 행동들은 한낱 변혁을 향한 촉진제적 사건들에 지나지 않았다. 국민들의 관심은 분명 신민당 쪽으로 기울고 있었지만 신민당 3세대가 이를 의식, 자중하기에는 이미 늦었기 때문이다.

　너무 빨리 숙성한 신민당은 그처럼 빨리 죽어갔다. 민주화를 향한 변혁

〈표 2-9〉 신민당 3세대의 해체와 양김세력의 분화

탈당		무소속(6명)
통일민주당(69명)		
김영삼계	김대중계	이기택계
황낙주 김수한 박일 김동영 박용만 김현규 권오태 정상구 조홍래 박찬종 목요상 서석재 홍사덕 김정수 김완태 이영준 이상민 조종익 김형광 김동욱 조병봉 김태룡 심완구 윤영탁 김봉조 강삼재 김동규 김형경 김정길 명화섭 문정수 김동주 이재욱 조영수 유성환 김한수 김형래	이중재 노승환 유제연 이용희 허경만 이진연 조순형 허경구 이재근 유준상 김봉호 신순범 김현수 김영배 임춘원 송현섭 안동선 김용오 김봉욱 박왕식 이영권 이철 신기하 박실 김성식 최훈 김득수 최낙도 송천영 장기욱 고재청 박종률	이기택 송원영 박관용 정재문 장충준 반형식
잔류(15명)		
이민우 조연하 이택돈 이철승 박한상 박해충 이길범 김재광 김옥선 신달수 고한준 신도환 이택희 김병수 신재휴		

자료: 이경재, "통일민주당", ≪신동아≫(1987), 5월호, 187쪽에서 재인용.

의 조급심리를 이겨내지 못하고 신민당은 끝내 숨을 거둔다. 재창당 이후 끊임없이 반복된 양김의 정치적 저울질과 차기 권력구조의 예상실익에 관한 주변 파벌들의 치열한 대차대조표 작성은 당내 파쟁의 골을 깊이 파놓은 훨씬 뒤의 일들이었다. (김영삼으로부터) 총재로 추대된 이민우는 파벌들의 계산과 파쟁 열기가 휘감아 도는 당을 수습하면서 동시에 김영삼을 떠받들기엔 너무 노회(老獪)한 존재였다.

이민우에 대한 치열한 반발과 김영삼·김대중에 대한 반사적 충성이 69명 의원들을 집단 탈당시킴으로써 거대야당 신민당은 붕괴위기에 휩싸인다. 신민당에 남길 희망하는 세력과 무소속으로 돌아가려는 세력까지 겹치면서 '분당(分黨)'과 '연명(延命)'의 불협화음은 13대 대선 직전 커져만 간다. 누가 나가고 누가 남았는가? 이도 저도 아닌 관망 세력은 어떤 얼굴들이었을까? 이때 다시 흩어지고 남은 이들을 간단히 정리한 것이

〈표 2-9〉다.

신민당을 이탈한 양김 추종자들은 결국 보스에게로 돌아가길 희망한다. 대선을 앞두고 정치적 도전기회를 이용할 수밖에 없었던 그들은 한결같이 다시 보스의 품에 안기고 싶은 모태환귀증(母胎還歸症)에 빠져든다. 김영삼이 통일민주당을 창당한 지 6개월 뒤, 결국 그와 거시협조체제를 유지하던 김대중은 신당 창당으로 경쟁의 불씨를 당긴다. 1987년 11월 13일, 김대중은 '평화민주당'이라는 당명을 걸고 신당을 결성·공포한다. 통일민주당과 평화민주당, 그리고 신민주공화당의 3야당과 민정당과의 경쟁. 이렇듯 4당 중심으로 펼쳐진 13대 총선과 대선 후 정치상황은 파행과 대립의 연속으로 이어진다.

그리고 파격의 연대가 시작된 1990년 1월, 이 땅에는 사상 최초로 여야가 합당함으로써 과거로의 회귀를 모색하는 파벌의 일대 대란(大亂)이 일어난다. 구국의 결단이라며 노태우와 김영삼, 김종필이 야합해 '민주자유당'을 결성한 것이다. 이를 계기로 구신민당 파벌들은 크게 흔들리기 시작한다.

그러나 3인 보스를 정점으로 하는 파벌 구성원 다수는 고분고분 명령에 따랐고 평민당으로 헤쳐 모인 이들을 제외한 세 무리는 민자당의 지붕 밑으로 모여든다. 이들 가운데 일부는 또다시 반발·탈당해 반대진영으로 가담하거나 표류의 길로 접어든다. 하지만 3당 지도부가 합의한 결정은 돌이킬 수 없는 대세로 기울고 있었다.

민자당 합당 결과를 놓고 김대중은 분노하기 시작한다. 구신민당 분당 이후 무소속으로 남길 원한 이기택계는 김대중 곁으로 다가선다. 이들의 접근 여부와 관계없이 민자당은 공룡처럼 커져간다. 이들을 견제해야 한다는 국민의 기대는 이기택에게 모여든 반(反)김대중 세를 단일화해야 할 새로운 요구와 부딪힌다. 김대중의 카리스마와 당내 민주화를 부르짖던 소장의원들의 계보 이탈은 국민들에게 참신하게 비친다.

하지만 14대 총선은 야당인(野黨人) 모두에게 외로운 투쟁보다 연합전선의 구축을 자극한다. 이런 관점에서 볼 때 과거의 중간 보스였던 이기택의 정치행각 역시 상당한 한계를 갖는다. 반(反)양김의 소장세력들만 휘하에 두고 투쟁한다고 해서 김대중을 제압할 수 있을 것인지는 극히 의심스러웠다. 결국 이기택은 평민당의 변신체(變身體), 신민주연합 공동대표로 김대중과 어깨를 나란히 한다.

권력교체기와 총선이 임박할 때마다 수많은 정당들이 흥망성쇠를 반복하고 그 속에서 파벌 간 이합집산을 거듭한 한국정치는 6공 말까지 변함없었다. 양김을 여야의 축으로 삼고 정주영을 국민당 대통령후보로 내세운 세 정파의 대결도 지우지 못할 6공 말기의 자화상이다. 이종찬과 이기택, 박태준과 김종필, 민정당과 평민당·민주당 등 여러 정당에서 권력을 누린 인물들 다수가 14대 총선과 대선을 고비로 일단 그 핵심부로부터 멀어져간다. 처절한 생존의 몸부림 속에 '무리 짓기'와 '줄 대기'를 계속할 수밖에 없었던 1992년 파벌정치는 3공의 '공화-신민' 대결 이후 가장 심한 갈등과 대립 시기로 기록될 것이다.

해방 후 이변을 허용하지 않는 파쟁의 역사는 줄기차게 반복된다. 정책발동을 통한 정당 간 긴장관계는 거의 엿보이지 않았다. 그 가운데 유권자들은 새삼 정치를 불신하고 환멸과 실망의 정치심리를 스스로 달랜다. 기대할 것은 이제 거의 없었다. 이상의 실현보다 기형적 정치변동이 겹치는 한국 정치풍토 속에서 노태우 집권 2년 만에 단행된 민자당 통합은 파벌대란의 굉음(宏音)만 울려 퍼지게 만든다.

정치군부의 퇴장과 정치적 재문민화

민자당의 파벌 대이동이 자리를 잡자 거대여권은 14대 대선을 향한 힘겨운 레이스를 계속한다. 게임은 이제 김영삼과 김종필의 세 싸움으로 귀결되는 듯했다. 그러나 김영삼과 김종필은 당내 직접 대결을 피하고 '포철'을 이끈 박태준을 사이에 끼워 계보조직을 운영하면서 대권고지를 공략해 들어간다. 앞서 살핀 대로 14대 대선 역시 양대 파벌의 정치적 한(恨)과 숙명의 살풀이를 위한 한판 굿거리였다. 어느 한쪽이 다른 한쪽을 밀어내야 끝나고 말 원한의 도드라짐. 그리고 이를 정리해야 할 한판 승부. 14대 대선은 그렇게 끝났다.

김영삼 42.0%, 김대중 33.9%, 정주영 16.3%. 13대 노태우처럼 김영삼 역시 반수 이하 득표로 집권하는 해방 후 두 번째 대통령이 된다. 하지만 반수 이하라고 해서 대통령이 아니라고 말할 수는 없었다. 14대에서마저 패배한 김대중은 공항에서 "정계를 영원히 은퇴한다"고 발표한 후, 영국 외유길에 오른다. 하지만 그것은 당장의 머쓱함을 피하려는 순간의 제스처였을 뿐 믿음으로 담보된 마지막 결단은 아니었다. 그 순간에는 적어도 3년 뒤 그가 또 다른 정당 간판을 달고 정계에 복귀할 것을 알아차린 유권자는 별로 없었다. 파벌 수장들의 '외유(外遊)'는 이로써 정치적 격변기의 통과의례이자 정치적 곤란함을 타개하는 면피(免避)용 수단으로 정착한다.

김영삼이 대권을 장악한 1992년 말을 전후해 여야 파벌들은 크게 두 흐름으로 다시 이합집산한다. 그중 두드러진 변화는 14대 대선을 앞둔 여야 파벌 내 '입당-탈당'이었고 다른 하나는 '김대중 없는' 민주당의 새로운 당권 경쟁을 위한 민주당 의원들의 경쟁의 격화였다.

〈표 2-10〉 김대중 은퇴 선언 후 민주당 내 계파별 인맥

구분	신민계	민주계
이기택계	강창성 권노갑 김영배 김옥두 김원기 김인곤 김충조 김태식 남궁진 문희상 박광태 박상천 박일 박지원 박태영 손세일 이경재 이우정 임복진 임채정 최재승 한광옥 한화갑(23명)	강수림 강희찬 김원웅 김충현 박계동 박은태 신진욱 양문희 원혜영 이규택 이장희 장석화 장준익 정기호 제정구 조순형 최두환 하근수 홍사덕(19명)
김상현계	강철선 국종남 김말룡 김명규 김옥천 김원길 김장곤 나병선 유인학 유준상 박정훈 신기하 신순범 안동선 오탄 이영권 이윤수 이희천 장영달 정균환 최낙도 황의성(22명)	
정대철계	김종완 박실 박석무 정상용 조순승 조윤형 조홍규 홍기훈(8명)	장기욱(1명)
중립	김덕규 김병오 김봉호 김영진 신계륜 이길재 이동근 이석현 이원형 이해찬 이협 장재식 조세형 채영석 허경만 홍영기(16명)	유인태 이부영 이철(3명)

자료: ≪조선일보≫, 1993년 3월 2일 자.

<표 2-10>은 민주당 당권 경쟁에 나타난 계파별 힘의 안배를 잘 대변한다. 특히 '김대중 없는' 민주당을 위기의 공간으로 인식한 호남권 인맥이 이기택을 정점에 놓고 어떻게 방황하며 정치적 견제를 도모했는지 잘 드러난다. 결과는 이기택의 승리였지만 그는 지속적으로 당내 비주류 인사들의 견제와 개혁 정국 속에서 약세 야당을 끌고 나가기 위해 혹독한 대가를 치러야만 했다.

극심한 파쟁과 계파의 이탈은 1993년 문민정부 출범 이후에도 계속된다. 특히 김영삼의 승리와 김대중·정주영의 정계은퇴는 새로운 권력구도를 암시한다. 그것은 민자당이 과거 통일민주계를 축으로 당력을 재구성하고 민주당 역시 이기택 체제 아래에서 김대중 중심의 평화민주당 주축과 새롭게 동거하는 일이었다.

예외 없이 이어진 각 파벌들의 이합집산은 그간의 한계를 극명하게 드러낸다. 이와 관련해 민자당 대선 후보경선에 실패한 이종찬과 그의

〈표 2-11〉 14대 대선 전후 정치파벌의 이합집산

공천 정당	성명	비행(飛行) 경로
민자당	이종찬 장경우	민자→ 새한국당
	김용환 박철언 이자헌 유수호	민자→ 새한국당→ 국민당
	김복동 박구일	민자→ 국민당
	박준규 정동호	민자→ 무소속
민주당	한영수	민자→ 국민당
	임춘원	민주→ 민자→ 무소속
	송천영 박규식	민주→ 민자
국민당	김찬우 박희부 차화준	국민→ 민자
	이학원 정태영 차수명 정몽준 정장현 최영한 김진영 김해석 이건영	국민→ 무소속
	이호정 송영진 박제상 김효영 원광호 김두섭 송광호 김범명	국민→ 무소속→ 민자
	조윤형	국민→ 민주
무소속	양정규 현경대 조진형 이상재 김호일 김상구 허화평 이재환 정호용 성무용 이강두	무소속→ 민자

자료: ≪조선일보≫, 1993년 4월 5일 자 참조 필자 재구성.

측근, 반(反)김영삼 정치세력을 형성한 박철언과 그 추종세력을 비롯해 대선 후 인간관계의 이동 경로를 정리한 것이 <표 2-11>이다.

정권 장악 후 김영삼의 파벌 관리는 점진적 '세 불리기'와 급진적 확장으로 집약된다. 그것은 '무소속 끌어안기'와 기습적 결단에 따른 '자기사람 만들기'였다. 14·15대 총선 후 무소속 영입이 대표적인 예다.

14대 국회 중반, 김영삼의 '세 불리기'는 민정계를 견제하고 민주계를 확실히 키워 임기 후 미래까지 확실히 담보하려는 포석으로 비칠 정도였다. 1994년 8월 11일, 민자당이 '김정남·정주일·차수명·윤영탁·변정일' 등 무소속 의원 5명을 영입하면서 관심은 민자당 지구당위원장

교체에 쏠리고 있었다. 민자당은 당시 전체 237개 지구당의 28%인 67개 지구당 위원장을 교체하고 개편을 기다리던 9개 부실 지구당과 16개 사고 지구당 및 무소속 의원들이 입당한 5개 지구당 등 30개 지구당을 합쳐 모두 97명을 바꾼다. 14대 국회임기가 갓 절반을 넘은 시점에 이미 전체 위원장들의 41% 이상을 바꾼 셈이다.

14대 대선 직전까지 영입한 무소속 의원 18명 대부분은 민자당 공천에 탈락했으나 당선 후 입당한 구(舊)여권 출신인사들이었다는 데 주목할 필요가 있다. '김호일·김찬우·박희부' 의원 등 민주계를 제외하면 '김길홍·이상재·하순봉·김상구' 의원 등 나머지는 거의 민정계로 분류할 수 있는 사람들이다.

그러나 새 정부 출범 후 정치신인이나 민주계 인사들이 적지 않게 위원장으로 영입된다. 우선 네 번의 보궐선거로 등원한 '손학규·박종웅·강경식·이용삼·반형식·유종수·김기수' 의원 등(입당순)이 그들이다. 당내 물갈이 차원에서 추진된 지구당 정비작업을 통해서도 상당수의 새 얼굴을 맞아들인다. 재야 출신 김문수를 비롯해 정성철·이기형 등 법조, 학계, 재야인사 등 정치신인들이 10여 명 이상 입당한다.

'민정 – 민주 – 공화'계 위원장 분포도를 보면 합당 당시와 별 차이가 없는 '104 : 39 : 12'의 수준이었다. 그러나 위원장 교체작업이 진행되면서 어느 계파에도 속하지 않은 사람들을 '민자계'로 분류하자면 그들은 모두 57명에 이른다. 기존 민주계와 이들을 합쳐 '김영삼 사람'으로 분류한다면 모두 96명으로 민정계 104명에 거의 근접한 셈이다.

그렇다면 민자당의 '김영삼당화(金泳三黨化)' 정도는 겉으로 족히 45% 선에 달한다는 계산이다. '민자계'로 분류 가능한 사람들을 꼬집어 '김영삼 사람'으로 산정하는 데는 문제가 없지 않지만 반면 민정계 중에도

〈표 2-12〉 14대 대선 후 민자당의 '김영삼당화(金泳三黨化)' 정도와 민자당 지역별·계파별 위원장 분포(1994년 8월 12일 기준)

단위: 명(名)

	민정		민주		공화		민자		사고 지구당	부실 지구당
	원내	원외	원내	원외	원내	원외	원내	원외		
서울	11	7	5	3	1	2	1	2	8	4
부산	5		9				2			
대구	5	1	1	1			2		1	
인천	6	1								
광주		1		1		1	1			2
대전	2	1	1							1
경기	11	2	1	1	2	2	6	6		
강원	3	1	2				6	1	1	
충북	4	1			1		2	1		
충남	2	1	2	1	1		5	2		
전북	2	5		1				2	2	2
전남	1	8		3		1		3	4	
경북	11		2		1		5	2		
경남	9	1	4	1			9			
제주	2						1			
소계	74	30	27	12	6	6	40	19		
계	104		39		12		59		16	9

주: '민자'는 합당 후 입당자
자료: 《조선일보》, 1994년 8월 12일 자.

소위 '신민주계'로 재파벌화한 세력들이 상당수였음을 감안하자면 얘기는 상쇄된다. 이를 감안해 1994년 8월, 민자당의 지역별·계파별 위원장 분포를 수치로 비교해본 것이 <표 2-12>다.

야권의 세 불리기도 계속되고 있었다. 1995년의 지방선거정국은 적어도 김대중에게 더없는 기회였다. 그가 정계복귀를 공식 재선언하는 시기는 지방선거가 끝난 다음이지만 선거 전부터 그의 행보가 빨라짐을 보고 세인(世人)들은 그의 은퇴선언이 한낱 계산된 발언이었음을 뒤늦게나마 알아차린다.

여야는 지방선거에서 정당공천범위를 어디로 한정할 것인지 고민한다. 정당공천을 해야 하는지 말아야 하는지, 아예 원론적 논란까지 다다른 끝에 광역자치단체장 공천과 선거절차 및 개입에 관한 몇 가지 사전 규제조항에 합의한다. 비록 정계 은퇴를 기정사실화하긴 했지만 김대중은 영국에서 돌아온 후 민주당 막후 실세로 자신의 정치역량을 발휘하고 있었다. 때마침 불어온 지방선거열풍은 '환국(換局)'의 찬스였고 민자당의 대참패는 김대중에게 결정적 반사이익이었다. 현실정치에 개입할 또 하나의 절박한 명분이었다.

그의 정치 재개를 암시한 사례는 적지 않았다. 그 가운데 하나가 지방선거 전부터 드러난 동교동계의 세 불리기다. 이미 지적한 대로 자신의 권력지분을 최대한 늘리고픈 정치본능은 직업정치인들의 오관(五官)을 때를 가리지 않고 자극한다. 두말할 필요 없이 이 같은 행태는 '입신양명(立身揚名)·호의호식(好衣好食)'을 위한 탐욕의 결과였다. 이를 숨기고 대신 그럴듯하게 변명할 '핑계 만들기'만이 그들의 과업으로 떠올랐음을 모르는 이는 극히 드물었다.

야권 파벌 가운데 김대중의 당시 의중을 제대로 읽기 위해 가장 원색적으로 노력한 계파 우두머리가 누군지 정확히 파악할 길은 없다. 다만 이를 추론할 몇 가지 근거들만 갖고 있을 뿐이다. 이를 통해 당시의 파벌 이동과 그들의 생각 밑바닥에 도사린 계산들을 따져보기로 하자(<표 2-13> 참조).

한 유력 일간지는 당시의 정치상황을 이렇게 헤아린다.

〈표 2-13〉 1995년 6·27 지방선거 전 민주당 동교동계 세력 분포(1995년 2월 5일 기준)

(가나다순)

범동교동계(68%)		비동교동계(32%)	
내외문제연구회	내외연 가입예정	이기택계(통일산하회)	기타 개혁모임 등
강창성 강철선 국종남 권노갑 김명규 김봉호 김영배 김영진 김옥두 김옥천 김원길 김인곤 김장곤 김충조 김태식 나병선 남궁진 문희상 박광태 박상천 박석무 박정훈 박지원 박태영 손세일 신계륜 신기하 안동선 양문희 오탄 유인학 유준상 이경재 이동근 이석현 이영권 이우정 이원형 이윤수 이협 이희천 임복진 장재식 정균환 정대철 정상용 조순승 채영석 최낙도 최재승 한광옥 한화갑 허경만 홍사덕 황의성	김덕규 김종완 조윤형 조홍규 홍기훈 • 친(親)동교동 김병오 김원기 신순범 이길재 이해찬 임채정 장영달	강수림 강희찬 김충현 박은태 박일 이규택 이기택 이상두 이장희 장석화 장준익 정기호 최두환 최욱철 하근수	김말룡 김상현 김원웅 박계동 박실 신진욱 원혜영 유인태 이부영 이철 장경우 장기욱 제정구 조세형 조순형 홍영기

자료: ≪조선일보≫, 1995년 2월 5일 자.

　　민주당 동교동계의 세 불리기가 다시 시작되고 있다. 당내 최대계보인 동교동계의 '내외연(한국내외문제연구회)'은 작년 후반기 대대적인 회원 규모 확장사업을 벌인 데 이어 이번에는 의원 확대작업을 시작했다. 이미 김덕규·홍기훈 의원 등이 가입의사를 표시했고 최근에는 '조윤형·조홍규·김종완' 의원 등이 정대철 고문의 가입요청을 받고 수락했다고 한다. 이들의 가입이 완료되면 내외연 소속 의원은 총 60명. 민주당 의원 98명의 61%를 하나로 묶는 공룡조직이 되는 것이다. 내외연은 여기서 그치지 않고 지자제 전까지 전체 당내 의원 중 3분의 2선(66명)까지 소속 의원을 끌어올린다는 목표까지 세워놓고 있다. 일차적인 타깃은 개혁모임 의원 중 친(親)DJ적 성향의 의원들이다. '김병오·이해찬·이길재·임채정·장영달' 의원 등 과거 1987년 대선 때 DJ 비판적 지지그룹을 형성했던 평민연 출신들이 그들이다. 이들이 때마침 개혁모임의 반(反)DJ적 성향에 강한 비판을 제기하고 있는 것을 이와 연관 짓는 시각도 없지 않다. 이철 의원 등 중도적 성향의 의원들도 가입교섭을 받은 것으로 알려졌다. 동교동계는 또 당내 입장으로 인해 내외연 가입을 꺼리는 의원들은 김대중 이사장의 아태재단 후원회에 가입토록 권유하는 방안으로 그물망을 치고 있다. 내외연 관계자는 세 확대에 대해 최근 들어 가입조건(이중계보금지, 동교동적 선명성 등)을 완화한 데 따른 자연스런 현상이라고 설명한다. 그러나 이는 전당대회문제로 관계가 매우 악화된 이기택 대표 측과 군소계보를 형성하고 있는 다른 최고위원들을 긴장시키고 있다. 이들은 내외연의 움직임을 8월 전당대회의 당권 경쟁에 대비하는 세력결집의 차원에서 바라본다. 이 대표 측은 나아가 향후의 정계개편에 대비하려는 포석이 아닌가 하는 의구심까지 드러내고 있다. 지방선거 이후의 정국의 가변성을 내다보면서 이 대표와 합당하기 이전의 자파 세력을 한 울타리 안에 끌어 모으려는 작업이라는 시각이다[허용범, "동교동계 세 불리기 다시 시작," ≪조선일보≫, 1995년 2월 5일 자].

지자제 선거 후 민주당이 쪼개져 '새정치국민회의'와 민주당 '잔류파'로 분할, 재구성된 사정을 고려할 때 이 같은 분석에는 반론의 여지가 없다. 여기서 김대중의 원격조종은 외연적 이미지 자체가 여권의 그것과 달랐을지 몰라도 정치공학의 세계는 민자당 결성 당시 수장 3인의 합리적 선택과 궤를 같이한다. 일부의 반대를 무릅쓰더라도 평생을 추종하겠다는 세력을 등에 업고, 아니 반대로 자신들이 섬기는 계파의 중간 보스와 또 그가 떠받드는 최고 수장의 향배에 따라 이의 없이 헤쳐 모일 수 있는 파벌 구성원들의 병적(病的) 정치통합능력은 이 나라 파벌들이 일관되게 보여온 공통의 기질이자 기형의 신조였다.

수장들 사이의 정치적 고려에 따라 즉시 통합이나 전략적 동거는 서습없이 이루어졌다. 파벌 구성원들이 필요에 따라 뭉치고 흩어지거나 수장들도 정치적 판단에 따라 갈라섰다 다시 부둥켜안을 수 있는 편리한 메커니즘은 적과 동지의 정치논리는 물론 제로섬으로도 얼마든지 비유 가능한 변덕의 힘을 늘 일정량 은폐한다.

김대중에 대한 이기택의 평생 경원(敬遠)과 김영삼에 대한 김대중의 끈질긴 질투. 김종필에 대한 민주계 중간 보스들의 정치적 '성가심'과 공화계의 점진적 설욕. 3·4공의 박해와 관계없이 15대 총선 정국을 유리하게 이끌려는 김종필과 김대중의 전략적 공조. 필요하면 만나고 필요 없으면 등 돌리는 파벌 수장들의 고질적 정치행태는 계파의 중간 보스 이하 말단 모두에게까지 거침없이 학습된다. 그뿐 아니라 그 반복 주입과 생생한 체험논리는 15대 대선 때까지도 예외가 아니었다.

단 한 번의 승리로도 평생의 울분을 상쇄할 수 있다는 사실은 모든 것을 걸고 덤비겠다는 도박판을 그대로 모사한다. 도전자의 상상 포만(飽滿)과 이를 기대하는 주변 인물들의 예상실익이 여지없이 맞물림으로써 언젠가는 어느 한쪽이 반드시 져야만 한다는 강박도 숨길 수 없는 사실이었다. 권력이 동원하는 복종효과와 이에 따른 소속 계파의 점진적 마비. 맹목적 충성과 수권(受權)의 강렬한 유혹. 다음 번 선거에서는 반드시 승리할 것이라는 자기 계파 조직원들의 일방 격려와 집단 최면. 그리고 재출마. 기약 없는 투·개표와 간단없는 낙선의 재확인.

진정 파벌 수장들을 괴롭혔던 것은 이번에도 '낙선했다'는 선관위의 최종 통보가 아니었을 것이다. 그보다는 다음에는 반드시 승리할 것이라며 평생을 쫓아 다니면서 충성을 맹약하는 '정치 식솔'들의 사후 관리와 정녕 당선할지도 모르리라는 애매한 믿음의 싹이 다시 고개를 쳐드는 순간순간이었을 것이다.

그것은 견딜 수 없는 고통도, 피하고 싶은 유혹도 아니었다. 한사코 매달려야 할 과업이었지 우아하게 포기하거나 점잖게 체념하지 못할 일이었다. 혹은 끔찍하기까지 한 허상으로 줄곧 밀고 당긴 매혹적 오류의 세계였던 셈이다. 그럼에도 그것이 '괴로움'이라면 그조차 즐겨야만 한다는 주문은 그렇게 커져만 갔다.

2. 한국정치파벌의 성격

해방 후 정당정치가 파벌을 모태로 성장하는 구습에서 벗어나지 못하는 까닭은 정형화된 여야 대결구도 외에 제3당은 존재할 수 없다는 이단적 사고가 큰 몫을 차지한다. 이러한 사고는 가능한 한 권력에 먼저 접근해 빠른 시일 안에 이를 누리도록 동기 유발함으로써 기형적인 파벌 양산의 길을 열어놓는다.

이는 곧 권력획득을 위해서라면 온갖 수단을 합리화하는 명분으로 작동한다. 정치 의리나 합리적 정책 명분보다 예측 가능한 실익을 단시일에 보장할 힘센 인간 쪽으로 정치에 갓 입문한 인간들의 순진한 혼은 유린된다. 정치적 이익과 충성의 교환행위가 지배하는 정당(과 의회)에서 정치윤리나 정치철학 혹은 사상적·정책적 고뇌 따위가 개입할 소지는 그래서 극히 좁을 수밖에 없었다. 변칙과 술수를 빨리 터득해야만 생존의 지름길이 보장되기 때문이었다.

중요한 것은 권력일 뿐 그 이외의 어떤 명분도 주변적 의미만 지닌다는 불문율이 한국파벌정치사를 지배한 원칙이었다. 정책 계발이나 의회의 합리적 운영을 위한 방법 모색 따윈 파벌의 최우선 관심사가 될 수 없었다. 누구와 줄을 대야만 '그분'을 만날 수 있을까? 그분과 연결된다면 다음에 뚫어야 할 벽은 뭔가? 그분과의 만남에서 내가 제시할 모든 것을 나는 어디서 어떻게 동원할 수 있을까? 그 과정에서 내가 제거해야 할 대상은 누구며 그들은 어디에 포진하고 있는가? 이를 위해 나는 충분한 자원을 갖고 있는가? 이 같은 연쇄적 물음이 파벌에서 살아남길 원하는 인간들에게 공통으로 요구되는 숙제였다. 권력을 향한 강력한 목표의식을 갖고 술수와 전략의 정열적 구사를 위해 필요했던 것은 따라서 이론가나 연구자가 아니었다. 오로지 조직에 대한 충성과 배신 없는 충성맹세만이 필요했다.

이러한 문화는 대화의 기술이나 정책개발보다 사람들과 끝없이 접촉하고 한번 맺은 인연을 이어가며 자파에 유리한 방향으로 확대·유인하는 기술을 길러낸다. 사람들끼리 짝 짓고 무리지어 몰려다니는 일련의 흐름은 인맥과 지연, 학연과 구연(舊緣)의 숱한 그물을 보스가 잡아당기거나 느슨하게 펼치도록 행동범위를 만든다. 쓸모없으면 죽이고 이내 버릴 수 있다는 냉엄한 철칙이 파벌에서 통용된다는 사실은 한국정치사 뒷골목의 비극이다.

그러나 보스만이 추종자를 죽이고 버릴 수 있다는 일방의 불문율은 한국파벌관리에 적용되지 않는다. 흥미롭게도 그 역(逆)의 가능성이 전자보다 실제로 높다는 데 유념할 필요가 있다. 바로 여기서 한국파벌의 기형성을 발견하게 된다. 정치적 예상실익이 전혀 없거나 보스의 관심이 과거만 못하다면 자파의 비밀을 타파에 팔고 거기서 다른 지분을 보장받거나 다음 수순을 밟을 수 있었던 것이다. 대안이 발견되는 순간 이 나라 파벌들은 뿌리부터 흔들렸다.

필요에 따라 보스를 버리고 미련 없이 계파를 넘어 다른 쪽으로 돌아설

수 있는 문화의 독특함. 일련의 보복과 정치적 불이익을 받을 경우 또다시 옛 파벌로 되돌아올 수도 있는 파벌이동의 쌍방 통행. 한쪽 파벌에 오래 몸담는 게 되레 부담스럽고 가능한 한 여러 계보에 같이 줄 대며 상황에 따라 자유자재로 상황을 이용할 수도 있는 변신의 기회보장.

해방 후 한국의 정치공간은 이 모든 걸 보장해주는 파벌 천국의 땅이었다. 표를 통해 말하는 유권자들은 돌아서 그들을 공격하고 욕할망정 헌법에 보장된 국민소환권도 초헌법적 혁명의 방법도 사용하지 않았다. 게다가 유권자들을 전혀 두려워하지 않는 한국의 정치파벌은 침묵하는 다수를 계속 겨냥했고 목청 높은 소수를 외면한다. 14대 총선 후 국민들은 분명한 변화의 가능성을 암시한다. 그러나 투표혁명이 강력한 시민혁명을 대체할 만한 최상의 수단이 될는지는 여전히 불투명했다.

해방 후 한국의 정치공간에는 숱한 정당들이 난립한다. 그러나 정당들 대부분은 '선거용'이었고 권력교체기의 수많은 이기적 존재들이 기대려 덤벼든 과시적 발판에 지나지 않았다. 실제로 국민 다수가 기억하는 정당 이름은 몇 개 되지 않는다. 해방공간부터 오늘까지 국민들이 기억하는 정당은 한민당 이래 시대마다 정권마다 집권당과 제1야당 등에 머무를 뿐이다.

정당 하나가 깨져도 내용물은 남고 외피가 바뀌어도 다른 파벌이 부화(孵化)하며 신당이 잉태되는 맥은 한민당 이래 한나라당 집권기까지 계속된다. 일시적으로 나타난 다당화 현상은 선거 때마다 유권자들의 정당선호에 큰 영향을 끼치지 못하고 정당난립에 대한 유권자들의 혐오와 거부반응을 불러일으킨다. 동시에 유권자들은 여야 모두의 극심한 당내 파벌을 감 잡았고 그에 따른 환멸과 실망은 집권여당의 존재 이유를 합리화거나 야당에 대한 대중적 지지기반마저 무참하게 부숴버린다. 민주한국당도, 한국국민당도, 평화민주당이나 통일민주당도, 그리고 신민주공화당 등 우리의 기억 속에 아스라이 남아 있는 그 많던 야권 정당들도 그렇게 무너졌고 또 잊혀가는 중이다.

제도권 파벌의 정치·정책성향

해방 후 제도권 정당의 정책성향은 어떤 흐름을 탈까? 한국정치의 내면적 한계를 파벌이라는 측면에서 다룰 경우 답은 의외로 단순하다. 파벌의 이합집산이 계속된 해방 후 정당정치사는 기본적으로 정책개발이나 실천을 위해 원내에서 순수하게 대결한 기록을 갖지 않는다. 단지 수권을 위한 대결과 원색투쟁만 지탱했다는 점에서 한국정당들은 정책과 별다른 친화력을 갖지 않는다. 파벌의 존속과 유지, 더 나아가 권력획득만이 주요 목표였던 그간의 정치풍토에서 '정책'은 최우선이 아니었다. 따라서 특정 정당이 정책이라는 어휘를 사용하거나 이를 선거공약으로 내세울 경우 이는 철저한 명분이나 대외전시용에 지나지 않았다.

해결해야 할 문제의 체계적 접근이나 실체 파악에서부터 언젠가는 실현·도달해야 할 목표에 이르기까지 깊이 고민하고 합리적으로 인식해야 할 파벌 구성원들에게 정책은 처음부터 중요한 인식대상이 아니었다. 단지 파벌 자체의 존속과 유지, 그리고 그 세의 확장 이외에는 어떤 관심도 없었다.

한국의 역대 정권이 범한 치명적 오류 가운데 하나는 바로 입법부 스스로 정책개발과 집행을 위한 법적 토대를 마련해 행정부를 견제하거나 새로운 긴장관계를 조성할 주체적 기능을 발휘하지 못했다는 점이다. 그뿐 아니라 행정부 역시 입법부의 이러한 만성적 한계를 극복하지 못하고 입법부 자체를 무시·배제함으로써 견제와 균형의 정치력을 상실한다.

해방 후 한국정당정치사는 크게 다섯 시기로 쪼갤 수 있다. 각 정권의 정치적 성격과 정권주도 인물에 주목한다면 시대구분의 단순화 작업은 그리 어렵잖다. 첫째, 시간대는 건국에서부터 4·19까지로 이승만과 자유당 집권기다. 둘째, 매우 제한된 시기로 장면과 민주당의 양원제 실시기로 상정할 수 있다. 셋째, 박정희의 민주공화당과 유신 후 10·26까지로 설정한다. 넷째, 1982년 이후 전두환과 민주정의당, 그리고 1988년 이후 노태우와 민정당·민주자유당의 신군부 권력연장기를 따로 다룰 수 있다. 다음으로는 김영삼(14대)과 김대중(15대)이 정권을 접수한 후, 노무현(16대)과 이명박(17대)으로 이어지는 세기의 전환기를 또 다른 문민제도화 시기로 범주화하는 방법이다.

제도권 정당들이 이 시간대 속에서 각기 어떤 정책들을 계발·실현했는지 분석하자면 정권별·시기별 국회제출 입법자료와 의안심의내용들을 모아 정당별 입안내용과 여야별 원내 대결논리를 광범위하게 추적·재구성할 필요가 있다. 특히 야권이 보인 시대별 정책대안과 법제화에 얽힌 문제를 중심으로 정책 입안의 좌절과 파행의 길을 종합적으로 해부해야 할 것이다. 하지만 해방 후 한국 정당들이 노골적으로 드러낸 파벌성을 감안할 때 학문적 추적의 당위는 반감될 수밖에 없다. **한국정당사에서 정책정당의 전환시기가 언제인지 역시 비관적이다. 한국 정당의 정책정당적 성격은 5공에 들어서면서부터 엿보인다.**

그럼에도 이 맹아적 변화 역시 획기적이지는 않았다. 대부분의 정당이 해방 후 보수 정당의 속성을 벗어나지 못한 만큼 5공 정당 역시 예외가 아니었고 정책대결의 폭과 깊이도 제한적이었기 때문이다. 엄격하게 보자면 1·2공의 자유당·민주당 정당체계는 당의 정강·정책기준이나 법

〈표 2-14〉 '민정·민한·국민' 3당의 주요 정강 정책내용 대비

정치	민정당	우리는 국민의 기본권을 보장하고 어떠한 형태의 독재나 1인 장기집권도 배격하며 모든 국민의 자발적 참여와 깨끗하고 명랑한 정치 풍토의 조성을 통해 민주제도를 발전·정착시킨다(강령 제4항).
	민한당	우리 민주한국당은 자유민주주의에의 접근을 위해 인간의 존엄과 계층 간의 균형 있는 발전을 위해 한밤의 촛불이 되고자 한다(기본정책 전문).
	국민당	자유와 민주주의에 대한 국민의 여망에 좇아 정국의 안정을 도모하고 대의정치의 정착, 책임정치의 구현 및 민권의 신장을 적극 추구한다(강령 제항).
경제	민정당	우리는 사유재산권을 보장하는 시장경제원칙에 개인의 창의와 기업의 자유를 창달하되 공익에 필요한 정도의 계획기능으로 경제의 효율을 높인다. (강령 제7항)
	민한당	우리는 합리성, 자율성, 능률기업의 활력 등을 바탕으로 하는 시장경제의 가치법칙이 경제발전의 원리임을 믿으며 이것을 근간으로 …… 기업의 활력이 주도하는 민간주도형의 자립경제체제를 확립한다(기본정책 중 경제).
	국민당	축적된 국력을 더욱 다지면서 국민의 경제적 권익이 신장되고 공익과 창의가 존중되는 자유경제체제 속에 번영을 이룩하고 번영의 결실이 공정하게 균점되는 민족자립의 경제적 토대를 구축한다(강령 제3항).
대외정책	민정당	우리는 미국, 일본, 서구제국을 비롯한 자유우방과의 유대를 돈독히 하며 제3세계와 연대를 강화하고 이념과 체제가 다른 국가와도 호혜평등원칙에 따라 협조관계를 수립해 세계평화와 인류공영에 기여한다. (강령 제10항)
	민한당	남북 상호 간에 동족상잔의 한 요인인 내정간섭을 지양하고 평화공존의 원칙하에 불가침조약을 체결하되 중소대륙을 배경으로 한 북한의 군사력에 대응하는 한미집단방위체제는 더욱 강화됨으로써만이 화전양면의 안전장치의 포석이다(기본정책 중 안보통일).
	국민당	안보외교를 강화해 미국과의 방위동맹체제를 견지하고 자유우방 제국과의 안보협력관계를 다각적으로 모색·증진한다(기본정책 중 안보·국방).

적 기반만 구비하고 국가건설 과정에 필요한 정치적 대강만 마련했을 뿐 정책이라 부를 만한 내용은 제시·운용하지도 못한 채 파쟁에 휩싸인다. 3공 이후 민주공화당·신민당 역시 낡은 정치질서와의 단절을 표방하고 새로운 정치질서의 구축을 시도하지만 결국 박정희의 조국근대화와 유신의 정치적 명분, 그리고 경제발전정책의 조속한 추진과 개발독재를 둘러싼 여야 대결구도만 심화시켰을 뿐 정작 정책의 민주적 계발과 집행이라는 목표달성에는 실패하고 만다. 특히 박정희의 지나친 입

법부 견제 욕구는 3·4공을 통틀어 정당의 위상을 격하시킨다. 한편 야권의 정치적 반발은 대안정책 제시보다 내부의 노선다툼이나 파벌 간 헤게모니 쟁탈 과정으로 왜곡·일탈해간다.

1공에서 4공까지는 따라서 정책정당의 성격보다 파쟁의 제도화라는 측면에서 강한 친화력을 발휘한다. 그러나 5공 이후부터는 상대적으로 낮은 파쟁과 정책정당으로의 미미한 전환이 나타난다. 그러나 이 같은 변화가 과거의 모순구조를 깨버릴 만큼 결정적이지 않았음은 물론이다. 이러한 부분적 변화는 국민의 정치의식성장을 반증하는 한편 정당구조 자체가 양당제에서 이탈한 당시 정치상황과 직접 관련이 있다.

제한된 범주의 정책대결이지만 5공 당시 각 주요 정당의 정책기조는 어떤 논리로 이루어질까. 당시 11대 국회 원 구성 이후 민정·민한·국민 3당이 내건 정강정책을 통해 그 단면을 살펴보기로 하자. <표 2-14>는 당시 각 정당들의 정책논리를 비교하는 데 쓸모 있는 자료다.

해방 후 대부분의 정당들은 실현해야 할 정책이나 대중적 기반에 기초한 이념의 구현을 목적으로 삼지 않는다. 단지 권력교체기의 유리한 정치상황을 이용해 대세를 장악하거나 이에 접근하기 위한 목적을 은폐하기 위해 정당이라는 외피를 최대한 활용했을 뿐이다. 결국 정책입안과 제도적 실현방안을 찾기 위해 정당이 존재하지 않고 단지 다수 파벌의 정치적 안전판(political safety-valve) 노릇을 해왔다.

정당이 정책을 입안하기 위해 고민하는 공간이 아니라 여러 파벌들이 모여든 믿음직스러운 대피소 이외의 별다른 역할을 지니지 못했다는 뜻이다. 정치외적 환경의 극심한 파행이나 예측불가능, 그리고 정당 내부의 인적 요소들이 지니는 원천적 한계 등이 정당 자체의 존속보다 일정 파벌의 연명 가능성을 먼저 고민하게 만든 주원인이다. 정당이 정책 형성을 위한 제도적·법적 틀을 마련하는 데 관심이 없었다는 사실은 결국 정당 내 신경조직의 한 단위로 각 파벌들이 정책을 충분히 연구하거나 이를 입안·관철해나갈 능력이 없었음을 뜻한다.

11대 국회의 정당별 정강정책이나 기조 역시 당대 정국을 결정한 주요 파벌들 간의 묵시적·잠정적 합의 결과에 지나지 않았다. 파벌의 실제행동이나 존재양식과 아무 관계없는 한낱 공허한 기호일 뿐이었던 것이다. 그나마 이들의 정책기조와 행간의 의미에 관심을 두는 까닭은 경직된 양당구조의 불균형과 모순이 일단 제거된 후 다당제의 출발점에서 나타나기 시작한 정책의 입체성을 일부 엿볼 수 있기 때문이다. 하지만 이 같은 예외성이 이어지는 몇 차례 선거나 그에 따라 재구성되는 정국을 견딜 만큼 강한 내구력을 담보하지는 못한다.

한국정당사에 나타난 분명한 사실 하나는 이것이다. 초라하게 연명한 정당들이 설령 해체된다 해도 여야 가릴 것 없이 파벌의 신경조직은 끊어지지 않는다는 점이다. 또 목숨을 연장하는 데 필요한 일정량의 산소와 식량은 상황에 걸맞은 정책 명분이나 유권자들의 일방 지지 혹은 기대의 채널을 통해 공급된다는 점이다. 정당은 죽었어도 파벌은 살아남았고 그럴 수 있도록 도와준 것은 지속적인 환멸과 실망 속에서마저 또 다른 기대를 불러일으킨 정책이라는 이름의 상징적 신호뿐이었다.

재야 파벌의 정치·정책성향

그렇다면 재야의 정치·정책성향은 어떤 모습이었을까. 제도권 파벌의 한계를 뛰어넘는 데 재야는 얼마나 적극적이거나 설득력이 있었을까. 나아가 그들은 기존 제도권 파벌의 정치력을 대체할 내적 응집력이나 정치적 통합능력을 스스로 발휘했는가. 미래의 제3세력으로 투표혁명과 시민혁명을 담보할 만한 현실적 능력도 갖고 있었던 걸까.

이 같은 물음은 적어도 4공 이전까지는 곤란했다. 한국정치가 양당구조 속에서 파벌투쟁과 갈등이라는 특수성을 핵으로 삼았다는 사실은 대체세력을 기대할 수 없었기 때문이다. 재야의 등장은 그만큼 제도정치의 파벌적 한계와 도덕적, 정치윤리적 타락에 대한 응징과 도전이었다. 재야가 독자적 대체세력으로 힘을 갖는지 여부는 그만두더라도 이들의 등장은 한국 보수야당과 여당 모두에게 중대한 도전세력으로 인식되기 이른다.

그러나 1992년 3·24 총선에 나타난 유권자들의 반(反)재야적 정치성향은 이들의 독자적 정치세력화를 부정한다. 게다가 독자세력으로 존속할 것인지조차 회의하게 만든다. 이 같은 반(反)재야성의 뿌리는 어디서 비롯되는 걸까? 그리고 그들이 안는 정치적 한계는 뭘까? 이제 이들 전반에 관해 살펴보자.

'재야'라는 용어를 사용하면서부터 유신 이후 그들의 실체 논란은 상당기간 계속된다. 그러나 재야는 누구를 지칭하며 어떤 세력들을 총칭하는지 모호했다. 많은 사람들이 재야의 그림자와 그 존재를 마주하곤 했지만 정작 그 실체는 보지 못하는 경우가 많았다. 보는 이들의 눈과 정치적 의도에 따라 재야는 크기도 했고 혹은 무시해도 좋을 만큼 작기도 했다. 따라서 그 형체 역시 정확하지 않았다.

10월 유신과 재야의 등장은 밀접한 관계를 갖는다. 결국 재야는 장외(場外) 정치세력화에 따른 의미를 함축한다. 유신체제에 대항하려 한 반체제 인사들 혹은 유신체제에 맞서 행동으로 투쟁하고 고통당한 세력들, 그리고 체제에 도전한 비판적 정치의식의 실천적 응결체 등으로 보아 재야의 출발점을 유신조치에 따른 일련의 정치적 억압과 분리할 수 없는 것만큼은 분명하다. 이들 세력은 흔히 1970년대 중·후반의 '행동하는 양심'으로 자신의 존재이유와 활동 명분을 강화하기 시작했고 보수야당의 대여(對與)투쟁이나 원외 비판현장에서 상당한 영향력을 발휘한다.

10월 유신 후 체제에 대한 정치적 도전은 사회 여러 하위분야에서 터져 나온다. 그러나 그 힘의 분출을 일원화할 만한 조직이나 창구는 없었다. 따라서 '힘'은 산만했고 일관성 또한 없었다. 그 결과 행동이 가시화할 경우 순간적으로 국가폭력에 포착·흡수되고 마는 악순환을 되풀이한다. 이런 상황에서 반(反)유신을 목표로 조직화된 본격적 체제비판단체가 유신 2년 후 출범한다.

1974년 10월 말 결성된 '민주회복국민회의'가 그 처음이다. 종교계·학계·언론계·정계인사들 가운데 강한 비판의식을 가진 인물 50명을 발기인으로 한 이 단체는 그해 말 각 행정구역 단위별로 지방회의를 결성, 거의 같은 무렵 '민주회복청년회의'도 발족시킨다. 이듬해인 1975년 1월, '김병걸·이호철' 등 이른바 반체제 문인들은 '시국에 관한 성명서'를 발표한다. 그러나 이 같은 일련의 초기 저항운동은 1975년 5월 선포된 '긴급조치 9호'로 제동이 걸린다.

산발적으로 계속된 저항운동을 재조직화한 계기는 1976년 3월 1일, 서울 명동성당에서 있었던 '3·1 민주구국선언'이다. 이 선언에는 '윤보선·김대중·정일형' 등 정치인과 '함석헌·문익환·문동환·윤반웅' 등 기독교 인사와 '이문영·서남동·안병무·이우정' 등 학계인사들이 참여한다. 흔히 '명동사건'이라고도 부르는 이 사건은 재야세력 일대연합의 계기를 마련하고 그 뒤 재야세력존속의 모체가 된다.

이 사건 뒤 13개 반체제 단체들이 분화하기 시작, 다시 통합의 계기를 맞이한 것이 1979년 1월이다. '민주주의와 민족통일을 위한 국민연합'이라는 긴 이름의 단체가 출범한다. 이 단체는 '윤보선·김대중·함석헌' 등 3인을 공동의장으로 하고 중앙위 간사 격으로 문익환을 필두로 '고은·박형규·이우정·김승훈·예춘호·김종완·김윤식·박종태·이문영·서남동·안병무·함세웅·계훈제·김병걸·이태영·문동환·백기완·김관석·한승헌·백낙청·서경석·심재권' 등을 중앙위원으로 한다. 이들은 1970년대 말부터 세기의 전환기까지 여러 재야운동을 주도하는 지도적 위치에 선다.

'민주주의와 민족통일을 위한 국민연합'의 모체는 '민주주의국민연합'이지만 국민연합의 산파역을 맡은 반체제단체는 13개나 된다. 이들 중 상당수는 유명무실했고 그나마 조직형태를 갖추었다 해도 구성원들이 서로 중복되어 확실하게 구분되지 않았던 것이 사실이다. 이들 가운데는 1990년대까지 명맥을 유지하지 못하고 해체, 명목상 이름만 이어간 것들도 있고 새로운 운동파벌을 접목·부활·재생시켜 재조직화한 경우도 있다.

1980년대 초 일단 재조직화에 성공한 재야운동단체들의 명칭과 대표 명단을 일별해 보면 <그림 2-4>와 같다. '민주주의 국민연합'은 함석헌이 이끌고 '민주헌정동지회'는 김종완, '해직교수협의회'는 성래운, '자유실천문인협의회'는 김병걸, '정치범동지회'는 계훈제, '구속자동지회'는 윤반웅, '양심범가족협의회'는 공덕귀, '한국인권운동협의회'는 함석헌, '민주청년인권협의회'는 이우회, '민주회복기독자회'는 박형규, '교회여성연합회'도 공덕귀, '백범사상연구소'는 백기완 등이 각각 대표로 활동한다.

〈그림 2-4〉 1980년대 초 한국 재야운동세력의 구성 남화연구소

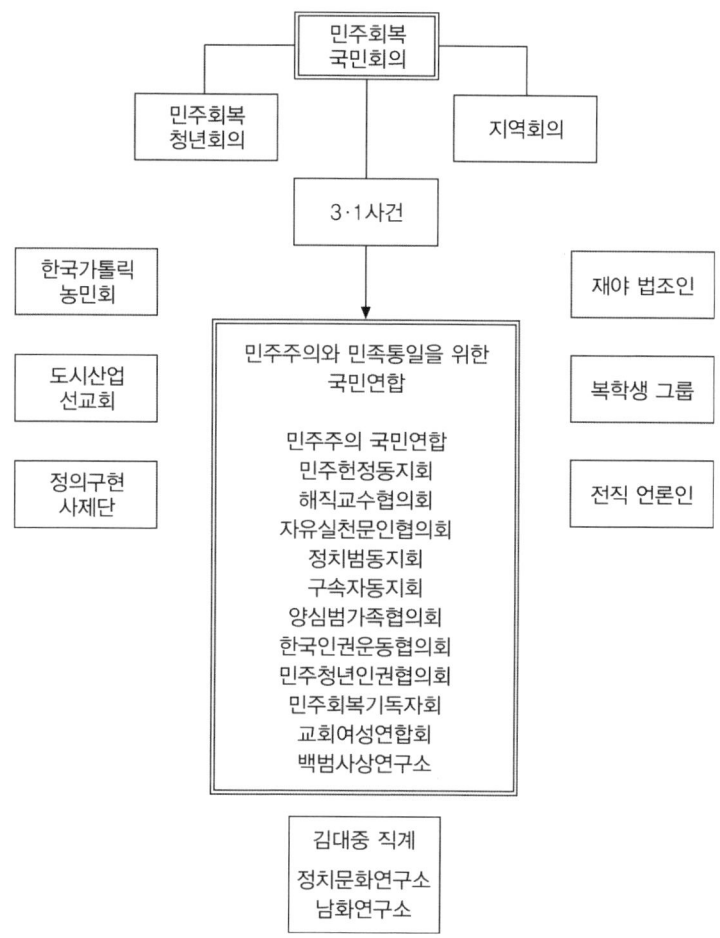

자료: 임춘웅, "재야세력이란 누구인가", ≪신동아≫(1980), 6월호, 153쪽에서 재인용.

이 밖에 국민연합과 직접 연계 없이 활동한 1980년대 초 재야운동세력들로는 일부 언론계 출신 인사들과 재야법조인들, 그리고 '한국가톨

릭농민회'와 '도시산업선교회', 가톨릭의 '정의구현사제단'과 김대중 직계세력들이 있었다.

　유신 단행을 전후해 민주화 운동의 맹아적 조직기반을 갖추기 시작한 재야운동세력은 1980년대 중반에 이르러 본격적 분화의 길로 접어든다. 이들의 적극적 운동 목표는 신군부의 계속적인 탄압과 광주민중항쟁 이후 두드러진 지배세력의 부도덕과 정치적 비윤리성에 대해 실천적으로 저항하는 일이었다.

　1980년대 중반을 전후한 재야 운동단체들의 특징은 다음 몇 가지로 집약된다. 첫째, 재야의 민주화 욕구와 의지 표출은 적극적 공세로 전환한다. 둘째, 대부분의 운동단체는 각개격파를 배제하고 협의체 방식을 빌려 힘의 연대와 전술적 합의를 도모한다. 셋째, 이들은 1970년대의 수직적 힘의 안배와 '지도－교육'의 조직운영방법을 부분적으로 유지하면서 조직과 단체들 간의 수평관계를 공고히 하기 시작한다. 넷째, 운동단체들은 자체 선전매체를 발행해 자기 노선과 이론을 선전해간다. 다섯째, 노동자·농민세력을 대변하고 이들을 진출시키기 위한 움직임이 1970년대에 비해 커진다. 여섯째, 재야는 이른바 '순수재야'와 '현실재야'로 나뉜다. 순수재야란 현실제도권 외곽에서 기층민중과의 연대를 기반으로 진정한 민주화를 표방하고자 했던 운동세력을 말한다. 한편 현실재야는 반체제적 운동을 지탱하는 동시에 체제와 당면한 정세를 하나의 현실로 받아들이고 제도정치권에 발을 들여놓고 그들과 대항·극복해나갈 수 있는 대안을 모색한 세력을 말한다.

　1970년대 이후 학계·종교계·학생운동계열이 전자의 범주에 속한다면 유신 이후 민주화대열에 앞장선 정치인 출신과 정치지망생들은 후자의 주류를 형성한다. 현실재야에 속한 대표단체들로 '민추협(民推協)'과

'민헌연(民憲研)' 등을 들 수 있고 1980년대 중반에 이르러 통합된 '민통련(民統聯)·민청련(民靑聯)·언협(言協)·민문협(民文協)·노협(勞協)' 등은 전자에 포함시킬 수 있을 것이다.

1980년대 중반에 이르러 분화, 재편성된 재야의 계보와 인맥을 정리하면 그것은 <표 2-15>와 같다. 표를 통해 알 수 있듯, 1980년대 중반까지만 해도 김영삼과 김대중은 제도권뿐 아니라 재야의 지도자적 위치를 장악할 만큼 충분한 지지와 권위를 확보하고 있었다. 당시 그들의 정치적 위상과 6공 말기의 존재양식은 이처럼 상당한 괴리가 있었다.

1980년 4·7 선언에서 김대중이 신민당 입당을 포기하고 국민과의 직접대화방식이나 재야와의 연대필요를 강조할 때까지만 해도 한국에서 이념정당의 출현을 꿈꾸는 것은 어느 정도 가능했을 것이다. 김대중이 김영삼 집단에 동참하길 거부하고 새로운 재야세력을 정치일선에 동원할 경우, 한국정치질서가 재편될 것이라는 기대는 그다지 허망한 일이 아니었기 때문이다.

그러나 **김대중은 자신의 대선 입후보를 위해 재야를 활용했을 뿐 결국 이념정당은 출현하지 않는다. 민추협을 기반으로 재야의 지지를 끌어 모으려던 김영삼 또한 당내의 파벌분쟁을 잠재우지는 못한다. 이는 그만큼 한국정치에서 이념정당의 출현이 어렵고 정당이 파벌 그룹화하고 만다는 독특한 내재적 한계를 잘 보여준다.**

김영삼과 김대중이 야권을 통합하지 못하고 각자의 이익만 고려한 합리적 선택에 치중한 것은 한국파벌정치의 치명적 모순 가운데 하나다. 그러나 이들 못지않은 문제는 이 땅에 이념정당의 출현을 성공시키지 못한 정치문화적 한계다. **이념정당 출현에 관한 일반 유권자들의 거부를 제도정치권이나 재야정치세력 모두 어디까지 감수할 수 있는지가 문제**

〈표 2-15〉 1980년대 중반 한국재야운동세력의 분화와 인맥 계보

현실재야권	민주화추진협의회(공동의장: 김대중·김영삼) 민주헌정연구회(이사장: 김종완)
순수재야권	민주통일국민회의(의장: 문익환) 민중민주운동협의회(공동의장: 이부영·김동완·김승훈) 민주·통일민중운동연합(의장: 문익환)
청년운동권	민주화운동청년연합(중앙위의장: 김근태) 전국기독교청년연합(대표: 박준철) 명동성당청년단체연합(회장: 박승제)
노동운동권	한국노동자복지협의회(대표: 방용석) 기독교노동자총연맹(대표: 유동우) 가톨릭노동청년전국협의회 청계피복노동조합
농민운동권	가톨릭농민회(회장: 서경원) 기독교농민운동총연합(회장: 배종렬)
여성운동권	여성평우회(공동대표: 조형·이미경·지은희)
언론·문화운동권	민주문화운동협의회 민주언론운동협의회 자유실천문인협의회
사회운동권	한국공해문제연구소
종교운동권	천주교정의구현전국사제단 기독교정의실천목회자협의회 한국교회사회선교협의회 천주교정의평화위원회 한국교회협의회 인권위원회 민중불교연합(대표: 여익구) 가톨릭노동사목연구소(대표: 윤순녀) 도시산업선교회
지역운동권	전남민주청년운동협의회 인천지역사회운동연합 전북민주화운동협의회 충남민주화운동협의회

자료: 윤재걸, "재야 민주·민중운동단체들", 《신동아》(1985년 8월), 160~193쪽 참조 필자 재구성.

다. 재야는 이념정당에 강한 충동을 느끼면서도 이를 매우 부담스러워했다. 우리의 정치풍토가 이념정당을 받아들일 만큼 성숙하지 않다고 해서

보수정당으로 탈바꿈할 수도 없다는 고민마저 그들은·떨치지 못한다.

신선하면서도 막강한 영향력을 행사한 재야는 1987년 대선에서의 정권교체실패로 기존 제도권과 크게 다르지 않은 존재로 격하된다. 특히 '전민련'의 역할을 둘러싸고 1980년대 말부터 드러난 노선갈등은 재야 파쟁을 격화시키고 '순수 재야'의 길을 고수할 것인지' 아니면 '현실 재야로 변신할 것인지'의 논쟁을 재점화한다. 요컨대 권력교체기에 재야는 '무엇을 할 것인지' 그들 내부에서조차 파벌의 대립과 논쟁구실을 마련해가고 있었다.

재야의 진보정당결성을 둘러싼 노선대립은 독재정권에 대항하기 위해 기존 야당들까지 포함, 범(汎)민주연합을 이뤄야 한다는 논리(국민전선론)와 정당건설을 통해 민중 진영의 독자성을 강화해야 한다는 논리(민중전선론) 싸움을 촉발시켰고 이는 곧 김근태와 장기표의 입장 차이이기도 했다.

그러나 이들 논쟁은 13대 총선과 대선 후 명분을 잃는다. 그들은 재야의 정치화와 상관없이 양대 선거 어디에서도 제도권의 세력 재편만 도모하는 현실을 감수해야 했다. 게다가 그 뼈저린 교훈을 14대 총선에서도 반복하지 않을 수 없었다. 그 후 재야는 제도권의 세포분열을 그대로 답습, 일부는 정치권으로 진입하거나 순수재야로 남기도 하다가 1990년 강경대 타살사건을 계기로 '국민연합'이라는 몸체를 드러낸 뒤 1991년 12월, '민주주의민족통일전국연합'으로 통합된다.

전국연합에는 '전민련·전교조·전농·전대협' 등 실질적 대중동원능력을 가진 재야단체들이 모두 참여해 당면목표를 '민중주도의 민주대연합추진과 민주정부수립'에 두고 현실적 투쟁방안을 마련한다. 전국연합은 14대 대선을 향한 포석으로 반민자당 투쟁의 구체적 방안도 아울러 검토하면서 전열을 재정비한다. 한편 진보정당추진위원회는 '민중독자 후보론'을 표방하면서 또 다른 도전의 세를 규합한다(14대 총선에서 '이부영·제정구·유인태' 등 과거 재야 출신들이 제도권에 진입한 사례는 당시까지만 해도 제도권 내부의 한계와 모순을 풀 시금석이었다).

3
파벌과 자원

 파벌은 무엇으로 사는가? 그들은 무얼 먹고 살까? 살아남기 위해 몸부림치며 헤매는 의식 밑바닥에는 무엇이 깔려 있을까? 돈일까, 권력일까? 아니면 명예와 위신을 보장하는 일체의 주변 가치들인가? 그들의 명분과 행동 사이의 틈은 어떻게 이해해야 할까? 그들을 붙잡아 매는 최종의 목적 가치는 자유와 평등일까, 아니면 보이지 않는 뭔가 대단한 이데올로기일까?
 그들을 '생성-유지-확장-소멸-부활'시키는 정치 자원의 공급원들은 세상 곳곳에 복잡하게 흩어져 있다. 하지만 이러한 복합 자원의 존재양식과 투입의 메커니즘은 의외로 단순하다. 한국의 정치파벌을 지도·장악하고 이를 유지하고자 몸부림치는 인간들 모두가 포기할 수 없는 핵심 자원은 먼저 그들 자신의 심중(心中)에서 우러나온다. 그건 과연 무엇일까? 권력을 향한 원초적 본능이 우선 가치다. 흔히 파벌 수장들은 마음을 비우고 사심 없이 정치에 임하며 국가와 민족을 위해 구국(救國)의 결단으로 실천·노력하겠다는 말을 입버릇처럼 되뇐다.

그러나 해방 후 한국 현대정치사는 이들의 언어와 표정이 전적으로 허위임을 잘 보여준다. **그것들이 모두 허심(虛心)의 결과임을 믿어줄 국민은 아무도 없다.** 그렇다면 대체 무엇이 정치권에 대한 유권자들의 불신을 키웠던 걸까? 이들을 권력과 그 주변에서 사라지지 못하게 유인하는 요소들이 어떤 매력과 기대효과를 갖는지 먼저 헤아려야만 답은 기대할 만할 것이다.

파벌은 정당의 외피 안에서 포근하게 버틸 최대한의 방책을 강구한다. 이때 무엇보다 중요한 것은 과연 거기서 자신을 정치적으로 지탱·보호해줄 만한 환경이 보장되는가 하는 점이다. 겨울을 나자면 동면할 식량과 땔감은 당연한 고민 대상들이다. 외적과의 전투에서 목숨을 부지하자면 총알의 비축도 물론 문제가 된다. 이때 비축 자원을 동원할 능력은 각 파벌들의 첨예한 관심대상으로 떠오른다.

문제는 여기서 새롭게 출발한다. 파벌 관리주체가 동원하는 가용 자원과 동원·지출형태는 일반인의 상상을 초월한다. 얼핏 보기에 정치파벌들이 필요로 하는 자원 총량은 제한되어 있는 듯 보인다. 그러나 실제로는 거의 장막에 가려져 있는 경우가 많다. 정치 자원은 비밀거래와 보이지 않는 정치적 네트워크를 통해 공급·조달한다는 점에서 대개 은근(慇懃)하다. 그나마 사후 확인으로 자원의 실체를 역추적할 따름이다.

그렇다면 파벌들이 누리려는 원초적 본능의 적극적 보장수단으로 정치 자원은 어떻게 나눌 수 있을까? 그리고 그 존재양식과 수요·공급채널은 어떻게 단순화할 수 있을까? 여기서는 기본적으로 여섯 가지 범주로 나눠 그 사용 유형을 살펴보기로 한다.

우선 **파벌들의 최대의 관심사인 '정치자금'은 어떤 성격을 갖는가?** 파벌관리에서 정치와 돈의 밀월은 무엇을 뜻하는 걸까? 권력과 자본의 합리적 가치교환이 다다르는 결과는 어떻게 끝날까? 충성의 대가로 지불받는 권력과 그 지분 기대는 파벌 구성원들을 어떻게 구속하는가? '배신하지 않을 텃밭'에서 올라온 '믿을 수 있는 극소수'로 이뤄진 것이 파벌이라면 정치파벌과 지역의 관계는 무엇인가? 파벌들이 최대한 이용하려는 주변 세력과의 연대가 뜻하는 것은 또 무엇일까? 필요할 때마다 편리한 대로 부르짖는 '이념'은 건전한 파벌 자원으로 기능하고 있는가? 사람 하나 보고 달려드는 저 기이한 악습을 끊지 못하는 한국파벌들에게 보스의 리더십은 그 자체로 정치 자원의 의미를 갖는가?

1. 정치자금

정치자금의 힘은 늘 막강하다. 지도력을 갖추고 많은 추종자를 가진 사람에게는 많은 자금이 공급된다. 마찬가지로 자금 조달능력이 있는 사람 역시 점차 추종자들을 갖고 그 나름의 지도력을 갖추게 마련이다. 이것이 정치적 보편현상 가운데 하나다. 양자의 긴밀한 상관관계를 확인하는 일 역시 어렵지 않다. 이는 해방 후 여야 가릴 것 없이 적용되었고 그 결과 '보스정치'가 등장한다.

보스가 추종자들에게 자금을 나눠주고 그에 따라 충성을 이행하는 과정에서 그들은 한 몸이 될 수밖에 없다. 돈을 '주고받는' 행위가 이들을 묶는 가장 튼튼한 끈이 되어왔던 터다. 하지만 정작 자금이 보스에게 어떤 경로로 흘러가고 또 그 대가가 자금 조달자에게 어떻게 되돌아가는지는 철저히 불투명하다. 일정 파벌의 자금 수수(收受)가 문제가 아니라 파벌을 움직이게 하는 자금을 '누가 무엇 때문에 어떤 방법으로 누구에게 주었는가'가 침묵에 휩싸인다는 점이다. 여기서 정치자금은 당사자 말고는 결코 열지 못할 판도라의 상자가 된다.

정치자금에도 경제법칙이 적용된다. 수요가 공급을 창출한다는 점에서 별다른 차이는 없다. 다만 수요가 발생되지 않는다 해도 자금조달 주체가 되레 그 요인을 만들어 가용(可用) 수요자를 찾을 수도 있다는 점에서 정치자금은 양면성을 지닌다. 즉 공급자 스스로 '원하게 될' 인물과 '세(勢)'를 향해 자금조달방향을 미리 정하고 지속적이고도 정례화된 투자 의지를 암시함으로써 권력과 자본의 공생기회를 넓히려 든다.

정치자금의 양면성은 결코 공개되지 않는다. 그것은 한 파벌에게 치명적인 정치적 사건이 발생하거나 다른 파벌의 공격과 언론의 폭로를 계기로 삼지 않는 한 억측과 상상으로밖에 추론할 수 없다. '받은 자'가 침묵하고 '준 자'가 부인하는 한, 자금의 실체는 영원한 비밀로 남는다. 권력이 비호하고 자본이 변명해 길러낸 특혜와 비리의 모순구조. 정치자금은 이런 본성을 가질 수밖에 없다. 따라서 누군가 한 치의 가감 없이 자금 실체를 만천하에 까발리려 든다면 이를 용인할 만한 준(準)혁명적 상황이 필요하다.

이러한 독특함 때문에 정치자금은 줄곧 상황 그 자체를 역으로 지배하기 일쑤였다. 자금수수 과정은 그럴듯한 명분으로 시류에 맞게 변명·포장될 수밖에 없었다. 정권이 교체되거나 아무도 예측할 수 없는 파행적 정치변동이 일어날 때 정치자금은 왕왕 과거 정권의 단죄대상이거나 구(舊)질서 종식을 위한 속죄의 구실로 인용되기도 한다. 정치자금의 어둡고 은밀한 역사는 현대사 전반을 통해 반복된다. 이제 그 단면을 추적해보자.

해방공간 조선에서 송진우·김성수 등은 임정귀환세력과 기타 정파들에게 정치자금을 제공한 최초의 장본인들이다. 해방 직후 일본인들이 사라진 이 땅에서 자본화할 수 있었던 것은 오로지 적산(敵産)뿐이었다. 그것은 최대의 이권이었다. 일부는 국영화되었지만 나머지 적산이 헐값으로 민간인들에게 불하되자 이를 챙기기 위한 쟁탈전은 치열해진다. 강점기 때부터 자본을 축적할 수 있었던 일부 1세대 재벌(태창그룹)은 정치자금의 대가로 적산의 이권과 기업운영자금을 따내는 데 성공한다. 미국에서 들어오는 대한(對韓) 원조물자 처분 과정에서 생긴 리베이트 일부도 정치자금으로 흘러간다.

1952년 중순에 터진 '중석불(重石弗) 사건'은 최초의 대표적인 정치자금 의혹사건이다. 당시는 이승만의 임기만료를 앞두고 국회 다수세력의 맹렬한 반대 속에서도 대통령 직선제 개헌을 추진하던 때였다. 자유당 정부가 피난수도 부산에서 정부 보유의 중석판매대금 등 470만 달러를 민간 기업에 불하하고 비료와 밀가루를 수입하도록 해 50억의 폭리를 취해 그 일부를 정치자금으로 환수한 사건이다.

1956년에는 국방부의 '원면(原綿) 부정불하' 사건이 터진다. 5·15 3대 대선이 있던 이 해는 국방부가 군 월동용 원면을 민간에 부정 불하해 수익금중 10억 환을 자유당에 정치자금으로 바쳤다는 혐의가 국회에 정식 제기된다. 자유당의 무절제한 정치자금조달은 3·15 부정선거를 앞두고 절정에 이른다.

4·19 이후 혁명재판에서도 몇 가지 사실이 드러난다. 이승만 정권은 산업금융채권 43억 환과 농업금융채권 24억 환을 발행, 국책은행과 시중은행에 떠맡겨 기업체에 융자하거나 다른 이권들을 약속하는 대가로 55개 대기업에서 63억 환을 조달한다. 이 밖에도 내무부장관 등 충성

각료파들과 시장·도지사들이 여러 방법으로 자금을 마련해 경찰조직과 시읍·읍면장·통반장 등 말단조직까지 부정선거자금을 배분한다.

이승만과 자유당의 12년 통치가 막을 내린 후 혁명검찰조사에 따르면 3·15 선거자금으로 당시 2천만 환 이상을 제공한 업체로는 대한양회·삼호(三護)방직·락희화학·태창방적·대한방적·중앙산업·동양시멘트·삼성물산·한국나일론·한국교과서·동신화학·대한중기·기아산업·한국타이어·한국유리·극동해운·경남모방·동양방적·동양맥주·조선견직·한국강업·대동공업·유한양행·대한중앙산업·대한양비(糧肥)·동창실업·한국철광·대선발효 등 29개, 경제단체로는 방직협회·소모방(梳毛紡)협회·석유협회·생선조합·곡물협회·전매청 출입업자 등이 포함되어 있었다.

5·16 이후에도 군사혁명정부는 민주당이 부정 조달한 정치자금이 45억 4,000만 환에 이른다고 밝힌다. 거액 납부업체는 방직협회(2억 900만 환)·보험회사(2억 900만 환)·대한양회(1억 8,000만 환)·대한전선(7,000만 환)·삼성(1억 2,700만 환) 등이었다. 5·16 이후의 몇 가지 흑막은 정치자금조성이 예전보다 적극적이고 독창적이었음을 보여준다. 쿠데타 주체들은 과거의 은행융자나 불하 같은 편법을 쓰지 않고 별도의 정치자금원을 개발하려 했던 것으로 보인다. 즉 이들은 '얻어 쓰는' 방법보다 '만들어 쓰는' 방법을 택한 것으로 추정된다.

군정 기간의 최대 스캔들인 증권 파동은 중앙정보부를 중심으로 한 쿠데타 주체 일부가 1963년 민정이양에 대비, 1961년 말경부터 정당 사전조직자금을 마련하기 위해 증권업자를 통해 대한증권거래소 주식과 한전주로 시장을 조작해 100억 환 내외의 이득을 챙겨 선의의 투자자 다수에게 큰 피해를 입힌 사건이다. 그 밖에도 워커힐 호텔공사와 '새나라' 자동차 사건 역시 의혹대상이었다. 민정 이양기에 일어난 이러한 사건들은 야당의 좋은 표적이 되었고 쿠데타 본래의 의미를 의심스럽게까지 한다.

　3공 출범 후 정치자금에 관한 시비는 김종필 주변에서 이후락 주변으로 옮아간다. 그것은 쿠데타와 창당 이래 정치의 구심점이었던 김종필 세력의 후퇴와 이후락 세력의 성장을 반증한다. 김종필은 쿠데타 이후 '이후락·김재춘·장경순·김성곤·백남억·김형욱' 등 당대 실력자들로부터 끊임없이 도전 받는다. 초기에는 창당 헤게모니를 둘러싸고 갈등이 시작되었고 창당 후에는 당 주도권과 함께 박정희 후계문제로 암투가 계속된다. 그러나 박정희가 김종필을 버림으로써 반김세력이 고무되자 새로운 판도가 만들어진다. 여기서 대통령 후계 문제를 둘러싼 치열한 권력 투쟁은 막대한 양의 정치자금을 필요로 했고 부정부패 역시 피할 길이 없었다.

　공화당 내 파벌투쟁은 두 차례에 걸친 김종필의 외유와 정계은퇴선언 혹은 복귀 반복으로 가시화된다. 때로 김종필계의 항명파동으로 나타나기도 한다. 친김계는 국회에서 국무위원 해임안 표결이나 의장단 선거가 있을 때마다 표의 반란을 일으킨다. 박정희의 친정체제가 구축되는 10월 유신 전까지 여권의 정치자금은 주로 이후락 청와대 비서실장, 김성곤 공화당 재정위원장, 김형욱 중앙정보부장에 의해 처리된다.

　그러나 이 시기에는 자유당 때나 5·16 직후처럼 정치자금 의혹사건이 일어나지 않는다. 왜냐하면 당시에는 막대한 양의 외자도입과 내자동원으로 폭발적인 경제건설 붐이 일었고 그만큼 정치자금조달이 풍부했을 뿐 아니라 박정희의 리더십 또한 막강한 시기였기 때문이다. 종합무역상사로 급성장한 재벌그룹들은 국가가 지불 보증하는 외채와 성장

정책을 통해 발전이 보장되었고 이른바 '국가의 자식'인 대기업이 성장잉여를 정권에 정치자금으로 헌납하는 것은 당연한 일이었다. 경제규모가 팽창하자 정치자금원도 그만큼 늘어났고 자금 조달과 소비의 테크닉도 발달한다. 여권의 이러한 호조건과 달리 그러나 야당은 리더십 부재와 당내 파쟁 격화로 무기력한 상태로 빠져든다.

본격적인 '정경유착'이 눈에 띄는 때는 3공에 이르러서부터다. 정치자금 규제 역시 매우 중요하다고 인식, 이를 제도화한 것도 당시의 일이다. 1965년 공화당 정권 때 늦게나마 '정치자금에 관한 법률'이 제정되어 정치자금 양성화(陽性化)를 시도한 적도 있긴 있었다. 중앙선관위가 기업·개인·단체로부터 정치자금을 기탁 받아 각 정당에 분배할 수 있고 기부자에 대해서는 법인세와 소득세를 면제해 줌으로써 기부의 유인 요인을 마련한다. 하지만 이 법률은 정치자금 모금법의 하나로 선관위 기탁금제만 확립했을 뿐, 기타 정치자금을 규제하기 위한 뜻은 없었다. 따라서 정치자금제도를 확립하려는 초보적 시도였다고 보는 것이 타당할 것이다.

그러나 모금의 열쇠를 쥔 여당은 이 법을 충실히 이행하지 않는다. 당시 공화당 창당과 민정이양을 위한 선거절차를 밟는 동안 쿠데타 주체들에게 거센 비판이 일자 법제화를 서둘렀던 것이다. 결국 당시 입법은 개혁보다 상황을 모면하려는 의도에서 시도된 일이다. 따라서 이 법은 정치자금 양성화에 별로 기여하지 못한다.

1965년 정치자금법 제정 후 1979년 10·26 전까지 15년간 공개 모금한 자금총액은 18억 원에 이른다. 이 정도를 모금한 것도 야당과의 관계가 큰 몫을 차지한다. 여권에서 자금규모와 모금시기 등 큰 방침을 정하면 그에 따라 여당 간부와 중앙선관위의 공식 협조요청을 받아 모금에 들어가는 방식이었는데 야당 측의 모금 필요성을 여당이 수용하는 순서를 밟았기 때문이다.

정치자금은 당대의 정치경제 상황을 단적으로 반영한다. 예나 지금이나 정치자금이 권력과 자본에 기생했다는 점에서는 별다른 차이가 없다. 과거의 정부는 국가적·정책적 필요에 따라 많은 국유재산과 국영기업체를 거느리고 있었고 금융과 조세, 인·허가, 토목공사 등 방대한 공권력과 공공사업을 통해 기업의 생명줄을 장악했기 때문이다. 더욱이 보잘것없던 시대에 기업의 정부 의존도는 절대적일 수밖에 없었다. 이러한 상황은 결국 권력과 자본의 불가피한 유착구조를 마련한다.

10월 유신 이전에도 정치자금에 관한 의혹은 김종필과 이후락, 그리고 친김·반김 간 파쟁과 맞물린다. 대표적인 예가 김두한 의원의 오물투척사건이다. 1966년 9월 22일, 김두한은 제58회 국회 본회의장에서 정일권 총리, 장기영 부총리 겸 경제기획원 장관, 김정렴 재무부장관 등이 앉아 있는 국무위원석을 향해 파고다공원 공중변소에서 퍼온 오물을 부어버린다.

당시 국회는 삼성밀수사건에 대한 대정부질의를 벌였고 세상의 비판은 커져 갔다. 김두한은 공화당의 한 파벌이 삼성 측에 1억 원을 요구하고 5,000만 원을 받은 사실이 고위층에 알려지자 돈을 반환하지 않을 수 없게 된 데서 드러난 사건이라고 주장한다. 결국 국회에 보내는 박정희의 특별공한과 김두한 자신의 사퇴로 이 사건은 일단 정리되었으나 파벌과 정치자금 간 의혹을 보여준 좋은 예였다.

야당은 물론 공화당에게서도 10월 유신은 모든 것을 앗아간다. 이때부터 공화당은 집권당이 아니라 지배연합세력의 한 부분으로 전락한다. 게다가 제1당은 선거에서 뽑힌 다수당이 아니라 대통령이 임명한 유정회 의원들이 차지한다. 선거와 아무 관계없이 국회 내 절대안정선 확보가 가능해졌고 핵심 문제들은 긴급조치 등 행정 권력으로 처리되기 시작한다. 여권에 파벌 일체가 사라진 후 박정희는 친정체제를 구축한다. 심지어 공화당과 유정회는 매월 그리고 필요할 때마다 박정희에게 직접 자금을 조달받는다.

여기서 야당은 물론 야당에 자금지원의사를 가진 인물들도 언젠가 피해를 입을 것이라는 부담을 감수하게 된다. 야당에 대한 지원은 정치반란행위인 양 인식되었고 이를 불사할 경우 세무사찰이나 유형무형의 보복을 이겨내지 않으면 안 되었다. 따라서 야당이 정치자금을 확보할 방법은 매우 제한되어 있었다. 이들은 주로 내부조달에 의존하거나 당 총재를 비롯한 당직자 개인역량에 의해 자금을 조달한다.

박정희 주변 세력은 이러한 상황을 최대한 이용, 야당의 정치자금 사정을 더욱 조이며 대여(對與) 의존도를 높인다. 그 결과 야당이 끝내 굴복해 궤도를 변경할 때 적당한 시기를 골라 은혜를 베푼다. 이로써 여권자금 상당액은 야당으로 유입된다(일반적으로 대여강경파가 당권을 장악하면 여권은 야당 내 강경파에 대항하는 온건 비주류를 보호한 후, 언젠가 온건파가 당을 장악하면 자금을 지원하는 방식으로 야권을 통제한다).

1960년대나 지금이나 변하지 않는 것 하나는 여야 간 정치자금배분의 불균형이다. 야당은 여당과 달리 당 운영을 위한 경상비가 많이 들지 않는다. 여당은 중앙당에 사무국 요원을 비롯한 많은 유급당원들을 거느리지만 야당은 이에 훨씬 못 미쳤던 것이 관례다. 전통적으로 한국 야당은 조직선전 활동보다 파벌과 개인의 정치적 수완에 의존한다. 중앙당의 통제기능은 여당에 비해 훨씬 약했고 대신 당내 파벌이 활성화되어 이를 대체한다. 이러한 현상은 신민당 이래 변함없는 전통이었다.

야권의 파벌 보스가 갖춰야 할 가장 중요한 자격요건은 결국 정치자금 동원능력이었다. 그들은 당내 영향력 확보와 당권 장악을 위해 여러 의원들을 포섭, 자파 확대를 도모하고 이를 위해 많은 자금을 투입한다. 과거 신민당은 진산계와 반(反)진산계, 진산 사후에는 '김영삼·이철승·김대중계'를 비롯해 '신도환·이기택계'에 이르는 크고 작은 사단이 할거한다. 파벌 간 당권 경쟁과 상호견제 속에서 정치자금 상당액을 당 밖에서, 특히 집권자의 배려와 시혜에 의존해야 했던 야권에 '사쿠라 시비'가 일게 된 것은 숙명과도 같았다.

이러한 시비의 자리에 늘 진산이 있었다. 그는 1964년 언론규제를 위한 언론윤리위 법안처리 때 대여협상에서 통과저지의 강경론을 후퇴시키고 공화당으로부터 모종의 묵계를 받아냈다는 반대파의 거센 반발과 당내 여론에 밀려 끝내 제명이라는 중징계를 선고받는다. 1971년에는 지역구(영등포 갑)를 포기하고 전국구로 등록하는 바람에 또다시 파동을 겪는다. 두 차례 파동에서 진산이 여당 측으로부터 거액의 정치자금을 받았다는 것이 반대파의 주장이지만 진실은 밝혀지지 않는다.

야당의 대여(對與) 의존도가 높아갈수록 야권의 정치지반은 황폐화된다. 더욱이 사쿠라 시비나 대여야합론(對與野合論)이 일렁이는 상황 속에서 협상과 대화에 의한 원만한 문제해결은 곧 야권 내 일정 파벌이 속죄양으로 죽거나 정치생명의 포기를 자초하는 일이나 다름없었다. 결국 야권의 합리적 처신은 '선명강경론' 외에 다른 방도가 없었다. 원내의 극한대립과 파행의 잔재는 오늘날까지도 계속된다.

5·17 이후 5공에 들어와 정치자금문제는 새로운 제도화와 관행의 계기를 맞는다. 1980년 12월 31일, 전문개정 공포된 '정치자금에 관한 법률'은 과거와 달리 정당이 정치자금을 끌어 쓸 수 있는 몇 가지 합법적

장치를 마련한다. 즉 정치자금조달을 '당비·후원금·기탁금·보조금·기타 부대수입' 등 다섯 가지 채널로 제한하고 그 이외의 조달을 불법화한다. 이 가운데 후원회 제도와 국고보조금 제도의 신설은 특기할 만했다. 이들 제도가 추가된 것은 과거의 공식 정치자금 조달제도였던 당비와 기탁금제가 최소한의 필요마저 충족시켜주지 못했기 때문이다. 새 제도는 비록 최소범위에서나마 정치자금의 현실적 수요를 해소할 방도가 가능하다는 암시를 바탕에 둔다.

정치자금의 양성화를 제도적으로 정착시킬 수 있게 되자 유권자들의 감시도 어느 정도 가능하게 된다. 그 법은 또 매년 초 각 정당들로 하여금 전년도 정치자금 모금과 지출내역을 선관위에 보고하도록 규정한다. 국고보조금도 1년에 두 차례씩 지급해 첫해인 1981년에 8억, 1982년에 10억, 1983년에는 10억 원이 할당되고 선관위가 주선한 정당기탁금은 1982년의 경우 11억 원, 후원금은 1983년에 22억 5,000만 원(민정 20억·민한 2억 5,000만 원)으로 집계된다.

그러나 여야 간 정치자금 불균형이나 파벌의 자금독점 가능성 등 악습은 단숨에 사라지지 않는다. **법을 만드는 주체가 범법과 탈법을 자행하는 정치관행은 좀처럼 사라질 줄 몰랐다.** 법이 시행되고 있음에도 직업 정치인들은 기탁금이나 국고보조금 같은 외부의존을 줄이고 당비와 후원금에 의한 자립터전을 마련하는 데 별 관심이 없었다. 특히 야당의 경우, 국가보조금에 지나치게 의존했고 자립적 활로모색을 등한시한다. 국고보조나 기탁금제는 입법취지상 정치자금의 보조기능에 지나지 않았지만 야당에는 그나마 당 유지를 위해 중요한 공식 '젖줄'이었다.

1983년을 기준으로 할 때 민정당과 기타 야당들의 수입·지출내역과 3당 보조금·후원금 현황자료는 <표 3-1>과 <표 3-2>를 통해 읽을 수

<표 3-1> 1982년도 3당 정치자금 수입·지출상황 대비

(단위: 100만 원)

내역	정당	민정	민한	국민
수입	당비	6,946	1,235	236
	기탁금	540	311	155
	보조금	452	272	159
	후원회 기부금	2,000		
	기타	1,011	83	84
	합계	10,949	1,901	634
지출	운영비	3,975	921	294
	조직활동비	831	356	145
	조사연구비	41	15	3
	선전비	211	62	17
	훈련비	1,655	18	12
	사업비	4,034	40	1
	기타	115	352	30
	합계	10,862	1,764	502

자료: ≪서울신문≫. 1983년 11월 4일 자.

<표 3-2> 3당별 보조금·후원금 현황 대비(1983년 9월 30일 기준)

(단위: 100만 원)

구분	민정	민한	국민
보조금	445(44.53%)	272(27.25%)	149(14.9%)
후원금	2,000	250	0

자료: ≪서울신문≫. 1983년 11월 4일 자.

있다. 여기서 알 수 있듯이 1982년의 민정당 정치자금 수입원은 당비 6억 9,000만 원으로 전체의 64%를 차지했고 다음이 후원회 후원금(20억, 18%), 기탁금 5%, 국고보조금 4%, 기타 광고수입 10억 9,000만 원으로 9%를 차지한다.

반면 야당은 국고보조금과 기탁금이 생명줄이었다. 1982년을 기준으로 할 때 민한당은 총수입의 30%를, 국민당은 50%를 여기서 조달한 반면 민정당은 9%밖에 되지 않았다. 각 정당의 자금명세는 해당 정당의 활동 강도를 그대로 반영한다. 민정당이 매달 6억 이상을 쓰며 당을 운영한 데 반해 민한당은 1억 2,000만 원, 국민당은 3,500만 원 정도로 당세를 유지할 수밖에 없었다.

이 같은 정당운영자금의 불균형과 관련, 야당 측은 기탁금제를 더 확대해 나갈 것을 주장했고 민정당 측도 야당 역시 후원회를 활성화하고 당비를 통한 자립정당의 노력을 배가시켜야 할 것이라는 논리로 맞섰다. 그러나 기탁금제는 여야 정치상황과 함수관계에 있었고 국고보조금은 정당이 국민의 세금을 쓴다는 점에서 문제가 없지 않았다. 따라서 정당 스스로 정치자금을 마련해야 한다는 압박감으로부터 완전히 자유로울 수 없었다.

야당의 후원회 제도 활성화도 그리 간단치 않았다. 제도 초기에 야당의 후원회 구성이 지지부진하자 각 정당이 풀(Pool)제로 운영해 모금액을 배분해서 쓰자는 아이디어까지 나왔지만 오해의 여지가 많았다. 게다가 입법취지의 문제도 있어 결국 채택되지 못한다. 더 큰 문제는 야당에 대한 기업들의 지원기피였다.

여당이 아무리 이를 설득해도 기업인들의 피해의식은 쉽사리 사라지지 않는다. 이러한 체질적 거리낌 때문에 당시 야당 후원회에 참여한 기업과 개인회원들은 대부분 당직자나 소속정당 의원의 친인척들이었다. **이러한 압박과 부담요인을 피하려 들 때마다 부패와 타락의 검은 그림자는 끼어들 수밖에 없었다.** 정치풍토상 이는 전혀 이상스런 일이 아니었다. 바로 여기서 정치비극의 고리가 이어지는 또 다른 이유를 발견하게 된다.

끈질기게 이어지는 비극의 다음 연결고리는 어떤 모습일까? 5공의 정치비극은 정치자금법을 제정·발의한 주체 스스로 법의 이름을 빌려 법 자체를 잠식해가는 희극으로 탈바꿈한다. 5공의 정치과오 가운데 최대쟁점이 된 정치자금문제는 민정당 독식이 빚어낸 불치의 만성 체증이었다. 1982년부터 1988년 9월 말까지 개별 기업이 정당을 지정해 공식 기탁한 551억여 원의 정치자금 가운데 민정당은 98%에 이르는 540억여 원을 독차지한다.

1988년 10월 26일, 중앙선관위가 집계한 정치자금 지정기탁내역에 따르면 민정당이 전체 98%인 540억 2,900만여 원을 기업들의 정치헌금으로 받았고 민한당 2억 8,500만여 원, 국민당 8억 3,500만여 원을 각각 지정받는다. 반면, 평민당과 민주당은 1987년 창당 이후 기업지정 기탁자금을 전혀 받지 못한 것으로 나타났다. 기업들의 정당별·연도별 정치자금 지정기탁상황과 내역은 <표 3-3>을 통해서도 알 수 있다.

한편 1982년부터 1986년까지 전경련·무역협회·상공회의소 등 경제단체를 통해 기탁한 정치자금은 모두 73억 3,000만여 원이며 단체별·연도별 기탁내역은 <표 3-4>와 같다.

전두환 정권에서 권력과 자본이 어떤 관계를 유지했는지 <표 3-3>과 <표 3-4>는 잘 말해준다. 5공 정치자금은 제도적 경로를 통해 들어간 기탁금 외에도 각종 명분의 성금과 기부금 형태로 부피를 더해간다. 특히 법률이 정한 중앙선관위 기탁금 창구 외에 청와대와 새마을 운동본부에 낸 여러 성금·기부금 등은 오로지 기업의 자의적 투자성격을 갖는 것처럼 분장(扮裝)된다.

1988년 감사원 자료에 따르면 청와대에만 직접 제출된 새마을 성금

〈표 3-3〉 5공화국 정치자금 지정기탁내역

(단위: 원)

정당별 연도별	민주정의당	민주한국당	한국국민당	근로농민당	계
1982	1,278,420,169	225,500,000	81,600,000		1,585,520,169
1983	1,170,732,420	60,000,000	98,600,000	102,000	1,329,434,420
1984	1,260,930,000				1,260,930,000
1985	6,142,587,577		265,000,000		6,407,587,577
1986	7,530,876,600		220,000,000		7,750,876,600
1987	18,779,376,000		170,000,000		18,949,376,000
1988	17,866,210,000				17,866,210,000
계	54,029,132,766	285,500,000	835,200,000	102,000	55,149,934,766

자료: 박종성, 『인맥으로 본 한국정치』(서울: 한울, 1997), 148쪽.

〈표 3-4〉 5공화국 경제단체별 정치자금 기탁내역 대비

(단위: 원)

구분 연도별	전국경제인연합회	한국무역협회	대한상공회의소	개인	계
1982	370,000,000	350,000,000	380,000,000	50,000	1,100,500,000
1983	359,000,000	400,000,000	340,000,000	400,000	1,099,400,000
1984	690,000,000	670,000,000	680,000,000		2,040,000,000
1985	380,000,000	340,000,000	380,000,000		1,100,000,000
1986	700,000,000	620,000,000	680,000,000		2,000,000,000
계	2,499,000,000	2,380,000,000	2,460,000,000	450,000	7,339,450,000

자료: 박종성, 『인맥으로 본 한국정치』(서울: 한울, 1997).

이 매년 약 140여억 원에 이른 것으로 추산된다(이에 따를 때 1983~1987년간 청와대로 들어간 새마을성금은 모두 500억 원을 상회한다. 그러나 그 돈이 어디에 어떻게 쓰였는지는 청와대 장부가 공개되어야 가능할 따름이다). 이를 반증하는 자료가 전혀 없는 것은 아니다. 삼성·현대·대우·럭키금성·선경·쌍용·한국화약·한진·롯데·코오롱 그룹 등 한국의 10대 재벌 주

력기업체 63개 사가 지난 1983~1987년 사이 4년간 지출한 기부금·접대비·기밀비는 모두 약 3,155억 원이다. 현대그룹(8개 사) 489억, 대우그룹(8개 사) 446억, 삼성그룹(8개 사) 446억, 럭키금성(8개 사) 307억, 쌍용(7개 사) 293억, 한국화약(5개 사) 168억, 롯데그룹(4개 사) 128억, 코오롱그룹(3개 사) 123억 순서였다. 이 액수는 거의 이들 그룹의 총매출액에 비례했다. 총액의 약 60%가 바로 기부금이었다. 하지만 이 가운데 정치자금 지출분이 얼마인지 정확히 추계하기는 불가능하다.

　기본적으로 정치자금 수수의 은밀함과 자금 도착지점 및 수용처 일체가 해당인물 외에는 일체 비밀로 부쳐지는 관행은 추적을 어렵게 한다. 그러나 기부금·접대비·기밀비의 3개항목이 정치자금 분식에 이용되는 계정(計定)이라는 점은 대기업의 관례적 불문율이다. 이 부분이 밝혀지면 권력과 자본의 결탁은 적나라하게 드러나겠지만 그것은 겹겹의 비밀에 쌓여 있다.

　기부금 지출 내역, 특히 연도별·기업별·주력업체별 지출상황을 알아보기 위해 1983년부터 1987년간 기부금을 지출한 상위 30개 주력업체에 국한해 자금규모를 살펴본 것이 앞의 <표 3-5>다. 다른 기업들은 배제한다 해도 주력업체 30개 계열사가 5년간 기부한 자금총액은 모두 2,753억여 원에 달하는 규모였다. 물론 이 금액 모두가 민정당 파벌관리와 계보운영자금으로 100% 활용되었다는 증거는 없다.

　그러나 이는 국회에서 통과된 정치자금법의 합법적 자금원 외의 별도 채널이었다는 점에서 각별한 의미를 지닌다. 그만큼 기업 스스로 권력과의 유착을 통해 자본의 확대재생산을 노리고 필요 이상의 몸부림을 통해 정치화하고자 했던 과거 흔적의 한 조각을 여기서 잘 읽을 수 있다.

〈표 3-5〉 1983~1987년 상위 30개 주력업체 기부금 지출내역 대비

(단위: 100만 원)

순위	업체명	1983	1984	1985	1986	1987	계
1	동아건설산업(주)	23,593	920	426	811	484	26,234
2	한일합성섬유공업(주)	1,621	3,127	3,022	4,644	7,254	19,668
3	(주)유공	4,051	3,783	4,097	2,234	4,219	18,384
4	기아산업(주)	2,653	5,283	2,825	3,655	3,253	17,669
5	(주)대우	4,715	4,201	3,704	1,659	1,737	16,016
6	(주)대한항공	1,098	2,206	3,923	3,077	5,095	15,399
7	(주)녹십자	109	365	6,859	2,320	1,145	10,798
8	(주)코오롱	600	1,743	2,655	3,290	1,918	10,206
9	쌍용양회공업(주)	1,902	1,717	1,812	1,919	2,520	9,870
10	현대자동차(주)	485	2,720	1,667	2,932	1,399	9,203
11	대우중공업(주)	1,818	2,465	2,634	473	740	8,130
12	현대건설(주)	2,089	3,447	1,144	596	684	7,960
13	대림산업(주)	4,909	1,026	602	312	791	7,640
14	한일개발(주)	1,880	1,586	1,631	987	1,518	7,602
15	(주)삼양사	836	1,337	1,510	1,463	2,326	7,472
16	삼성전자(주)	1,211	1,559	1,476	1,561	1,377	7,184
17	한일시멘트공업(주)	1,261	1,383	1,296	880	2,112	6,932
18	(주)금성사	1,900	2,333	1,080	531	621	6,465
19	태광산업(주)	124	472	91	1,273	4,204	6,164
20	(주)럭키	1,733	978	1,338	1,298	765	6,112
21	태평양화학공업(주)	1,077	1,911	1,111	651	1,250	6,000
22	삼미종합특수강(주)	610	465	584	1,364	2,850	5,873
23	(주)금호	315	236	1,032	304	2,781	4,668
24	동산토건(주)	1,805	1,381	1,200	400	385	5,171
25	극동건설(주)	3,282	722	554	467	86	5,111
26	(주)삼익주택	1,095	3,292	96	59	567	5,109
27	한남화학(주)	103	720	495	2,422	1,170	4,910
28	동양시멘트(주)	655	649	1,176	1,151	1,041	4,672
29	(주)한진	698	1,304	1,749	978	403	5,132
30	한국유리공업(주)	269	875	34	1,052	1,390	3,620
	총계	68,497	54,206	51,823	44,763	56,085	275,374

자료: 유영을, "전두환 정권의 정경유착비리", ≪신동아≫(1988), 6월호, 388쪽에서 재인용.

정치자금 문제는 뜻대로만은 되지 않았다는 사실을 솔직히 고백하지 않을 수 없습니다. 대통령직을 수행하고 특히 집권여당의 총재로 정당을 유지하고 선거를 치르자면 적지 않은 정치자금이 필요하다는 사실을 깨닫게 되었습니다. 본인은 이러한 비용을 최소화하려는 노력과 함께, 과거 정부와 당의 고위간부들이 각기 정치자금을 조달함으로써 권력형 부패의 온상이 되었던 전철을 밟지 않도록 하기 위해 정치자금 창구를 일원화하고 그것을 본인이 직접 관장했습니다. 그리고 제가 퇴임하던 지난 2월, 이 사람이 국가원로자문회의 의장을 맡게 됨에 따라 여기에 요긴하게 쓸 요량으로 여당 총재로서 사용하다 남은 돈 139억 원을 관리해왔습니다. 그러나 지난 4월 이미 이 직을 사임한 만큼 이제 이 돈은 우리나라 정치발전을 위해 국가가 관리해주시기 바랍니다(전두환, 국민 여러분께 드리는 말씀, 1988. 11. 23).

1988년 11월 23일, 전두환은 5공 잉여정치자금 139억 원에 대해 이렇게 해명한다. 그러나 전두환은 이 돈의 수입과 지출에 따른 명세를 밝히지 않는다. 전두환은 계엄사 합동수사본부장 시절 박정희 집무실을 수색하던 중 압수한 청와대 비자금 9억여 원을 손에 넣은 뒤 권력 현장에서 사라지면서 139억 원의 돈을 남긴 것이다.

이 말을 그대로 믿는다면 자금 총액 중 9억을 공제한 나머지 즉, 130억은 그가 직접 관리하고 남긴 정치자금이라는 계산이다. 하지만 그가 관리한 정치자금이 어떤 규모였고 어디에 얼마나 쓰였으며 누가 무엇을 위해 자금을 헌납했는지는 여전한 수수께끼다(전두환이 재임 7년간 직접 거둔 정치자금은 최저 4,000억, 통치성 자금은 약 2,660억으로 추정된다. 이 액수는 청와대의 음성 정치자금 모집형태가 본질적으로 변하지 않은 노태우 정권의 정치자금 모금액 누계를 추산하는 중요한 기준이 된다. 또 실제로 1995~1996년 동안 진행된 노태우·전두환 청와대 비자금사건 수사 과정에서 밝혀진 자금 총액만도 누계 7,500억 이상이었음을 감안할 때 적어도 1조를 상회하는 공식·비공식 모금이 있었을 것으로 추정된다).

여부야빈(與富野貧)의 정치자금구조는 해방 후 현재까지 변하지 않는다. 특히 야권의 빈약한 정치자금구조는 그들의 정치 한계를 심화시킨다. 그 까닭의 하나가 **자금기탁자의 부정적 인식과 가치박탈의 예상심리** 때문임은 이미 지적한 바 있다. 근본적인 원인은 야당 정치자금이 당 차원이 아니라 당내 주도파벌과 계보 중심으로 동원·운영된다는 데 있다. 당이 주도적으로 자금을 확보·분배하지 못하고 오히려 당 지도부가 파벌 자금원에 기대를 걸 수밖에 없었던 것이 한계다.

이는 사실상 재력을 가진 자본가들이 정치적 투자대상으로 야당을 지목·결정했다 해도 자신이 다치지 않고 자금을 제공하기 위해 더 확실한 투자대상을 찾을 수밖에 없었던 안전심리와 직접 연관이 있다. 자금공여사실 자체를 가능한 한 영원히 은폐하고자 작정한 만큼, 이를 보장할 세력이나 인물들을 찾을 수밖에 없었다는 결론이 자연스레 도출된다.

파벌은 이때 가장 믿음직스러운 자금운용의 파이프라인(Pipeline)이 된다. 권력이 자본을 끌어들이고 자본이 권력을 향해 이유 있는 투자를 고려할 때 파벌과 계보조직은 이러한 부정적 심리요인들을 희석시킬 수 있을 것으로 기대한다. 이 같은 심리는 곧 정치적 투자자나 헌금주체들이 당을 제치고 계보와 파벌에 돈줄을 대게 만든 요인이 된다. 그만큼 당내 파벌의 위상을 강화시킬 수밖에 없는 풍토를 조성해온 것도 사실이다.

2. 권력배분

정치파벌은 정당의 혈맥(血脈)이다. 파벌은 정당이라는 이름의 피부조직 밑에서 자신의 존재를 드러내지 않는 대신 육체의 건전한 생명을 유지하도록 자기 기능을 최대한 발휘해야 한다. 적어도 이론적으로는 그렇다. 따라서 **단순히 파벌이 존재한다거나 복수 파벌이 상호견제·비판하며 정치행보에서 이따금 심한 통증을 유발시킨다고 해서 몸이 '병들었다'고 말하는 것은 발상 자체부터가 심한 오류다.** 다시 말해 파벌의 존재나 파쟁 그 자체는 문제의 핵이 아니다.

그렇다면 질병의 구조적 원인은 어디서 시작된 걸까? 한국정치의 고질적 병폐를 파벌 경쟁과 갈등이라는 시각에서 해부하려 들 때 파벌이라는 이름의 혈맥들이 애초의 자리를 수시 이탈하거나 주변 혈맥들과 끝없이 뒤엉킴으로써 존속이 불가능했던 것이 문제였다. 나아가 그를 둘러싼 외피조직과 육신의 생명마저 단명할 수밖에 없었다는 점이다.

혈맥이 뒤엉키고 꼬여 상처난 핏줄 사이로 이물질이 침투하면 감염 가능성은 커진다. 감염된 핏줄은 잘라내더라도 정작 심장의 건전한 박동은 보장할 수 없는 것이 고민이었다. 핏줄 없는 심장이나 심장 없는 핏줄 모두는 무의미하기 때문이다. 파벌이 혈맥이라면 정치자금은 핏줄을 타고 흐르는 피다. 한국의 정치파벌들은 돈이라는 이름의 피를 마시고 자신들의 유한적 삶을 살아갈 수밖에 없도록 길들여진 존재다. 피가 심장에 지나치게 많이 몰릴 경우 핏줄이 굳고 심장에서 보낸 갑작스러운 피를 이겨내지 못해 과부하가 문제였던 점도 역사는 기억한다. 혹은 보낼 피가 없어 심장 기능 자체가 문제였던 경우도 역사는 잊지 않는다.

그렇다면 정작 피를 흐르게 만드는 힘의 원천은 무엇일까? 핏줄 따라

피를 흐르게 하고 다시 또 피를 생산해내기 위해 박동치는 심장으로 피드백시키는 에너지는 무엇인가? 그 힘은 정치권력이 담당한다. 파벌은 혈맥을 채우는 피와 그 피를 고이지 않고 흐르게 만드는 제2의 정치자원을 권력 안에서 찾는다.

파벌이 자기 생존과 세의 확장을 위해 의존하는 에너지는 권력의 창출과 배분 과정에서 생산된다. 바꾸어 말해 한국의 정치파벌은 자금과 권력으로 가동될 수밖에 없는 구조적 취약성을 안는다. 이 같은 한계요인들은 해방 후 정치 파행과 그 속에서조차 살아남기 위한 파벌 간 술수를 통해 한층 심화, 자금과 권력이 유착할 풍토를 마련한다.

파벌관리를 위해 절대 필요한 정치자금이 일정하게 공급되거나 이를 알선·조정해준 인물들에게 권력을 나눠주는 정당의 관행은 사라지지 않는다. 따라서 권력교체기나 새로운 원 구성 후 당직 배분을 둘러싼 잡음과 당내 계파 간 불협화음은 어렵잖게 확인할 수 있다. 파벌운영을 위한 자금과 권력의 불가피한 공생은 여야 똑같이 적용된다. 다만 여권보다 상대적으로 취약한 야권에서는 한정된 자금을 배분·소유하거나 권력배분을 둘러싼 갈등이 커질 수밖에 없었다.

정치 이력으로나 조직에 대한 충성심으로나 도저히 '그 자리'에 앉을 수 없는 인물이 예상외 큰 직책을 받을 경우, 이는 모두 정치자금공여와 헌금기탁 과정에서 생긴 노고의 대가였다고 보면 크게 틀리지 않는다. 그뿐 아니라 돈 여유가 있다고 알려진 의원들은 자의 반 타의 반 보스들을 도와줄 수밖에 없다. 그러나 누가 자금책이며 차기 권력의 수혜자가 되는지는 결코 드러나지 않는다. 그리고 그 궁금증을 굳이 풀려 하지도 않는 것이 여야 파벌의 불문율인 셈이다.

그러나 이 같은 예외를 제외하고 계파 보스들은 파벌관리 과정에서 권력의 안배와 합리적 배분의 적정선을 어떻게 잡을지 늘 고민한다. 왜냐하면 특정 파벌이 어떤 배경과 자금에 의해 조성된 것인지와 파벌세력을 어떻게 유지·확장시킬지는 분리해야 할 문제이기 때문이다. 한국의 정치파벌과 조직들이 가장 먼저 필요로 하는 가치는 따라서 민주주의 정치이론이나 여유 정치자금이 아니다. 그것은 파벌을 기름지게 그리고 설득력 있게 운영하기 위한 필요조건이지 충분조건은 아니다. 파벌관리와 운영을 위해 절대 필요한 가치는 그렇다면 무엇일까?

그 답은 누가 파벌 보스에게 가장 믿을 만한 충성심으로 무장되어 있는지와 직결된다. 즉 '충성도'는 '자금 지원도'를 대체할 절대변수다. 게다가 보스가 마지막까지 파벌을 지탱하게 만드는 보장수단이 된다. 이들 모두가 이상적으로 결합할 경우 파벌관리와 운영은 물론 손쉬울 것이다. 결국 파벌 보스들은 충성도에 따라 구성원들에게 일정량 권력을 배분하고 그에 대한 충성을 요구함으로써 권위와 정당성을 확인한다. 보스에 대한 파벌 구성원들의 '자발적 복종'과 이에 따른 당내 파벌의 권위창출은 경쟁하는 파벌 간 권력지분 장악과 주변 정당들 간 정치적 위상강화를 위해 매우 중요한 변수다.

파벌 구성원들이 계속해서 충성을 맹세하고 그에 대한 대가로 권력을 공여(供與)받는 관행은 이른바 '고전적 복종계약'의 가치교환행위로 이해할 수도 있다. 문제는 파벌 구성원들이 지속적으로 충성을 보장함에도 보스가 나눠줄 권력을 제한적으로 가져야 한다면 누구에게 먼저 그리고 어떻게 배분할 것인지와 직결된다.

그러나 파벌운영 과정에서 보스가 요구하는 충성심 정도는 파벌 내 정치적 인간들의 체질상 사회일반조직과 판이하게 다르다. 파벌 구성원들이 보스에게 보이는 충성심은 일생을 걸고 덤벼드는 '지독한' (일방의 경우가 많다. 그들은 거의 보스로부터 충성에 대한 대가를 즉시 확인하려 하기보다 오히려 보스가 자신을 버리지 않기를 간절히 바라는 점에서 합리적 선택이나 일상의 이기적 동기와 사뭇 다르다.

모두가 다 그런 것은 아니겠으나 일생을 통해 자신을 보좌하며 궂은 일을 마다 않는 파벌 구성원에게 보스는 그 나름대로 심정적 부담을 갖지 않을 수 없다. 다시 말해 파벌 보스 각자는 자신에 대한 충성도 위계에 따라 그에 상응하는 마음의 '빚'을 질 수밖에 없다. 이 같은 심리적 부채는 자신이 장악하고 있는 권력의 비축 분(分)을 나눠 줌으로써 어느 정도 상환할 수 있다.

그렇다고 파벌 구성원 각자가 느끼는 심리적 만족과 권력수혜의 정도가 정비례할 수는 없을 것이다. **충성을 맹세하는 측과 보스의 반대급부 사이에는 심한 편차가 나타날 수밖에 없다.** 게다가 파벌 구성원들은 '때'가 오면 자신에게도 실제 이익이 돌아올 것이라 기대하며 더 강한 충성심을 보일 수밖에 없는 게 직업정치판의 현실이다.

보스들이 권력으로 구성원의 충성을, 파벌 구성원은 그 대가로 자신의 권력지향욕구를 교환·상쇄하는 일련의 묵시적 계약은 파벌관리에서 상당한 비중을 차지한다. 이 같은 권력배분을 압축하자면 다음과 같을 것이다. 각 파벌들이 정당의 이름을 빌려 배분하는 권력의 수혜 폭은 사실 일정치 않지만 **대표적인 방법은 여야 가릴 것 없는 당직 배분과 그에 따른 파벌 간 힘의 안배**를 들 수 있다. 집권여당의 경우는 보통 당대표와 대표최고위원, 사무총장과 원내총무 그리고 정책위의장과 대변인 및 기타 당내 보직을 통해 파벌 간 힘의 균형을 도모하고 충성 대가를 위계별로 보상한다. 특히 실무보직 임명은 늘 잠재하기 마련인 당내 알력과 갈등을 조절하고 실질적 힘의 통로를 마련하는 데 적잖은 의미를 갖는다.

집권여당의 경우 '사무총장' 직은 중요한 역할을 하게 마련이다. 사무총장은 당의 실무적 집행권과 재정적 파워를 장악하고 당대표에 버금가는 힘을 행사한다는 점에서 누굴 보임(補任)하는지는 파벌의 힘의 메커니즘 변화를 가늠하는 첨예한 관심대상일 수밖에 없다. 특히 사무총장은 대통령과 최고위원들이 배분하는 자금을 관리·집행하는 총책임자라는 점에서 당 재정위원장직과 아울러 '자리'를 둘러싼 암투 또한 만만치 않다.

사무총장이 당의 실무 총책이라면 원내총무는 온갖 계파 간 갈등이나 당내 힘의 갈등을 초월해 국회 내 주변 정당들과 정치실무협상을 주도해나가는 여론 지도자 역할을 맡는다. 그 역할은 사무총장보다 힘들고 빛나지 않는 일들로 가득하지만 원내총무는 누구보다 주변 정당들과의 '힘겨루기'에서 대화와 협상으로 능력을 평가받을 수 있는 자리다. 또 긍정적 평가를 받을 경우 권력의 정상에 더 가까이 접근할 기회를 보장받을 수도 있다는 점에서 요직으로 인식된다.

야권의 경우 취약한 정치자금을 관리하면서 정치적 힘까지 배분하려면 적잖은 고충이 뒤따른다. 특히 여권보다 첨예한 계파 갈등을 보여온 야권에서 당내 권력의 안배는 심각하게 발전하는 경우가 허다하다. 야권 역시 당 총재와 대표위원 이외의 당내 보직 임명과 인선에 따른 정치적 실익은 여권과 유사한 관심대상이다. 특히 부총재 이하 당 사무총장과 원내총무, 대변인 인선에 따른 보스들의 힘의 분배는 여권보다 첨예한 경우가 더 많다.

야권 보스들은 용인(用人) 과정에서 여권보다 더 신경을 쓸 수밖에 없다. 여권보다 취약한 상황에서 당의 위상을 높이고 대(對)국민 이미지를 강화하고 실권을 장악하려면 관건은 역시 당내에서 가장 능력 있는 인물을 적재적소에 활용하는 일밖에 없기 때문이다. 인물난은 정치실무자뿐 아니라 한국정치일반의 오랜 숙원이자 근본 딜레마의 하나였다.

그러나 대권을 노리며 후퇴나 양보를 허용하지 않았던 파벌 보스들에게 자신을 되돌아보는 아량이나 정치적 여유를 기대할 수는 없었다. 그들은 모두 자신을 배반하지 않을 인물이 누구이며 그 위에 능력까지 겸비한 최상의 이용대상이 누구일지부터 고려한다. 용인의 실패는 곧 자기파벌의 패배이자 자신의 정치파멸을 자초하는 일이기 때문이다.

권력배분은 당직 안배로만 그치지 않는다. 배분의 방식은 상임위원장 안배와도 직결된다. 즉, 자파의 누구를 어느 분과위에 소속시킬지와 맞물리면서 복잡하게 진행되기도 한다. 상임위원장직과 위원의 분과별 안배는 파벌 보스들의 부수적 관심사의 하나로 부각된다. 누가 어느 분과위에 소속되고 또 누가 법안처리의 실질적 주자(走者)인지에 따라 파벌의 목숨이 좌우되는 법안이 회기 안에 너무나 많기 때문이다. 법안심의와 통과 여부에 따라 일정 파벌의 생존과 정치 미래가 좌우된다는 사실을 감안하면 이 같은 권력배분 역시 파벌들에게는 더없는 기회로 인식될 수밖에 없다. 6공의 국회 건설위와 수서(水西) 비리사건이 좋은 예다.

당직과 상임위 외에 보스가 비공식 파벌 경로를 통해 취할 수 있는 권력시혜는 다양하다. 보스는 당내 공조직 외에 개인 사조직을 거느리고 이를 통해 자신의 미래를 더 확고히 하려는 경우가 비일비재하다. 또한 공식적인 정치입문기회가 막혀 있는 인물들이 정치에 참여하거나 강력한(혹은 필요 이상의) 충성을 보이려 들 때 유형무형의 비공식 조직들은 파벌 보스에게 직접 접근할 은밀한 통로 역할을 맡기도 한다.

따라서 충성의 대가로 권력지분을 기대하는 정치적 인간들에게 이

〈표 3-6〉 15대 국회 상임위원회별 위원 명단(1996년 7월 10일 기준)

위원회	위원장	신한국당(151)	국민회의(79)	자민련(49)	비교섭단체 의원(20)
운영 (24)	서청원 (신)	김기재 김길환 김학원 박주천 박헌기 서청원 송훈석 유용태 윤원중 이상현 이원복 임인배	국창근 김민석 남궁진 유선호 박상천 신기남	변웅전 이원범 이의익 이정무	권오을(민) 김영준(무)
법제 사법 (15)	강재섭 (신)	목요상 변정일 송훈석 안상수 이사철 정형근 최연희	박찬주 조순형 조찬형 천정배	정상천 함석재	김영준(무)
행정 (16)	김인곤 (국)	권영자 김길환 김영선 김철 서청원 오세응 이상현 이홍구	유재건 이석현 최성연	김종필 조종석	김화남(무) 이해봉(무)
재정 경제 (30)	황병태 (신)	강현욱 김인영 김재천 김정수 나오연 노승우 박명환 서석재 서정화 이명박 장영철 차수명 한승수 한이헌	김민석 김병태 김상현 김원길 이상수 장재식 정세균 정한용	김범명 박종근 어준선 이상면 이인구	권기술(민) 제정구(민)
통일 외무 (24)	박관용 (신)	권익현 김도언 김명윤 김석원 김윤환 유흥수 이만섭 이신범 이회창 정재문 최형우	김근태 김상우 박정수 양성철 이동복 정희경	박준규 박철언 이건개 이동복	정몽준(무) 홍사덕(무)
내무 (30)	이택석 (신)	강성재 김영진 김학원 박종우 박헌기 박희태 신경식 신상우 원유철 이국헌 이성호 이윤성 이재오 전석홍	김옥두 김충조 유선호 박상천 이기문 정균환 채영석 추미애	권수창 김고성 박구일 이양희 황학수	이규정(민) 허화평(무)
국방 (20)	김영구 (신)	김덕 김덕룡 김종호 박세환 이한동 정재철 최병렬 허대범 황낙주	권노갑 박정훈 임복진 정동영 천용택	김복동 정석모 한영수	장을병(민) 하경근(민)
교육 (16)	김현욱 (자)	김중위 박범진 서상목 서한샘 손학규 조웅규 함종한 홍문종	김한길 배종무 설훈 이협	김광수 안택수	이수인(민)
문화 체육 (19)	이세기 (신)	강용식 김기재 박종웅 신영균 윤원중 이경재 이웅희 임진출 정영훈	길승흠 신기남 정동채 최재승 최희준	이병희 이정무 지대섭	권정달(무)
농림 수산 (24)	김태식 (국)	김광운 김기춘 김동욱 양정규 윤한도 이강두 이완구 이우재 이해구 주진우	김영진 김종배 김진배 이길재 장성원	변웅전 정일영 허남훈	권오을(민)
통상 산업 (22)	손세일 (국)	김호일 남평우 노기태 맹형규 박우병 박주천 심정구 이원복 이재명 임인배 전용원	김경재 김영배 박광태 박상규 조순승	구천서 김종학 김칠환 박신원	이중재(민)
통신 과학 (18)	강창희 (자)	김종하 김충길 김형오 박성범 유용태 이상희 이응선 하순봉 홍인길	김영환 남궁진 장영달 정호선 조홍규	김선길 조영재	이부영(민)

3. 파벌과 자원　171

환경 노동 (18)	이긍규 (자)	강경식 강삼재 권철현 김기수 김문수 박세직 이강희 이신행 홍준표	김성곤 방용석 이해찬 조성준 한영애	김용환 정우택	이미경(민)
보건 과학 (16)	신기하 (국)	김명섭 김찬우 김태호 오양순 정의화 황규선 황성균 황우여	신낙균 이성재 조철구	김허남 이재선 정상구	김홍신(민)
건설 교통 (30)	백남치 (신)	김무성 김영일 김운환 김일윤 김진재 박시균 백승홍 서정화 서훈 이규택 이용삼 조진형 최욱철 현경대	국창근 김명규 김봉호 김홍일 안동선 이윤수 임채정 한화갑	유종수 오용운 이원범 이의익 이재창	김용갑(무) 조중연(민)
정보 (12)	김종호 (신)	김도언 서정화 서청원 신상우 장영철 정재문	권노갑 박상천 천용택	이정무 한영수	(0)
윤리 (15)	변정일 (신)	목요상 박헌기 서청원 송훈석 안상수 정형근 최연희	길승흠 김진배 박찬주 배종무	구천서 김종학	하경근(민)
여성 (20)	신낙균 (국)	권영자 김영선 김충일 박종웅 오양순 이사철 이상현 이신행 임진출 전용원	박정훈 정희경 추미애 한영애	변웅전 정우택 지대섭	김홍신(민) 이미경(민)

주: 1) 괄호 안 숫자는 정당별·상임위(위원장포함)별 위원수를, 문자는 소속 정당을 뜻함(신: 신한국당,
    국: 국민회의, 자: 자민련, 민: 민주당, 무: 무소속).
   2) 운영·윤리·여성위원회는 타 상임위 소속위원이 중복 소속.
자료: ≪조선일보≫, 1996년 7월 9일 자.

같은 조직들은 더없는 기회 공간이 된다. 보스는 이들을 관리·운영하면서 직업정치인 외의 정치적 충성도를 시험·확인하며 이용가치와 활용 기회마저 계산하게 된다. **파벌 보스들은 동문회·친목회·동호인 그룹·지역연고를 기반으로 한 각종 종친회·화수회 그리고 개인후원회와 친·인척들을 중심으로 뻗어나가는 인연의 거미줄 속에 좀 더 쓸 만한 '먹잇감'들이 걸려들길 희망한다. 반면 여기 걸려든 사람들은 보스의 더 많은 눈길과 총애가 자신에게 쏠리길 고대한다.**

<표 3-6>, <표 3-7>은 15대 국회 원 구성 후 각 정당별 상임위배정 명단과 집권여당인 신한국당의 신임 당직인선 명단을 병렬 대비해본 것이다. 국회에 대거 입성한 정치 신인들의 면면을 제외하고 보면 위의

권력배분 논리가 각 정당별·인물별로 어떻게 달리 반영되는지 살펴보는 데 쓸모 있는 잣대가 될 수 있다. 이를 통해 알 수 있는 것 역시 분명하다. 각 정당별 파벌의 중간 보스와 최고 수장에 대한 평소 충성과 처신 및 당내 역할의 무게 차이에 따라 정치적 반대급부는 차등 지급되며 상임위 배정뿐 아니라 당내 위상 결정에도 적잖은 변수가 된다.

특히 오랜 정치경력을 갖는 다선의원들과 그들에 줄을 대는 중진 소장그룹의 향배가 어떤 편차를 보이는지는 충성과 권력배분의 관계를 추론하는 중요한 준거가 된다. 299명 의원 전체의 개인별 충성도와 각 정당별·계파별·중간 보스별 정치역량 혹은 수장들의 순간적 의지까지 객관적으로 확인할 수 없는 한, 권력변동의 의미나 직업정치세계의 메커니즘 전모를 알 재간은 물론 없을 것이다.

하지만 해방 후 현대 파벌정치의 맥락과 수장들의 정치행태 등을 감안하면 15대 국회의 정당별 권력배분과 집권여당의 파벌관리 그리고 그 밑에 숨어 있는 정치적 계산내역들을 포착할 수 있다. 15대 국회의 정당별 상임위 배치는 결국 15대 대선의 전초전을 치르려는 전략적 판단 아래 중진들과 계파의 중간 보스 중심으로 이루어진 흔적이 역력하고 여느 때보다 결전 의지를 단호히 다졌음이 분명하다. 머잖아 김영삼이 사라질 것이라는 야권의 판단과 이를 놓칠세라 서로의 승세를 잃지 않으려는 야당 간의 치열한 견제 그리고 이들을 만만치 않게 바라보며 수성(守城)의 고삐를 늦출 수 없었던 여권의 길항은 당대 국회의 치열한 대결구도를 넉넉히 반영한다.

<표 3-7>에서 읽을 수 있듯 신한국당은 당내 차기 대통령 후보군과 중진·중견의원들 거의 전원을 국회직에 전진 배치한다. 신한국당 내 3선 이상 다선의원 56명 중 3선 의원 6명을 제외한 전원을 당직과 국회직

〈표 3-7〉 신한국당 주요 당직과 15대 국회직 현황(1996년 7월 10일 기준)

당무위원(49)		상임고문 (13)	국회직	3선 이상 중 무관(無冠)
당연직(25)	지명직(24)			
• 주요 당직자 김영삼(총재) 이홍구(대표) 정재철(전대의장) 강삼재(총장) 이상득(정책의장) 서청원(총무) 김덕룡(정무장관) 서정화(세계화추진위원장) 한승수(국책자문위원장) 이웅희(평통위원장)	최병렬 신상우 서석재 김정수 김진재 정재문 김용태 서정화 심정구 이성호 목요상 함종한 이만섭 장영철 김일윤 김종하 김태호 박희태 하순봉 양정규 김덕 임진출 권영자 양경자	민관식 김명윤 강선영 황인성 황낙주 김영정 이만섭 김윤환 권익현 이한동 이회창 최형우 박찬종	김수한(의장) 오세응(부의장) • 위원장 강재섭(법사) 황병태(재경) 박관용(통외) 이택석(내무) 김영구(국방) 이세기(문공) 백남치(건교) 김종호(정보) 변정일(윤리) 심정구(예결) 김중위(제도) 목요상(공정)	이상희 김인영 서상목 강경식 유흥수 강용식
• 시·도지부장 김중위(서울) 김운환(부산) 서훈(대구) 이강희(인천) 이환의(광주) 송천영(대전) 이해구(경기) 박우병(강원) 신경식(충북) 황명수(충남) 강현욱(전북) 정시채(전남) 김찬우(경북) 김동욱(경남) 현경대(제주)				

자료: 《조선일보》, 1996년 7월 10일 자.

에 기용해 당내 차기 대통령후보경선과 1997년 대선을 앞둔 총동원체제를 구축한 것이다. 아울러 중진·중견들의 전진배치 과정에서 당무위원들만큼은 주로 민주계 혹은 직계 인사 등 친위그룹 중심으로 쏠린다.

이는 곧 대선후보 경선 과정에서 드러날 각종 규정 개폐와 당내 최고의결기구에 대한 정치적 장악력 등을 고려한 총재의 판단이 주효했던 것으로 보인다. 또한 당내 차기 대통령후보군 중 당직을 맡지 않았던 사람들은 전원 당 상임고문에 임명해 후보군을 안정적으로 관리하는 한편 상임고문단회의를 활성화해 고문단이 당 운영에 적극 참여할 수 있는 길을 열어둔 것으로도 분석된다.

이 같은 판단과 실행은 결국 파벌관리 과정에서 권력을 장악한 수장 개인의 의지와 가치배분이 어떤 모습을 보이는지 잘 보여준다. 김영삼은 집권 종반부에 자신과 정치생애를 같이하고자 애쓰는 충성집단뿐 아니라 전략적 필요에 따라 동거·기생·편승하려 한 이들 모두에게 특유의 정치보상과 권력배분으로 생색을 낸다. 보기에 따라 그것은 평생을 걸고 자신을 도운 이들에 대한 예우이자 정치적 배반을 사전 불식하려는 또 하나의 계산된 판단 혹은 앞지르기 식 파벌관리의 좋은 예였다.

3. 이념결속

한국의 정치파벌들에게 이념은 무엇일까? 진정한 이념정당은 왜 자리 잡지 못하는 걸까? 이념이 파벌을 강하게 묶고 파벌이 계파를 초월해 국가의 당면 난제를 해결하거나 이상적인 국가목표를 설정·달성하지 못하는 한계는 어디서 비롯되는 걸까? 파벌 대다수가 민주주의의 완성을 지향한다는 평계로 자기를 정당화하면서도 끝내 당내 민주화 하나 이룩하지 못하는 원인은 어디에 있는 걸까? 해방 후 파벌들에게 보수주의란 무엇이었으며 현재의 위상은 어떤가? 파벌 다수가 극복하지 못하는 보수우익 논리는 수권정당의 면모를 유지하려는 전시적 명분일까, 아니면 진지한 정치신념의 외화(外化)일까? 재야와 진보가 표방하는 정치이념은 사회주의인가 사회민주주의인가, 아니면 보수우익정당의 그것과 별 차이가 없는 걸까? 무엇이 재야를 정치화시켰고 또 순수재야를 고집하도록 유인했는가? 그것은 이념인가, 아니면 권력획득을 위한 친(親)민중적 우회 전략인가? 진보세력 역시 극복하지 못하는 파벌화 경향과 그들이 표방하는 민주주의이념은 어떤 관계를 갖는가?

이념은 파벌을 묶고 다양한 정치세력을 규합하면서 사람들을 동원한다. 그러나 우리의 경우는 그렇지 않다. 한국정치현장에도 이념은 물론 존재한다. 보이지 않고 만질 수는 없지만 분명 이념의 냄새와 색깔은 '있다'. 그러나 파벌은 이념정당을 실현할 정치기반 조성에 실패했고 그 가능성마저 없애버린다.

한국의 정치파벌들은 유권자들에게 정치적으로 자주 용서받았다는 사실을 쉽게 잊어버린다. 파벌들의 이 같은 망각은 유권자 다수가 혁명적 반항에 길들여져 있지 않았다는 사실과 여기서 비롯된 정치적 안일에서 출발한다. 파벌은 유권자들을 전혀 두려워하지 않는다. 나아가 이들이 자신의 정치행각을 감시한다거나 크게 분노해 거대한 변혁의 정치역량을 불사할지도 모른다는 우려조차 해본 일이 없다. 파벌이 오로지 대권과 이를 향한 줄서기 작업만 반복하는 상황 속에서 이념정당의 본격 출현을 기대한다는 것은 남 얘기에 지나지 않을 따름이다. 그들의 끝없는 이합집산에서 이념 따위가 개입할 여지는 일찍이 없었다.

그러나 대부분의 파벌들은 해방 후 보수우익 울타리 안에서 자신의 이념색채를 민주주의로 꾸미는 데 성공한다. 당내 비판이나 반(反)정부적 발언이 곧 '용공'으로 치부되고 좌익은 단죄될 수밖에 없는 정치상황은 파벌들을 더 안전한 울타리 안에 숨어들도록 유인한 것이 사실이다. 이것이 오늘날 파벌들이 이념 결속을 약하게 만든 좋은 핑계다.

설령 이 같은 한계가 있었다 해도 해방 후 한국 정치파벌들에게 이념은 그 나름의 정치 자원이 된다. 분단은 남한사회에 좌파를 원천 봉쇄하고 나아가 현실 정치질서의 변화를 주장하는 목소리마저 '진보'로 몰아버린다. 좌익기피 증세는 혁신정당이 자리 잡을 가뜩이나 좁은 공간을 모두 앗아가고 정치적 비판의식이나 현존질서 타파를 주장하는 정치적 인간들을 우익의 보수주의 논리에 안주하도록 유도한다. 이러한 이념적 경직은 야당 발전이나 여권에 대한 비판세력 출현을 지연시키고 집권정당에 건전한 긴장을 도모할 가능성마저 가로막는다.

따라서 파벌은 우익 이념을 표방하는 것이 자신의 생존과 번영을 위한 전제임을 일찍부터 배운다. 이러한 처신과 탄력적 학습은 수많은 정당이 '자유'와 '민주'라는 형용어로 자기 존재이유를 편리하게 정당화하거나 기민하게 대처하도록 유도한다. 우익 민주주의를 이용해 대중 지지를 동원하자니 당 명칭도 하나같이 '자유' 아니면 '민주'를 애용하게 만든다. 한민당과 자유당, 민주당과 신민당, 민주공화당과 신한민주당, 민주정의당과 민주한국당, 평화민주당과 통일민주당, 신민주공화당과 민주자유당, 통일국민당과 한국민주당, 그리고 새천년민주당과 통합민주당에 이르기까지 해방 후 한국정당사를 주도한 정당들 대부분이 이처럼 명분으로만 '그' 명칭을 애용한다.

해방 후 한국의 주요 정당들이 표방한 이념을 과잉 단순화하자면 분단 상황 속에서 남한 민주주의를 실현하고 미래의 자유사회와 전쟁 없는 공간을 마련, 궁극적으로 남북한 통일을 향해 대중을 동원하려는 인위적 신념체계가 대부분이었을 것이다.

한국 유권자들은 수많은 정당들이 표방하는 이념적 수식어에 끝없이 유린된다. **정당들이 이 같은 이념의 목표치를 기어이 실현하고자 했다면 파벌의 이합집산과 표류만큼은 무슨 수를 써서라도 막아야 했다. 그들이 자신의 당명과 당 이념에 승복했다면 파벌이 해체되고 재합류하는 변칙의 역사만큼은 끊어야 했다. 이념이 파벌을 묶지 못하고 오히려 파벌이 새로운 변명의 이데올로기를 양산한 사실 앞에서 직업정치인들은 입이 열 개라도 말을 말아야 한다.**

적어도 정치이념을 통한 파벌결속효과는 직업정치인들에게는 사치였다. 이 점에서 정치비극의 또 다른 고리를 발견한다. 파벌이 이념의 실천이나 정책구현에는 관심이 없고 오로지 보스만 바라보며 권력지향 행태만 되풀이한 이기주의가 문제의 핵이었다. 결국 한국에서 이념은 정당을 결성하고 정치적 인간들을 규합·결속하는 형식의 힘을 발휘했지만 그것은 곧 파벌의 이합집산과 부단한 정치표류로 애초의 결속효과는 묽어질 수밖에 없었다. **당이 동원한 이념과 의식적·인간적 유대는 결국 파벌 분화와 해체로 끊어진다.**

반면 1980년대의 재야는 이념을 통한 흡인과 결속의 높은 효과를 갖는다. 그들은 특히 제도권 정당들의 보수적 정치행태에 심한 회의를 품고 새로운 대체이념으로 민중주의나 마르크스주의 혹은 사회주의나 사회민주주의를 기반으로 대항논리를 편다. 재야가 제도권보다 이념에 무게중심을 둘 수 있었던 것은 박정희의 붕괴와 전두환으로 이어지는 권력교체기의 '주어진 자유'와 밀접한 관계를 갖는다. 즉, 과거의 정치억압이 자유의 과잉공급과 결합되자마자 재야는 이제 방해받을 이유를 찾지 못한다. 새로운 정치공간 속에서 새로운 질서구축을 위해 여야와는 다른 목소리를 쏟아내기 시작한 것이다. 이들의 이념 결속과 대중적 흡인은 제도권의 이념적 소극성에 충격을 주고 그 여파는 곧 위기로 인식된다.

그러나 재야 내부의 이념과잉은 노선대립과 방법론의 갈등을 초래한다. 재야는 곧 변혁기를 맞아 서로 다른 답을 찾는다. 그 길은 다원민주주의의 수렴을 통하지도 않고 재야의 통합과 운동의 단일화도 아닌 기형적 파쟁의 모습이었다. 애써 모여든 재야는 끝내 제도권 정당의 보수성향을 깨거나 유권자 의식을 크게 변화시키지도 못한 채 평소 그들이 공격한 제도권 정당들을 닮아가는 역사의 아이러니를 반복하고 만다.

    재야가 순수 재야로 남아야 하는지, 아니면 민중정권수립을 위해 독자후보를 옹립해야 하는지 노선대립을 반복하는 가운데 정작 그들을 뭉치게 한 이념의 동질성은 서서히 사라진다. 정치현장에서 지나간 과오를 뉘우치지 않는 기형의 문화는 재야에게도 이렇듯 어김없었다.

4. 지역기반

    파벌에게 지역기반만큼 확실하고 든든한 정치 자원은 없다. 어느 한 파벌을 무작위로 선정한다고 해도 그 배후에는 그들을 옭아매는 강력한 인연과 연고의 줄이 끈끈하게 작용하고 있음을 확인할 수 있다. 그만큼 지역연고는 한국에서 탄탄한 위력을 발휘한다.

    한국정치가 지역기반에 강한 애착을 갖고 인연의 끈을 잘라내지 못하는 근본적인 이유는 유교 국가주의와 그에 따른 심리적 준봉(遵奉)의식 때문이다. 아울러 자기출생지나 뿌리에 대한 맹목적 사랑 때문이기도 하다. 그 결과 한국정치는 자기 출신지역과 고장의 인연을 배제할 수 없는 독특한 지역 권위주의를 양산하고 나아가 지역 이기주의와 지리적 공간을 중심으로 하는 새로운 파벌 탄생을 촉진한다.

    파벌들에게 지역기반은 그만큼 독특한 정치 자원이다. 무엇보다 특이한 것은 자기 출신지역 자체가 지니는 '불변성'이다. 정치자금이나 권력 혹은 이념 같은 자원들은 극히 유동적이며 보이지도 않지만 지역기반은 파벌관리자 자신이나 중간 보스 아니면 파벌 구성원 누구도 부인하거나 도망갈 수 없는 요소다.

개항 후 오늘에 이르도록 정치적 지역 연고는 뿌리 깊었다. 특히 동학운동과 광주민중항쟁에서 처절히 확인한 호남의 정치적 피해의식은 '그들'의 지역적 프라이드를 상당부분 잠식한다. 게다가 해방 후 한민당의 호남세가 사라진 다음, 역대정권의 지역 연고가 영남 중심으로 확산되는 동안 영·호남 지역감정의 골은 깊어만 간다. 그들의 지역감정뿐 아니라 이들을 제외한 타 지역 정치보상심리 역시 정치현장에서는 만만찮은 변수로 작동한다. 특히 서울·경기지역은 영·호남에 대한 상대적 우월감에 사로잡히는 경우가 많았고 강원도는 오랫동안 정치적으로 소외된 지역으로 그들 특유의 한을 지우지 못한다. 그런가 하면 충청지역은 한국정치의 지리적 중심부라는 자부심을 버리지 않고 지역 열세를 만회하고자 노력한다.

해방 후 한국의 정치파벌들은 이 같은 지역감정을 기반으로 더 복잡하게 분열·대립한다. 과거에 누렸던 지역의 가치를 더는 보장받지 못하거나 현재 향유하는 '그것이' 새로운 힘의 등장으로 이탈·전환하려는 조짐을 보일 때 파벌들은 기득권을 잃지 않고자 온갖 방법을 동원한다.

이러한 대립구도는 정치적 한을 풀고 보상 욕구를 극대화하려는 지역 구성원들의 심층심리가 잠재적으로 확산된 결과물이다. 여기서 지역 권위주의의 싹이 나고 집단 이기주의의 가지가 뻗어 이제는 돌아올 수 없는 강물처럼 동서남북 뻗어나가게 된 것이다. 다른 경우처럼 지역기반 역시 겉으로는 파벌 모두가 애써 숨기려는 변수다. 그러나 결국 노출될 수밖에 없는 지역 문제는 파벌의 최대 자원이자 최후 보루다. 이는 자기 출신 지역에 대한 지나친 애착과 체질적 이기주의를 바탕으로 한다. 유교적 가족주의에 근거하는 이 같은 이기주의는 파벌을 관리할 때 능력보다 동향(同鄕) 여부에 관심을 갖도록 재촉한다. 차라리 뒤떨어진 고향 후배들이라 한들 타 지역 출신의 유능한 인물보다 더 사랑하지 않으면 안 되게 만드는 것이다.

'지역'이라는 이름의 정치 자원은 떠나간 자기 사람을 다시 끌어 들이거나 타 지역 출신의 충성파를 미련 없이 잘라버리는 등, 흡인과 배척의 양면성마저 발휘한다. 대부분의 보스들은 믿을 수 없는 '타향(他鄉) 부하'보다 미워하는 타파의 '동향 사람'을 더 연민하며 충성을 맹세할 경우 그 낌새만으로도 정치적 동일시에 빠지기도 한다. 지역변수가 파벌을 관리하는 가장 믿을 만한 자원이라는 얘기다.

배신을 두려워하는 보스들에게 정치적 믿음은 이처럼 연고를 기반으로 삼는다. 그러나 자기중심적 준봉이나 지역을 기반으로 한 맹목적 신봉은 동시에 치명적 단점을 지니기도 한다. 경쟁하는 파벌에서 이러한 심리적 취약성을 역이용할 수도 있기 때문이다. 지역기반을 매개로 사이비 충성파가 늘어날 수 있고 정치적 기밀이나 개인적 약점을 빼내기 위해 덫을 파는 일도 가능하기 때문이다.

지역의 정치 자원을 구성하는 요소들은 매우 다양하다. 지역 연고권은 주로 일정지역 내 '학연·지연·혈연' 세 가지를 가로축으로 삼고 '선·후배 / 항렬 / 남도(南道)·북도(北道)' 등의 세로축이 교차하면서 거대한 인연의 그물망을 형성한다. 인연의 네트워크는 인간적 유대와 이해관계의 보호 사슬을 아울러 엮는다. 일단 그물 안에 들어간 고기는 여간해서 빠져나오기 어렵고 밖에서 이를 공격하려 해도 결코 뜯기지 않는 튼튼한 구조물임을 알 수 있게 된다.

대표적인 지역기반으로 알려진 영·호남은 이 같은 그물망과 이해의 보호 사슬을 짜왔고 이들을 중심으로 영욕의 세월을 보내며 대결과 한으로 얼룩진 역사를 기록한다. 이러한 지역 대결사(對決史)를 설명할 때 'TK그룹'은 대표 사례로 종종 거론된다.

TK그룹은 뿌리가 매우 깊고 넓다. 이들의 '세'는 박정희 국가재건최고회의 의장시절로까지 올라간다. 1961년 군부 내 속칭, '알래스카파(함경도파)'와 손잡고 쿠데타에 성공한 박정희는 얼마 후 이들을 제거하고 장기집권의 길을 연다. 그들이 물러간 군부의 공백은 박정희 출신지역인 경북인맥에 의해 서서히 채워진다. 그중에도 중핵을 이룬 대구고보(大邱高普)와 후신인 경북고등학교 출신들을 '경북(고)마피아(MAFIA)'라고 부르기 시작한다. 출신학교가 바로 인맥을 상징·형성하는 토대가 된 셈이다.

당시에도 KS 같은 이니셜이 없었던 것은 아니지만 이는 개인 학력이나 자질을 가리는 기준이었을 뿐 인맥 자체를 지칭하지는 않았다. 경북인맥은 유신체제 아래 김종필 등 반대파를 몰아내고 명실상부한 파워엘리트의 중추로 성장한다. 그들은 군사문화의 고조기와 때맞춰 점차 권력의 울타리 너머까지 진입한다. 5공에서는 '군·검(檢)·경(警)'은 물론 각계각층을 망라해 인연의 거미줄을 펼침으로써 방대한 인물군으로 커간다.

발맞춰 경북 마피아(MAFIA)도 TK사단으로 확대·재편된다. 대구·경북의 영문 이니셜을 따 포괄적인 뜻을 담게 된 것이다. 학연에다 지연까지 보탠 셈이다. 그러다 보니 출신 고등학교나 영향력 위에 혈통과 가계(家系)까지 접합해 ABC 세 등급으로 세분되기도 한다. 하지만 이들은 6공 출범과 함께 큰 변화를 겪는다. 5공 말 전두환의 친·인척 비리로 강력한 비판여론의 표적이 되었을 뿐 아니라 상당한 위기의식을 느꼈기 때문이다.

그러나 **인연과 연민의 끈질긴 정(情)은 좀체 사라지기 어려웠다.** 민정당 2기 집권을 맞아 TK세력은 다시 기지개를 켠다. 민자당 결성 이후 박철언의 월계수회를 중심으로 한 개인 사조직의 활성화는 TK세력의 지속적인 무리 짓기와 비공식적 정치활동의 일환으로 해석할 수 있다.

'지역'은 결코 여권의 향유 대상만이 아니다. 여권보다 강한 파벌분화 경향을 갖는 야권도 연고권을 중심으로 세의 확장을 꾀하긴 마찬가지다. 특히 '박정희-전두환-노태우'로 이어지는 3인의 대통령이 한결같이 TK에서 배출되었다는 사실은 호남의 김대중과 그를 평생 추종하는 세력들에게는 부담요인일 수밖에 없었다. 따라서 이들은 호남세력 역시 그들 못지않다는 사실을 과시하기 위해 노력한다.

그 과정에서 호남 파벌은 정국의 헤게모니를 장악하고 수권정당의 지배주주가 될 수 있는 전략을 구사한다. 그러나 그들 역시 지역의 한계를 극복하지는 못한다. 지역을 떠나서는 아무 일도 할 수 없다는 사실을 재확인하며 오늘에 이르는 것이다. 이 같은 한계는 노무현과 김대중이 사망한 후에도 여전히 지속된다.

한국의 정치파벌이 지역기반을 배제한 채 힘을 지탱할는지는 의문이다. 이러한 의문이 계속되는 한 비극은 되풀이될 수밖에 없다. 인물중심주의와 파벌주의에 깊이 감염된 한국정치가 지역주의마저 이겨내지 못한다면 그 몸체는 다한 목숨이기 때문이다.

5. 주변 세력의 연대

파벌은 어떤 수단도 자원화하는 저력을 지닌다. 자금이 필요하다면 자금을, 권력을 원한다면 그에 걸맞은 자리를, 이념과 매력적인 노선이 아쉽다면 적절한 핑계를 동원할 줄 아는 그들은 목적을 달성하기 위해 최대한 노력한다. **권력을 장악하고 남보다 높은 고지에 설 수만 있다면 무슨 일이든 마다치 않는 열정과 패권을 향한 욕망이 파벌들을 병들게 한 지는 이미 오래다.**

파벌의 존재이유를 설명하는 데 라스웰의 '정치적 인간'만큼 정확한 개념은 없을 것이다. 그는 '사적인 동기를 은폐하고 공적 목적에 전위(轉位)시켜 공공의 이익을 위해 자기를 합리화하는 인물'로 '정치적 인간'을 규정한다(p·d·r = P: private motive·displacement onto public object·rationalizations in terms of public interest = Political Man).

이에 따른다면 파벌 구성원들의 '사적 동기'란 무엇일까? 그것은 의외로 단순하다. 보스에게는 대권에 대한 욕망이, 추종자들에게는 보스가 대권을 장악하거나 그에 준하는 권력을 장악했을 때 자신에게 돌아올 이익의 '실수령양(實受領量)'이 자리 잡는다. 양자 모두 그 기대가 현실로 나타날 때까지 끊임없는 충성과 배려의 사슬구조를 다짐하며 미래를 꿈꾼다.

파벌이 애용하는 공적 목표 역시 개인의 동기처럼 단순하다. 다만 표현양식이 다를 뿐이다. 파벌들이 표방하는 목표는 경우에 따라 정당 수준으로까지 상승하기도 하지만 기본적으로 지배 파벌이 내거는 몇 가지 의식세계를 대변하는 경우가 많다. 파벌이 내거는 공적 목표라는 것도 결국은 뒤집어진 개인적 동기에 지나지 않기 때문에 수사적이며 상징적인 의미만 지니는 셈이다.

권력교체기나 선거 정국에 나타나는 유세 역시 판에 박힌 문구로 속내를 드러낸다. 같은 내용이라도 표현을 자주 바꾸는 파벌의 공식 목표는 겉으로 다양한 의미를 반영한다. 예를 들어 자유민주주의 완성이나 자주적 평화통일을 표방하는 경우도 있고 정의사회구현이나 안정 속의 개혁, 세계화·국제화 실현 등의 슬로건을 내걸 때도 있다. 하지만 **그것은 아무래도 좋다. 중요한 것은 대세의 장악과 현실적으로 이를 보장하는 유리한 환경이다. 만일 이를 뛰어넘는 또 다른 목적가치가 있다면 파벌의 정치 자원은 내용과 형식에서 크게 달라져야 할 것이다.** 자원의 정치적 샘물을 파 자기도 살고 보스도 살리는 방법을 찾는 이기의 전략전술은 그래서 광범위하게 펼쳐진다.

그 가운데 주목해야 할 또 다른 자원은 정치권 안팎의 이용 가능한 주변 세력들이다. 파벌들은 저마다 가장 가까운 주변 세력들로부터 멀리 떨어진 (심지어 외국에 거주한다 해도) 세력에 이르기까지 유리한 힘의 소재를 파악해 자신의 예상실익과 정치적 이용대상으로서의 가치를 계산한다. 그 과정에서 정치권을 넘어 재계·관계·언론계·군부·학계·문화계·종교계·외국인 세력까지 폭넓게 포섭한다. 파벌 보스는 이때 중간 보스나 휘하 구성원들이 수집·보고하는 각종 경로를 통해 자신의 이용 대상을 고르고 이들을 연계시키거나 직접 줄을 댈 힘의 연대를 꾀한다.

파벌이 재계에 줄을 대려는 경우는 대부분 정치자금의 지속적 지원 요청에 뜻을 둔다. 자본을 향해 권력이 힘을 확산하려는 뜻은 너무나 당연하며 자본주의 국가에서 양자의 유착 역시 피할 수 없는 것이 현실이다. 특히 권력이 자본을 짝사랑하고 자본 또한 권력과 동거하지 않을 수 없는 현실은 서로의 보호본능을 가치의 중심으로 삼는 데서 비롯된다.

언론에 대한 파벌의 접근도 또 다른 관심대상이다. 신문·방송매체들은 파벌의 이미지 관리를 위해 매우 중요하다. 따라서 그들은 언론에 각별히 신경을 쓴다. 때로 투정을 부리거나 싸우기도 하지만 파벌은 언론매체가 자기를 있는 그대로의 모습보다 더 과장하거나 미화해주길 바란다. 언론은 파벌의 이 같은 속성을 잘 간파하기 때문에 액면 그대로 요구를 받아들이지 않는다.

경우에 따라서는 권력의 접근을 방임하거나 비판 강도를 조절하면서 정치권 반응을 예의 주시할 때도 있다. 이 역시 접근과 수락 현장을 잡기는 어렵고 대가의 지불방법 역시 일정치 않다. 하지만 정권교체기마다, 선거 실시 후 권력재편기마다 언론계 출신에 대한 권력배분이 반복된 것 또한 이 땅의 풍토다. 파벌이 언론 플레이에 약하거나 언론이 권력의 요구에 끝내 고(高)자세일 때 양자의 공멸 가능성이 높아졌던 것은 그래서 이제까지의 관례다.

군부와 파벌의 연대도 독특하다. 박정희 정권을 포함한 3대의 정치 재(再)군부화는 민·군의 기형적 융합을 재촉한다. '민'이 '군'을 미워하거나 '군'이 '민'을 경계해야 할 이유는 사실 없다. 하지만 1960년대 이후 민·군, 특히 민간 직업정치인들과 민간인 옷을 입은 군인들 사이의 지속적인 갈등과 대립은 불가피했다. 여야 파벌들은 '민간인 옷을 입은 군인'들을 마주하기 싫어도 만나야 할 인물로 보게 되었고 전역 군인들 역시 민간 정치인들과 어깨를 맞대야 했다.

30여 년 이상 사회 각 부문의 기득권을 장악한 군부의 축적가치를 여야 민간 파벌이 정공법으로 격파해나간다는 것은 거의 불가능했다. 빼앗으려는 자들과 빼앗기지 않으려는 자들 사이의 치열한 싸움은 결국 모두에게 득보다 실(失)이 많음을 일깨워준다. 양자는 모두 권력 추구와 수호에서 팽팽한 힘의 균형과 공통의 원초적 본능으로 철통같이 무장되어 있었기 때문이다.

여야 각 파벌의 군부접근 전략은 일정치 않았다. 그러나 이들 대부분은 여권 최고실력자에 대한 연고와 '인사·재정·행정' 부문의 이해관계를 해결하기 위해 정치적으로 접근한다. 자신들의 제한된 면식범위를 넘어 새로운 인연을 맺거나 정치적 중간자 역할을 기대하면서 군부와 연대 의사를 실천에 옮기는 것이었다.

그 밖에도 파벌 보스들이 '종교인·예술인·외국인'들을 의식하거나 기어이 접근하는 경우는 대개 자신의 이미지를 높이려 들 때 사용하는 자원관리법이다. 즉 파벌 보스는 대규모 종교집회나 문화예술행사 그리고 외국인들과의 국제교류를 통해 자신의 모든 것을 과시할 절호의 기회로 삼는다. **만나서 해로운 사람이 아니라면 보스는 누구와도 만나려 드는 습성이 있다.** 제3의 인물과의 새로운 인연 만들기에서도 이 점은 잘 드러난다. 파벌 보스가 만나길 희망할 때 그에 응하는 사람에게도 만남으로 인한 유·무형의 부가가치는 뒤따르게 마련이다.

그러나 주변 세력이 반드시 정치권 외곽에만 존재하는 것은 아니다. 세력의 원천은 의외로 가까이 그리고 예상외로 쉽게 동원되는 경우가 허다하다. 그들은 이제는 날 수 없게 되어 부러진 날개를 쓰다듬고 있는 과거의 독수리들일 수도 있고 이빨 빠진 사자들일 수도 있다. 그리고 또다시 기회만 보장된다면 중원천하(中原天下)를 주름잡던 제갈공명의 꾀와 조조의 지략(智略)을 발휘한다고 자부하는 '꽁지 빠진 닭들'일 수도 있다. 파벌 보스는 이들 역시 범상치 않게 주시한다. 용인과 지모의 동원에서 과거 행적이나 지나간 실수는 그다지 큰 걸림돌이 되지 않기 때문이다.

3공 이후 정치인들의 수많은 변신은 은인자중하던 구파벌이 또다시 득세하거나 정치화함을 잘 보여준다. 누가 언제 어디서 어디로 변신했

〈표 3-8〉 민주공화당의 주변 정치세력 유인

자유당 → 공화당	윤치영 박현숙 천병규 김정렬 김용구 이교선 김익준 김훈 전예용 (이상 공화당 창당 발기인 중 구자유당계)
	윤치영 박현숙 김성곤 김진만 구태회 안동준 김병순 최치환 최석림 김장섭 김정근 인태식 정헌조 이동녕 황호현 현오봉 (이상 16명: 제6대 국회의원 중 구 자유당계 공화당 당선자)
야당 → 공화당 ↓	곽상훈 엄민영 백남억 박준규 민관식 김재순 이원만 김준태 오상직 서정귀 박찬현 김영선 태완선 최희송 김성용 김옥형 강문봉 신상초 조흥래 김용성 함종빈 성낙현
구 민주당 민국당 구 신민당 자민당 민정당 국민의 당 민중당 신한당 통일당 구 민한당 혁신계 제당	

는지 과거 파벌들의 이합집산은 <표 3-8>이 잘 보여준다. 공화당으로 흘러간 자유당 인사들과 5·16 이전 야당에서 공화당으로 유입된 인사 그리고 10·26 이후 정치활동이 규제된 인물을 민정당 창당에 즈음해 5공의 신파벌이 어떻게 흡수했는지 이 표에 잘 나타난다.

창당 당시 공화당은 당 기구 이원화 등 조직과 운영의 근대화를 기약하면서 출범한다. 김종필을 비롯한 창당 멤버들은 한국 정당이 인맥 중심으로 구성된 전 근대적 붕당조직이었다고 규정하면서 공화당은 이상적 정당형태를 갖출 것이라고 다짐한다.

그러나 1963년 10월 민정참여를 위한 5대 대선에서 공화당을 등에 업고 나선 박정희가 고전 끝에 근소한 표차로 이기자 김종필을 비롯한 참모진들은 이상만으로 현실정치를 헤쳐 나갈 수 없음을 터득한다. 그 결과 추진한 것이 바로 (그들이 한때 매도했던) 때 묻은 정치인들의 영입이다. **구 정치세력의 입당문제를 두고 공화당은 '이상 6 : 현실 4'의 어쩔 수 없는 타협이라고 표현한다.** 자신들이 흡본 대상들을 끌어들이지 않으면 안 되었던 역사의 아이러니. 자신들도 그들을 닮아갈 수밖에 없었던 한국현대사의 정치적 악순환.

주변 세력의 영입에 의존한 순환의 역사는 박정희가 사라진 후에도 반복된다. 1980년 11월 3일 입법회의에서 '정치풍토쇄신법'이 통과되고 11월 7일 발족한 정치쇄신위원회가 정치활동 부적격자로 발표한 정치인은 모두 835명이다. 쇄신위는 11월 19일까지 재심청구를 받고 11월 25일 규제자 835명 가운데 32%인 268명을 정치활동 적격자로 판정, 이날부터 정치활동의 재개를 허용한다. 규제가 해제된 이들은 세 부류로 나뉜다. 재심 과정에서 당시 다당제 구도의 정국개편에 응한 사람들과 민정당에 필요한 사람, 규제를 풀어줘도 정치활동을 포기할 사람 등이 그것이었다.

10대 의원의 경우 전체 210명 중 48.09%인 101명이 풀려난다. 인적 구성으로 보면 공화당 25명(전체 68명), 유정회 57명(74명), 신민당 17명(60명) 등으로 체제순응형적인 공화당·유정회 출신이 대거 회생한다. 반면 야당인사들은 무더기 철퇴를 맞는다. 아예 정치규제에서 제외된 10대 의원들은 '정래혁·남재희·박명근·장승태·정석모·임영득(공화), 오세응·유한열·한영수·고재청·채문식(신민)', '김윤환·신상초·이종률·한기춘(유정)', 신현확(전 총리), 민관식(남북조절위원장대리), 천명기(보사부장관), 이승윤(재무부장관), 최경록(주일대사) 등 20여 명이었다. 이들은 새 체제에 어떤 형태로든 참여가 허락된 인사들이자 대부분 입법의원으로 5공 체제구축에 협조한 사람들이다.

당시 정치활동규제가 해제된 10대 의원들을 소속정당별로 분류하면 <표 3-9>와 같다. 정치 재입문 의지가 분명했던 공화·유정회 출신들은 한결같이 신(新)여당인 민정당 입당을 고집한다. 심지어 공천을 보장하면서 훗날 국민당이 된 친여(親與)야당으로 갈 것을 종용했지만 상당수 인사들은 정치포기의사를 밝히면서까지 집권당 입당을 위해 버틴다. 민

〈표 3-9〉 민주정의당의 주변 정치세력 유인

공화당	강병규 김상석 김용호 김재홍 김종철 노인환 박정수 변정일 손승덕 양찬우 유경현 윤일로 이도선 이만섭 이종근 이준섭 이태섭 이호종 정동성 정휘동 정희섭 최영철 하대돈 한갑수 홍성우(이상 25명)
유정회	갈봉근 고귀남 고재필 김봉기 김영선 김영수 김영자 김옥렬 김용호 김유복 김종하 남재희 박동묘 박준규 박현서 박형규 백영훈 변우량 선우련 송방용 신광순 신동순 신상철 신철균 심웅택 안갑준 윤식 윤여훈 윤인식 이명춘 이상익 이성근 이양우 이영근 이자헌 이정식 이종식 이해원 이호동 장기선 장지민 전부일 전정구 정병학 정일영 정희채 조병규 조상호 조일제 조홍래 천병규 최대현 최우근 한옥신 한태연 함명수 현기순(이상 57명)
신민당	김승목 김원기 김은하 김종기 김준섭 김종규 박권흠 신상우 오흥석 유용근 유치송 이진연 임종기 조규창 조종연 한병채 허경만(이상 17명)
무소속	박찬종 임호(이상 2명)

정당 창당주도세력은 구정치세력의 흡수 과정에서 오히려 그 대상들의 적극적인 동참의지를 확인한다. 나아가 야당 관제화 작업 역시 의도대로 추진한다. 이로써 그들이 구상한 소기의 목적, 즉 주변 정치세력의 연대와 야합에 성공한다. 신(新)파벌들이 만든 야당이 여당의 우당(友黨)으로 변신한 것이다.

권력교체기에 파벌 이동이 격심해지는 현상은 세기말까지 그대로 존치된다. 아니, 세기가 바뀐다 한들 얘기가 달라지길 기대하기는 힘들었다. 파벌 수장이 다른 인물을 끌어오거나 타 파벌 구성원이 입지를 바꾸기 위해 수장을 바꾸려 드는 세력이동현상은 15대 대선 때도 치열했다.

경쟁 파벌들 사이에서조차 필요하면 합종연횡하고 의도적으로 이합집산하는 문화는 어김없이 이어진다. 이때 서로 연대할 대상이 직업정치인인지 아닌지는 파벌 보스에게 그렇게 중요한 변수가 아니었다. 연대 세력이 오히려 정치적 동업자일 경우 효과가 더 크다는 계산은 김영삼 퇴임 이후 양김의 전략적 동거를 부추기기에 충분했다. 김대중과 김

〈표 3-10〉 신한국당 15대 초·재선의원 계보별 분포(1997년 3월 기준)

계보	명단
이회창	황우여 박성범 백승홍 안상수 임진출 정형근 ……
박찬종	차수명 서훈 ……
이한동	정영훈 전용원 이재창 박종우 이국헌 이용삼 임인배 ……
김덕룡	박종웅 박명환 맹형규 이신범 이원복 조웅규 오양순 ……
김윤환	나오연 윤원중 박시균 박세환 이상배 주진우 김명섭 (21세기 정책연구원 이사진) ……
최형우	노승우 남평우 이재오 황학수 정의화 김기재 ……
민주계 YS 직계	김형오 황병태 손학규 김호일 황성균 권철현 김기춘 김길환 김무성 홍인길 김철 노기태 윤한도 이경재 한이헌 이강두 허대범 ……
기타	이명박 김영일 이강희 박주천 조진형 박범진 이재명 한승수 김영진 김기수 박헌기 박세직 이응선 이규택 최욱철 김영준 유종수 강성재 강현욱 권영자 김광원 김덕 김도언 김문수 김석원 김영선 김재천 김충일 김학원 서한샘 송훈석 신영균 유용태 이사철 이상현 이신행 이완구 이우재 이윤성 전석홍 최연희 홍문종 홍준표 황규선 김용갑 원유철

자료: ≪조선일보≫, 1997년 3월 20일 자.

종필의 야권 연대나 야권후보 단일화는 그래서 설득력을 더한다. 정치권이 정치권을 끌어들이거나 밀어내려는 계산은 그 자체로 중요한 자원이 된다.

누구보다 한보 그룹의 정태수가 수서사건 이후 부정대출비리로 재구속되자 정치권은 크게 동요한다. 거기다 김영삼의 아들 김현철의 한보비리 청문회 소환과 구속, 그리고 15대 대선을 앞둔 정치권의 도덕성 시비와 국민적 개탄은 절망적이었다. 김영삼의 통치력 상실과 민주계의 정치파탄, 그리고 그대로 물러날 수만은 없다는 여권 핵심부의 자기중심적 비장함은 파벌 수장들을 대선을 앞둔 합리적 선택의 장으로 몰고 나간다.

이홍구 대표체제 이후 김영삼이 이회창을 수장으로 선택하자 1997년

3월 여권 지도부는 당내 소장파에 눈길을 주기 시작한다. 당시 소장파는 초선의원 66명과 재선의원 34명 등 전체 당 소속 의원(157명) 3분의 2에 육박했기 때문이다. 숫자도 많았지만 이들 중 상당수는 계보색이 옅었고 특히 수도권에 몰려 있어 대선 예비후보들은 이들을 끌어들여야만 이긴다는 판단 아래 각개격파를 시도한다.

대선전이 가열되기도 전, 의원 40여 명이 벌써 각 후보 캠프에 몸담고 있었음은 대권과 파벌의 관계가 얼마나 극명한지를 잘 반영한다. <표 3-10>은 당시 신한국당 초·재선의원들의 대권 후보별 계파분포를 잘 집약한다. 분명한 선을 잡지 않았거나 줄을 대지 못한 의원들은 서너 갈래 대안을 두고 관망했다.

김영삼의 결정에 따르겠다는 흐름과 대세론자 아니면 이회창 진영으로 기우는 그룹 분화가 바로 그것이다. 그들은 주로 이회창 대표와 고등학교·대학 동문이거나 법조출신 인맥으로 구성되었고, 반면 부산·경남 출신을 중심으로 한 김영삼 직계나 민주계 소장파들은 민주계 재결집에 무게중심을 둔다.

그러나 두 달도 채 지나지 않아 민주계 중추는 극단적으로 동요한다. 최형우의 뇌졸중 입원, 홍인길·황병태 의원 한보 뇌물수수 구속, 한이헌 청문회 소환, '김덕룡·문정수·김윤환·김수한' 등 정태수 리스트 '거명·소환' 및 일부 의원 불구속 기소 등 당 중추의 도덕적 궤멸과 의도치 않은 사건들이 일으킨 충격파 때문이다. 그 가운데 1997년 5월 17일 단행된 김현철 구속은 민주계의 정수리를 때린 최고 충격파다.

이들 사태에 즈음해 민주계 중진들은 필사의 몸부림을 거듭한다. 자파 세력을 보호하고 대통령을 중심으로 뭉쳐야 한다든지 그의 과거 헤게모니를 연상하며 의연해야 한다는 등 민주계는 처절했다. 그것은 마치 본능으로 무장한 동물의 후각과 먹이를 놓칠 수 없다는 처연한 인간의 절규를 합친 정치적 절박함 그 자체였다. 이는 일정 파벌이 주변 세력과 연대를 불사하면서 자신을 지키려들던 기왕의 관례를 깬 기형의 사례였다. 순수와 차별을 바탕으로 한 파벌의 가지치기? 의심스러운 연대보다 확실한 세력을 여과하려는 당 중추의 구조조정?

김동영을 잃고 최형우가 쓰러진 다음, 김영삼이 입은 온갖 상처를 보듬으며 기를 쓰고 민주계 중추를 재건·단속하려 한 계파 좌장 서석재. 그는 대통령 출마를 기정화하면서 끝내 단독 행보에 나선 김덕룡을 버린다. '김'을 자파 정치 캡슐 내부에서 밀어낸 것은 내적 부담의 최소화 내지 완전배제를 의식한 제스처였다. 그것은 김덕룡 정도로는 승산이 없다는 판단과 함께 '민주계'가 고작 그 하나만 옹립하기 위해 존재하는 계파가 아니라는 사실을 천하에 알린 적극적 수순이었다.

같은 해 5월 7일, 신한국당 민주계는 끝내 계파통합모임인 '정발협(政發協, 정치발전협의회)'을 출범시킨다. 집권세력인 민주계가 중앙 당사를 놔두고 바로 옆에 또 하나의 사무실을 연 것이다. 이것이 용서되는 풍토. 그게 이 나라 파벌정치의 치명적 한계 가운데 하나였지만 문제될 것은 전혀 없었다. 그들의 목표는 253개 지구당 위원장 중 적어도 절반 이상을 끌어안겠다는 것이었다. 게다가 정통 민주계의 힘만으로 김영삼 정권에 가담한 범(汎)민주계를 한 울타리 안에 엮겠다며 기염을 토한다.

누가 들어오고 누가 눌러 앉았나? <표 3-11>은 정발협 발족을 전후해 범민주계 세력 분포의 부분적 변화와 재구성을 잘 말해준다. 이렇듯 민주계 중추가 세력 재편을 도모하는 동안 당내 예비후보들은 반(反)이회창 연대를 강화한다. '이홍구·김덕룡·박찬종·이한동·이인제' 등은 각개 약진을 시도, 대권 레이스의 신호탄을 앞당긴다. 물론 그들의 '반이

〈표 3-11〉 신한국당 범민주계 세력 분포(1997년 5월 기준)

소계파	현황
17인 중진모임	김수한 서석재 황낙주 신상우 김덕룡 김정수 서청원 김명윤 정재문 목요상 김운환 김찬우 김동욱 강삼재(이상 원내) 황명수 김봉조 유성환(이상 원외)
최형우 고문계	김정수 노승우 이재오 황학수 김광운 노기태
김덕룡 고문계	박명환 박종웅 이규택 맹형규 이신범 이원복 조웅규 정형근
범민주계	이명박 박성범 김학원 김충일 강성재 백남치 이신행 이우재 유용태 이상현 정의화 홍인길 김형오 박관용 김무성 한이헌 김기재 김도언 권철현 서훈 백승홍 김석원 서한샘 이윤성 이경재 이사철 김문수 손학규 원유철 안상수 김길환 황규선 한승수 유종수 최욱철 최연희 송훈석 김기수 이용삼 김영준 이완구 임인배 황병태 김호일 김재천 허대범 김기춘 윤한도 나오연 이강두 권영자 김덕 박세환 전석홍 오향순 김철 김영선

자료: ≪조선일보≫, 1997년 5월 8일 자.

회창' 연대는 이회창 개인이 미워서가 아니라 대표직과 예비후보 '겸점 (兼占)'에 관한 비민주성 비판과 예비후보 사이의 건전한 견제를 위해서 라도 불가피했다.

필요하면 연대하고 필요 없으면 돌아서는 파벌의 정치관행. 이른바 '주변 세력의 연대'는 파벌의 수장들이 잊지 말아야 할 주요 자원이자 간헐적 목표로 둔갑한다. 진정 사랑해서 사랑한 것이 아니라 괴로워도 끌어안아야 하고 역겨워도 동침해야 하는 정치적 유연함이 간절히 필요 한 곳이 이 땅이다. 한 지붕 아래 전략적 이유 하나만으로 동거하고 변절 의 쓰디쓴 대가마저 기꺼이 지불해야 한 파벌의 관행은 세기말 한국정 치현장에서 사라지지 않는다. 아니 사라질 수 없었다. 세기가 바뀌어도 변치 않을 문화의 맹렬함을 간직한다는 점에서 '세기말'은 무색했다.

6. 정치적 리더십

파벌들이 동원해야 할 궁극의 자원은 보스의 리더십이다. 앞서 말한 다섯 가지 자원들이 아무리 풍요롭다 해도 파벌의 최종 고민은 이를 어떻게 배분·관리·재동원할 것인지와 직결되기 때문이다. 동원 가능한 정치 자원을 적재적소에 공급하고 자파의 역량을 크게 키우려면 리더의 역량은 특히 중요하다. 인물의존성이 유난히 높은 파벌들에게 정치적 리더십은 마지막 관심사가 된다.

중간 보스나 지도자들은 오랜 당 생활과 정치투쟁을 통해 집단 내부에서 통용되는 심리적 관행의 틀을 마련한다. 심리적 관행이란 정당 내 일정 파벌이 당내 투쟁과 대정부 투쟁을 추진하기 위해 어떤 위계와 행동준칙이 필요한지 대체적으로 규정한 정의적(情意的) 규칙을 뜻한다. 그 대강은 명문화되어 있지 않되 개인적 정분과 지나칠 정도의 복종 심리를 바닥에 깔며 누구도 깨지 못할 불문율로 파벌을 지배한다. 몸과 머리를 맞대고 보스와 공생공사를 다짐할 만큼 비장하고 적극적인 행동이 즉시 요구되는 파벌의 규칙은 구성원들의 일방 충성과 정치적 맹종을 선호한다.

당내 민주화라는 목표는 그래서 무색해지는 경우가 허다하다. 당내 민주화는 필수지만 파벌정치풍토에서는 보스 자신부터 이를 강하게 거부하는 악습을 버리지 못한다. 당내 의사결정 과정에서 언로(言路)의 개방과 당 지도부 비판은 곱게 받아들여지지 않는다. 정당의 결성 자체가 처음부터 일정 파벌들에 의해 추진되는 관행을 감안할 때 정당의 핵심 주체를 정치적으로 공격한다는 것은 괘씸하고 무례한 일로 인식될 수밖에 없다.

보스는 이러한 관행이 말없이 지켜지기를 바란다. 자신을 비판하고 공격하는 일은 결국 해당 행위이며 소모적인 논쟁이라고 일축해버리기 일쑤다. 이 같은 일은 비단 오늘에 이르러서야 시작된 것이 아니다. 유교국가의 정치 관행은 '지배-복종'의 독특한 권력관계를 유지하면서 아랫사람의 맹목적 복종을 강요한다. 여기서 배양된 권위주의는 아무리 민주화되었다고 자부하는 오늘까지도 개인 생활이나 사회 각 부문에 걸쳐 극심한 위화감과 인간적 괴리감을 조성한다. 이 같은 관계의 일방성은 해방 후 국가건설 과정에서도 지도자의 리더십 운영상 심각한 문제를 일으킨다.

당내 민주화를 형식적으로만 허용하는 정치파벌은 내부 결속을 도모하는 데 계속 실패한다. 권위주의가 보스 자신에게 깊이 스며있거나 '위기'를 '위기'로 인식하지 못하고 다른 정치적 활로만 모색하려 했기 때문이다. **당내 민주화라는 명분은 되레 보스와 중간 보스들 사이의 끈끈한 유대와 정치적 연대의식만 강화한다.** 게다가 최하위 지방조직의 불만이나 파벌 내 반대집단까지 용인·흡수할 수 없도록 중간 보스들은 보스를 향한 온갖 역풍을 차단하기 위해 노력한다.

이러한 관행은 '의리'와 '우리 의식'을 형성한다. 하지만 이 같은 의식이 파벌 간 결속이나 동질성을 고취시키지는 못한다. 파벌이 요구하는 의리와 동일체 의식을 수용하기 어려울 경우, 그리고 보스의 지도노선과 리더십에 하자가 있다고 판단할 경우 파벌 구성원들은 미련 없이 주변 파벌로 정치적 '이사(移徙)'를 단행한다. 보스 또한 자기 파벌이 밀린다고 판단할 경우 연고의 거미줄을 부분적으로만 남기고 과감히 행동한다. 전체 구성원에게 아무 말 없이 자기가 이끌던 파벌을 부셔버리고 주변 파벌과 결합하거나 새로운 정치적 변명을 준비하는 것이다.

보스와 부하를 잇는 줄이 가늘고 약한 풍토에서 인간관계는 제도적이거나 합리적일 수 없다. **부하가 미련 없이 보스를 배반하거나 보스 또한 서슴없이 부하를 버릴 수 있는 것이 우리의 파벌정치문화다.** 아울러 보스를 버린 부하가 다시 돌아와도 너그럽게 용서하는 곳이 이 땅이다. 돈을 더 준다면, 지금보다 더 나은 자리만 보장한다면 언제든 떠날 수 있다는 생각은 정치뿐 아니라 한국의 직업윤리를 멍들게 한다. 이러한 한계는 수직적 인간관계뿐 아니라 파벌 구성원 사이의 횡적 유대도 표피적으로 만들어버린다.

파벌 구성원들에게는 한국식 유교의 관용이 허용된다. 따라서 한국파벌에서는 새끼손가락을 잘라(斷指) 오욕의 순간을 단숨에 날리려는 비장함도 없고 '할복(割腹, 배 가르기)'을 불사하는 일본식 보스의 담대함도 기대하기 힘들다. 이 점에서 일본 파벌과 한국의 파벌은 다르다(한사코 살아서 충성하고 도망가 생존하는 편이 낫다는 변명은 한국에서 얼마든지 가능하다. 보스를 향한 비판과 공격이 차단되는 땅에서 자결하는 순간, 통증을 덜어주려고 보스의 목을 내리치는 부하의 칼의 의미를 헤아리기는 극히 어렵다).

중요한 것은 살아남는 일이다. 그리고 살아서 언젠가 장악해야 할 대권을 향한 신중한 포석이다. 이를 위해 나는 누구를 곁에 두어야 하며 어디서 자금을 동원하고 어떤 이념과 구실로 대중을 사로잡아야 하는가? 충성을 맹세하며 덤벼드는 저 인간의 의중에는 대체 무엇이 들어 있으며 믿어도 좋을 그에게 나는 얼마만큼의 힘을 공급해주어야 하는가? 이용할 대상은 어디까지며 내가 살아 숨쉴 권력의 대지는 어디까지 뻗어 나갈 수 있을까? 나는 여기서 멈춰야 하는가 아니면 더 나아가야 하는가?

파벌이 기대야 할 보스의 리더십은 기본적으로 성격과 정치 감각, 역할지향과 과업 성취능력, 외모와 음성, 신체조건과 심지어 옷 입는 스타일까지 굵고 섬세한 자질 모두를 뜻한다. 또한 자신을 단속하며 파벌 전체의 이익과 정치적 향배를 진지하게 고려하는 의식과 판단의 구심체여야 한다. 그리하여 여러 자원들을 복합적으로 관리·배분하고 다시 동원함으로써 파벌을 생생하게 이끄는 에너지의 최종 공급원이 되어야만 한다.

  그러나 보스의 리더십 발휘 과정에서 최대한 억제해야 할 대목은 자신의 원초적 본능이다. 본능과의 투쟁이 파벌관리에 결정적 영향을 미칠 수 있다는 점에서 무리 없이 통제·조절되어야 한다. 14대 대선 후보로 나선 '김영삼·김대중·정주영'의 스타일이 서로 어떻게 다른지 분석한 다음 글은 이 대목에서 흥미롭다.

  김영삼은 자신에게 꼭 필요한 사람이다 싶으면 앞뒤 보지 않고 자신의 수하로 끌어 들인다. 그를 가리켜 '대하기 편한 사람'이라는 평을 많이 한다. 그 이름 석 자에 괜히 주눅이 들어 그의 앞에 갔다가도 실상 별 것 아닌 말솜씨 등을 접하면 은근히 자신감이 생기고 긴장이 풀린다는 것이다. 그는 상대방을 이렇게 풀어주고 상대의 이야기를 많이 듣는 대화법을 즐겨 쓴다. 어눌한 그 앞에서 상대방은 고기가 물 만난 듯 보따리를 많이 풀어놓게 마련이고 그러노라면 자신이 그를 위해 뭔가 많이 할 수 있겠다는 생각을 갖게 된다. 반면 그는 자신에 대한 도전은 용납치 않는 무서운 면모를 보여왔다. 그는 '이사람 안 되겠다' 싶으면 집요하게 물고 늘어져 파괴해버리는 습성을 지닌다. 보기 드문 카리스마를 지닌 김대중은 무엇보다 논리를 앞세워 상대방을 설득하기를 좋아한다. 따라서 그 앞에 가는 사람들은 언제나 무엇을 말해야 할까 꼼꼼히 준비해야 할 필요를 느끼게 되고 그의 앞에서 말을 많이 하려 들지 않는다. 그의 준비된 논리가 좌중을 압도하는 경우가 태반이기 때문이다. 그는 자신의 입지에 흠이 가게 하는 행동을 보이는 주변 인물에 대해 직격탄을 날리기보다는 우회적 방법에 의한 제거라는 방법을 택한다. 그는 자신의 계보를 단선적으로 운영하지 않고 복수로 병존시킴으로써 각 집단 사이의 경쟁을 유발해 소기의 효과를 거둔다. 그 특유의 자로 잰 듯한 발언이나 태도들이 이 과정에서 큰 몫을 해낼 수밖에 없는데 정교한 계산이 지나쳐 일부의 반발을 불러일으키기도 했다. 정주영은 소수정예주의를 택해왔다. 자신의 눈에 들어 중요한 자리에 앉힌 사람에게 막강한 힘을 주어 그가 소신 있게 일을 밀어 붙일 수 있는 여건을 조성해준다. 그는 한 번 자신의 눈 밖에 났다 하면 가차 없이 밀어내 버린다. 모든 것이 자기중심으로 돌아가야 직성이 풀리는 그 앞에서 '백화제방'은 있을 수 없다.["대통령 후보들의 모든 것(3): 용인술과 조직관리," ≪한겨레≫, 1992년 8월 12일 자].

이제까지 살펴본 파벌의 자원들 모두는 각기 따로 동원될 수 있다는 점에서 독자적이다. 그러나 이들 자원은 파벌의 유지와 확장을 위해 보스나 구성원 모두가 긴밀하게 필요로 하는 가치들이기도 하다. 보스는 이 여섯 가지 기본 자원을 '동원-공급-재동원'해나가는 과정에서 유연하고도 순발력 있는 리더십을 통해 자신이 잡고 있는 그물을 때로 잡아당기거나 때로 널리 펼쳐 풍랑과 파도에 대처해야 한다. 위기와 평화의 교차 속에서 주변 파벌을 공략할 때 끝까지 자기 위상을 잃지 않고 풋대를 움켜잡음으로써 자기 배에 탄 선원들과 승객들을 죽이지 않고 배에서 내려서까지 자신이 바라던 바를 성취할 수 있도록 선장은 빵과 고기, 소금과 신선한 공기, 그리고 편안한 잠자리마저 보장할 수 있어야 한다.

4
한국 야권파벌의 약진과 정치권력의 순환

1. 야당의 여당화와 여당의 야당화 1: 김대중 정권의 파벌정치

김대중의 대권 장악은 한 인간의 정치적 승리로만 치부할 일이 아니다. 작게는 평생 적수(敵手) 김영삼의 대권을 잇는 숙원의 해결로 인식할 일일 것이다. 하지만 크게 보면 그것은 호남 파벌의 일대 약진과 설욕의 정치적 기회가 밀물처럼 몰려온 대사건이다. 압박과 설움에서 벗어날 통쾌한 호재(好材)는 그러나 만만한 정치 자원이 아니었다. 몸에 익숙하기만 했던 야권의 외투를 집어던지고 이제 드디어 문제해결의 단호한 주역이자 보란 듯 군림해야 할 새로운 여권 수장으로 그의 정치적 전진은 도드라진다. 집권의 감격과 실적 창출의 강박도 여느 때보다 강했다.

누구보다 합리적 변신과 모범적 준거로 일관해야 했던 김대중의 존재감은 우선 김영삼에게 물려받은 구제금융기 한국의 위기와 정면 대응해야 할 부담으로 가려진다. 그것은 정치적 철갑의 무게감과 동시에 이를 결코 피할 수 없다는 새로운 상황의 압박으로 구체화된다. 돌파해야 할 국가의 여건은 일상의 정치적 공방을 일삼던 과거와는 다른 틀을 요구하고 있었기 때문이다.

그것은 '비판'과 '공격'을 엄격히 구분해야 할 정치적 식견뿐 아니라 모처럼의 수권을 단행한 구야권의 탈태와 변신을 자극한다. 하물며 '물고 늘어지는' 과거의 정치체질을 가시적 성과물의 창조와 능률적 재생산으로 바꿔야 할 일이기도 했다. 아니, 김영삼 정권의 치욕적인 유증을 마치 선물처럼 어루만져야 했던 과업의 혹독함이란 곧 '경제의 정치적 통제(the Political Control of Economy)'였다. 그것은 곧 자본의 피폐를 권력과 지모로 돌파해야 할 새로운 관리체제의 등장이었다.

심지어 경제위기를 극복할 황금의 열쇠만 마련된다면 주변의 과오와 한계쯤은 지나치고도 남을 만큼 재정적자를 둘러싼 국가의 스트레스는 넘쳐나고 있었다. 바로 그 때문에라도 과거의 정치적 악습과 체질적 모순은 용서될 지경이었다. 당면한 큰 과제에 밀려 애초의 흠결 따위는 보이지도 않을 만큼 15대 대선 직후 한국사회는 흔들리고 있었다. 파벌의 이동과 표류가 또다시 반복되려 하건만 이를 제지할 의지도 기운도 엿보이지 않음은 대체 무엇을 의미했던 걸까.

그것이 정치적으로 책임지어야 할 사건이라거나 사법적 판단을 요구할 만큼 예민한 대상이었다면 논란의 여지는 적잖았을 것이다. 그러나 적어도 정치윤리의 지탱을 생명처럼 여겨야 할 소속 정당의 현주소가 덧없는 화젯거리로 전락하는 정치현실은 다시 암울하기만 했다. 혹여 그것이 최고 권력자의 의중이었다거나 모종의 정치적 암시에 따른 결과였다면 그것은 오늘 모두에게 무엇으로 다가가는 걸까.

그것이 김대중의 정치공학이나 주변 파벌 수장들의 의도적 결과였다는 근거는 어디에도 없다. 있다 하더라도 이를 확증할 정치변수들과 파벌이동을 무릅쓴 당사자들의 진솔한 고백을 기대하는 것은 무망할 것이다. 도리어 유권자들은 직업정치인들의 일탈이 운명이자 체질인 양 받아들이고 있었다.

하필이면 정권 초기에, 그것도 평생 동안 민주와 자유 아니면 평등과 인권을 입버릇처럼 부르짖던 인물이 권력의 정상에 자리한 마당에 스무 명도 넘는 의원들이 이권과 '자기안일'만 바라보며 기꺼이 당적을 버리는 일이 발생한 것이다. 기왕이면 집권여당에 몸담고 싶은 욕망은 졸지에 야당이 되어버린 한나라당에서 국민회의로 당적 이동을 재촉하는가 하면 장관과 상임위원장을 보장하거나 심지어 개인비리수사 무마를 대가로 당 소속을 하루아침에 바꾸는 촌극마저 불사한다. 게다가 몸값 흥정까지 마다않는 정치적 비행(卑行)경로는 일상의 상상을 벗어나고 있었다.

모두가 정치개혁에 동참한다는 미명 아래 말로는 자신의 정치적 입지를 수식·강화하고 있었지만 속내는 한결같이 돈과 자리로 채워지고 있었다. 그것이 정치의 본질이 아니라고 둘러대는 일도 더는 힘겨웠다. 그 결과 15대 국회는 정당별 의석 분포뿐 아니라 지배구조에도 적잖은 변화를 겪는다. 앞서 밝혔듯 그것은 '여소야대-여대야소'를 둘러싼 저 오랜 시소(seesaw)의 지속과 그에 따른 정치보복 아니면 반사이익의 지탱으로 점철된다.

권력은 순환하고 엘리트는 교체되는 것이 정치질서운행의 자연스런 법칙이라 하더라도 여야 의석수를 둘러싼 원내 역학구도 변화는 희화적이었다. 부침을 거듭하는 현상의 반복도 꼭 조작된 '운명' 같았고 그에 따라 희비 엇갈리는 권력의 속내 또한 영락없는 신의 장난처럼 얄궂기만 했다. 약속이나 한 듯, 여야 의석은 정권의 변화에 따라 향배를 달리 했고 정치적 이해관계의 유·불리에 따라 과반이라는 마(魔)의 '널'을 넘 나들었다.

김영삼 정권 출범이 모처럼의 재문민화로 관심을 모았다면 야권의 정권 접수가 여소야대로 출발하는 이치는 더더욱 난처한 노릇이었다. 그렇다고 쉽사리 불러낼 의회 권력도 아니요, 정치공학이 능사(能事)라 한들 판에 짜 맞춘 듯 힘의 안배를 임의롭게 조율할 수도 없는 일이었을 터다. 그럼에도 자발적 선택을 빙자한 '정치적 인간'들의 행보 변화는 의회를 자유롭게 통제하고픈 권부의 의지와 기이하게 맞아떨어지고 있었다. 알아서 기어들기?

<표 4-1>과 <표 4-2>는 이 같은 상황 변화를 주도한 인물들과 기민한 행보 변화에 따른 권력구도의 '덧없음'을 잘 대변한다. 하지만 모두가 한결같은 까닭으로 자신의 행적을 변명할 순 없는 노릇이었다. 하고파도 그만둬야 할 '정치'가 눈에 밟히는 경우도 있었고, 거저 얻은 '권력'이 입고 있는 옷보다 부담스러운 사례들도 있었다. 게다가 지금 있는 자리보다 안온한 미래를 예약하고자 알아서 미리 떠나려는 성급한 위인들도 발에 채이도록 넘쳐나고 있었다.

대놓고 표변(豹變)한 정치 철새들의 행각을 한 눈으로 압축하는 데 다음 표는 효과적이다. 김대중 정권 출범 후 반년 남짓한 시기의 제한적 이동 사례에 불과하지만 이는 차후 파벌이동과 이를 감지할 정치적 사전 암시로도 유의미한 셈이다. 그들은 과연 무엇을 보장받고 또 무엇을 겨냥했던 걸까.

이 같은 파벌 변화가 당 수뇌부의 전략적 고려나 기획의 소산이라기보다 차라리 장본인 스스로의 치밀한 계산과 지나친 합리적 선택이었던

〈표 4-1〉 김대중 정권 초기 정치파벌의 변화

이름	지역	15대 총선 당시 소속	15대 대선 전 소속	1998년 소속	소속 변경일	국회 및 당 보직
김종호	충북	신한국당	한나라당	자민련	1998. 4. 3	부총재
박세직	경북	신한국당	한나라당	자민련	1998. 4. 3	월드컵 조직위원장
오장섭	충남	신한국당	한나라당	자민련	1998. 4. 16	국회 재해대책특위원장
김인영	경기	신한국당	한나라당	국민회의	1998. 4. 29	국회 정보위원장
서정화	인천	신한국당	한나라당	국민회의	1998. 4. 29	부총재
서한샘	인천	신한국당	한나라당	국민회의	1998. 4. 29	당무위원
이강희	인천	신한국당	한나라당	국민회의	1998. 4. 29	당무위원
이성호	경기	신한국당	한나라당	국민회의	1998. 4. 29	당무회의 부의장
이완구	충남	신한국당	한나라당	자민련	1998. 5. 4	사무부총장
김명섭	서울	신한국당	한나라당	국민회의	1998. 5. 11	당무위원
정영훈	경기	신한국당	한나라당	국민회의	1998. 6. 16	당무위원
이택석	경기	신한국당	한나라당	자민련	1998. 6. 24	부총재
홍문종	경기	신한국당	한나라당	무소속	1998. 8. 25	교육위
김운환	부산	신한국당	국민신당	국민회의	1998. 8. 29	건설교통위
김학원	서울	신한국당	국민신당	자민련	1998. 8. 29	부여지구당 위원장
박범진	서울	신한국당	국민신당	국민회의	1998. 8. 29	교육위
서석재	부산	신한국당	국민신당	국민회의	1998. 8. 29	국회 산자위원장
한이헌	부산	신한국당	국민신당	무소속	1998. 8. 29	재정경제위
김기수	강원	신한국당	한나라당	자민련	1998. 8. 31	행정자치위
노승우	서울	신한국당	한나라당	무소속	1998. 8. 31	환경노동위
권정달	경북	무소속	한나라당	국민회의	1998. 9. 1	국방위
김석원	경북	신한국당	한나라당	–	1998. 2. 17	사직(辭職)
이홍구	–	신한국당	한나라당	–	1998. 4. 14	전국구 상실
이의익	대구	자민련	한나라당	자민련	1998. 5. 4	탈당(脫黨)
이찬진	–	신한국당	한나라당	–	1998. 5. 16	전국구 상실
김충일	서울	신한국당	한나라당	국민회의	1998. 9. 4	탈당(脫黨)
차수명	울산	신한국당	한나라당	자민련	1998. 9. 4	탈당(脫黨)
이재명	인천	신한국당	한나라당	국민회의	1998. 9. 5	탈당(脫黨)

자료: ≪조선일보≫, 1998년 9월 4일 자; ≪한겨레≫, 1998년 9월 7일 자 참조 필자 재구성.

것으로 '탓해 봄'은 어떨까. 앞서 지적했듯 여야 의석비율의 순차적 불균형은 물론이요 계파 수장의 품을 다시 파고드는 파벌 멤버들의 의중이라는 것이 충성을 가장한 '자기 동원' 즉, '위장된 자발성(the disguised spontaneity)'으로 가득했다면 이러한 가설적 사고의 틀도 이해 못할 바는 아닙니다.

비록 공세에서 수세로 몰린 구여권의 모습이 당혹스럽기는 했을망정 그것이 곧 정치적 몰락을 뜻하는 것은 아니었다. '성분'과 '태생'은 달라도 긴박한 야수성이 입김을 드러낼 때 '신한국당'과 '민주당'의 합당이 주는 대중적 충격은 어차피 '민정당'이 '민자당'으로 하루아침에 탈바꿈하던 기억으로 상쇄해버릴 일이었다. 그리하여 또 다른 정치적 근력의 기본을 '한나라당'으로 바꾸는 동안 'DJP연합'을 궁리하고 있었던 것도 파벌정치의 현장에서는 '너무 놀라지 말아야 할 일'이다.

그 같은 현상이 가증스럽다거나 의석수의 강제 조율로 의회민주주의의 평균값이 낮아질지도 모를 것이라는 우려 따위는 낭만적인 생각이었다. 파벌 앞에서 그것은 '자기이익' 다음다음의 주제였다. 중요한 것은 권력교체기 한국의 파벌이동이 세기말에도 어김없고 직업정치인들의 참을 수 없는 욕망은 어쩔 수 없이 친여적으로 기운다는 점이다. 거대야당 한나라당이 창당(1997. 11. 22) 1년도 되지 않아(1998. 9) 144석으로 줄어들고 대신 집권여당인 국민회의가 97석으로 늘어난 다음, 캐스팅보트를 쥔 자민련이 52석의 위용만으로도 한껏 몸값을 부풀릴 수 있었던 것도 고전 민주주의가 말하는 견제와 균형이었던 걸까.

'한나라당 144석' 대(對) '국민회의(97) + 자민련(52) = 149석'을 바탕으로 삼는 의회권력의 강제 균형이 어떤 일정과 정치공학의 스펙트럼 속에서 진행되었는지 가늠하는 데 <표 4-2>는 유의미하다. 편안하고 쾌

〈표 4-2〉 15대 국회와 의회권력 변화

단위: 석(席)

	1996년 4.11 총선 결과 (여소야대)	1996년 12월 말 (여대야소)	1997년 12월 말 정권교체 (여소야대)	1998년 9월 7일 (여대야소)
신한국당	139	157	161(한나라당)	144
국민회의	79	79	78	97
자민련	50	47	43	52
민주당	15	12	8(국민신당)	0
무소속	16	4	4	6
합계	299	299	294	299

김재천 원유철 황성균 김일윤 박종우
박시균 백승홍 임진출 서훈 김용갑
김영준 권정달(무소속 → 신한국당)
최욱철 이규택 황규선(민주 → 신한국당)
유종수 황학수 이재창(자민련 → 신한국당)

이해봉(무소속 → 한나라당)
안택수 박종근 이의익(자민련 → 한나라당)
강경식(한나라당 → 무소속)
이석현(국민회의 → 무소속)
박태준(무소속 → 자민련)
나머지는 민주당과 신한국당 합당으로 이동

자료: ≪한겨레≫, 1998년 9월 7일 자.

적한 환경을 좇는 정치본능이었을까?

세기말의 흥분은 덧없었다. 지난 세기를 돌아보는 회한보다 세월의 거대한 굽이 하나가 자연 마감한다는 흥분과 천문학적 감동에 막연한 미래의 기대마저 가미되는 그런 형국이었다. 아무것도 아닌 단순한 하루의 변화만으로도 세기가 바뀐다는(fin de siècle) 숫자상의 흥분은 이미 종교의 메시지가 숱하게 퍼부은 종말론적 이미지마저 겹쳐 유난스러울 수밖에 없었다.

'밀레니엄'을 보통명사처럼 사용하거나 '새천년(즈믄)'의 감격을 좀 더 오래 즐기려는 사회심리가 오죽하면 정당의 개명까지 자극했는지를 보면 당대 상황은 짐작하고도 남는다. 대권은 이미 장악했지만 독자의 힘으로 국회 과반이 못 되는 김대중의 답답한 의중이 별의별 계책을 채근했을 것이라는 가설도 무리는 아닐 터이다. 이 점은 하는 수 없이 자민련을 정치적 파트너로 이용하고자 했던 절박함과는 또 다른 문제였다.

2000년 1월 20일, 급기야 집권여당인 '새정치국민회의'를 확대 개편해 '새천년민주당'으로 창당하기까지 정치적으로 타 들어가는 속내를 다스려야 했던 이는 야권에 따로 있었다. 이회창이었다. 정치가 '덕(德, Virtu)'과 '운(運, Fortuna)'의 결합으로 이뤄지는 신통한 현상이라면 그의 경우 후자의 힘은 약하게 작용한다. 세기가 바뀌고 다시 또 정치적으로 한 세대 흐르도록 대권장악에 두 번씩이나 실패하지만 세기말까지만 해도 정치적 좌절을 만회할 기대와 흥분은 만만치 않던 '그'였다.

게다가 '그'에게만 대권의 여신이 손짓하리라는 생각으로 당무에 충실하거나 야당 생활을 희생적으로 봉직할 한나라당 인물들은 아니었다. 그 같은 이들도 상당수 있었으나 대부분의 의식은 '자기중심적' 아니면 '예상이익 추구적'일 수밖에 없었다. 총재 이회창을 중심으로 한 당내 주류만 해도 '김덕룡·이부영·박관용·맹형규' 등으로 나눠지고 있었고 이들을 견제하려는 비주류들도 '김윤환·이한동·서청원·신상우' 등으로 분열하고 있었다.

그뿐 아니라 독자세력을 키워나가려 애쓴 당내 관망파까지 합치자면 거대여당 '한나라' 안에 자동 포섭되는 '동질'과 '균등'은 턱없는 개념이었다. 동상이몽과 실질적 딴 살림을 염두에 두자면 그것은 이 허망한 다수를 두고 이르는 말들이었을 것이다. 개중에는 ① 그가 총재이기에 하는 수 없이 잔류하는 편이 외관상 타당하다는 판단을 마친 부류와 ② 견제와 비판을 바탕으로 당내 주도권을 탈환하리라 다짐하는 세력, 그리고 ③ 그의 차갑고 비타협적인 성정(性情)이 싫거나 혹은 견딜 수 없

〈표 4-3〉 세기말 한나라당의 주류와 비주류 세력 분포(1999년 1월 기준)

구분	구성	의원 수(각 진영의 주장)
주류	1. 이회창 총재 직계 2. 김덕룡 부총재계 3. 이부영 총무 등 민주당 출신 다수 4. 박관용 부총재 등 PK민주계 일부 5. 맹형규 의원 등 초·재선 그룹다수	70~80명
비주류	1. 김윤환 전 부총재계 2. 이한동 전 부총재계 3. 서청원 전 사무총장계 4. 신상우 국회부의장 등 PK민주계 다수	45~50명
관망파	1. 서울·경기·강원 등 중부권 중진 일부 2. 초·재선 그룹 일부 3. 강삼재·강재섭 등	30~40명

자료: ≪조선일보≫, 1999년 1월 30일 자.

어 급기야 당을 떠나야겠다는 생각을 굳히는 그룹 등으로 세포분열하고 있었다는 분석이 한층 옳을 것이다.

하나의 당이 여러 파벌로 재생산되는 일을 개탄하지만은 말자. <표 4-3> 또한 공격적으로만 조망할 일은 아니다. 지극히 자연스러운 현상으로 바라보되, 집단의 이동과 파벌 '균열의 생화학(Biochemistry of Cleavage)'을 정질 분석(Quality Analysis)함이 한층 중요한 까닭도 이 때문이다. 아울러 앞서 추적한 파쟁의 주역들이 차후 어떻게 변질·분열하는지 주목할 일이다.

총선이 대선과 동시에 치러지지 않고 정권의 중간평가 성격을 지니면서 일정 시기에 권력 시스템 자체를 교란하는 이치도 흥미롭다. 김대중 정권의 일정 속에서 독특하기만 했던 15대 국회를 정리해야 할 의원들의 심경도 간단할 리 없었다. 재적의원 총수의 무려 26%가 신상 변화를 겪어야만 했던 점은 무엇보다 주목할 일이다. 특히 야당에서 여당으로 변신한 인사가 김영삼 정권 때보다 많다는 사실은 15대 국회의 치명적 결함으로 남는다.

옮겨도 두 번 이상 옮기는 등 철새정치의 기염을 토하거나 '구속·사망·사퇴·재(보)선' 등을 감수하며 15대 국회는 속절없는 사연들도 숱하게 남긴다. 무엇보다 중요한 것은 정당별 의원수의 증감과 막후의 정치적 함의 변화다. 앞서 지적한 대로 국민회의는 영입을 계속해 세기말 의석수가 79석에서 105석으로 급증하고 자민련은 DJP 단일화 후 43석에서 53석으로 늘어난다. 인위적인 정계개편이 있었음에도 여전히 최다 의석을 자랑한 한나라당은 한때 165석까지 자랑하다 135석으로 줄어든다. 이를 둘러싼 인맥 유형과 콘텐츠는 <표 4-4>와 같다.

민주화의 이행과 심화에서 파벌의 이동이 상수인지 아닌지는 논란의 여지가 많다. 이는 유권자 본인의 정치의식과 환경 차이에서 비롯된다기보다 당선자 본인의 정치윤리와 신념에서 기인하는 소양(素養)의 문제로 보아야 하기 때문이다. 이것은 반성과 절제 대상으로 당연히 초극해야 할 유혹이자 함정이었다. 가치판단의 문제를 민주화 과정의 합리적 상수로 처리해버림은 그 자체로 이미 반(反)민주적인 일이다.

그럼에도 유교적 가족주의에 찌든 맹목의 문화는 파벌주의를 늘 역사로 용서한다. 그래서 그것은 관념으로서가 아니라 몸에 밴 체질로 확산·정착했고 문화의 상수로 화석화한다고 보는 것이 관례적인 해석이다. 김대중 정권을 향한 기대과잉과 대통령 자신의 단호한 개혁의지에도 파벌이동이 제대로 다잡아지지 않은 것은 권력의 의지와 현실 간 괴리뿐 아니라 '의지' 자체가 한낱 상징적 전시효과나 정치적 고해(告解) 이상의 의미를 지니기 어렵다는 사실을 잘 반증한다.

김대중 자신이 아예 계보정치의 종말을 천명하거나 이에 따른 별도의

〈표 4-4〉 15대 국회의원들의 신상변동

구분	변동사항	이름
당적 변경	무소속 → 신한국당	김재천 **원유철** 황성규 김일윤 **박종우** 박시균 백승홍 임진출 서훈 김용갑 김영준 **권정달**
	무소속 → 한나라당	이해룡
	자민련 → 신한국당	유종수 **황학수** 이재창 이의익 안택수 박종근
	민주당 → 신한국당	이규택 황규선
	신한국당 → 국민신당 → 국민회의	서석재 박범진 장을병 이용삼 원유철 김운환
	신한국당 → 국민신당 → 무소속	**한이헌**
	신한국당 → 국민신당 → 자민련	**김학원**
	한나라당 → 국민회의	김인영 서정화 서한샘 이강희 이성호 김명섭 정창훈 홍문종 **권정달** 노승우 김충일 이재명 김길환 **박종우** 송훈석 유용태 장영철 이규정 **황학수**
	한나라당 → 자민련	박세직 김종호 오장섭 이완구 **이의익** 이택석 김기수 차수명
새로 들어온 의원	재·보선	조한천(국민회의) 이태섭(자민련) 오장섭(신한국당) 박태준(자민련) 김일주(자민련) 이영일(국민회의) 정문화(한나라당) 신영국(한나라당) 정창화(한나라당) 박근혜(한나라당) 노무현(국민회의) 남경필(한나라당) 조순(한나라당) 김동주(자민련) 조세형(국민회의) 박원홍(한나라당) 박승국(한나라당)
	전국구 승계	김찬진(신한국당) 이찬진(한나라당) 김정숙(한나라당) 송현섭(국민회의) 강종희(자민련) 조익현(한나라당) 안재홍(한나라당) 이형배(한나라당)
국회를 떠난 의원	의원직 상실	조종석(자민련) 허화평(무소속) 홍인길(한나라당) 황병태(한나라당) 정재철(한나라당) 권노갑(국민회의) 김화남(무소속) 최욱철(한나라당) 이신행(한나라당)
	사퇴	이만섭(신한국당) 이회창(한나라당) 김석원(한나라당) 이명박(한나라당) 김기재(한나라당) 손학규(한나라당) 한호선(자민련) 이홍구(한나라당) 최병렬(한나라당) 이의익(자민련) 이찬진(한나라당)
	사망	조철구(국민회의) 이병희(자민련) 권수창(자민련) 신기하(국민회의) 남평우(한나라당) 조중연(한나라당) 제정구(한나라당)

주 1) 굵은 글씨는 2번 이상 옮긴 의원.
2) '신한국당 + 민주당 → 한나라당'은 제외.
자료: ≪조선일보≫, 1999년 2월 13일 자.

억압 메시지라도 표명하지 않았던 것은 그의 태생적 한계 때문이었으리라. 다른 것은 몰라도 계파 해체와 재생을 금압하거나 존재 자체를 백안시하려는 의지를 그에게서 찾을 수 없었던 것은 차라리 체면의 진솔한 지탱으로 이해할 일이다. 게다가 정치적으로 변한 것이라고는 앞서 지적한 천문학적 연대 전환과 이를 정당 개명에 적용한 일 외에 가시적 성과는 없었다는 데 주목해야 한다.

그렇게 만든 당의 명칭이 돌고 돌아 도로 '민주당'이 되는 사연이나 여기에 다시 파벌의 이동이 거짓처럼 개입·확장하는 과정에도 분노하지는 말자. 그들은 밀레니엄의 표피적 감동을 뒤로 한 채 2005년 당명을 민주당으로 변경한 다음 2007년 6월 중도개혁통합신당과 합당해 중도통합민주당을 만들고 같은 해 8월 '민주당'으로 다시 바꾼다. 게다가 2008년 2월 대통합민주신당과 합당해 통합민주당이 되었다가 같은 해 7월 다시 '민주당'으로 당명을 변경해 지금에 이른다(주요 강령은 국민통합의 정치와 실질 민주주의 실현, 성장과 분배가 조화를 이루는 선진경제국가건설, 선진복지국가실현과 사회통합, 창의적이고 경쟁력 있는 교육·문화강국 건설, 상생과 번영의 남북화해협력과 평화체제구축, 환경보전체계 개선과 지속가능한 발전추구 등이다. 주요 정책비전은 변화와 쇄신을 통한 실질 민주주의 실현, 정책정당과 의회정치 활성화, 강한 중소·중견기업 육성과 일자리 창출, 중산층 복원·강화를 통한 성장 잠재력 확충, 서민과 중산층을 위한 주거안정정책 추진, 사회 대타협 실현을 통한 공동체적 연대회복, 사회 취약계층 지원확대와 소득안정성 담보, 양성평등과 여성사회참여 보장확대, 지방분권시대 주민의 삶의 질 향상, 한반도 비핵화와 안보역량강화 등이다).

좀체 바뀌지 않는 이 나라 정치문화에도 건설적 변화의 조짐이 보인 것은 그나마 다행이다. 따라서 김대중 정권에게 16대 국회는 체면의 기본이나마 유지할 수 있었던 셈이다. 여전한 여소야대 판세 속에서도 집권여당의 젊은 의원들이 보인 정치개혁의지 때문에 가능한 일이었다. 이 같은 변화의 모티브는 4·18 총선에 나타난 중진의원들의 대거 몰락으로 구체화된다. 극히 자연스럽게 '그들'의 몰락은 계보의 해체와 정치기류의 재편을 자극한다.

한나라당의 김윤환계와 이기택계, 민주당의 김상현계가 각기 보스의 낙선으로 사라진 데다 당내 민주화를 내세우는 초·재선들의 젊은 기운은 파벌정치의 퇴조를 재촉하고 있었다. 막후 지시와 은밀한 통치구조의 폐쇄성이 주는 신비로움에 절을 대로 절어 있던 정당에 당내 민주화니, 계보 해체니 하는 '주의·주장'은 역시 생소했지만 이 같은 기류가 집권여당뿐 아니라 한나라당의 젊은 의원들에게까지 확산된 것은 고무적이다.

<표 4-5>는 이들이 주도한 당내 개혁집단 명칭과 그 면면들이다. 당의 민주화는 당장은 생소한 개념일망정 계파정치의 막연한 충성과 일방적 추종 문화를 해체할 만한 참신성을 지닌다. 누구든 상하로 나누어진 '정치적 계서[(階序), the political hierarchy]'를 제도적 권위로만 인정하고 어떤 현실적 제약도 '소통'과 '표현'의 현장에서 사라지게 만드는 것이 당내 민주화의 실질개념이었다.

그럼에도 파벌의 해체와 소멸이 정녕 기이했던 것은 또 다른 아이러니로 남는다. 왜냐하면 이 같은 '개혁' 메시지는 그 자체로 정치적 현시욕과 자기 업적의 가시화를 강하게 의식한 그야말로 또 다른 욕망의 피조물에 지나지 않았기 때문이다. 그 같은 필요가 '관념'을 넘어 '현실'로 정착할 수만 있었다면 문제는 간단했으리라. 이 같은 순수한 생각을 부정할 까닭은 그 어디에도 없지만 곧이어 그들이 부딪힌 벽은 의외로

〈표 4-5〉 16대 국회의 계보정치 퇴조와 파벌 재구성

집단 명칭	16대 국회 진출의원	정치적 성향
열린정치포럼 (민주당)	김태식 이해찬 정균환 김영진 이협 임채정 이상수 장영달 김근태 유재건 정동영 설훈 조성준 천정배 신기남 심재권	- 당내 개혁세력에 문호 개방 - DJ 개혁정책 지지 - 점진적 개혁 추구
창조적 개혁연대 (민주당)	장성민 정범구 송영길 임종석 이종걸 함승희 김성호 등	- 당·국회 민주적 운영 주력 후 정책적 성격 본격화 - 야당 내 개혁세력과 연대 가능
미래를 위한 청년연대 (한나라당)	남경필 김부겸 심재철 원희룡 오세훈 임태희 정병국 안영근 윤경식 이성헌 김영춘 김성조 박종희	- 초선 중심

자료: ≪중앙일보≫, 2000년 5월 16일 자.

높고 두터웠다는 데 주목할 일이다. 파벌의 한계는 그만큼 컸고 '순진(純眞)'의 페인트로 채색할 수 없었다.

세기의 전환기에 신여권이 보여준 이 같은 변모를 온전한 개혁으로 보기는 허망하다. 그들도 '예전처럼' 유권자의 사전 동의 없이 기꺼이 당명을 바꿨고 이념과 행적에 차이가 있었음에도 '들어오겠다는 이들'을 흔쾌히 받아들였기 때문이다. 이 문제의 평가와 해석에서 김대중은 자유롭지 못하다. 거듭 강조하건대 지난 세월 야권 수장의 한 축으로 파벌 이동과 노련한 관리를 도맡은 DJ였을망정, 대통령 '직'을 유지하는 동안만이라도 과거의 문화는 단호하게 끊어야 할 일이었다. 당명의 개작을 둘러싼 환멸과 실망은 접어두고라도 새로운 파벌의 수혈이 이 시기에 도드라지는 까닭도 여기 있는 것이다.

이를 마다하려는 젊은 피의 정치적 용솟음은 역시 계파 거부와 파벌 소멸을 명분으로 내걸었다. 하지만 그마저 빛을 잃었던 이유도 따지고 보면 5년 단임 대통령제와 임기를 다해가는 DJ 정치일정 끝자락에 이루어진 차기 대권주자들의 '헤쳐 모임' 때문이었을 것이다. 역설적으로 보

자면 대권이 '코앞'인데 정치의 도덕률과 직업윤리의 기본 '준수'는 공염불에 지나지 않았다.

파벌 수장들이란 사실 '대통령이 되고 싶은 사람들'이다. 게다가 이번에도 되지 않으면 기약 없는 기다림에 '점잖게 몸부림쳐야 할' 겉으로 고상한 과객(過客)들이었다. 결국에는 단 한사람일 뿐인 그 '자리'에 앉기 위해 천신만고·풍찬노숙을 마다 않는 이들의 최종 레이스는 치열하지 않을 도리가 없었다.

추호의 양보나 타협도 상상할 수 없는 기민한 두뇌싸움에서 자기패배를 먼저 그리거나 그에 따른 정치적 실익의 축소를 헤아리는 것은 극히 꺼릴 일이었다. 그보다는 모두가 자신에게 유리한 미래와 그에 뒤따를 달콤한 가치의 내역들을 꿈처럼 계산하고 있었다. 떨어지더라도 승리를 예감하고 그동안 줄곧 추종했던 정치적 '식솔'들의 정치적 반대급부를 먼저 감안하는 '대차대조'는 그 자체만으로도 고통의 세월을 상쇄하는 매력적인 작업이었다.

개혁을 기치로 내거는 가시적 성과물의 하나로 계보정치 부정과 파벌 소멸을 약속한들, 대선의 전쟁터에서 튼실한 원내 지지 세력과 원외 조직 없이 당선을 담보하기란 불가능했다. 비록 과거처럼 음험하거나 막후 실세들의 노골적 개입 혹은 조작까지는 눈에 띄지 않는다 해도 파벌별 계선조직활동과 정치적 약진 없이 '야당이 되어버린' 과거 여당이 또다시 권력을 잡는 일이란 쉽지 않았다.

그뿐 아니라 과거의 파벌 맹주들이 보인 권모술수의 메커니즘을 정치적으로 참조하지 않고선 구야권의 젊은 적자(嫡子)들이 펼칠 기개의 장은 좁았다. 모처럼 쟁취한 여당 프리미엄을 잃지 않으려는 뜻이야 당내 누군들 달리할 리 없었다. 권력은 그만큼 명분을 갈구하는 끈끈한 에너

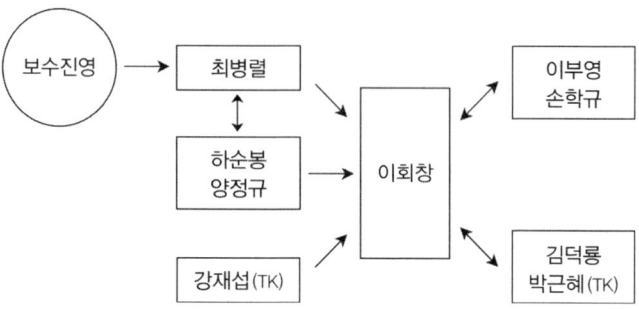

〈그림 4-1〉 세기 초 한나라당 지도부의 정치적 역학관계(2001년 4월 기준)

자료: ≪조선일보≫, 2001년 4월 16일 자.

지였지, 도덕으로만 도배할 화려한 문법이나 언어의 외연은 아니었다.

그러나 신여권의 간절한 권력연장욕구는 구여권의 정치적 욕망을 비추는 거울이었다. 뉘라 말릴 것이며 마다할 정치권력이었으랴. 파벌 철폐를 둘러싼 젊은 정치인들의 개혁의지도 따지고 보면 세상으로부터의 참신한 인정과 자기 표를 담보하려는 '정치적' 판단의 결과였던 터다. 게다가 그것이 자기중심의 '새로운 사람 만들기'라는 결과로 이어지는 현실정치의 아이러니는 이미 드라마의 경지를 넘어서고 있었다. 주변 파벌과 기존 계보의 부정 위에 새로 돋아나는 인맥의 싹은 얼핏 보이지 않거나 보인다 한들, 예전의 그것처럼 군내 나는 모습은 아니었던 셈이다.

다시 권력을 꿈꾸는 야권의 집결과 움켜쥔 권력을 잃지 않으려 애쓰는 여권의 파벌 운용은 물론 간단치 않았다. <그림 4-1>과 <그림 4-2>는 이 같은 세기 초 권력변동을 헤아리는 데 도움이 된다. 그것은 김대중 정권의 연장과 단절을 둘러싼 정치적 경쟁구도의 판이함을 잘 말해준다. 파벌의 이동과 간단없는 부조리의 행렬이야 지난 세기와 같을 리

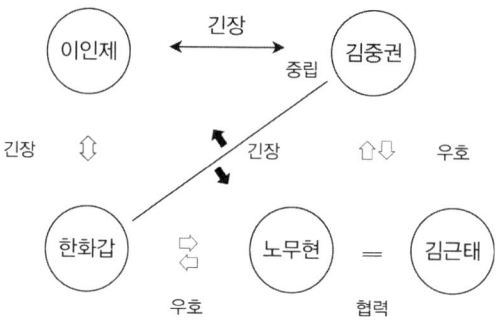

〈그림 4-2〉 세기 초 민주당의 잠재적 대선주자 간 역학관계(2001년 4월 기준)

자료: ≪조선일보≫, 2001년 4월 16일 자.

없지만 모이고 흩어지며 견제하다 사라지는 정치적 욕망의 '생화학'은 어김없었다.

야권의 파벌 재구성은 그래서 상식이었다. 그것은 (언론이 애용하는 표현을 빌려) 차기 대권을 꿈꾸는 '잠룡(潛龍)'들의 부상(浮上)과 그들의 재기가 곧 자신의 영달임을 간파한 당내 중간 보스의 재파벌화로 집약된다. 그들의 정치적 면모가 여기서 다시 돋보이는 것은 그 때문이다. 입으로 말하는 개혁 메시지가 현장 정치에서 실천으로 담보되지 않는 까닭도 따지고 보면 눈앞에 펼쳐지는 정치적 승리의 환상과 그에 뒤따르는 실질적 행복의 반대급부 크기에서 비롯되고 있었던 터다.

세기 전환과 함께 모처럼 대권을 내준 한나라당 속사정은 그러나 편할 리 없었다. 이회창의 낙선으로 이미 한 차례 크게 낙담한 당내 파벌들은 사실 그를 다시 옹립할 것인지 여부로 흔들린다. 그것도 단순 세포분열이 아닌 동상이몽의 다차원적 분화로 이 총재를 바라보는 시선은 복잡하게 갈라진다. 이는 곧 계속 그를 따를 것인지 아니면 몸집을 불려 자신들 또한 정치적 자생력을 갖출 것인지 녹록찮은 계산을 바탕에 둔다.

파벌의 분류는 흔히 당내 '핵심'과 '주변' 혹은 '주류'와 '비주류' 등 거시변수에 주목하는 것이 보통이다. 하지만 이념의 좌우 편향과 당내 실질적 영향력 동원 정도를 바탕으로 삼거나 '성별·당력(黨歷)·지역' 변수를 고려해 미시화할 수도 있다. 이는 곧 각기의 변수를 따로 정밀히 관리·조합하는 별도의 분류 기준과 그에 따른 역사적 정밀 추적을 필요로 한다. 하지만 정치적 호흡과 이력의 기본이 워낙 짧은 한국사회에서 이에 관한 통사적 재편은 쉽지 않다. 대신 정권별·시기별 준거에 따라 이를 종합하는 일은 얼마든지 가능하다. 물론 여기에는 예측 불가능한 당 중앙의 구성과 정책 집행력, 이합집산 정도 등 감안해야 할 변수가 잠정 작동한다.

<그림 4-1>은 이 점에 착안, 16대 대선을 앞둔 일정 시기(2001. 4)의 한나라당 내 파벌 분포를 압축한 것이다. 당시 한나라당은 이회창을 중심으로 '친이(親李)'와 '반이(反李)'계로 나뉘어 있었고 각 계파 안에서도 견제와 충돌을 거듭하는 다소 복잡한 형국이었다. '친이'계라 하더라도 정권 회수에 목표의 최대치를 둘 뿐, 이회창을 무조건 지지하지는 않는 최병렬과 그를 암묵적으로 견제하는 하순봉·양정규의 정치적 길항도 주목해야 했고 대구·경북을 등에 업고 아예 새로운 미래를 겨냥하며 이 총재를 옹립하려 한 강재섭도 관전 포인트였다.

이회창을 정면에서 반대하는 확실한 비주류로 박근혜와 김덕룡은 이 총재 중심의 정권 탈환에 이의를 제기하는 한편, 총재의 리더십과 당 운영방식에 비판을 집중한 손학규와 당 보수 노선에 문제를 삼는 이부영 부총재 등으로 '반이'계 역시 4원화되고 있었다. 보수 우익의 이념을 지속가능한 미래로 삼으려는 한나라당으로서는 여러 지점으로 분산·강

화되는 파벌의 대척점이 곤혹스럽기만 했다.

이들을 정점으로 자기 계파를 결성·강화하려 하거나 다시 이를 의식·견제하려는 반대파의 정치활동이 모습을 드러내는 것은 필연이었다. '직업으로서의 정치'를 포기하지 않는 한 그들 사이의 격돌과 긴장의 지탱은 말리지 못할 현상이었다. 누가 자발적으로 각기 그 계파로 흘러 들어가고 또 나왔는지 그 후 그들의 면면은 정치적으로 또 어떻게 변하는지는 여기서 생략한다. 앞서 지적한 대로 이는 그 확연한 윤곽을 드러낼 만큼 정치적 선명성이 덜했고 지속 기간 또한 불분명했기 때문이다. 하지만 불투명했을망정 힘의 이동과 균열은 분명했고 이를 단호히 제어하려는 시도 역시 의심할 일은 아니었다.

민주당도 한나라당을 거울처럼 되비친다. 비록 본격적인 대선 일정이 시작된 것은 아니지만 같은 시기 민주당은 이인제 최고위원과 노무현 상임고문, 그리고 김근태 최고위원을 중심으로 당내 주도권 재구성에 나선다. '그들'이 대권을 지향하는 가시적 주자였다면 한화갑 최고위원과 김중권 대표는 속내를 드러내진 않았어도 김대중의 복심(腹心)을 읽거나 당을 이끄는 '제도적 권위'의 중심으로 자부하고 있었다.

한화갑과 김중권이 중립적 연대를 지탱하는 가운데 노무현은 표류와 불일치로 도드라지는 이인제의 이력을 부정적으로 평가한다. 반면, 투쟁 경력을 공유한 김근태와 협력한다. 권노갑의 집중 지원을 등에 업은 이인제는 '한화갑·김중권·노무현·김근태'와 긴장하는 한편, 노무현과 김근태는 당 지도부와 정치적 우호관계를 지탱한다. <그림 4-2>는 이를 잘 말해준다.

민주당 대선후보가 아직 선명한 윤곽을 드러내지 않고 있을 당시, 당내 역학관계의 균형을 깨는 또 다른 계기가 마련된다. 정치적 파괴력이 적지 않았던 일로 그것은 누구보다 DJ 자신을 겨누는 당내 소장파의 칼끝과 맞닿고 있었다. 대통령의 위상뿐 아니라 대통령을 그 자리에 오르도록 보필한 최측근을 겨냥하고 있었다는 점에서 당내 초·재선의원들의 저항은 철저한 도덕률로 윤색되고 있었다. 이른바 당내 정풍운동의 시발이었다.

그해 봄날은 여름보다 뜨거웠다. 언제는 아니 그랬냐마는 모두가 대통령 될 성싶은 사람들만 바라보며 상상의 나래 위에서 정치적 격전을 예비하고 있었다. 정치가 곧 명분의 발견이자 그럴듯한 핑계로 뒤덮이는 온갖 사연의 무덤이라면, 민주당 소장파의 공격 역시 출발은 순수하고 대견한 일이었을 것이다. 때마침 초라하게 치른 재보선 책임과 대통령의 국정운영방식에 문제를 제기하면서 청와대 보좌진의 과오까지가 표면상의 까닭이었지만 기실 속내는 '파벌로' '파벌을 치는' 또 다른 정치적 공격이었다.

MBC 앵커 출신으로 언변과 지명도의 프리미엄을 유감없이 누리던 정동영(鄭東泳)이 정치적으로 급부상한 시기도 바로 이때다. 2001년 6월의 권부가 일단 그의 타깃으로 설정되었던 것은 공격의 선명한 명분보다 새로운 세력 형성으로 인한 실익이 크다는 판단 때문이었다. 이미 알려진 자신의 존재를 더욱 도드라지게 만들 수 있는 계기는 단번에 권력의 심장을 흔들고 자신마저 그에 가까이 다가갈 수 있다는 모종의 급진주의였던 셈이다. 이해찬의 권유와 김대중의 수용으로 정계에 입문한 정동영의 행보는 예상보다 빨랐다.

김대중을 의식하긴 하되, 심복들을 먼저 겨냥하고 차후 자신의 정치적 입지를 강화·각인하려는 효율적 정치 전략이 그의 의중을 지배하고 있었다. 민주당에서 개인적 당세를 확장하는 것은 사실 쉬운 일이 아니었다. 그럼에도 최대한의 공격 명분과 정치적 실익의 발판을 마련하겠다는 계산은 안전하지만 힘겨운 '메뉴'였을 것이다. 하필 정동영이 그 가운데 강공 대상으로 설정한 계파는 가장 노회하고도 막강한 세력이었다. 일상의 전술 대신 정면을 공략해 들어간 그의 의표는 극히 비상식적인 비판도, 전략적 공조에 따른 협공도 아니었다. 2000년 말 권노갑을 향해 2선 후퇴를 권고한 일도 좋은 예 가운데 하나다.

DJ 측근 그룹은 이른바 범(汎)동교동계로 알려져 있다. 성분과 뿌리가 각기 다르고 분화의 지평과 세(勢)의 재생산 방식이 달랐던 까닭도 따지고 보면 크고 작은 모멘텀이 개재했기 때문이다. 한결같이 호남의 뿌리를 존중하며 김대중을 섬기되, 정치적 속내는 기실 달랐던 터였다. 가능한 한 따로 크고 각기 동원 가능한 가신(家臣) 그룹 내 자파 세력을 별도 관리함으로써 결정적 기회가 오면 정치적 생장력을 펼치리라는 판단은 야망치곤 그들 내부 생리에서 볼 때 차라리 솔직한 속내였다.

지근거리의 보좌는 이미 하지 않는 듯 보이는 권노갑을 범동교동계 구파 수장으로 간주하는 데 이의가 없었던 반면, 한화갑은 그와의 대척점에서 또 다른 파벌을 이끄는 신파 우두머리로 역할을 다하고 있었다. 게다가 이들의 세력 '추(錘)' 사이에서 한광옥과 중도파가 기민한 사주(四周) 경계와 힘의 완충지대를 형성하는 가운데 16대 민주당 초·재선그룹의 판세 뒤집기 전략은 강구되고 있었다. 이처럼 다소 복잡한 민주당 내 범동교동계의 위상을 압축해본 것이 <표 4-6>이다.

대통령 측근의 인적 쇄신을 최대 명분으로 삼는 정동영의 공격은 곧 정치적 모순의 늪에 빠진다. 이는 개인의 철저한 이론 무장과 원내 비판을 토대로 당 중앙을 향한 준엄한 경고 형식으로 마무리 짓거나 그에 따른 추후의 공포효과를 당내 저변으로 확산시켰어야 할 일이었는지

〈표 4-6〉 범동교동계의 세력 분포(2001년 6월 기준)

권노갑계(구파)	한광옥계	(새천년민주당) 중도파	한화갑계(신파)
김옥두 전 사무총장 안동선 최고위원 남궁진 정무수석 박지원 정책기획수석 윤철상 전 조직위원장 조재환 직능위원장 이훈평 의원 김방림 의원	박광태 국회산자위원장 박양수 의원 전갑길 의원 (조한천 배기문 설송웅 김영진 김경천 등 비동교 동계 의원)	최재승 국회문광위원장 정동채 전 기조위원장 김영환 과기부장관 김덕배 중기특위원장 정세균 기조위원장 정균환 총재특보단장 김충조 의원	문희상 전 정무수석 설훈 의원 배기선 의원(자민련) 조성준 의원 ⬆비판적지지 초·재선 그룹

자료: 《조선일보》, 2001년 6월 4일 자.

모른다. 그러나 현실정치는 '세(勢)'의 부피로 말할 수밖에 없었다. 그 역시 이 같은 정당성을 변명하기 위해 자신의 '세'가 필요했다.

혼자서는 넘지 못할 권력의 강고한 벽과 이를 어쩌지 못하는 정당문화는 끌어안아야 할 일이었을 터다. 순수한 속내로만 말하자면야 기왕의 당내 파벌에까지 기댈 생각은 없었을 것이다. 하지만 자기 세력의 확장을 통한 정치적 도덕률의 파급이란 '차가운 불' 아니면 '뜨거운 얼음'처럼 양립 불가능한 일이었다. 따라서 순수성은 지탱하되, 효과는 극대화하고 오해와 비난은 최소화하자는 의도도 뒤따를 수밖에 없었다. 이미 성명을 내고 서명 작업까지 추동한 그들로선 초·재선의원들이 범동교동계의 신파 지도자 한화갑을 비판적으로 지지하는 일 역시 마다할 처지가 아니었다(일부에서는 심지어 정동영의 막후에 한화갑이 있는 것이 아니냐는 의심도 실제 팽배했다).

형식은 서명을 통했으나 대통령을 직접 압박하며 인적 쇄신의 한계를 몰아 부치는 정동영의 행보에 청와대도, 구파도 강한 부담을 느낀다. 특히 권노갑의 반감은 정치적 발칙함을 넘어서는 모멸과 본격적 자기방어단계로 접어든다. 이미 직업정치현장을 떠나 있는 입장임에도 한국파

〈표 4-7〉 민주당 초·재선의원 세력화 분포(2001년 6월 기준)

세력화 추진		세력화 반대	성명파 비판	관망파
목적 달성 후 해산	존속			
정동영 천정배 신기남 정동채 추미애 송영길	김태홍 이종걸 정장선 임종석 강성구	김성호 정범구 이재정 박인상 이호웅	김민석 장성민	이미경 함승희 김희선 심재권 허운나

자료: 《조선일보》, 2001년 6월 7일 자.

벌정치의 어제와 오늘을 거머쥔 장본인인 양 간주되는 것은 곤혹스러웠기 때문이다.

현장의 중심에서 힘의 동심원을 동시에 밟고 있던 서명파와 민주당 초·재선그룹은 그러나 이를 무슨 항명 파동이나 하극상으로 간주하지 않는다. 대신 내부의 이견과 정치적 균열을 극복하기 위한 새로운 '명분 찾기'에 바빠진다. 그리고 내친 김에 이미 넘어버린 용인(容忍)의 한계를 기정화하기 위해 스스로 애쓴다. 너무 멀리 와버린 정치행보뿐 아니라 또 하나의 튀는 집단으로 '그들' 자신이 세상에 각인되었다는 사실만으로도 돌아가기는 힘겨웠기 때문이다.

문제는 내부의 견해가 조절되지 않고 있었다는 점이다. 이는 곧 정동영을 브랜드로 삼는 독자 파벌이 숙성되긴 아직 이르다는 것을 반증하기도 한다. 중요한 것은 이들의 개혁논리를 계속 세력화하며 지탱할 것인지, 뜻만 이루면 해산하거나 세력화 논의 자체를 거부할 것인지를 둘러싼 합의가 쉽게 도모되지 않았다는 점이다. 한때 이들은 다시 단합된 모습을 보이기도 한다. 서명운동에 동조한 초선의원들이 재선의원들과의 분열을 정리하고 모두 한 길을 가기로 입장을 정리한 데 따른 잠정적 결과였다.

누가 누굴 공격하고 다시 힘의 조율을 시도했는지는 <표 4-7>에 잘 나타난다. 정동영 등 재선그룹에 대해 한때 '정치적 의도가 있다'고 비난한 김성호(金成鎬)는 2001년 6월 10일, 다음과 같이 밝힌다. 즉, 서명파 초선의원들이 '△초심으로 돌아가 대동단결한다 △쇄신운동에서 정 최고위원과 연대해 함께 간다 △대통령의 기자회견 결과를 지켜본다는 세 가지 원칙에 합의했다'고 전한다. 이들 초선의원은 '이재정(李在禎)·김태홍(金泰弘)·박인상(朴仁相)·이호웅(李浩雄)·정범구(鄭範九)·김성호(金成鎬)·정장선(鄭長善)·송영길(宋永吉)' 등으로 알려진다.

 세력화 추진을 주장하는 진영도 '존속'과 '해체'로 입장이 나뉘는가 하면 '단순 반대'와 '강경 비판' 혹은 '관망'으로 갈라지는 등 내부 입장도 다양했다. 결국 진화에 나선 김대중의 조치는 예상외로 포괄적이거나 선별적이었다. 그럼에도 소장파의 정치적 조응 또한 의외로 소극적이었다. 이제 당내 주도 파벌 공격은 실익이 없다는 판단 때문이었던 것으로 추정된다.

 '호기(豪氣)'와 '노회(老獪)'의 충돌. 그것은 엄밀히 말해 경쟁도 대립도 아닌 정치적 자기현시 외에 다름 아니었다. 당 총재인 김대중은 국정개혁에 관한 구상을 정리해 밝히겠다며 당 최고위원회의를 주재한 자리에서 소속 의원 각자의 그간의 발언과 최고위원들의 의견은 모두 '애당·애국'의 충정에서 나온 것으로 이해한다고 밝힌다. 아울러 초·재선 서명파 의원들과 일부 최고위원들의 인적 쇄신 건의에 관해서는 '대통령의 고유 권한'이라며 뜻을 충분히 헤아린 만큼 앞으로 적절히 판단해 처리하겠다고만 말하며 예봉을 비껴간다.

 총재이자 대통령인 김대중은 같은 날 최고위원회의가 당을 이끌어가는 지도 역할을 하기 바란다고 강조하면서 △월 1회 청와대 최고위원회의를 직접 주재하고 △당무회의 결의를 거쳐 협의기구인 최고위원회의를 '심의기구'화하는 등 최고위원들의 위상을 강화하며 △당과 정부, 청와대 간 당정 협조가 효과적으로 운영될 수 있도록 대책을 마련하겠다고 덧붙인다.

그러나 민주당 사정은 복잡했다. 그것은 크게 세 방향으로 구체화되고 있던 힘의 분화와 그에 따른 당내 역학관계 변화와 맞물린다(물론 실제로는 더 복잡한 계파의 혼재와 그들 상호 간 균열을 감안해야 했지만 이를 이끄는 힘의 변화 축을 그나마 크게 잡아본 결과로 말이다). 가장 먼저 기억해야 할 정치적 변화는 16대 대선을 앞두고 두드러지게 급부상한 '노무현'의 위상이다. 그가 그때까지 어떤 행적을 밟았고 대선 고지에 도달하게 되었는지는 여기서의 논의 범주를 벗어난다. 단지 남다른 야망과 투지로 자신의 운명을 개척한 풍운의 인물이었고 전례 없는 '국민경선제'로 민주당 최초의 대선 후보가 된다는 점은 여기서 지적해두어야 할 이례적 사실들이다.

그다음 변화는 이른바 정통 그룹의 내부 균열이다. 민주당의 법통을 잇고 한사코 DJ의 후임을 자처하는 소위 정통 후예들의 정치적 이반은 주목해야 할 또 다른 대상이다. 그것은 이미 지적한 범동교동계 내부의 역학구도 변화와 함께 포스트 DJ의 정국을 바라보는 추종세력들의 내부 동요와 직결되는 문제이기도 했다. 좀 더 구체적으로 '한화갑·한광옥·권노갑'을 중심으로 한 동교동계의 기존 계보와 당내 새로운 권력 단위로 굳어져 가는 노무현을 견제하려는 잠정적 중도의 등장으로 '이들'의 존재를 상정할 일이다.

앞의 두 경우를 민주당 내 기존 계보의 '분파'와 '재생'으로 본다면, 이제 다시 기억해야 할 세 번째 현실은 외생 파벌의 적극적 자기 충전과 제도적 자기 반전(反轉)의 노력으로 볼 일이다. 그래서 그것은 '변화'였다기보다 차라리 삭지 않는 정치적 욕망의 세포분열과 집착의 화석화(fossilization)로 표현해도 좋을 것이다. '대선'과 '이인제'의 관계는 적어도 한국 현대정치사의 배제하지 못할 '짐'으로 작동한다. 경우에 따라 그것은 능력에 크게 앞서는 의지의 소산으로 인식하거나 억누르지 못할 탐욕의 자기중심적 증폭으로 볼 수도 있을 것이다. 박정희를 외형적으로 모사하고 충청권 지지를 항구적 기반인 양 오인한 잘못 외에도 이념과 소신의 벽을 쉽사리 넘나들며 오로지 대선후보로서의 입지 확보를 위해 애쓴 행적만큼은 파벌정치의 부정적인 예로 길이 남을 일이다.

가뜩이나 복잡한 당내 계파의 분열상은 기왕의 DJ 추종세력 외에도 이처럼 신생 파벌인 친노(親盧) 그룹과 그에 저항하는 세력들로 삼분되고 있었다. 이인제를 따르는 그룹이 반노(反盧)의 선봉에 서는 일은 따라서 당시의 민주당 역학구도로는 조금도 이상할 리 없었다. '이들' 말고도 새롭게 이름을 올리고픈 정치적 욕망의 단위들이 합종연횡하는 현실도 충분히 감안해야 할 일이었다.

설상가상으로 당의 문제는 정체성의 동요와 지속적인 존립 여부의 차원으로 숙성된다. 그것은 인맥의 난립으로 인한 극심한 경쟁과 양보나 타협 없는 주도권 쟁탈의 당연한 결과였다. 민주당의 혼돈과 분열은 이때부터 본격화한다. 당내 갈등이 분당과 해체 국면으로 접어드는 것은 노무현 집권 이후였지만 애초의 이념기반과 그에 따른 민중적 지지 기류는 16대 대선 직전에 이르러 재구성되기 이른다.

당대의 민주당 균열과 그에 즈음한 세력 재편을 체계적으로 압축해 본 것이 <표 4-8>과 <표 4-9>다. 친노와 반노 및 중립으로 갈라진 2002년 하반기 민주당 사정은 이처럼 '포스트 김대중' 시대의 주도권 장악을 둘러싸고 과열양상을 보인다. 비록 신당 추진기류가 본격화할망정 이미

〈표 4-8〉 16대 대선 직전 민주당 내 역학구도 1(2002년 8월 기준)

친노(親盧) ⇐   ⇒ 반노(反盧)

친노 핵심 (22)	한화갑계 (10)	기타 (22)	한광옥계 (8)	중도포럼 (4)	동교동계 (6)	이인제계 (15)
김원기 천정배 신기남 추미애 정동채 이강래 정세균 이호웅 임채정 김근태 임종석 장영달 김경재 김희선 신계륜 심재권 이미경 이상수 이재정 이창복 이해찬 천용택	문희상 김원길 김화중 배기선 정철기 조성준 조한천 박상규 박병윤 설훈	정대철 김영환 김충조 김택기 김효석 박종우 이낙연 이만섭 이원성 정재식 이정일 정동영 조순형 최선영 최명희 최용규 최재승 김명섭 송훈석 강성구 김영배 김민석	박양수 설송웅 최명헌 박상희 장태완 김태식 김윤식 정장선	정균환 유용태 김덕배 박병석	김옥두 김홍일 이훈평 김방림 윤철상 박상천	안동선 이윤수 원유철 이용삼 조재환 문석호 송석찬 송영진 남궁석 유재규 이근진 이희규 장성원 홍재형 전용학

〈표 4-9〉 16대 대선 직전 민주당 내 역학구도 2(2002년 9월 기준)

친노 그룹	신당추진파(탈당불사)	당 대 당 합당추진파	반노 그룹
김원기 정대철 신기남 임채정 이상수 문희상 이해찬 천정배 김근태 정동영	김원길 박상규 강운태 곽치영 김영환 박병윤	김영배 한광옥 정균환 유용태 설송웅 박양수	이인제 김명섭 송석찬 송영진 원유철 이근진

자료: ≪조선일보≫, 2002년 8월 3일 자; 2002년 9월 17일 자.

노무현을 대선후보로 확정한 민주당의 정치적 입장이라는 것도 ① 일단 노 후보로 그냥 가자는 그룹과 ② 노 후보로는 '반드시 진다'는 그룹으로 양분되고 있었다. 전자의 그룹도 구체적으로는 확고한 노무현 지지 세력(김원기·정대철 등)과 노 후보로는 어렵지만 법통을 확보하고 있기에 어쩔 수 없다는 집단(김근태·정동영·조순형·유재건 등)으로 나뉘고 있었다.

노무현 후보로는 '어렵다'는 그룹은 다시 세 갈래로 분리된다. 경선 직후부터 이인제를 따르는 계파 10여 명은 일찌감치 반노파를 형성했고 중도개혁포럼에 바탕을 둔 주변 야당과의 합당추진파는 정몽준 의원의 신당 및 자민련·민국당 등과 합당을 통해 '반창(反昌) 연대'를 이루자는 입장이었다. 아예 노골적으로 신당 추진을 부르짖는 탈당 불사 그룹은 노 후보와 정(몽준) 후보를 놓고 단일화해야 해야 한다고 주장하기도 한다.

흥미로운 사실은 대선을 서너 달 앞두고 불과 한 달 사이에 계파 이동과 그 속내의 충돌이 도드라진다는 점이다. 동기의 진중함이나 정치적 다중성의 의미를 단순히 변덕과 덧없는 표류 행각으로 치부하는 것은 물론 과잉 단순화일 수도 있을 것이다. 하지만 국민경선제에서 패배한 정동영과 한화갑계에 몸담고 있던 문희상이 그 짧은 기간에 분명한 '친노' 반열에 합류한 점이나 치열한 관망으로 중도파 주변을 맴돌던 인사들이 합당 추진 아니면 신당 창당을 위해 새로운 세를 이루려 애썼던 점은 주목할 일이다.

16대 대선을 앞두고 서서히 윤곽을 드러내는 친노와 반노의 대결도 눈여겨볼 대목이지만 중도를 견지하려는 세력들의 당내 스펙트럼이 어떻게 변하는지 따져보는 일도 또 다른 포인트다. <표4-8>과 <표 4-9>에 적시된 인사들을 나란히 견주어보아야 할 까닭도 여기 있다.

이를 지켜보는 민주당 수뇌부, 특히 DJ의 심경은 간단치 않았을 것이다. 정동영을 비롯한 당내 소장파의 일격에 불편했던 가신(家臣)들마저 끌어안아야 할 총재는 곤혹스러웠을 것이다. 평생을 따라 다니며 오로지 대권의 꿈을 성사시키기 위해 권모술수를 아끼지 않던 '그들'의 쾌적한 말년을 보장해주기보다 젊은 세력에게 꼼짝없이 당해야 하는 처지를 바라보는 일은 답답함의 경지를 넘어서는 일이었다.

그뿐 아니라 노무현이라는 복병의 홀연한 자기숙성 과정을 감수해야 함은 동교동계로서 '하는 수 없는' 정치적 불편함이었다. 이미 상당부분 내부 균열을 인정하고 당의 정체성 혼돈을 절감한 수뇌부로서도 '친노'와 '반노'의 대결은 정권 재창출을 위해 손쓸 수 없는 통과의례였다. '친노'는 바야흐로 DJ의 적통을 잇는 실질적 후예로 기정사실화하거나 스스로 윤색하기 시작했고 '반노'는 정몽준과의 후보단일화가 대안임을 내세우려 몸부림쳤다.

이길 수만 있다면 영혼이라도 팔 태세로 첨예한 두 진영 사이에서 방황하는 '중도'는 차라리 애처로웠다. 이미 대선 후보로 확정된 노무현 개인을 '반노'가 미워하거나 극한 견제할 즈음, '친노'는 자신들의 도전이 DJ의 폐부를 향한 칼끝의 '곤추세움'이 아니라 민주주의를 향한 거듭남이자 당의 창조적 파괴임을 자부한다. 그 앞에서 동교동계는 아무런 견제조차 못할 당의 장식품으로 옛 가락처럼 변해버린 자기네 처지를 재확인할 따름이었다. 누가 이길지만 바라보다 그들을 향한 최종의 지지를 예비할 수밖에 없는 존재는 DJ의 복심을 누구보다 잘 읽는다는 '늙은 그들'이었다.

엄밀히 말해 대선의 최종 승리자가 누군지 알 수 없는 상황에서 당의 정치기류가 어디로 흐를지 예측하기는 쉽지 않은 일이었다. 총재 역시 양분된 판세의 향방을 막후 조종하긴 어려웠고 아무리 뛰어난 수완의 소유자인들 누구에게 기대어 어디로 자신의 미래를 개척할지 가늠하기도 난망한 일이었다. 현실 정치를 '명분'과 '운세'의 기막힌 조합으로 인식하는 기민한 단위들로서는 그저 최소한의 의리와 자신이 챙길 이익의 최대값이 조화를 이루는 모종의 지점에서 행운이 다가오길 기다릴

뿐이었다. 도박꾼처럼.

　노무현을 당 대선 후보로 뽑아놓고도 때 아닌 신당 창당과 이를 추진하려는 움직임이 가시화된 것은 곧 그에게 당의 미래를 맡길 수 없다는 세력과 이에 맞서겠다는 측의 갈등 때문이었다. 민주당 내부 알력과 인맥의 난립으로 인한 모순은 타협과 대화를 통한 문제 해결을 일찌감치 어렵게 했고 사사건건 대립과 파행의 연속으로 상황을 이끈다. 신당을 구성하더라도 '친노'는 자민련이나 민국당과는 힘을 나누지 않을 것이며 노무현이 대선 후보가 되는 압도적 주체의 입장을 고수하고 있었고 '반노'는 반이회창 세력이 총집결하는 통합신당으로 가야 하며 당내 보수와 진보가 힘을 합치되 노무현은 후보로도, 추진 주체로도 나서서는 안 된다는 주장이었다. 중도세력은 여전히 이들 틈바구니에서 자신의 입지를 최대화하려는 기묘한 통합 문법을 찾으려 애쓰고 있었다.

　도발과 저항 없이 기존의 노후세력들과는 자신의 미래를 키울 수 없다고 판단한 정동영. 어느덧 훌쩍 커버려 자신을 키워준 집과 부모마저 부담스럽게 된 노무현. 이번에야말로 놓칠 수 없는 대권 앞에서 무의식마저 전율하는 이인제. 어떻게든 당을 추슬러야겠건만 어디서도 변혁의 가늠자를 찾지 못해 절치부심하는 동교동계와 DJ. 그들 각자의 난망함과 치열한 이익의 대차대조가 난립·충돌하는 2002년 늦여름도 쉽사리 그 열기를 접지 못한다.

　파벌의 생성과 분열 과정은 언뜻 복잡해 보이나 노무현 계보의 등장은 단순한 속내를 골자로 삼는다. 그 역시 '홀로서기' 위해 건설적 배반과 창조적 변절을 준비하는 일이야말로 어쩔 수 없는 정치 명분의 바탕이 된다. 노무현이든 정동영이든 대통령을 향한 후보 '자리'가 오를 수 있는 최고 위치가 아닌 한, 꿈의 반납이나 욕망의 자제는 거리가 먼 일이었다. 당내 기득권을 분쇄하려는 '그들'의 시도는 범동교동계뿐 아니라 (김영삼·김대중의 꿈의 실현 이후) 상도동계까지 포함하는 광역 파벌의 해체를 겨냥한 만큼 3김 시대의 유증을 의식적으로 배제하는 듯 보였다. 하지만 이는 그 자체만으로도 권력교체기의 함정을 피하지 못하는 또 하나의 '파벌 만들기'에 지나지 않았다.

이기기 위해 만드는 핑계가 이제껏 쌓아온 실덕과 과오의 '가림막'은 될 수 없었다. 자신만큼은 장차 한국의 '계보정치'가 끝난 개념임을 힘주어 말하려 했지만 그 역시 '파벌'의 도움 없이 대권을 쟁취하기는 힘겨웠다. 정동영이 시동을 걸고 노무현이 동승한 동교동계 '때리기'와 구(舊)파벌 '해체'라는 초유의 과업은 국민경선제라는 이벤트를 낳았고 당내 혁명을 의식하지 않고는 애당초 성공하기 힘든 콘셉트였다. 자기가 '크기' 위해 자기보다 '큰' 존재를 밟는 행위는 적어도 현실정치의 장에서 역설로 용납되는 이례적 일탈이었다.

어떻게든 '살아남음'은 대권을 바라보는 장본인이나 그를 좇는 동업자들이나 한결같이 지켜야 할 이 나라 직업정치현장의 최고 덕목이다. 정치적 '생존'이 일상의 '생활'에 앞서는 고도의 철학적 준칙임을 망각할 때 최고 권좌의 황홀함이나 이를 통한 철저한 마비의 메커니즘은 학습하기 어렵다. 선배를 죽이고 막후를 부정하는 피의 저항이 단행되지 않는 한, 나의 극적인 승리는 보장되지 않는다는 데 주목하는 것부터가 그래서 중요하다.

DJ의 퇴임이 곧 JP의 등장으로 연결될 리 없는 상황이야말로 민주화의 역설이었을 것이다. 김영삼과 김대중이 대권을 거머잡는 것을 본 김종필로서야 일이 그릇된다 한들 스스로 삭일 대권이었겠으되, 민주당 인사들이야 다시 놓치고 싶지 않은 '권력'이요 남 주기 싫은 '공직'이었던 셈이다. 게다가 다시없을 절호의 기회를 당내 경쟁 계파에게 넘겨주기 싫은 마음이야 누구라도 엿볼 본색 차원을 넘어서고 있었던 터다. 그걸 정치본능으로 표현하든, 아니면 참을 수 없는 탐욕의 한계로 묘사하든 대권 앞에 좌절해본 인사보다 더욱 눈여겨볼 대상은 열기와 욕망으로 질주하는 신인들의 면면이었을 것이다.

대선을 불과 석 달여 남겨놓고도 내부 분란을 잠재우지 못한 민주당은 112명 의원 대부분이 두 파로 나뉘어 서로를 견제하는 형국이었다. '반노' 그룹은 '친노'를 운동권으로 몰며 입지를 넓히려 애썼고 '친노'는 '반노'가 과거의 안온했던 시절을 잊지 못하면서 집권만을 위해 당의 정체성까지 훼손시킨다며 맹공의 고삐를 늦추지 않았다.

그러나 집권여당의 프리미엄과 각종 이익의 향배를 낙관하고 있던 민주당 인사들의 정치적 선택은 결국 이기적 수준을 크게 벗어나지 못하고 있었다. 입으로야 국가와 민족, 통일과 복지 아니면 평등과 번영을 찾았지만 감각의 촉수는 그들 역시 재집권의 영광이 자신에게 기여할 몫의 '실질'을 구(求)하는 데 주력하고 있었다.

친노 그룹이나 반노 집단 가릴 것 없이 재집권의 꿈은 입신양명과 또 다른 '가문의 광영'을 잉태할 회심의 '한 건'이었다. 나아가 실질적 관리 능력을 잃어가던 동교동계 역시 상황의 추이를 지켜본 뒤 '되는 쪽'에 호남의 힘을 얹겠다고 작심할 수밖에 없었다. 어느 진영이든 사실상 기득권을 빌미로 정치적 공격의 화살을 당기는 일은 결코 수월하지 않았다. 당내 장로 그룹으로 자신의 자리를 호락호락 내주려 하지 않는 동교동계를 상정할 경우 '기득'의 의미는 희석되고 있었기 때문이다.

여기서 주목해야 할 대상은 <표 4-10>에 나타난 인사들이다. 이는

〈표 4-10〉 김대중 정권 출범 후 민주당 입당인사의 분포와 성향(2002년 9월 기준)

	성명	지역구	출신	성향
한나라당 입당파	유용태	서울 동작 을	노동부 공보관	반노무현
	김명섭	서울 영등포 갑	구주제약회장(당시)	반노무현
	박종우	김포	인천시장	반노무현
	송훈석	속초 고성 양양 인제	부장검사	반노무현
국민신당 입당파	이인제	논산	15대 대선후보	반노무현
	이만섭	전국구	신한국당 대표	반노무현
	이용삼	철원 화천 양구	검사	반노무현
	원유철	평택 갑	경기도 의원	반노무현
민주당 창당 전후 입당인사	김경천	광주 동	광주 YWCA 총무	반노무현
	강운태	광주 남	전 내무장관	반노무현
	남궁석	용인 갑	삼성SDS 대표	반노무현
	박병윤	시흥	《한국일보》 부회장	반노무현
	설송웅	서울 용산	공화당 위원장	반노무현
	송영진	당진	국민당(정주영)위원장	반노무현
	이근진	고양 덕양 을	유한전자대표	반노무현
	이정일	해남 진도	《전남일보》 회장	중도
	전용학	천안 갑	SBS 앵커	반노무현
	정장선	평택 을	청와대(YS) 행정관	반노무현
	홍재형	청주 상당	재경부 장관	반노무현
	강성구	오산 화성	MBC 사장	반노무현
	곽치영	고양 덕양 갑	데이콤 사장	반노무현
	김운용	전국구	대한체육회장	중도
	김윤식	용인 을	신동에너콤 사장(당시)	중도
	김택기	태백 정선	동부화재사장	중도
	김화중	전국구	대한간호사협회장	중도
	김효석	담양 곡성 장성	중앙대 교수	중도
	박상희	전국구	미주그룹회장	반노무현
	이원성	충주	대검 차장검사	중도
	이재정	전국구	성공회대 총장	친노무현
	이종걸	안양 만안	변호사	친노무현
	이창복	원주	자주평화통일민족회의 상임의장	중도
	임종석	서울 성동	전대협 의장	친노무현

	성명	선거구	주요 경력	성향
민주당 창당 전후 입당인사	장태완	전국구	재향군인회장	반노무현
	정범구	고양 일산 갑	방송진행자	중도
	조배숙	전국구	여성변호사회장	반노무현
	최영희	전국구	대한간호사협회장	반노무현
	최용규	인천 부평 을	변호사	친노무현
	함승희	서울 노원 갑	대검중수부 검사	중도
	허운나	전국구	한양대 교수	친노무현
기타 반노무현 인사	김기재	전국구	YS 집권기 부산시장	
	김영배	서울 양천 을	국민회의 총재대행	
	김영환	안산 갑	국민회의 기조위원장	
	김원길	강북 갑	대한전선 부사장	
	박상규	인천 부평 갑	중소기업 회장	
	박상천	고흥	검사	
	송석찬	대전 유성	DJ 연설담당비서	
	이희규	이천	국민당 위원장	
	장성원	김제	≪동아일보≫ 경제부장	
	최명헌	전국구	5공 노동부장관	
기타 친노무현 인사	김경재	순천	미주 민통연합회장	
	김원기	정읍	≪동아일보≫ 조사부장	
	문희상	의정부	JC 중앙회장, 연청 중앙회장	
	박인상	전국구	노총 위원장	
	신계륜	서울 성북 을	고대 총학생회장	
	신기남	서울 강서 갑	변호사	
	이상수	서울 중랑 갑	국민운동본부 민권위원장	
	이해찬	서울 관악 을	민청련 부위원장	
	이호웅	인천 남동 을	인천지역사회운동연합의장	
	임채정	서울 노원 을	≪동아일보≫ 해직기자	
	정대철	서울 중	국민회의 부총재	
	정동영	전주 덕진	MBC 앵커	
	정동채	광주 서	≪한겨레≫ 논설위원	
	정세균	무주 진안 장수	고대 총학생회장	
	조순형	서울 강북 을	국민회의 사무총장	
	천정배	안산 을	민변 창립회원(변호사)	
	추미애	서울 광진 을	판사	

자료: ≪조선일보≫, 2002년 9월 30일 자.

DJ의 위상이나 당내 역할과는 별도로 ① 민주당 창당을 전후해 입당을 단행한 인사들과 ② 야당에서 당적을 옮긴 인물들의 면면과 함께 어쩔 수 없이 한솥밥을 나누며 조우해야 했던 ③ 노무현 주변 사람들의 친소관계를 체계화한 결과다. 이는 기왕의 민주당 토착세력을 제외한 '입당' 세력들로 당 소속 의원 총수의 거의 절반에 달하는 압도적 다수를 차지한다.

애당초 '친노' 반열에 속하지 않았으면서도 '중도'와 '반노'의 입지를 지탱해 당내 역학구도를 이용, 자신의 미래를 개척해나간 면면과 '그들'이 정치에 손대기 전 무슨 일을 하며 욕망의 텃밭을 일구려 했는지 주목하는 일은 더욱 중요하다. 처음부터 끝까지 명분과 핑계로 꾸며지는 정치의 세계에 한 인간의 삶의 궤도 변경을 어떻게 다시 변명할 것인지 그 한계의 확장이란 여기서 별로 중요치 않을 것이다. 단지 누가 어디서 어디로 옮기고 움직였는지 기왕의 표에 드러난 그것들과 함께 견주어볼 일이다.

DJ 정권 말기에 일어난 또 한 번의 의원 당적 변경은 기왕에 불붙은 신당 창당논의와 내분의 파괴력을 능가할 만한 효과를 발휘한다. 민주당의 전용학과 자민련의 이완구가 무릎쓴 한나라당 '행(行)'은 '둘'이라는 숫자의 제한성이나 이적 당시 그들의 소속 문제를 훌쩍 넘어서고 있었다. 특히 이완구의 경우는 애당초 자기가 떠나 온 한나라당을 다시 찾아 들어갔다는 점에서 '연어형(鰱魚型)' 파벌이동의 대명사로 각인된다. 본인으로서야 평생을 따라붙는 이 같은 이력이 괴로운 일일 수 있겠으나 이 땅의 직업정치인들에게 '이익'은 어떤 명분도 만들어낼 달콤한 유인 요소였다.

2002년 16대 대선을 앞두고 이들의 당적 변경(혹은 이탈)이 세상의 눈길을 사로잡은 독특함은 곧 DJ 정권의 결과론적 정치 한계와 직결되는 일이었다. 그것은 야권 파벌의 대약진으로 평가받는 김대중 정권의 공과의 한 항목으로 기록된다는 사실 말고도 그의 승리를 끝까지 모범적 민주화의 전례(前例)로 굳히는 데 장해가 된다. 사소한 부피의 '배반'일망정, 이들의 당적 이동은 세기의 전환도 정치현장에선 무의미하며 그걸 한때 새천년의 시작이라고 스스로 들떠 유포한 제도적 권위의 중추 역시 또 한 번의 권력교체기 앞에 무기력해져 가고 있음을 고스란히 반증한다.

김대중의 퇴장이 무색할 정도로 민주당에서 한나라당으로 이적하는 경우나 한때나마 한나라당을 떠나 자민련에 몸담는 일이 자신의 삶의 모두인 양 치부하던 이의 원대복귀는 하나같이, 다가오는 대권의 향배가 다시 한 번 시계추의 진동마냥 여야교체의 자연사(自然史)로 이어질 것이라고 쉽게 낙관한 결과였을 것이다. 게다가 현실은, 특히 정치현실은 세상 바뀔 즈음이면 비루하고 구차한 뒷골목보다 요란한 환상의 메뉴를 넘쳐나도록 예비하고 있었다.

이제 16대 국회의원들의 당적 변경 현실에 렌즈를 얹으면서 김대중 정권의 파벌정치를 정리하기로 하자. 당명 변경이나 창당을 포함, 당적을 옮긴 의원들의 명단과 그 이동 지평을 구체적으로 뒤쫓아보자. 그들은 자기당 대표와 다른 당대표가 당세를 키우고 유리한 고지를 점유하자고 막후에서 합당을 도모하려 들 때, 아니 그 같은 행위가 유권자 모두와 한국정치사에 아로새겨진 교훈의 메시지 전부를 능멸하는 행위임을 알면서도 대부분 침묵하고 있었다. 야합의 대가가 얼마나 혹독하며 그 여파가 자신들의 뒤통수를 부메랑처럼 후려칠 것이라는 사실조차 깨달으려 하지 않았다.

〈표 4-11〉 16대 국회의원 당적 변경 현황: 16대 대선 직전(2002년 10월 기준)

성명	선수(選數)	당적 변경 내역
강삼재	5	신한민주당→ 통일민주당→ 민주자유당→ 신한국당→ 한나라당
강운태	1	새정치국민회의→ 무소속→ 새천년민주당
강인섭	2	통일민주당→ 민주자유당→ 신한국당→ 한나라당
강재섭	4	민주정의당→ 민주자유당→ 신한국당→ 한나라당
강창성	2	통합민주당→ 꼬마민주당→ 한나라당
강창희	5	민주정의당→ 무소속→ 자유민주연합→ 무소속→ 한나라당
강현욱	2	신한국당→ 한나라당→ 무소속→ 새천년민주당
고진부	1	새정치국민회의→ 새천년민주당
권기술	2	민권당→ 신한민주당→ 통일민주당→ 통합민주당→ 한나라당
권오을	2	통합민주당→ 한나라당
권철현	2	신한국당→ 한나라당
김경재	2	신한민주당→ 평화민주당→ 통합민주당→ 새정치국민회의→ 새천년민주당
김근태	2	새정치국민회의→ 새천년민주당
김기배	4	민주정의당→ 민주자유당→ 신한국당→ 한나라당
김기재	2	신한국당→ 한나라당→ 무소속→ 새천년민주당
김기춘	2	신한국당→ 한나라당
김낙기	1	신한국당→ 한나라당
김덕규	4	신한민주당→ 평화민주당→ 통합민주당→ 새정치국민회의→ 새천년민주당
김덕룡	4	신한민주당→ 통일민주당→ 민주자유당→ 신한국당→ 한나라당
김덕배	1	새정치국민회의→ 새천년민주당
김동욱	4	신한민주당→ 통일민주당→ 민주자유당→ 신한국당→ 한나라당
김명섭	3	한나라당→ 새정치국민회의→ 새천년민주당
김무성	2	통합민주당→ 민주자유당→ 신한국당→ 한나라당
김문수	2	민중당→ 신한국당→ 한나라당
김방림	1	민주당→ 신한민주당→ 평화민주당→ 통합민주당→ 새정치국민회의→ 새천년민주당
김부겸	1	한겨레민주당→ 통합민주당→ 한나라당
김영배	6	신한민주당→ 통일민주당→ 평화민주당→ 신민주연합당→ 통합민주당→ 새정치국민회의→ 새천년민주당

이름		정당 이력
김영일	3	민주정의당 → 민주자유당 → 신한국당 → 한나라당
김영진	4	평화민주당 → 신민주연합당 → 민주당 → 새정치국민회의 → 새천년민주당
김영춘	1	**통일민주당 → 민주자유당 → 신한국당 → 한나라당**
김영환	2	통합민주당 → 새정치국민회의 → 새천년민주당
김옥두	3	신한민주당 → 평화민주당 → 신민주연합당 → 통합민주당 → 새정치국민회의 → 새천년민주당
김용갑	2	**무소속 → 신한국당 → 한나라당**
김용균	1	민주정의당 → 자유민주연합 → 한나라당
김용환	4	신민주공화당 → 민주자유당 → 무소속 → 새한국당 → 통일국민당 → 신민당(국민당+신정당) → 자유민주연합 → 한국신당 → 한나라당
김원기	5	신한민주당 → 민주한국당 → 평화민주당 → 신민주연합당 → 통합민주당 → 국민통합추진회의 → 새정치국민회의 → 새천년민주당
김원길	3	통합민주당 → 새정치국민회의 → 새천년민주당
김원웅	2	민주공화당 → 민주정의당 → 통합민주당 → 통합추진회의 → 한나라당
김일윤	4	민주한국당 → 한국국민당 → 민주정의당 → 신한국당 → 한나라당
김정숙		민주정의당 → 민주자유당 → 신한국당 → 한나라당
김종필	9	**민주공화당 → 신민주공화당 → 민주자유당 → 자유민주연합**
김종하	5	**민주공화당 → 한국국민당 → 민주자유당 → 신한국당 → 한나라당**
김종호	6	**민주정의당 → 민주자유당 → 신한국당 → 자유민주연합**
김진재	5	민주정의당 → 민주자유당 → 신한국당 → 한나라당
김찬우	4	**민주한국당 → 통일국민당 → 민주자유당 → 신한국당 → 한나라당**
김충조	4	무소속 → 근로농민당 → 평화민주당 → 신민주연합당 → 통합민주당 → 새정치국민회의 → 새천년민주당
김태식	5	평화민주당 → 통합민주당 → 새정치국민회의 → 새천년민주당
김태홍	1	새정치국민회의 → 새천년민주당
김학송		무소속 → 한나라당
김학원	2	**민주자유당 → 신한국당 → 국민신당 → 자유민주연합**
김형오	3	민주자유당 → 신한국당 → 한나라당
김홍신	2	통합민주당 → 한나라당
김홍일	2	평화민주당 → 신민주연합당 → 통합민주당 → 새정치국민회의 → 새천년민주당
김희선	1	새정치국민회의 → 새천년민주당
나오연	3	민주정의당 → 민주자유당 → 신한국당 → 한나라당

남경필	2	신한국당 → 한나라당
맹형규	2	신한국당 → 한나라당
목요상	**4**	**민주한국당 → 통일민주당 → 통일국민당 → 신한국당 → 한나라당**
문석호	1	통합민주당 → 새정치국민회의 → 새천년민주당
문희상	2	평화민주당 → 통합민주당 → 새정치국민회의 → 새천년민주당
박관용	**6**	**민주한국당 → 신한민주당 → 통일민주당 → 민주자유당 → 신한국당 → 한나라당**
박근혜	2	한나라당 → [탈당] → [복당] → 한국미래연합
박명환	3	민주자유당 → 신한국당 → 한나라당
박상규	2	새정치국민회의 → 새천년민주당
박상천	4	평화민주당 → 신민주연합당 → 통합민주당 → 새정치국민회의 → 새천년민주당
박세환	2	신한국당 → 한나라당
박승국	2	신한민주당 → 통일민주당 → 한나라당
박시균	**2**	**한국국민당 → 신한국당 → 한나라당**
박재욱	**2**	**한국국민당 → 민주정의당 → 민주자유당 → 신한국당 → 한나라당**
박종근	**2**	**자유민주연합 → 한나라당**
박종우	**2**	**무소속 → 신한국당 → 한나라당 → 새정치국민회의 → 새천년민주당**
박종웅	**3**	**통일민주당 → 민주자유당 → 신한국당 → 한나라당**
박주천	3	민주정의당 → 민주자유당 → 신한국당 → 한나라당
박창달	2	민주정의당 → 민주자유당 → 신한국당 → 한나라당
박헌기	3	무소속 → 민주자유당 → 신한국당 → 한나라당
박희태	4	민주정의당 → 민주자유당 → 신한국당 → 한나라당
배기선	2	평화민주당 → 신민주연합당 → 통합민주당 → 새정치국민회의 → 새천년민주당
배기운	2	평화민주당 → 신민주연합당 → 통합민주당 → 새정치국민회의 → 새천년민주당
백승홍	**2**	**꼬마민주당 → 무소속 → 신한국당 → 한나라당**
서상섭	1	통합민주당 → 한나라당
서정화	5	민주정의당 → 민주자유당 → 신한국당 → 한나라당
서청원	**5**	**민주한국당 → 통일민주당 → 민주자유당 → 신한국당 → 한나라당**
설송웅	**1**	**신민주공화당 → 무소속 → 통합민주당 → 새천년민주당**
손학규	3	신한국당 → 한나라당
손희정		민주자유당 → 신한국당 → 한나라당
송광호	**2**	**통일국민당 → 민주자유당 → 신한국당 → 국민신당 → 자유민주연합**

송석찬	1	신한민주당 → 평화민주당 → 새천년민주당 → 자유민주연합 → 새천년민주당
송영길	1	새정치국민회의 → 새천년민주당
송영진	2	신민주공화당 → 민주자유당 → 통일국민당 → 민주자유당 → 신한국당 → 국민신당 → 새천년민주당
송훈석	2	새정치국민회의 → 새천년민주당
신경식	4	민주정의당 → 민주자유당 → 신한국당 → 한나라당
신계륜	2	신민주연합당 → 통합민주당 → 새정치국민회의 → 새천년민주당
신기남	2	새정치국민회의 → 새천년민주당
신영국	3	통일민주당 → 민주자유당 → 신한국당 → 한나라당
신영균	2	민주정의당 → 신한국당 → 한나라당
심재철	1	신한국당 → 한나라당
안경률	1	통일민주당 → 신한국당 → 한나라당
안대륜	1	민주정의당 → 자유민주연합
안동선	4	민주당 → 신한민주당 → 평화민주당 → 통합민주당 → 새정치국민회의 → 새천년민주당 → 국민통합21(준)
안상수	2	신한국당 → 한나라당
안영근	1	민중당 → 신한국당 → 한나라당
안택수	2	자유민주연합 → 신한국당 → 한나라당
오장섭	3	민주자유당 → 한나라당 → 자유민주연합
원유철	2	신한국당 → 무소속 → 신한국당 → 국민신당 → 새천년민주당
원희룡	1	민주당 → 한나라당
유용태	2	신한국당 → 한나라당 → 새정치국민회의 → 새천년민주당
유재건	2	새정치국민회의 → 새천년민주당
유흥수	4	민주정의당 → 민주자유당 → 신한국당 → 한나라당
윤영탁	3	통일민주당 → 통일국민당 → 신한국당 → 한나라당
윤철상	2	평화민주당 → 신민주연합당 → 새정치국민회의 → 새천년민주당
윤한도	2	민주정의당 → 신한국당 → 한나라당
이강두	3	민주자유당 → 무소속 → 민주자유당 → 신한국당 → 한나라당
이강래	1	새정치국민회의 → 무소속 → 새천년민주당
이규택	3	통일민주당 → 통합민주당 → 신한국당 → 한나라당
이근진	1	통일민주당 → 통합민주당 → 국민신당 → 새정치국민의 → 새천년민주당

이름	수	정당 변천
이만섭	8	민주공화당 → 한국국민당 → 민주자유당 → 신한국당 → 국민신당 → 새정치국민회의 → 새천년민주당
이미경	2	통합민주당 → 한나라당 → [제명] → 무소속 → 새천년민주당
이부영	3	꼬마민주당 → 통합민주당 → 한나라당
이상득	4	민주정의당 → 민주자유당 → 신한국당 → 한나라당
이상배	2	신한국당 → 한나라당
이상수	3	평화민주당 → 새정치국민회의 → 새천년민주당
이상희	4	민주정의당 → 신한국당 → 한나라당
이성헌	1	통일민주당 → 민주자유당 → 신한국당 → 한나라당
이승철	1	통합민주당 → 한나라당
이양희	2	민주정의당 → 자유민주연합
이완구	2	신한국당 → 자유민주연합 → 한나라당
이용삼	3	무소속 → 민주자유당 → 신한국당 → 국민신당 → 새정치국민회의 → 새천년민주당
이우재	2	민중당 → 신한국당 → 한나라당
이원창	1	신한국당 → 한나라당
이원형	1	신한국당 → 한나라당
이윤성	2	신한국당 → 한나라당
이윤수	3	신민당 → 민주통일당 → 신한민주당 → 평화민주당 → 신민주연합당 → 통합민주당 → 새정치국민회의 → 새천년민주당
이인제	3	통일민주당 → 민주자유당 → 신한국당 → 국민신당 → 새천년민주당
이재오	2	민중당 → 신한국당 → 한나라당
이재창	2	자유민주연합 → 신한국당 → 한나라당
이정일	1	무소속 → 새천년민주당
이주영	1	통합민주당 → 한나라당
이한동	6	민주정의당 → 민주자유당 → 신한국당 → 한나라당 → 자유민주연합 → 무소속
이해봉	2	무소속 → 한나라당
이해찬	4	평화민주당 → 새정치국민회의 → 새천년민주당
이협	4	신한민주당 → 통일민주당 → 평화민주당 → 통합민주당 → 새정치국민회의 → 새천년민주당
이회창	2	신한국당 → 한나라당
이훈평	1	평화민주당 → 통합민주당 → 새정치국민회의 → 새천년민주당

이희규	1	무소속→ 국민신당→ 새천년민주당
임인배	2	신한국당→ 한나라당
임진출	2	민주자유당→ 통일민주당→ 통일국민당→ 민주자유당→ 무소속→ 신한국당→ 한나라당
임채정	3	평화민주당→ 새정치국민회의→ 새천년민주당
장성원	2	새정치국민회의→ 새천년민주당
장영달	3	평화민주당→ 통합민주당→ 새정치국민회의→ 새천년민주당
장재식	3	통합민주당→ 새정치국민회의→ 새천년민주당→ 자유민주연합→ 새천년민주당
전갑길	1	평화민주당→ 신민주연합당→ 통일민주당→ 새정치국민회의→ 새천년민주당
전용원	3	민주정의당→ 민주자유당→ 신한국당→ 한나라당
전용학	1	자유민주연합→ 새천년민주당→ 한나라당
정균환	4	평화민주당→ 통합민주당→ 새정치국민회의→ 새천년민주당
정대철	5	신한민주당→ 평화민주당→ 통합민주당→ 새정치국민회의→ 새천년민주당
정동영	2	새정치국민회의→ 새천년민주당
정동채	2	새정치국민회의→ 새천년민주당
정몽준	4	무소속→ 민주자유당→ 통일국민당→ 무소속→ 국민통합21(준)
정병국	1	통일민주당→ 신한국당→ 한나라당
정세균	2	통합민주당→ 새정치국민회의→ 새천년민주당
정우택	2	통일국민당→ 자유민주연합
정의화	2	신한국당→ 한나라당
정장선	1	자유민주연합→ 무소속→ 새천년민주당
정재문	5	신민당→ 통일민주당→ 민주자유당→ 신한국당→ 한나라당
정창화	5	민주공화당→ 민주정의당→ 민주자유당→ 신한국당→ 한나라당
정철기	1	신민당→ 새정치국민회의→ 새천년민주당
정형근	2	신한국당→ 한나라당
조부영	3	신민주공화당→ 민주자유당→ 자유민주연합
조성준	2	새정치국민회의→ 새천년민주당
조순형	4	무소속→ 신한민주당→ 한겨레민주당→ 통합민주당→ 새정치국민회의→ 새천년민주당
조웅규	2	신한국당→ 한나라당
조재환	1	신한민주당→ 통일민주당→ 평화민주당→ 신민주연합당→ 새정치국민회의→ 새천년민주당

조정무	1	구(舊)국민당 → 신한민주당 → 민주당 → 한나라당
조한천	2	새정치국민회의 → 새천년민주당
주진우	2	신한국당 → 한나라당
천용택	2	새정치국민회의 → 새천년민주당
천정배	2	새정치국민회의 → 새천년민주당
최명헌	3	**민정당 → 민자당 → 새정치국민회의 → 새천년민주당**
최돈웅	3	**민주공화당 → 무소속 → 신한국당 → 한나라당**
최병렬	4	민주정의당 → 민주자유당 → 신한국당 → 한나라당
최선영	2	새정치국민회의 → 새천년민주당
최연희	2	민주자유당 → 신한국당 → 한나라당
최용규	1	무소속 → 통합민주당 → 새정치국민회의 → 새천년민주당
최재승	3	평화민주당 → 신민주연합당 → 통합민주당 → 새정치국민회의 → 새천년민주당
추미애	2	새정치국민회의 → 새천년민주당
하순봉	4	민주정의당 → 민주자유당 → 신한국당 → 한나라당
한승수	3	**민주정의당 → 신한국당 → 한나라당 → 민주국민당 → 한나라당**
한화갑	3	평화민주당 → 신민주연합당 → 통합민주당 → 새정치국민회의 → 새천년민주당
함석재	3	**민주자유당 → 자유민주연합 → 한나라당**
허태열	1	신한국당 → 한나라당
현경대	5	민주자유당 → 신한국당 → 한나라당
홍사덕	5	**민주한국당 → 신한민주당 → 통합민주당 → 무소속 → 무지개연합 → 한나라당**
홍재형	2	**신한국당 → 국민신당 → 새정치국민회의 → 새천년민주당**
홍준표	2	신한국당 → 한나라당
황승민	2	신한국당 → 한나라당
황우여	2	신한국당 → 한나라당

주: 굵은 글씨는 '철새형 당적 변경' 정치인을 뜻함.

그들의 면면은 어떤 모습이었을까. 다소 번잡하고 방대한 <표 4-11>은 16대 대선을 목전에 둔 2002년 10월 말에 이르기까지 선수(選數) 고려하지 않고 누구든 적어도 한 번 이상 당적을 옮긴 인물들의 집적자료

(accumulated data)다. 이것만으로도 이 땅의 직업정치인들이 명분과 실리에서 얼마나 표리부동하고 자기중심적인 사고에 젖어 있었는지 충분히 가늠할 수 있다.

야합의 대명사로 알려진 3당 합당은 물론 민중당 출신으로 신한국당에 입당한 인사, 무소속 당선 후 특정 정당에 입당한 인물, 공천 과정에 여러 정당 눈치를 본 과거를 가진 사람, '의원임대사건'에 끼어든 의원들 모두를 아우르는 <표 4-11>은 앞서 예시한 것처럼 '철새형'의 경우, 굵은 글씨로 처리한다. 특히 여야의 벽을 쉽사리 넘나들되, 극도의 자기중심성을 변절의 기본으로 삼는 사례에 주목한다.

개인별 당적 변동에 초점을 맞춘 이 리스트만으로 변절의 집단성을 식별하기란 쉽지 않다. 하지만 그들의 이동은 철저한 명분이나 용기 있는 '개인'의 자발적 트레이드라기보다 지나친 분별과 기민한 계산 아래 철저한 합리성을 바탕에 두는 '집단적' 판단 결과였음에 주목할 필요가 있다. 다시 말해 홀로 옮겨 다니며 자신에게 들이닥칠 정치적 공세의 최대치를 감안하기보다 이기심의 표출과 그럴듯한 명분 조성에서 유사한 인물들끼리 같이 움직이는 게 훨씬 유리할 것이라는 판단을 도모함은 이미 상식이었다.

지체 없이 옮기거나 거침없이 빠져 나오려는 이들의 '뜻'을 마치 용기 있는 투사의 불가피한 고뇌나 그 결과인 양 과대포장하는 일도 얼마든지 가능했다. 오로지 권력을 장악하거나 그 같은 상황의 유리함을 지탱하는 일만이 '가문의 영광'으로 직결되는 사고는 파벌이동의 핑계와 방식을 치밀하게 고려하도록 유인한다. 그리고 그 과정에서 자신의 모양새를 집단화하도록 자연스레 자극한다. '외로움'의 '분산'과 '괴로움'의 '공유' 쯤으로 그들의 정치적 처사를 심리 분석하자면 그건 너무 지나친 일일까. 아울러 '머쓱함'의 정치적 해소와 승화 또한 염려해야 할 나머지 사안이었으리라.

무엇보다 주목할 대목은 그들의 일정한 물리적 '몰려다님(cluster / gathering)'에 깃든 파벌화의 본성일 것이다. 그것이 혼자만의 결행이 아니라 여럿이 단행하는 상당한 '무리수'라는 부담도 결국에는 상호 위로의 핑계거리밖에 되지 않는 일이었지만 말이다. 하지만 그 모든 부담이나 당사자들이 치러야만 하는 '불편함'이라는 것도 언젠가는 되돌아올 정치적 자기 지분(持分)과 권력의 실질로 상쇄할 일이었다는 데 주목하고 보면 정치철새라는 세간의 혹평도 거뜬히 극복할 문제였다.

물리적 이동의 동기와 정치성을 추론하자면 그것은 곧 '대세추종'과 '양지(陽地)지향'으로 볼 일이다. 그뿐 아니라 대부분의 파벌 구성원들이 버리지 못하는 '여당지향-강자추종'의 행적이 고착화하는 과정과 유형에도 눈길을 맞출 일이다. 그럴듯한 명분으로 파벌의 집단적 이동이 급기야 '자기회귀'의 면모를 보이기까지 한 이른바 연어형 궤적의 대표격은 이완구의 경우보다 좀 더 앞선 다른 경우에서 찾아야 한다.

2001년 1월 발생한 '의원 임대'의 건이 바로 그 원조격이라고 보면 틀리지 않을 것이다. '배기선·송석찬·송영진' 등이 민주당을 탈당하면서 자민련에 입당한 이 사건은 당시 송석찬이 '공동정권의 회복을 위해 정치생명을 걸고 죽음을 선택했다'며 비장한 의중을 비치자 세상의 관심을 끈다. 이는 곧 자민련을 원내교섭단체로 만들어 한나라당을 새롭게 견제하려 한 국민회의의 전략이었다. 이 같은 '임대'에 불만을 품고 강창희가 반발 탈당하자 심지어 장재식을 2차로 자민련에 방출하는 희대의 사건을 연출하는 일도 집권여당은 마다하지 않는다.

더욱 압권인 것은 자민련으로 당적을 옮긴 송석찬이 민주당과 자민련의 합당을 촉구하며 DJ에게 보낸 서한이었다. 바로 여기서 그는 인구에 회자될 '연어(鰱魚)'론을 펼친다. "대통령님과 민주당을 떠나 자민련 입당을 결심한 순간부터 한 마리 연어가 되기로 결심했다. 태어난 고향을 떠나 성숙한 뒤 일생일대의 성업을 위해 강을 거슬러 마지막까지 힘을 쏟아 알을 낳은 뒤 생을 마감하는 연어가 되어 다시 돌아오겠다"는 그의 속내는 어디까지 이해 가능한 걸까. 게다가 그 동기의 갸륵함은 어디까지 확장 가능할까.

필요하다면 언제 어디서든 변절의 명분과 탈색의 정치적 핑계를 마련할 수 있도록 허용된 공간. 중요한 것은 '실리'요, '모양'과 '형식' 혹은 절차는 부차적 의미만 지닌다는 사고마저 얼마든지 묵인되는 나라. 당적의 개인적 변경이나 집단 이탈은 물론 당명 자체의 희화적 개명 앞에 누구 하나 반기를 휘두르지 못하는 정치집단. 그리고 이들 모두를 감싸는 문화적 보수와 그에 찌든 정당들의 상호각축.

'전근대'와 '현대'가 야합하고 유교적 충절과 '중세'의 침묵을 매개하는 인습의 정치지평이 유권자의 손에 의해서만 분쇄될 수밖에 없다는 사실은 분명 아이러니다. 밀레니엄의 요란한 폭죽과 그에 뒤따른 시대의 흥분이 채 두 해도 넘기지 못하고 퇴행의 나락으로 변질하는 정치비극의 반복 역시 따지고 보면 이 같은 사고의 원시성에서 비롯되고 있었던 터다. '파벌'의 생리와 체질을 너무나 잘 알았기에 되레 그 촘촘한 회로와 비밀의 방에 스스로 갇혀버린 정권. 그것은 곧 '국민의 정부'가 넘지 못한 장벽이자 21세기 정치철새들의 업보였다.

2. 야당의 여당화와 여당의 야당화 2: 노무현 정권의 파벌정치

노무현의 대통령 당선과 그가 일군 '참여정부'의 공과에 관한 연구는 현재진행형이다. '진보'와 '개혁'을 앞세워 세상의 온갖 구태를 뒤집어엎겠다는 발상의 혁명성은 접어두고라도 그의 취임은 상식과 인습의 틀을 깨는 계기로 새겨진다. 그것은 학력과 가문, 배경과 출신성분 등을 물을 필요 없이 이제 평범한 인물도 정치적 등극이 가능해졌고 누구라도 권력이 누려온 기득권을 매만지거나 일체의 특권을 뒤흔들 수 있음을 웅변처럼 토하는 일이었다.

될 성싶지 않았던 인물의 정상정복과 그에 따른 기성의 시선이 갈라지는 변화는 가히 요동이었다. 그것이 하필 '흠모'와 '미움'이라는 양극점 사이에서 세상을 뒤흔든 저간의 사정도 '경험칙(經驗則)'조차 세울 수 없을 만큼 파격적이었다는 점에서 그는 늘 시끄럽고 소란한 쟁론 한가운데 서 있었다. 그의 느닷없는 출현으로 이제까지의 입지를 잃지 않으려 몸부림치는 부류와 이참에 옛것은 갈아치우고 새것이 정의의 푯대가 되는 세상을 만들자며 소탈한 권력의 압도적 전진배치를 외치는 무리가 대립하는 일도 막아내기는 역부족이었다.

겪지 않았던 일들을 겪어야 하는 이들이 '수구'와 '꼴통'의 이음동어를 견뎌내야 했던 5년의 세월도 전대미문의 기간이었을 것이다. 영영 기득권을 되찾지 못할는지도 모르리라는 부정적 예감과 이를 근본적으로 비웃는 이들의 엄연함마저 감안하자면 '반노'와 '친노'의 세 대결이 또 하나의 분단의식을 채근해댄 것도 당연했다.

누군가는 해방공간 조선의 좌우 격돌을 빗대려 했고 진보와 개혁의 순기능마저 사회주의의 적색논리로 극한 공격하는 첨예한 대척점들이 세상 곳곳에 똬리를 튼 것도 지우지 못할 현실이었다. 그런가 하면, 민중의 입맛에 알아서 함몰하는 권력의 '포퓰리즘'이 망령처럼 떠돈다며 애써 순화(馴化)된 어법을 사용하기도 한 것이 세기 초 사회지평이다. 새로 출범한 권력은 하지만 이 같은 변화가 바람직한 민주화의 시동이며 이제 거스를 수 없는 대세임을 표방한다. 일체의 특권도, 기성의 권위도 결국은 무너져야 할 악습이자 폐단이라는 사고가 풍선처럼 팽창해간 것도 한때 5공의 노태우가 내건 '위대한 보통사람들의 시대'와는 전혀 다른 울림으로 작동한다.

노무현이 강조하는 특권 타파는 온갖 기득권의 철폐를 의미했다. 거기서 정치질서의 오늘을 잉태한 과거의 역사도 예외는 아님을 암시하고 있었다. 그것이 자신의 무오류와 모순의 '절대 부재'를 반증하는 것은 물론 아니었지만 말이다. 기득권 철폐를 위한 그의 정치적 웅변은 역설적으로 자신의 몸에도 이미 밴 과거의 정당문화와 그 폐단을 가리고자 애쓴 의지의 표현이었다고 볼 수 있을 것이다. '그 속'에서 컸기에 '거기'를 너무나 잘 알고 있었고 '그것'을 제거하기 위해서는 '힘'과 '때'가 필요하다는 사실마저 절감한 그는 대통령의 권력이 변화를 도모하기 위해 무엇보다 중요한 자원임을 잊지 않는다.

그것이 노무현 개인의 정치적 분노와 평소의 개인적 불만 때문이었는지는 애매한 채로 남는다. 그것은 그의 죽음의 방식이 지니는 예외성뿐만 아니라 좀체 만족하지 못하는 성정으로도 충분히 추론할 일이다. 생전에 그가 지닌 독특한 비감(悲感)과 격정으로 미루어 계파의 완전 해소와 파벌정치의 종말에 자신의 정치적 방점을 힘주어 찍던 일이야 지나친 순수의 표출 아니면 이상향의 갈구로 치부할 터다.

나아가 극한의 자탄이나 이를 단숨에 해소하고자 애쓰던 초극 심리의 발로로도 볼 일이다. 하지만 계파의 완전 해체나 계도를 위해 노력하는 민중계몽정치가 말처럼 쉬운 일은 아니었다. 게다가 자각의 정치는 강요 대상일 수도 없었다. 스스로 판단하고 움직여야 할 '주체'에게 정치적 도덕률의 무한한 보강과 자기 극복의 긴장어린 과제를 반복 주입하는 일이란 만만치 않았기 때문이다.

새삼스럽지만 묻자. 노무현 시대에 이르자 '파벌'은 과연 사라졌는가. 기존의 세상을 후려치며 홀로 토해내던 그의 수사법은 변화의 실질을 도모하는 데 얼마나 효과적이었을까. 초유의 선동적 리더십이 정치균열과 강도 높은 사회적 대립 골을 되레 키워가면서 DJ 정권의 부정적 유습을 은폐·잠식하는 일도 얼마든지 가능했다는 점은 그러나 쉽게 잊혀진다. 포퓰리즘 정권의 요란함에 가려진 눅눅한 과거의 폐단과 지우지 못할 모순의 역사적 존치. 그리고 자기 한계의 무한 복제.

정권의 열렬한 담지자들과 한결같이 그를 환호한 무리들이 싸움의 견고한 반대논리를 바닥에 깐다 한들, 노무현 정권의 파벌정치는 엄연했다. 어쩔 수 없이 그도 자기 계파로부터 도망갈 수 없었고 자기만의 '사람들' 없이 한 발짝 뗄 수 없는 '당인(黨人)'이었다. 그리고 제 파벌의 수장이었다. 파벌로 파벌을 '침(侵)하는' 일이 무슨 대단한 개혁인 양 치부할 빌미였는지는 몰라도 전례 없는 공격과 기민한 정치적 선전논리만으로 계보 소멸과 해체를 광범위하게 주입하려 '듦'은 기실 난센스였다.

노 정권의 파벌정치가 지니는 특징은 세 가지다. 대권 장악까지 자신을 도운 측근 세력의 기용을 통한 '보상' 메커니즘 운용이 우선이고 민주당 대선후보 시절부터 구상한 신당 창당을 결행함으로써 자기파벌의 제도적 공고화를 꾀한 점이 그다음이다. 아울러 그의 집권기 내내 무릅써야만 했던 국론 분열과 민중 부문의 동요를 '신당(집권여당)'이 끝내 수습·완화하지 못함으로써 그의 정치적 태생지였던 민주당과 다시 통합하고 마는 일련의 아이러니를 감수해야 한다는 점이다.

'집권-분열-복귀'로 이어지는 그의 파벌정치는 곧 자신의 정치개혁 의지나 역사적 차별을 고집하려던 애초 생각과는 전혀 별개였다. 그뿐 아니라 그 역시 그토록 공박하던 보스 통치의 모순과 계파 관리의 한계를 거울처럼 되비침으로써 궁극적으로 무엇이 달라졌는지 답하지 못한다. 현실정치의 벽은 그처럼 높았다.

막연한 기다림이나 예기치 않은 행운의 출현으로 문제 해결을 도모하는 것도 가능한 일은 아니었다. 해방 후 처음 겪어야 했던 대통령 탄핵의 상처까진 그만두더라도 여과되지 않은 진보적 발상의 조기 실현과 시민사회의 냉담한 균열은 '온 길'보다 '갈 길'이 얼마나 먼지 일깨우기 충분한 터였다. 널리 알려진 정치일정이지만 여기서 그의 집권기 전후의 크고 작은 사건들을 압축해보자.

격상된 노무현의 정치적 존재양식을 대선 전부터 강하게 의식한 계파는 따로 있었다. 명계남·문성근 등 친노무현계 인사가 주도하고 유시민을 대표로 하는 '개혁국민정당' 구성원들이 그들이다. 그러나 노무현의 직접 개입은 유보되고 있었고 대신 새천년민주당은 노무현을, 한나라당은 이회창을 대선 후보로 선출한다. 그런가 하면 1998년 9월 28일, '국민신당'은 총재와 소속 의원들이 '새정치국민회의'와 '자유민주연합'에 입당하면서 소멸한다. 게다가 2000년 1월 30일, '국민승리21'을 전신으로 하고 '민주노총'을 기반으로 삼는 '민주노동당'이 창당한다.

2002년 12월, 16대 대선에서 새천년민주당의 노무현 후보는 한나라당의 이회창 후보를 물리친다. 후보시절부터 그다지도 자주 군불을 지피던 신당 창당은 그의 대통령 취임 이후로 미뤄진다. '새천년민주당' 개혁세력과 '개혁국민정당', 한나라당 탈당의원들이 주축이 되어 2003년 11월 11일, 급기야 '열린우리당'을 창당하는 것이다. '열린우리당'은 대통령 탄핵의 영향으로 2004년 4월 5일 치러진 17대 총선에서 과반 의석(152석)을 확보하는 등 기염을 토하지만 국정운영실패와 당내 분열로 소속 의원들이 잇달아 탈당함으로써 2007년 6월에는 73석으로 줄어든다.

'새천년민주당'은 2005년 5월 6일, '민주당'으로 당명을 바꾼 다음 2007년 6월 27일 '중도개혁통합신당'과 합당해 '중도통합민주당'으로 출범했다가 같은 해 8월 13일 다시 '민주당'으로 환원한다. 2007년 8월 5일, '열린우리당'과 '중도통합민주당'의 탈당 세력 그리고 '한나라당'에서 탈당(2007. 3. 19)한 손학규가 주도하는 '대통합민주신당'이 창당되고 같은 달 18일 '열린우리당'과 합당함으로써 결국 열우당마저 소멸한다. 그런가 하면, 2004년 '자유민주연합'이 총선에서 참패하자 탈당 세력은 '국민중심당'을 창당하는 한편, 잔류 세력은 '한나라당'에 흡수됨으로써 '자유민주연합'도 사라진다. 2007년 10월 30일, 17대 대선에 출마한 문국현을 중심으로 '창조한국당'도 세워진다.

눈여겨보아야 할 대목은 세기의 전환기를 겪는 한 세대마저 민주당의 운명과 정치유전은 혹독했다는 점이다. 대선 후보를 둘씩이나 내놓고 끝내 대권 장악마저 지켜보는 광영의 기회를 겹으로 누렸음에도 또다시 '여당 → 야당'으로 변모하는 당의 현실은 극도의 아이러니였다. 아울러 새삼 생각해보아야 할 문제는 당대 정치연구의 기본으로 노무현과 '열린우리당' 창당의 함수관계다.

노무현과 그의 추종세력은 도무지 '열린우리당'을 왜 만들었던 걸까. 이제 그마저 사라진 현재, 이에 관한 진솔한 답은 기대하기 힘들다. 그것이 노무현 개인의 정치적 판단과 전략적 추진 결과였는지, 아니면 그를 따르고 옹립하려 한 '세력들'의 '집단적 사고(groupthink)' 때문이었는지는 불분명하다. 현 단계 추론으로는 이 같은 상상과 분석으로 답의 실마리를 찾을 수밖에 없다.

추론의 한계 값을 깨자면 다음과 같은 가정도 가능하리라. 노무현의 정치력은 비록 민주당에서 배양했으되, ① 대권 장악과 그 효율적 운용을 위해서는 개혁의 '순혈(純血)주의'가 요긴하더라는 자기변명과 ② 그만큼 당의 적통(嫡統)을 자처하는 전통세력과 DJ의 '존재' 자체는 정치적 부담을 넘어서는 심리적 장해와 일상의 적(敵)과 동지의 관계를 벗어나는 미묘한 (혹은 치명적인) '거북스러움'으로 진작부터 비쳐지기 시작했다는 상황논리 말이다.

그러나 그것이 과연 관용의 대상이 될 수 있느냐는 전혀 별개의 문제다. 그 같은 생각의 일단이 당의 '개명(改名)'도 '독립'도 아닌 '창당'의 결정적 변명 논거가 된다는 이치도 분명치 않다. '열린우리당'의 창당 이유는 그래서 마치 진실과 사실의 격차만큼이나 생소하게 후대의 소란스러운 주제로 자리 잡는다. 시끄러워도 소란의 진원은 찾을 길 없고 모두가 '안다'며 '그렇다'고 변명해대도 그게 결코 전부일 수는 없는 '참여정부'의 파벌정치.

그다지도 아련함 물씬거리는 논쟁의 주역들과 함께 이제는 기억의 늪에 가라앉은 '당'. '당'은 엄연히 다 같은 '당'이었으되, 여느 당이 아닌 듯 포장하려다 소박함도 진지함도 잃어버린 채 증발해버린 '당'이 바로 그들 집단이었다. '열려있다'고 자랑했으나 뜻이 다른 이들에겐 애초부터 닫혀 있었고 가없는 이 땅 위에 모두가 한편이라며 동원과 참여의 메뉴를 마련했지만 그들이 되뇌려던 '우리'는 허구로 넘쳐나고 있었다.

얼핏 새로운 듯 보인 '열린우리당'은 결국 노무현 파벌의 잠정적 집결지였다. 그리고 그는 어쩔 수 없는 모임의 임시 수장이었다. 열렬한 지지자들의 자발적 결사체인 '노사모(노무현을 사랑하는 사람들의 모임)' 앞에서 그는 영원한 노짱이었지만 이제 더는 예전의 '그'를 찾을 수 없었다. 전두환에게 자기 명패를 내던지며 5공 청문회에서 사자후를 토하거나 삼당합당을 야합으로 몰며 민자당 결성을 뒤로 한 채 '꼬마민주당'을 지키던 노무현은 사라지고 없었다.

엄존하는 민주당에서 대통령이 되어 이내 그 당을 뛰쳐나와 새로운 당을 만들면서 그는 어떤 그럴듯한 명분도 명쾌한 설명도 무릅쓰지 못한다. 대신 과거 여당은 물론, 김대중 정권과도 확연히 다르다는 걸 애써 보여주거나 '참여정부'의 새로운 역정을 드러내려 몸부림친다. 그뿐 아니라 그 같은 의지와 열정의 과잉으로 자신을 분식(扮飾)하기 급급해한다. 그런 정치적 행각이 흉보다 닮아가는 엄마 '게'의 모습이나 민주당의 말리지 못할 '미운 오리새끼'쯤으로 꼬리표를 감내해야 했다 한들, 예전 여당이 다시 한 번 야당이 되고 같은 편이 적진으로 떠나며 흩어지는 일은 또 하나의 엄연한 현실이 되고 있었다.

민주당이 고스란히 한나라당의 거울이 되는 이 같은 아이러니는 사실 파벌정치현장에서 기이한 일이 아니다. 그렇다고 '적(敵)'의 '적(敵)'이 하루아침에 뜨거운 동지가 되는 것은 낯 뜨거운 일이지만 기실 차갑게 따지자면 아예 불가능한 일도 아니었기 때문이다. '이익'이 '체면'에 우선하고 '지분'의 '부피'가 '정책'의 '콘텐츠'에 앞서는 정치공간에서 한갓된 정당이란 곧 파벌을 감싸는 덧없는 외피 아니었던가.

그럼에도 떠나버린 이들을 바라보는 '민주당 사람들'의 시선은 양면적이었다. 자신들은 '남겨진 자들'인가, 아니면 '남아야 할 사람들'인가를 둘러싼 정치적 외로움의 불투명한 해소가 불안의 또 다른 원인이 되었던 것도 무리는 아니다. 창당 후 채 4년도 되지 못해 '도로' 민주당이 되어버리는 열린우리당의 행각을 염두에 둘라치면 이 같은 회의의 결과는 비교적 분명했다. 하지만 당장 떠나고 사라지는 이들을 의식해야 할 이들의 처지는 참담 그 자체였다.

그것은 '사수(死守)'와 '결별'을 둘러싼 당인들의 비장함뿐 아니라 더욱 어려워진 과거 집권여당 사람들의 처연함이 한결 당의 '울기'를 더해 나갔기 때문이기도 하다. 같이 여당을 꾸리다 홀로 야당이 된 처지나 여당이 되려다 도로 야당으로 주저앉게 된 한나라당의 입장은 역사로 각인하고 기억으로 봉인해야 할 교훈이었다.

15대 대선에서 김대중이 당선되어 민주당이 '여당'이 되고 16대 대선에서도 노무현이 뽑혀 또다시 여당이 되지만 2003년 11월 11일 당내 개혁세력이 '열린우리당'을 창당함으로써 다시 야당이 되는 정치적 유전의 반복. 그래서 체질상 민주당은 야당이 더 몸에 맞을는지 모를 일이었다. 엄밀히 따지자면 노무현조차 누구도 이의를 제기하지 않고 노선의 순수를 지탱할 순혈(純血)의 열정이 요긴했는지 몰랐을 터였다. 지시와 관리는 물론이요, 차후의 정치일정을 꾸려나가는 길목마다 행여 무난히 동행하지 못할 원로들을 섬기느니 확실한 지지와 연대를 보장할 실질 동지들의 엄호가 한결 아쉬웠을 것이라는 얘기다.

흔쾌한 변명을 장담할 수 없었던 신당 창당의 핑계 '만들기'보다 그에게 절실한 과업은 자기 보위와 정책집행의 실제를 담보할 측근의 구축이었다. 즉발적 표현으로 그다지 어울리지 않을 수도 있겠으나 그의 유난스러운 '감성 민주주의(the Sentimental Democracy)'를 집행하는 현장에서도 근위(近衛)의 제도화는 절실했다. 누가 노무현을 지근거리에서 지킬 것인가. 전대미문의 소탈한 권력도 단순경호 차원을 넘어서는 참모들과

즉각적 성과를 보장하는 인(人)의 장벽 없이는 지탱하기 어렵다는 점에서 그 또한 어쩔 수 없이 가까운 사람들을 쓸 수밖에 없었다.

입법부의 원활한 조종과 정책 운용을 위해서도 창당과 존재론적 안위는 절실했을 것이다. 하지만 내각 수반이자 행정부 최고 권위인 그로써 정당 문제는 정당에 맡겨둬도 무방한 노릇이었다. 하지만 지켜보며 조율하고 막후에서 명령하는 은근한 조작이 가시적 개입과 현장의 혈투보다 더 효과적이었던 것도 그가 이젠 대통령이기에 가능한 일이었다.

표면적으로는 계파정치 종말과 파벌 소멸을 기운차게 외치는 그였다. 하지만 측근과 수족 없이 현실정치를 '직업'으로 꾸려가기란 힘든 일이었다. 하물며 최고 권력의 소박한 집행이 과거 어느 대통령에게서도 찾아보기 힘든 콘셉트였을망정 모든 일을 홀로 수행한다는 것을 뜻하지는 않았다. 현실적으로 그럴 수도 없었다.

그의 파벌정치에 내재된 패러독스를 진솔히 헤아리자면 자기 파벌로 주변의 다른 '파벌 치기' 혹은 기존 계파의 완전 궤멸과 대체를 통한 '자기사람 심기'로 이해할 일이다. 참신성 하나만으로도 그것은 돋보일 일이었으나 문제는 자기 파벌의 약진과 전대미문의 전진을 계파정치 해체와 소멸로 광고하려는 정치적 의지와 은근히 뒤섞으려는 데 있었다. 그렇다면 '파벌로 파벌 치기'는 구체적으로 무엇일까.

노무현은 창당에 앞서 청와대 진용을 갖춘다. 그는 자기를 좇아 몸을 던졌거나 단호히 봉사할 주변 인사들에게 정치적 시혜를 주면서 취임에 즈음한다. 비록 직업정치인들은 아니지만 이들 대부분은 권력 만들기를 위해 머리와 발품을 판 측근들이다. 그들 역시 노무현 자신만큼이나 '파벌'이라는 용어를 배격할 노릇이지만 이는 전혀 다른 차원의 문제로 도드라진다.

아무리 겸허와 소박을 강조한들, 새로운 권력의 '무리 짓기'는 요란했다. 그것은 학벌과 지역, 출신과 성별을 넘나드는 파격 행보와 과거와는 크게 달라야 한다는 차별의 모습을 드러내는 데 서슴없었다. 그중 정통 관료는 전혀 포함되지 않았고 서울대 출신 역시 눈에 띄게 줄어든다. 대신 호남과 연대(延大) 출신 및 운동권 투옥 경력의 청와대 진출이 두드러진다. 그것이 과연 '배제적 변화(exclusive change)'였는지, 아니면 '구조적 변동(structural alteration)'의 신호탄인지는 불분명했다. 하지만 과거 정치권력은 적어도 확실하게 붕괴·재편되고 있었다는 점에서 한국사회의 보수는 상황 그 자체를 극도로 경계하기 시작한다.

<표 4-12>는 당대 권력의 지형 변화를 잘 말해준다. 한결 젊어지고 한층 넓어진 권력의 문호는 그렇다 쳐도 민중 부문의 여망이 그로써 어느 정도 해소될는지는 역시 별개의 문제였다. 참모들의 약진과 활약이 기대되는 가운데 신종 파벌을 바라보는 유권자들의 시선이 새삼 배가되는 것도 그 같은 이유에서다. 새 파벌의 전진배치와 정치적 득세가 '그들만의 리그'가 되지 않게 하기 위한 감시기능은 취약했지만 뭔가 달라질 것이라는 기대 자체가 문제될 리는 없었다.

그로부터 '열린우리당'이 세워지는 것은 채 1년도 되지 않는다. 이를 향한 민주당 내 파열 조짐은 곳곳에서 감지되고 있었다. 줄을 서야 할 확실한 대상으로 대통령의 존재감은 분명했지만 자신들의 정치적 태생지인 민주당을 떠나기 위한 명분 마련은 정작 간단치 않았다. 떠나려면 각자 별도의 핑계가 필요했던 터였다. 제아무리 스스로 정해야 할 정치생명이라 한들, 이를 명쾌히 정리하기는 쉽지 않았기 때문이다.

이 대목에서도 정치적 욕망에 불타는 이들의 변절 명분은 집단화한다. 홀로 배반하기보다 같이 움직이고 뜻을 함께한다는 취지를 최대한

〈표 4-12〉 노무현의 집권 초기 청와대 비서관 명단(2003년 2월 기준)

소속	직책	성명	연령	출생지	출신교	출신배경	경력
비서실장	의전	서갑원	41	전남	국민대	참모	당선자 의전팀장
	국정상황	이광재	38	강원	연세대	참모	당선자 기획팀장
	국정기록	안봉모	45	부산	부산대	참모	《부산매일》 정치부장
	총무	최도술	56	부산	고졸	참모	당선자 변호사사무장
	제1부속	양길승	47	전남	전남대	참모	당선자 호남조직
정책실장	기획조정	이병완	49	전남	고려대	언론	《한국일보》 경제부장
	정책상황	정만호	45	강원	고려대	언론	《한국경제》 경제부장
정무수석	정무기획	신봉호	49	전남	서울대	대학	DJ 청와대 경제비서관
	정무 1	문학진	49	경기	고려대	정당	민주당 하남 위원장
	정무 2	박재호	44	경북	부산외대	정당	YS 청와대 총무비서관
	지방자치	박기환	55	경북	서울대	정당	포항시장
	시민사회 1	장준영	51	전남	성균관대	재야	당선자 비서실차장
	시민사회 2	김용석	53	경기	연세대	재야	통합민주당 부대변인
민정수석	민정 1	이호철	45	부산	부산대	참모	컴퓨터가게 운영
	민정 2	박범계	40	충북	연세대	법조	대전지법 판사
	공직기강	이석태	50	충남	서울대	법조	민변 부회장
	법무	황덕남	46	전북	서울대	법조	변호사
홍보수석	홍보기획	조광한	45	서울	외국어대	정당	선대위 찬조연설팀장
	국정홍보	박종문	46	전북	외국어대	언론	《한겨레》 논설위원
	행사기획	윤훈열	41	강원	외국어대	정당	DJ 청와대 행정관
	연설	윤태영	42	제주	연세대	참모	선대위 연설담당
	여론조사	이근형	41	충남	서울대	광고	LG애드 마케팅팀
	대변인	송경희	42	서울	이화여대	언론	KBS 아나운서
	국내언론 1	김현미	41	전북	연세대	정당	민주당 부대변인
	해외언론	윤석중	44	충남	연세대	정당	DJ 청와대 비서관
	보도지원	김만수	39	충북	연세대	참모	선대위 부대변인
국민참여 수석	참여기획	천호선	41	서울	연세대	참모	선대위 인터넷기획실장
	국민제안	최은순	37	경북	고려대	법조	변호사
	민원	양민호	47	전남	서울대	정당	선대위 민원팀장
	국정모니터	곽해곤	43	대구	서울대	정당	민주당 전문위원
	제도개선	김형욱	40	전북	고려대	정당	DJ 청와대 비서관

주: 수석급은 제외.
자료: 《조선일보》, 2003년 2월 18일 자.

증폭시키려는, 소위 '비장미(悲壯美)'의 연출력 강화를 통해 머쓱함을 덜어내는 전략은 모두의 자구책으로 더없는 출구였기 때문이다. 엄밀히 추적·분석하자면 당 창당의 그럴듯한 핑계가 없는 것은 아니었다. 반복 강조했듯 기왕의 노회한 지도체제에서 벗어나 새 대통령의 집권철학을 등에 업고 운신 폭을 넓히려는 명분은 만들기 나름이었다. 하필 민주당의 연이은 선거패배를 이유로 당의 존폐론이나 집단 이탈의 새로운 돌파구를 삼으려는 게 옹색하긴 했지만 말이다.

노무현의 당선 직후인 2002년 12월 22일, '신기남·정동영·추미애·유재건·송영길·이강래' 등 민주당 초·재선의원 23명은 바야흐로 '민주당의 발전적 해체'를 주장하고 나선다. 노 당선자가 후보 시절 밝힌 정치개혁에 대한 화답이었다. 이들은 이날 성명을 통해 "낡은 정치의 청산과 새로운 정치를 열어가기 위한 민주당의 발전적 해체를 제안한다"고 밝힌다. 또 이들은 '노무현의 대통령 당선은 민주당의 정권 재창출이 아니'며 '노무현의 승리는 한나라당과 민주당이 주도해온 낡은 정치 청산을 요구하는 국민의 승리'라고 거창하게 의미를 부여한다.

이듬해 4·24 재보선 결과를 놓고 신주류 일부가 '민주당이 정치적 사망선고를 받은 것'이라는 말도 이미 4개월 전인 12월 22일, 23명 '서명파 의원'들 입에서 나왔던 이야기다. 서명파 의원들은 당시 "민주당은 (2002년) 6·13 지방선거와 8·8 재보선에서 참패했음에도 아무도 책임지지 않음으로써 국민으로부터 이미 사망선고를 받았다"면서 "국민들의 간절한 정치개혁요구를 수용해 기존의 낡은 정치판을 근본적으로 바꾸어야 한다"고 목소리를 높인다.

결국 '노무현 코드'와 맞는다는 민주당 신주류·개혁파 의원들은 기다렸다는 듯 '개혁신당'을 화두로 정계개편 논의에 불을 붙인다. 이들이

4·24 재보선 직후 정계개편 논의를 수면 위로 떠올린 것은 당시가 논의 재개의 '적기'라는 판단 때문이었다. 4·24 재보선 결과가 참패로 드러나자 부분적 정당 개조로 안일하게 대처한다면 총선 때까지 당내 분란뿐 아니라 명분도 상실하는 최악의 경우를 맞을 수 있다는 위기의식이 팽배한다.

4월 28일 오전, '이상수·이해찬·신기남·이재정' 의원 등 친노무현 인사 10여 명은 5월초 개혁의원모임 전체회의를 열어 '세'를 응집하기로 합의한다. 또 이날 낮 재야출신 의원들은 별도로 오찬 회동을 갖는가 하면, 기왕에 민주당 해체를 주장한 서명파 역시 저녁 모임을 통해 '개혁신당' 등 정계개편 논의를 도모한다. 이들은 한결같이 정계개편에 관해 '그때'가 정면 돌파할 시기라는 데 공감대를 이룬다. 가능성 여부를 떠나 그 시기를 놓치면 신당 논의는 아예 불가능하다는 판단 때문이었다.

오전 모임을 가진 친노무현 인사들은 '민주당의 환골탈태'와 '개혁세력 단일대오'에 관해 입을 모은다. 이해찬은 특히 그날 모임이 민주당의 틀로는 한계가 있으며 '민주당 개조'가 아닌 새로운 대안 모색의 자리였음을 강하게 시사한다. 혹여 자신들에게 닥칠 비판을 의식하자면 그 생각의 핵은 기존 정당과 새 정당의 '물리적 분리'보다 차라리 '화학적 통합' 효과를 노리는 것이 낫다는 명분도 얼마든지 가능한 일이었다.

'개혁신당'을 매개로 한 정계개편 논의는 특정 개인이나 집단의 영향에서 벗어나 독자적 담론으로 커져 갔다. 하지만 그것이 과연 전(全) 국민적 지지와 그만한 정책 명분을 지니고 있었는지를 살피려면 별도의 논의가 필요하다. 정당을 새로 만들어 대통령을 만들고 나아가 지속적인 권력 확장을 노리곤 했던 기왕의 정치문화를 감안하자면 이미 뽑힌 대통령을 중심으로 창당을 시도한 민주당 신주류의 행동은 특이했다. 나아가 총선을 1년도 채 안 남긴 상태에서 정치판의 새로운 변화를 요구하는 국민 여론의 한 축을 자기중심적으로 확대재생산하려는 노력도 처절했다.

여기서 눈여겨보아야 할 인맥 이동은 크게 두 개의 씨줄과 일곱 개 날줄로 엮인 스펙트럼 안에서 이루어진다. 이동의 신중함 역시 돋보이되, 그것은 주로 노무현의 취임을 전후해 서서히 모습을 드러낸다. 아울러 당의 본격 창당과 정치적 출범에 즈음해 파벌의 이합집산은 어김없었다는 데 눈길을 고정시켜야 한다. <표 4-13> 역시 이 같은 측면에서 눈여겨보아야 한다. 이들은 노무현의 취임을 전후해 민주당의 양대 세력을 이끈 장본인들로 쉼 없이 대립하며 세포 분열한 면면들이다. 얼핏 보면 이들의 이동과 대결은 DJ 정권 말기의 그것을 복제한 듯 보이지만 실상 그 미묘한 편차는 정치적으로 다르다는 데 유념해야 한다. 내용의 변화를 표로 살펴보자.

대부분의 의원들은 멤버십을 공유하고 있었다. 모임이라면 '중복'과 '재생'을 골자로 삼는 노무현 정권 초 민주당 의원들, 특히 신주류 핵심은 관심의 촉수를 참신한 자기 자신 '알리기'와 기왕이면 차별성 강화에 역점을 둔다. 별달리 차이도 없는 정치적 무리 짓기에 서로 적(籍)을 올리며 '자기'를 알리려 애썼던 모습은 특이하고도 흥미롭다.

그런 모습을 역설적으로 풀이하자면 어려울 일도 아니다. 분당을 하든 새로 당을 만들든 신주류의 정치적 동기에 서린 윤리적 면구(面垢)함이랄까, 이를테면 원초적 가책 따위를 누를 건설적 핑계를 만들어서라도 뛰어넘어야 했을 것이다. 그것이 공부 모임이든 아니면 정책개발을 위한 학문적 허울을 빌리든 사실은 치열하게 상호견제하며 서로의 정치

〈표 4-13〉 노무현 취임 전후 동교동계와 민주당 신주류의 분화

(2003년 2월 기준)				
동교동계(구주류)			신주류	
가신 그룹	비서 그룹	범동교동계	서명파	신중(愼重)파
한화갑 김옥두 최재승 설훈 윤철상	배기선 배기운 이협 이윤수 전갑길 정동채 이강래	박상천 정균환 김홍일 문희상 조재환 김방림 박양수	조순형 신기남 이미경 유재건 정동영 정동채 정세균 천정배 추미애 김성호 김태홍 김택기 김효석 김희선 문석호 송영길 이강래 이종걸 이호웅 임종석 정장선 최용규 함승희	김원기 정대철 김상현 이해찬 이상수 임채정 김경재 문희상 이재정 신계륜 장영달 박주선 천용택 김영진 김성순 박인상 허운나

(2003년 4월 기준)	
모임	참여 의원
서명파	신기남 정동영 천정배 조순형 이미경 유재건 정동채 정세균 추미애 김성호 김태홍 김택기 김효석 김희선 문석호 송영길 이강래 이종걸 이호웅 임종석 정장선 최용규 함승희 (2003년 4월 28일 서명에는 조순형 추미애 김효석 최용규 의원 등은 빠지고 조배숙 장영달 의원 참여)
열린정치 포럼	임채정 신기남 김근태 김성순 김성호 김영환 김희선 설훈 송영길 심재권 유재건 이미경 이상수 이재정 이종걸 이창복 이해찬 이호웅 임종석 장영달 정동영 조성준 천정배 최용규 배기선
바른정치 실천연구회	신기남 추미애 이미경 임종석 정동영 정동채 정세균 천정배 허운나 송영길 이강래 이종걸 함승희 오영식
새벽 21	김태홍 김성호 문석호 박인상 송영길 이재정 이종걸 이호웅 정범구 정장선 최용규 함승희
국민정치 모임	김근태 김성순 김영환 김태홍 김희선 배기선 배기운 설훈 송석찬 신계륜 심재권 유재건 이상수 이해찬 이호웅 임종석 임채정 장영달 정대철 정철기 조재환 천정배 최용규 (2003년 봄 재야 중심으로만 모임)
여의도정담	조순형 장영달 이미경 김성순 김태홍 배기운 이재정 이호웅 임종석 정범구 함승희
열린개혁 포럼	장영달(총괄 간사) 배기운 송훈석 신기남 오영식 이미경 이재정 이종걸 이호웅 허운나 (이상 간사) 강봉균 강운태 고진부 구종태 김경재 김근태 김기재 김덕규 김상현 김성호 김영환 김원기 김운용 김택기 김태식 김태홍 김효석 김희선 남궁석 문석호 박인상 박주선 배기선 송영길 유재건 이강래 이만섭 이상수 이용삼 이창복 임종석 임채정 전갑길 정세균 정철기 조배숙 이정일 조순형 조한천 천용택 천정배 최용규 심재권 정대철 정동영 장재식 정동채 정장선 조성준 최영희 추미애 함승희

자료: ≪대한매일≫, 2003년 2월 20일 자; 2003년 4월 30일 자.

적 의심을 상쇄할 일이었을 터다. 그런다고 온전히 배제할 정치적 불안은 아니었겠지만 말이다. 정치적 동업자의 경우, 어느 특정 존재의 과잉 이윤축적이나 지나친 '앞섬'은 늘 경계해야 할 부담이 아닐까.

어느 해 여름인들 뜨겁지 않았으랴만 2003년의 '열기'가 무던히도 도드라진 까닭은 따로 있었다. 한나라당에서 탈당, 열린우리당 창당에 앞장서는 이른바 '독수리 5형제'의 돌출행동(2003. 7) 때문이었다. 안 그래도 달아오른 민주당 분당 문제가 '그해 여름' 뜨거움의 절반이라면, 기질과 성향만으로도 입지가 격에 맞지 않음을 절감한 한나라당 소속 다섯 의원들의 정치적 일탈이 나머지 반이었다.

당시만 해도 한나라당 개혁 5인방으로 알려진 '김영춘·안영근·이우재·이부영·김부겸'의 이탈은 당의 정체성 혼란과 근본 혁신을 기치로 내걺으로써 설득기반을 갖추는 듯했다. 그러나 새천년민주당에서 탈당한 친노 세력을 규합, 열린우리당 창당 주역이 되자 사람들은 그들의 정치적 진의가 어디 있는지 이내 헤아리게 된다. 야당에서 여당으로 말을 갈아타기 위해 그럴듯한 핑계를 만들거나 그로써 자신에게 다가올 온갖 공격의 화살을 모면하려는 직업정치인들의 행태는 손학규의 한나라당 탈당(2007. 3)에서도 어김없었다.

그들 모두 몸 담았던 정당에서 홀로 성장하거나 인정받기 힘든 자기 한계를 일거에 극복하는 대안으로 한결같이 탈당을 결행한다는 데 주목할 일이고 보면 민주당 분당 형식을 거치는 '열린우리당' 창당 역시 결과적으로는 정치적 이익의 극대화를 노린 집단일탈로 이해할 일이다. 겉으로는 처음부터 끝까지 정치개혁을 기치로 내걸지만 실속은 자기 입지의 무한 확장과 조속한 안전판 확보에 있었으니 말이다.

분당의 산고(産苦)는 계속되고 있었다. 여름내 서로 다투거나 때로 말

〈표 4-14〉 열린우리당 창당 전 민주당 의원 100인의 정치적 입장 분포(2003년 9월 기준)

구분	구당파(정통 모임 23명)	중도파(37명)	신당[주비위(籌備委) 참석 40명]
지역구 (82명)	김경천 김성순 김옥두 김충조 김홍일 박상천 박종우 유용태 유재규 이윤수 이협 이훈평 이희규 장성원 장재식 정균환 최선영(17명)	강운태 고진부 김경재 김상현 김영환 김태식 김효석 박병석 박병윤 박주선 배기운 설송웅 설훈 송영진 송훈석 신계륜 심재권 이낙연 이용삼 이원성 이정일 전갑길 정대철 정범구 정철기 조성준 조순형 조한천 최용규 추미애 한화갑 함승희 (32명)	강봉균 김근태 김덕규 김덕배 김명섭 김성호 김원기 김태홍 김택기 김희선 남궁석 문석호 배기선 송석찬 송영길 신기남 유재건 이강래 이상수 이종걸 이창복 이해찬 이호웅 임종석 임채정 장영달 정동영 정동채 정세균 정장선 천용택 천정배 홍재형(33명)
전국구 (18명)	박상희 윤철상 조재환 최명헌 최영희 최재승 (6명)	구종태 김운용 박인상 장태완 이만섭(5명)	김기재 박양수 오영식 이미경 이재정 조배숙 허운나(7명)

주: 당시 김방림 의원은 구속 중(제외).
자료: ≪조선일보≫, 2003년 9월 8일 자; 2003년 9월 9일 자.

리며 당의 진로를 새롭게 다지려는 세력들의 암투와 길항은 늦여름까지 계속되고 있었다. 정치적 위기 앞에 서면 거의 모두가 그러하듯, 이른바 '구당(救黨)' 명분을 고수하는 측과 실제로는 관망하되 겉으로는 중도적 입장을 표방하는 세력, 그리고 이제는 갈라서자며 대내외에 선명히 표방하는 그룹들로 민주당은 쪼개지고 있었다. <표 4-14>는 이들의 알력과 갈등관계를 잘 말해준다.

그해 초겨울 끝내 분당에 성공한 열린우리당 1세대는 비교적 단순한 정치 '형질(形質)'로 구성된다. 우여곡절과 논란의 중심에 섰던 점을 감안하자면 47명이라는 숫자는 초라한 출발이었다. 하지만 잘 알려진 것처럼 17대 총선을 치르자 소속 의원 수는 비례대표 23명을 포함해 총 152명으로 급속히 늘어나면서 집권여당의 면모를 갖춘다. 그러다 머잖아 노무현의 무능과 실정으로 2007년 8월 대통합민주신당과 합당해 2008년 2월 민주당과 다시 합쳐 통합민주당이 되는 희대의 웃음거리도 이제는 고전이 된 지 오래다.

그럴듯한 핑계로 세상을 이끌려는 권력자들이나 부침하는 자신들의 정치운세에 맞춰 유권자들의 심중마저 조종하려는 상징조작의 술수로 보면 쏠리며 빨려들거나 엎어졌다 다시 뉘우치는 집단의 정치행태는 영락없이 핸더슨이 말한 '소용돌이의 정치(Politics of Vortex)' 그 자체였다. 아니, 처연한 불빛 하나만으로 긴 밤의 위로를 삼고자 덤벼드는 부나비 꼴이었다 한들 할 말 없는 것이 그들 처지였을 것이다.

상황과 명분을 떠나 양지부터 찾는 극도의 자기중심성은 물론이요, 결국엔 되돌아올망정 눈에 보이는 당장의 권력에 혈안이 되는 정치문화도 새천년의 요란스러움과는 관계가 없었다. 여야 막론하고 여기서 '예측 가능한' 정치적 미래는 없었다. 그것은 곧 정치적 자기중심의 빈곤과 신념의 부재로 집약할 일이다. 아울러 여론의 양극화를 조장하는 포퓰리즘의 유혹 앞에서 직업정치인들이 끝내 자유롭지 못한 궁극의 원인이 의도적 결과인지 아니면 내재적 한계였는지조차 가늠하기 힘겨울 만큼 정치판은 요동치고 있었다. '그들'에게 정치적 여과 능력을 기대하는 일 역시 무리였음은 또 다른 비극의 씨앗이었다.

한사코 창당한 '열린우리당'의 태생적 한계는 차라리 강제 '분당'으로 이해함이 옳다. '분당 - 자가발전 - 숙성 - 자기소멸'로 이어지는 열린우리당의 역사가 채 5년도 되지 못한다는 사실 말고도 그 기간 내 의원 총수의 급속한 증감과 불안정한 부침을 거듭하는 현실은 눈여겨볼 일이다. <표 4-15>에서 보듯, 세 배가 넘는 의석수 증가나 당 결성 당시 인원의 절반이 한꺼번에 빠져나가는 현상 등은 그들의 정치적 무게중심이 얼마나 허약했는지 잘 말해준다.

그것은 곧 '바람'이었다. 그것도 예측 불가의 광풍 말이다. 모든 것을

〈표 4-15〉 열린우리당의 생성과 균열

2003년 11월 11일 기준		
출신당	의원 성명	
민주당 탈당파	강봉균 김근태 김덕규 김덕배 김명섭 김성호 김원기 김태홍 김택기 김희선 남궁석 문석호 박병석 배기선 설송웅 송석찬 송영길 송영진 신계륜 신기남 유재건 이강래 이상수 이원성 이종걸 이창복 이해찬 이호웅 임종석 임채정 장영달 정대철 정동영 정동채 정세균 정장선 천용택 천정배 최용규 홍재형(40명)	열린우리당 창당 의원 총 47명
한나라당	김영춘 안영근 이부영 이우재 김부겸(5명)	
개혁당	유시민 김원웅(2명)	

열린우리당 의원 총수 143명 명단(2006년 2월 6일 기준)
강기정 강길부 강봉균 강성종 강창일 강혜숙 구논회 권선택 김교흥 김근태 김낙순 김덕규 김동철 김명자 김부겸 김선미 김성곤 김영주 김영춘 김우남 김원웅 김재윤 김재홍 김종률 김진표 김춘진 김태년 김태홍 김한길 김혁규 김현미 김형주 김희선 노영민 노웅래 노현송 문병호 문석호 문학진 문희상 민병두 박기춘 박명광 박병석 박상돈 박영선 박찬석 배기선 백원우 변재일 서갑원 서재관 서혜석 선병렬 송영길 신계륜 신기남 신학용 심재덕 안민석 안병엽 안영근 양승조 양형일 염동연 오영식 오제세 우상호 우원식 우윤근 우제창 우제항 원혜영 유기홍 유선호 유승희 유시민 유인태 유재건 유필우 윤원호 윤호중 이강래 이경숙 이계안 이광재 이광철 이근식 이기우 이목희 이미경 이상경 이상민 이석현 이시종 이영호 이용희 이원영 이은영 이인영 이종걸 이해찬 이호웅 이화영 임종석 임종인 임채정 장경수 장복심 장영달 장향숙 전병헌 정덕구 정동채 정봉주 정성호 정세균 정의용 정장선 정청래 제종길 조경태 조배숙 조성래 조성태 조일현 조정식 주승용 지병문 채수찬 천정배 최규성 최규식 최성   최용규 최재성 최재천 최철국 한광원 한명숙 한병도 홍미영 홍재형 홍창선

열린우리당 탈당 의원 23명 명단(2007년 2월 6일 기준)
김한길 강봉균 노현송 김낙순 이종걸 조배숙 박상돈 전병헌 조일현 우제창 변재일 최용규 장경수 노웅래 제종길 이강래 서재관 양형일 주승용 우제항 최규식 이근식 우윤근

+

천정배 염동연(이미 탈당)

국민통합신당 창당

빨아들일 듯 순간 확대 재생산되고 소멸의 허구성마저 동시에 품는 '극성'의 저력이 아울러 충천할 때 대중적 설득력은 약해지고 있었다. 급조의 한계는 어쩌지 못할 지탱불가의 모순과 내파(內破)의 자기 균열을 잉태한 셈이다.

<표 4-15>의 143명 명단이 지니는 특별한 의미는 따로 없다. 단지 호기 어린 저들의 애초 출발과 달리 의원 23명이 집단 탈당을 결행하는 2007년 2월 6일을 기점으로 역산할 때 그로부터 1년 전 당세는 얼마나 풍요로웠는지 절대 비교해본 것뿐이다. 적어도 한 세기를 가겠다던 그들의 장담과 한 세대도 넘기지 못한 채 불가피한 정치적 정리절차를 밟아야 했던 처지란 좀체 이해의 접점을 찾기 어려운 것이 사실이다.

그들의 당세 확장 배경에 2004년 노무현 탄핵과 17대 총선의 과잉열기가 한몫한다든지, 그 후 개혁정치의 좌초와 유권자 다수의 정치적 지지철회로 인한 멸문(滅門) 위기가 열린우리당 소멸을 자극한 직·간접의 원인이었다는 사실도 이제는 다시 강조할 필요 없는 대목이다. 억누를 길 없는 '저들'의 정치적 격정과 새로운 치적 '쌓기'의 조급증 위에 평가의 높은 기대치마저 버겁도록 덧쌓여가는 길목에서 '집단파벌'의 좌절이 곧 들뜬 지지자들의 환멸과 극한의 실망으로 상쇄되는 일들도 상식적 고전이 된 지 오래다.

쉽게 모이고 어렵잖게 흩어지는 정치적 표류가 어김없이 해를 거듭할 때 지지하며 실망하고 미워하면서도 또다시 '그들'에게 표를 던지는 유권자의 두 얼굴은 직업정치인들의 표리부동을 고스란히 반영하는 거울, 그 자체였다. 아니, 차라리 열린우리당의 '급조'와 '와해'가 지니는 극도의 이중성이 한나라당의 안정성을 돋보이게 한다면 그것은 무리일까. 이는 흔히 말하는 직업정치인들의 일상적 반사이익과는 다른 논거를 지닌다. 즉 여당이 못하면 야당이 살아나고 반대 경우 또한 선명히 도드라지는 그런 경우와 다른 한 가지 특성을 여기서 발견하게 된다.

심지연은 이렇게 말한다.

내분을 거듭한 민주당이나 우리당과는 반대로 한나라당의 경우 분열되지 않고 통합되어 있었기 때문에 각종 재·보궐선거와 지방선거에서 연이어 승리할 수 있었다. 이에서 더 나아가 치열하게 전개되었던 대통령 후보 경선 이후에도 이명박과 박근혜, 두 사람은 분열되지 않았기 때문에 유권자의 지지가 분산되지 않았던 것이다. 이처럼 두 사람이 분열되지 않음으로써 한나라당은 대선에서 승리할 수 있었다. 경선 불참을 선언한 손학규가 한나라당을 탈당하는 사건이 있기도 했지만 그로 인해 당이 분열되는 사태까지는 일어나지 않았다. 당내 어느 누구도 그에 동조해 탈당하지 않았기 때문에 그의 탈당은 당원 한 명이 당을 떠난 것에 지나지 않는 사건이 되고 말았다. 17대 대선은 이처럼 분열을 반복한 상태에서 후보가 된 우리당의 정동영과 처음부터 통합을 유지한 상태에서 후보가 된 한나라당의 이명박이 경쟁하는 구도였기 때문에 승부는 일찌감치 정해진 것이나 마찬가지였다. 이 과정에서 뒤늦게 이회창이 무소속 후보로 선거에 참여하기는 했지만 이는 이명박의 당선에 영향을 미칠 정도의 변수가 되지는 못했다. 그가 노력했음에도 박근혜가 당을 떠나지 않았고 이로 인해 한나라당이 분열되어 위기에 처하는 일은 발생하지 않았기 때문이다. 이 같은 사실을 놓고 볼 때 노무현 정부하에서도 '위기와 통합의 정치'는 지속되었다고 할 수 있으며 이는 한국정치의 구조적인 특징이라고 보아도 무리는 아니라고 생각한다[심지연, 『한국정당정치사: 위기와 통합의 정치』(서울: 백산서당, 2009), 490~491쪽].

그렇다고 한나라당 사정이 온전한 것만은 아니었다. (17대) 총선에 즈음한 공천 갈등과 이를 바라보는 당 지도부 내부 파동이란 것이 세월의 흐름이나 각자의 자제력으로 해결될 일은 아니었기 때문이다. 다만 위의 지적처럼 당내 갈등이 당 자체 파열과 해체의 촉매가 될 만큼 치명적이지는 않았다는 점에 밑줄을 그을 일이다. 그것은 되레 적절한 긴장과 경쟁 유발의 원천이 되었고 그만큼 당의 안정을 도모하는 견인 수단이 되었다는 점도 눈여겨볼 일이다.

한나라당이 남긴 노 정권기의 정치적 족적이나 사안별 가치판단까지는 그만두더라도 당의 지탱력과 내적 통합 노력은 여당의 '그것'과 달리 사뭇 높은 변별력을 지닌다. 열린우리당의 태생적 한계와 유사한 원초적 모순을 공유하면서도 한나라당의 정치적 지구력은 자신의 패러독스를 되레 '자산화(資産化)'한다. 그것은 곧 계파의 적절한 분화와 상호견제가 당의 생명력을 튼실히 하거나 정치적 생존을 넘어서는 생장력 보강으로 구체화된다. 이는 분당과 일탈 이후 정치적 회항 형식으로 다시 당 통합을 모색하는 노 정권의 파행적 정치와 다른 모습을 취한다.

이는 곧 누가 더 정치를 '잘하고 못하느냐'의 차원을 넘어서는 예외적 자기 검열과 직결된다. 그것은 파벌이 정치적 배반의 배양소이기 이전, 안정과 발전의 역설적 자원이 될 수도 있다는 사실을 잘 말해준다. <표 4-16>의 내역도 이 같은 관점에서 바라볼 일이다. 일부 의원의 계파별 중복은 이제 파벌이 보스를 향한 맹목적 충성이나 추종의 예를 다하려는 권력의 안식처가 아니라 때로 의견 조절과 갈등 해소를 위한 적극적 활동 '주체'일 수 있음을 잘 반영한다.

보기에 따라 이 같은 현상은 지조 없는 정치적 겹치기나 기회주의적 양다리 걸치기로 치부할 수도 있다. 하지만 이는 과거의 파벌 운용에

〈표 4-16〉 노무현 탄핵 직전의 한나라당 세력 판도(2004년 2월 기준)

친(親)최병렬계	중도파	조기 전당대회파		조기 선대위파
		초·재선	중진	
홍준표 임태희 **이방호** 홍사덕 **이강두** 이상득	**신영국** **김용갑** **이상배** **안택수** **윤한도** 김덕룡 강재섭	남경필 원희룡 이재오 맹형규 최연희 황우여 안상수 홍문종 권영세 김황식 박진 박혁규 서상섭 심재철 오세훈 오경훈	김기배 김종하 김진재 나오연 목요상 박헌기 양정규 **유흥수** 윤영탁 정창화 **하순봉** 김무성 정문화 **강인섭**	**김용갑 신영국** 최병국 서병수 이원형 **강인섭** **이방호 이상배** 김성조 **이강두 윤한도** 김영선 권기술 **안택수** 박승국 김병호 **하순봉** 박시균 김용학 손희정 김종하 **유흥수** 권태망 나오연 서병수 안경률 유한열 김학송 엄호성 김용균 허태열 김기춘 정형근 김광원

주: 굵은 글씨는 중복 의원.
자료: ≪서울신문≫, 2004년 2월 20일 자.

나타난 대결의 선명성이나 치열한 이합집산을 앞둔 극도의 합리적 계산과는 다른 조율의 메시지를 지닌다는 점에서 주목할 일이다. 그들은 어느 한쪽의 지배적 견해에 맹목적으로 묻히거나 하릴없이 끌려다니는 이른바 만만한 중도의 외피로 자신을 감싸기보다 당내 갈등의 인적 처소 곳곳에 파고들어 직접 대결과 그로 인한 충돌 가능성을 최대한 희석하려는 의도를 드러낸다. 게다가 여전한 당내 주요 계파의 힘을 가로지르거나 고루 분산되어 있었다는 점에서 전에 없는 힘의 중복을 보인다.

그럼에도 이 같은 예외성이 오래도록 지탱할는지는 불투명했다. 게다가 그 예외적 기류가 당내 도덕적 자기 정화능력마저 계발할는지는 회의적이었기 때문이다. 그들이 지니는 정치적 야성(野性)과 비판의 탄력성에는 일정 부분 합의되지 않은 부분이 많았고 힘의 연결고리를 나눠 가질 만큼 탄탄한 우의로 다져진 관계가 아니었기 때문이다.

그러나 조율과 통합의 상대적 '우월성'을 지니고도 해체와 재건을 도모하는 여당의 중심축을 뛰어넘지 못하고 과거 야당의 정치적 저돌성을 담보하지도 않는 가운데 압도적 보수가 지지하는 일정 부분의 인프라는 한나라당에게 상수적 행운의 힘으로 작동한다. 이름 하여 당내 안정과 지탱이라는 정치적 자산을 돋보이도록 말이다.

그럼에도 미래의 정치적 입지를 강화하고자 애쓰는 인사들의 자기중심적 사고는 계속되고 있었다. 그것이 당장의 안위와 머잖은 장래의 정치적 승리를 겨냥하려는 합리적 사고의 결과였으리라는 분석은 여기서 얼마든지 가능하다. 총선 정국을 맞이해 최대한의 명분 마련과 효율적인 이해 관리는 적어도 정치적 의지와 욕망으로 가득한 이들에게 피할 수 없는 주제였기 때문이다.

하필 총선에 즈음한 정국이 때마침 초유의 대통령 탄핵과 맞물린 조건 속에서도 자신들만의 독특한 정치적 이기주의를 변명하는 데 성공한 인물들의 명단은 <표 4-17>에 잘 나타난다. 그때만 하더라도 한나라당과 무소속 등 야당에 적을 두고 있던 단체장들의 열린우리당 '입당 열기'는 민주당의 경우도 예외가 아니었다. 그저 진솔하게 '가고 싶다'는 표현에 스스로 '익숙해지기'는 정치적 자살행위나 다름없었기 때문이다.

그해 정초부터 단행된 열린우리당 '입당 열기'가 석 달 만에 16명에 이른다는 점은 기왕의 파벌이동이나 이합집산과 견주어볼 때 제한적이다. 한꺼번에 떼 지어 몰려가거나 별다른 이의 없이 당명 변경과 합당 행각을 눈감아주던 총체적 배반을 의식하자면 <표 4-17>에 나타난 이동과 그 정치적 평계는 비교적 단선적(單線的)인 셈이다.

국민이 뽑은 대통령을 무슨 권리로 탄핵하느냐는 비판 여론과 일정

〈표 4-17〉 열린우리당 입당 주요 단체장 명단(2004년 3월 기준)

탈당 전 소속정당	성명	직책	탈당일
민주당	우근민	제주지사	3월 18일
	박태영	전남지사	3월 15일
	송병태	광주 광산구청장	3월 15일
	서삼석	전남 무안군수	3월 15일
	조규선	충남 서산시장	3월 15일
	윤동환	전남 강진군수	3월 15일
	강현욱	전북지사	3월 12일
무소속	장재영	전북 장수군수	3월 12일
한나라당	김종규	경남 창녕군수	2월 17일
민주당	김세웅	전북 무주군수	1월 20일
	유성엽	전북 정읍시장	1월 15일
	나소열	충남 서천군수	1월 15일
	유봉열	충북 옥천군수	1월 15일
	김윤주	경기 군포시장	1월 15일
한나라당	김혁규	경남지사	1월 8일
무소속	김병로	경남 진해시장	1월 8일

자료: ≪서울신문≫, 2004년 3월 19일 자.

유권자들의 정치적 항심을 등에 업은 인사들의 각개 약진은 '변절'이라든지 '야합'이라는 혹평을 피하기 좋도록 재해석되고 있었다. 얼마 후 현실로 드러난 열린우리당의 압승은 그 판단이 명민한 '것'이었음을 고스란히 반증한다. 이른바 자발적 일탈 효과가 긍정적으로 확산된 대표적인 경우로 기록될 터였다.

탄핵 역풍은 열린우리당의 과잉 성장을 담보한다. 그뿐 아니라 특정 정당의 과잉 성장이 다시 조기 소멸로 이어지는 한계도 이 땅의 정치문화에서는 조금도 이상하지 않다. 하지만 열린우리당의 경우 국민의 실망은 더했다. 민주당과의 분당 형식을 밟는 창당의 기형성은 물론, '급성장-과분화(過分化)'의 내재적 한계를 바탕으로 한 당의 경쟁구조는 '계파정치 종식'을 선언한 최고 권력의 의지와 관계없이 또 다른 권력투쟁을 향해 깊어갔다.

짧은 세월이었지만 열린우리당의 계파 분화와 그에 따른 정치적 경쟁의 심화는 노무현을 정점으로 하는 추종세력과 대선 후보군으로 편입한 정동영의 세를 중심으로 가닥을 잡고 그들 주변에 '김근태·천정배·신기남·유시민'등이 새롭게 모여드는 형국으로 재구성되고 있었다. <표 4-18>은 당시 상황을 잘 압축한다.

그럼에도 눈에 띄는 변화는 정치신인들의 대거 입성이다. 열린우리당의 정치신인이 당선자의 71.7%인 109명에 달한다는 사실과 그들 또한 어쩔 수 없이 일정 계파에 몸담지 않으면 안 되었던 과거는 이 땅의 파벌정치문화를 극명하게 대변한다. 하지만 그들이 입 모아 강변하고자 애쓴 대목은 따로 있었다. 변화가 있다면 그것은 적어도 돈과 권력에 의한 조종이나 이합집산이 아니라 이념과 의지의 소산이라는 변명일 터였다.

의원들 대부분이 지니는 참신성보다 조율과 양보가 불가능할 정도로 복잡다단한 이해관계는 열린우리당의 정치적 합목적성을 잠식하고 있었다. 이는 4년여에 걸친 단명 정당의 한계를 유인한 또 하나의 치명적 변수였다. 아무리 이념과 소신으로 넘쳐나는 개혁정당이었던들, '그들' 역시 출신과 학연, 지역과 운동의 경험지평 등에서 두드러진 차별성을 드러냈고 이를 일거에 허물거나 정치적 흥금을 틀만큼 감동적 면모를 보이는 데는 성공하지 못했기 때문이다.

대부분의 정당들이 권력교체기에 즈음해 수권의 욕망을 억누르지 못

〈표 4-18〉 17대 열린우리당 의원 계파 분류(2004년 4월 기준)

계파	의원
노무현 직계	염동연 유인태 신계륜 조경태 선병렬 권선택 강길부 원혜영 김기석 김진표 백원우 문희상 강성종 문학진 안병엽 이광재 변재일 노영민 서갑원 김맹곤 최철국 김원기 조성래 김혁규 홍미영 한명숙
정동영계	이상경 최규식 김한길 김희선 전병헌 이계안 노웅래 정동채 최성 배기선 심재덕 김선미 이시종 김춘진 강봉균 이강래 정세균 한병도 조배숙 채수찬 홍장선 김명자 조성태 박영선 정의용 김현미 김영주 정덕구 이은영 민병두 김재홍 정장선
김근태계	이호웅 김태홍 정봉주 장영달 오영식 이인영 우상호 임종석 송영길
천정배계	최재천 제종길 장경수 임종인
신기남계	노현승 문병호
개혁당계	유시민 김원웅 유기홍 김형주 양형일 강기정 정청래 이원영 김태년 복기왕 최규성 이광철 강창일 김재윤 이경숙 박찬석 박명광 강혜숙

주: 무(無)계파는 제외.
자료: ≪서울신문≫, 2004년 4월 17일 자.

하고 창당을 서둘렀던 데 반해 정권을 장악한 다음 당의 면모를 갖추고 전환기 정치질서의 주도권을 지탱하려 했던 점은 열린우리당의 두드러진 특징으로 남는다. 하지만 득표와 공직을 추구하고 정책의 입안과 집행을 강하게 의식했을망정, 정치적 개성의 지나친 돌출과 이질적 성분의 화학적 조절에 실패한 한계는 계파정치의 종식을 겨냥한 목표의 원대함마저 무색하게 만든다.

<표 4-19>에 주목하게 되는 것도 이 같은 까닭에서다. 모두가 한결같이 정책개발과 입법연구를 표방하고 나섰지만 폭넓게 퍼져나간 당내 소모임과 이들의 지속적 생장은 결국 당내 주도권 장악을 향한 계파 분화의 전조로밖에 달리 비쳐지지 않았기 때문이다. '참여정치연구회' 등 10개가 넘는 당내 소모임 활동은 곧 세의 규합만이 정치적 생존의 지름길임을 반증했고 초·재선 그룹 가운데 친노계가 가장 활발했던 것은 역시 측근의 위세와 이를 잃지 않고자 강하게 의식한 정치적 자기중

〈표 4-19〉 열린우리당 의원 모임의 유형과 성격(2004년 5월 기준)

정치 성향별		
참여정치연구회	전대협 모임	불새
개혁당·신당추진위 출신	대학 운동권 출신	중도 전문가 그룹의 화요 조찬모임
박명광 유시민 김원웅 유기홍 강기정 김형주 정청래 등 10여 명	이인영 우상호 정봉주 이철우 오영식 복기왕 등 12명	정의용 이은영 박영선 민병두 등 10명
출신 정파·직역별		
친노 직계	젊은 희망	민변 그룹
청와대 386 참모 및 측근 그룹	민주당 출신 소장파	민변 출신 변호사 모임
이광재 서갑원 백원우 이화영 김태년 등 10명	임종석 송영길 이종걸 윤호중 문석호 정장선 정성호 문학진 노영민 김영주 등 10여 명	천정배 이종걸 송영길 임종인 등 11명
출신지역별		
서울균형발전연구회	영남지역 의원 모임	
서울 강북지역 의원들	영남 출신 지역구·비례의원 모임	
임채정 김희선 우원식 최규식 오영식 노웅래 이화영 등 13명	최철국 조경태 조성태 강길부 김맹곤 조성래 박찬석 윤원호 등 10여 명	
초선 모임		
친노	개혁 진보	
염동연 김기석 김낙순 양형일 우윤근 김진표 정덕구 권선택 전병헌 최성 등 53명	김재홍 이목희 김선미 이인영 임종인 정청래 최재천 등 26명	

자료: ≪조선일보≫, 2004년 5월 24일 자.

심성 때문이었을 것이다.

흥미로운 것은 총선 압승으로 당세 확장이 분명해지자 앞 다퉈 소모임 결성에 열을 올렸다는 사실이다. 게다가 그 같은 행각이 미칠 의도치 않은 결과를 내다볼 수 없었다는 점이다. 지나친 견제는 어쩔 수 없이 정치적 효율이나 합리적 경쟁을 갉아먹는 장해였다. 물론 최고 권력으로부터의 정치적 인정과 조속한 '세'의 안정화는 모임 결성 동기의 상수였고 멤버의 확장과 확연한 관심의 추를 지탱하는 일은 본능이었다.

과열 조짐을 보일망정, 이 같은 경쟁이 문자 그대로 정책개발과 법안연구를 목표로 공익의 증대나 그 제도적·인적 기초가 될 수만 있었다면 우려할 일은 아니었을 것이다. 하지만 이념과 소신에 의한 계파 운용이 과거 파벌 작동의 한계를 대체하고 있었다 하더라도 노무현의 영향력은 대권 장악 후 예전만 못했고 그를 향한 정치적 구애가 나아가 편애나 눈먼 사랑으로까지 발전할 가망이 별로 없었다는 데 그들의 고민은 깊었다. 대신 모임의 난립과 과당 경쟁이 파벌의 온존으로 퇴행할 가능성 역시 비례하고 있었다는 데 문제의 여지는 적잖았다.

이제 노무현 정권의 파벌정치를 종합해보자. 사실상 당대 5년의 국내정치와 이후 이명박 정권의 그것을 연계하는 18대 국회까지 포함하자면 기왕의 '파벌' 이미지와 그에 뒤따르는 부정적 편견은 크게 퇴조한다. 앞서 지적한 대로 돈과 권력의 흐름에 따른 일방적 '쏠림'은 의원 각자의 치밀한 고려와 정치적 환경변화에 따른 합리적 선택 등으로 이념과 소신의 자발적 경로를 통해 유화(宥和)'의 길로 접어든다.

그뿐 아니라 정치적 추종의 '예(禮)' 역시 예전의 맹목성이나 보은의 문화구조보다 더 자기중심적이거나 조건부 논리 안에서 견고하게 지탱한다. 그리고 과거보다 분명히 간헐적이고 제한적으로 이루어진 인적 이동과 배반의 행각 역시 '당선'과 정치적 '안정'이라는 분명한 타깃을 의식하며 진행된다.

그러나 17대 국회의 근본적 변화는 따로 있었다. 주군(主君)형 종속관계가 의원들의 인적 네트워크로 흡수·통합되어 과거 보스들의 위엄은 실적과 정책개발 등 효율적 리더십 행사로 대체된다는 점이다. 중심 역할을 담당한 의원들의 계파 장악력이 창조적 변용과 건설적 파괴력으로 이어지는 일련의 과정에 모두가 밑줄을 긋게 된다는 사실이다. 이제 막후 영향력만으로는 정치적 감동과 실질적 추종을 장담할 수 없는 세상이 된 것이다.

노무현과 그의 측근들은 이 같은 변화가 자신들의 주도적인 업적이라고 치부하지만 그것이 과연 새로운 정권의 의도적 정치공학의 결과였는지 아니면 거부할 길 없는 시대의 도도한 흐름이었는지는 유권자 각자가 달리 평가할 일이다. 중요한 것은 직업정치현장에서 보스의 과거 콘셉트가 소멸하고 여야의 대결 이미지도 제한적으로 용해·극복되기 시작했다는 점이다. 나아가 이념과 성, 직업별로 수평적 유대나 연대가 도모되기도 한다.

≪조선일보≫는 17대 의원 집단에서 이 같은 변화가 크게 여섯 부문의 네트워크를 통해 이루어졌고 이를 주도한 핵심 의원이 12명(여당 7명, 야당: 5명)이라고 압축한다(≪조선일보≫, 2004년 8월 28일 자, A4; A5). 인물별·네트워크별 준거에 따라 이를 체계화한 것이 <표 4-20>이다. 386 운동권은 정당을 초월해 이슈별로 관심과 실천 코드를 맞춰나갔고 1960년대 운동권 출신인 6·3 세대는 어느덧 당의 중진으로 숙성·편입해 원활한 정치과정과 그 소통을 책임져야 할 형편이었다. 그런가 하면 이른바 '긴조(긴급조치의 약칭)' 세대는 여권 핵심을 장악해 노 정권의 주도세력으로 나라의 명운을 도맡아야 할 형국이었다.

여성 의원군은 강한 연대와 파워집단으로 전진 배치되고 있었고 학자 그룹은 경제전문가 중심으로 당시 야권의 정책 참모들로 기능하고 있었다. 나머지 또 다른 네트워크를 결정할 한 축으로 관료출신그룹은 경제·행정·법률 등 과거 활동한 영역의 경험을 바탕으로 뭉치고 있었다. 여야 가리지 않고 그 같은 소통과 통합의 정치적 동기는 다름 아닌

〈표 4-20〉 17대 의원 네트워크와 계보의 퇴조

네트워크	중심 역할 의원과 연계 의원 명단
386 운동권	**이인영 우상호 원희룡**
6·3 세대	**김덕룡**
긴급조치 세대	**김근태** 이해찬 원혜영 이호웅 **유인태** 김부겸 **김문수**
여성	**한명숙** 이미경 박찬숙 손봉숙
학자	**박세일 박재완**
관료	**홍재형 강봉균** 김진표 박희태 김기춘 이강두

주: 굵은 글씨는 중심 역할 의원.

(재)집권에 있었고 이를 수식·강화할 명분으로 자신의 귀속 공간이 수권 정당으로 변모해야 한다는 데 이의를 제기할 사람은 아무도 없었다.

하지만 열린우리당의 정치적 대실패와 노무현을 향한 대중적 지지 하락은 어쩔 수 없이 한나라당이 챙겨야 할 반사이익으로 숙성되고 있었다. 유감스럽게도 그것은 어느 한쪽이 지나치게 잘하거나 월등했기에 확보한 '우위'가 아니라 성공과 번영의 기회를 눈부시게 살리지 못한 다른 한쪽의 과오가 반성조차 할 줄 모르는 오만과 화학 반응한 '의도치 않은' 정치적 선물이었다. 10년을 표류하다 다시 정권을 챙기게 된 한나라당에게 그것은 반가운 압박이자 부담스러운 노획이었다.

3. 야당의 여당화와 여당의 야당화 3: 이명박 정권의 파벌정치

16대에 이어 17대 대선에서도 정동영은 꿈을 접어야 했다. 노무현 후보를 좇아 민주당 국민경선의 전국 투어를 완주한 16대 경우와 달리 정동영은 민주당 후보로 출마했지만 2007년 12월 19일, 한나라당 이명박

후보에게 패한다. 한나라당은 2008년 4월 9일 치러진 18대 총선에서 지역구 131석과 비례대표 22석을 합해 153석으로 국회 과반 의석을 확보한다.

2008년 2월 17일, 대통합민주신당과 민주당이 합당해 출범한 통합민주당은 거대 여당을 견제할 중도개혁세력 결집을 표방하고 총선에 임했지만 지역구 66석과 비례대표 15석을 합해 총 81석을 얻는 데 그친다. 그해 7월 6일, '그들'은 급기야 민주당으로 당명을 바꾼다.

한편 2008년 2월 1일, 충청도를 기반으로 하되 이회창을 중심으로 창당한 자유선진당은 총 18석(지역구 14, 비례대표 4)을 얻은 후 2월 12일 국민중심당과 통합한다. 자유선진당은 이어 3석(지역구 1, 비례대표 2)을 얻은 창조한국당과 '선진과 창조의 모임'을 구성해 원내교섭단체가 된다. 이 밖에 총 5석을 얻은 민주노동당과 민노당 탈당 세력이 창당한 '진보신당연대회의'와 한나라당 공천 낙천자들로 친(親)박근혜계 인사들이 창당한 '친박연대' 등이 정당 활동을 전개하는 가운데 새로운 정권의 캘린더는 장을 넘길 채비를 마친다.

간만에 집권여당이 된 한나라당의 감격은 민주당의 울기와 회한으로 되돌아가고 있었다. 민주당으로서는 유전에 유전을 거듭한 자신들의 정치적 곤혹이나 쑥스러운 여정보다 다시 야당 역할을 불사해야 할 처지가 착잡했을 터다. 가졌다가 되 물린 권력의 아련함보다 이제 또다시 되돌아보아야 할 과거의 정치적 곤경이 새삼 또렷이 떠오르는 '그들'에게 한나라당의 존재는 단순한 미움 이상의 대상으로 다가오고 있었다.

그렇다고 당장 보장받을 수 없는 5년 뒤 대권을 곱씹으며 마냥 주저앉아 있을 수만도 없는 처지였다. 단지 81석만이라도 끌어안은 채 과거의 정책 실패와 정치적 과오를 되돌아보며 최대한 반성하는 척이라도

해야 했다. 한나라당 역시 권력의 '쟁취'가 능력과 역사의 평판 때문이 아니라 상대의 무능과 교만이 빚어낸 결과였다는 사실은 새로운 여권을 향한 유권자들의 지지가 얼마나 복잡한 속내를 담는지 잘 드러내고 있었다.

그것은 선거 때만 되면 가시적으로 실천할 수 있는 지지 '철회'이자 정권 심판으로 집약된다. 총선과 지방선거가 그랬고 정례화한 대선의 소용돌이가 이를 잘 반증한다. 이 대목에서 확실한 윤곽을 잡을 수 있었던 것은 세기의 전환 이후 고착화한 한국 정당의 양대 경쟁구도다. 게다가 다수당 구조의 길항과 명멸 현상이다. 한나라당의 상대적 '안정세'에 관해서는 이미 지적한 바 있지만 김대중 집권 전후 세 차례 대선을 치르며 당의 경쟁력을 쌓아온 '그들'의 과거와 돌고 돌아 도로 민주당이 된 야권의 처지가 적수(敵手)의 균형으로 제도화한 것만큼은 주목할 일이기 때문이다. 결국 '민주당'의 역사적 부침이나 이에 관한 온갖 가치판단을 유보하고 보자면 당 창건 후 10여 년 만에 대권을 장악한 한나라당이나 갖고 있던 권력을 고스란히 내준 민주당 상황은 한사코 제로섬으로 보지 않을 수 없는 셈이다.

그들은 이제 선거 때만 되면 정당을 급조하거나 흩어지고 모여들던 '부나비'의 행각을 서서히 버려갔다. 나아가 두 정당은 전환기 권력구조의 제도적 공급원으로 안정적인 작동을 기대해도 좋을 만큼 숙성되어갔다. 물론 '그들' 모두가 수백 년 지탱해나갈 실질적 건강성을 표방한다거나 명실상부한 정치적 다원성을 드러내는 제도 경쟁의 단위들로 자리할 것인지는 애매했지만 말이다.

총선과 대선 그리고 지방선거가 순차적으로 시행되는 정치일정은 사회경제적 비효율과 함께 온갖 비용의 과다 지출로 숱한 지적과 비판을 받아왔다. 노무현은 집권 중 이 문제를 시정하기 위한 개혁안에 골몰했으나 현실화시키지 못한 채 임기를 마친다. 이명박의 집권은 이 문제 자체에 관한 제도적 극복보다 국가적 현안 해결에 매달리며 관행의 반복을 '현실'로 수용해야 할 한계를 드러낸다.

집권 초부터 미국산 수입 쇠고기 파동과 용산 철거민 참사로 곤욕을 치른 이명박 정권은 관례적 일정 이외의 정치실험이나 파격적인 '제3의 길' 따위는 좀체 도모하기 어려웠다. 차기 대권을 노리는 양당의 입장과 정치적 자세 역시 암묵적일 수만은 없었다. 이미 대권을 장악한 한나라당 내부 사정이나 정권을 되찾겠다는 노스탤지어에 강하게 시달린 민주당이나 '절박하기'로는 어느 한쪽도 꿀리지 않았다.

18대 대선을 향한 한나라당의 경쟁구도는 이원구도로 진행·심화된다. 잠재적 대권주자 가운데 압도적 우위를 점한 박근혜의 추종세력과 이를 방임·좌시할 수 없었던 친(親)이명박 집단의 대결이 여권의 경쟁축을 형성하는 가운데 이른바 빅3로 알려진 '정동영·정세균·손학규' 외에 '박주선·천정배·조배숙·이인영·최재성' 등이 민주당의 당권 장악과 그 '이후'를 위해 경쟁하는 상황이었다.

이명박의 임기 중반을 넘어서는 2010년 7월과 10월, 각기 치러진 양당 전당대회는 당대 여야 계보와 차기 권력을 겨냥한 영향력 분포를 가늠할 좋은 계기가 된다. <표 4-21>과 <표 4-22>는 이들 사이의 힘의 차이를 잘 말해준다. 민주당보다 석 달 먼저 전당대회를 치른 한나라당에서는 박근혜계의 미미한 실적이 돋보인다. 반면, 이명박계의 여전한 전진과 당내 영향력 행사가 두드러진다.

이 또한 '현직(incumbency)'의 프리미엄과 예측 불가능한 미래 사이에서 혼돈과 집착의 골을 오가던 당인들의 정치심리를 잘 대변한다. 이명박

〈표 4-21〉 한나라당 전당대회 개표 결과(2010년 7월 14일 기준)

순위	성명(계파)	대의원 득표수	여론조사 득표수	합산 결과
1	안상수(친이계)	3,021(20.3)	1,295(20.3)	4,316(20.3)
2	홍준표(범친이계)	2,372(15.9)	1,482(23.2)	3,854(18.1)
3	나경원(범친이계)	1,352(9.1)	1,530(24.0)	2,882(13.6)
4	정두언(친이계)	1,964(13.2)	472(7.4)	2,436(11.5)
5	서병수(친박계)	1,782(12.0)	142(2.2)	1,924(9.1)
6	이성헌(친박계)	1,301(8.7)	89(1.4)	1,390(6.5)
7	한선교(친박계)	403(2.7)	790(12.4)	1,193(5.6)
8	이혜훈(친박계)	1,034(6.9)	144(2.3)	1,178(5.5)
9	김대식(친이계)	819(5.5)	155(2.4)	974(4.6)
10	김성식(중립성향)	533(3.6)	132(2.1)	665(3.1)
11	정미경(친이계)	299(2.1)	147(2.3)	446(2.1)

주: 괄호 안은 득표율(%)
자료: http://v.daum.net/link/8138425

을 향한 평소의 친소 정도와 이를 빌미로 한 영향력 편차에서 변별력을 달리한 [이른바 '친이계'와 '범(汎)친이계'란 용어는 사실상 언론의 조어 결과에 따른 것이지만 결국 권력 '주변'과 '측근' 사이에서 결정된] 당권의 향배는 <표 4-21>과 같다.

계파별 득표수 합계는 물론 달랐다. 대의원 투표를 기준으로 삼을 때 '1인 2표제'도 감안해야 할 변수였지만 차기 대권쟁취는 숨기지 못할 본능이자 그만큼 절박한 목표였기 때문이다. 2010년 7월의 한나라당 전당대회는 이명박의 잔여임기 동안 어느 계파가 지배적 영향력을 행사할 것이며 이를 대선으로 연결·강화할 것인지 가늠할 좋은 기회였다.

그 결과는 두 세력의 힘의 길항과 각축으로 요약된다. 실질적 파괴력은 아직 현실화되지 않은 채 거의 두 배 이상의 편차를 끌어안아야 했지만 박근혜계의 전진배치와 이명박계의 수성 전략이 관전의 한 축이고 이명박 지지 세력의 내부 균열이 또 다른 관찰 대상으로 남는다. '범친이계(안상수·홍준표·나경원·정두언·김대식·정미경)'의 9,827표와 '친박계(서병수·이성헌·한선교·이혜훈)'의 4,520표만 보더라도 편차에 나타난 대결 윤곽은 분명했다(중립계: 김성식 533표 배제).

'범친이계'라는 표현도 따지고 보면 보도와 여론 조성의 한 축을 형성하는 언론의 궁리 때문이었지만 그 이상의 조어도 사실 쉽지는 않았다. 그도 그럴 것이 비록 같은 당 울타리 안에 적(籍)을 두고 있다고는 해도 '뜻'과 '전략'이 다르고 '재주'와 정치적 '활동 방식' 자체가 제각각 같지 않은 이들의 강제 공존이 당대 한나라당의 모습이었기 때문이다. 하나같이 대통령을 바라보되, 다음 대통령 만들기의 꿈과 그 속에서 운신할 자신의 범위는 달랐고 기대고 업힐 지도자를 찾기란 간단치 않았다.

이는 곧 노무현 집권기 열린우리당의 계파 갈등과 차기 정권을 겨냥한 당 내부의 힘의 이동과 유사한 형국이다. 따지고 보면 한나라당의 계파 간 경쟁과 정치적 고민은 민주당의 그것을 거울처럼 비춘다. 대권을 바라보는 민주당의 속내 역시 한나라당의 절박함을 명징하게 반영한다. 같은 해 가을 열린 민주당 전당대회는 대권을 향한 당내 갈등을 잘 드러낸다. 대회를 앞둔 계파별 세몰이 과정에서 후보들 서로가 서로를 비방·견제하려들던 정치적 속내까지 물론 포함해서 말이다.

당 대표를 사임한 다음 당내 발판을 굳히기 위해 다시 도전한 정세균이 한나라당 탈당 경력을 아킬레스로 간직한 손학규에게 '정통성 없는 인물'이라 몰아붙이자 그 역시 난세의 야당 지도자로 '온건한 관리형 대표는 적격이 아니'라고 되받아친다. 그들과 동반 경쟁한 정동영은 17대 대선패배 책임을 묻는 후보 동지들에게 '담대한 진보'와 '역동적 복지'로 응수하며 머쓱함을 피해야 했다. 한나라당 탈당 후 입당 경력이 손학규 적통(嫡統) '시비'의 원인이었다면 몸담던 정당을 박차고 나간 후 복귀한 정동영의 표류 행각도 피하지 못할 '흠'이었다.

그러나 2010년 민주당 10·3 전당대회는 손학규의 승리로 끝난다. 그렇다고 그의 승리만으로 18대 대선후보 윤곽을 점칠 수 있는 상황도 아니었다. 하지만 모처럼 '비호남·비주류' 인사를 당 대표로 꼽은 당 내외 여론과 대의원들의 의지는 김대중과 노무현 퇴장 이후 비틀거리던 야당의 강력한 재건으로 쏠린다. 그가 물론 그 같은 일을 순조롭게 해낼 수 있을지 여부는 과제로 남겨둔 채 말이다.

전당대회의 득표 통계는 그의 당 내외 처지가 만만치 않음을 알리는 좋은 징표다. 특히 대권 도전에 두 번씩이나 실패한 정동영의 맹추격과 자신 또한 그 대열에서 예외일 수 없다고 판단한 손학규의 입지는 물론 벌써부터 '그들'을 당의 '과거'이자 어쩔 수 없는 '현재'로 몰며 새로운 '미래'로 스스로 수식하는 당내 486의 약진도 매서웠기 때문이다.

최재성은 대열에서 끝내 밀렸지만 이인영은 당내 권력구도에 '안착·인입'한다. 대표 당선이 곧 대권 직행을 예약하는 것은 아니었지만 '빅3'로 알려진 인물들의 안정적인 3위권 진입은 손학규의 당내 운신 폭이 그리 넓지 않음을 예고했고 뒤를 바짝 쫓는 이인영의 존재감은 세 사람의 당내 독주 역시 여의치만은 않으리란 사실도 잘 입증했다(http://www.mt.co.kr/view/mtview.php?type=1&no=2010100311113271633&outlink=1). 당원 여론조사와 대의원 투표를 병행한 복합선출방식의 후보별 득표 결과는 <표 4-22>와 같다.

총선과 대선을 한해 남짓 앞둔 2011년 초여름, 집권여당의 파벌 변화는 소장파의 전진과 암묵적 주류의 퇴조로 압축된다. 같은 해 5월 6일,

〈표 4-22〉 2010 민주당 전당대회 후보별 득표(2010년 10월 3일 기준)

순위	성명	종합 득표	대의원 투표 득표율	당원 여론조사 득표율
1	손학규	11,904(21.4)	18.9	27.2
2	정동영	10,776(19.4)	16.1	26.7
3	정세균	10,256(18.4)	18.5	18.3
4	이인영	6,453(11.6)	14.6	4.5
5	천정배	5,598(10.1)	9.7	10.9
6	박주선	5,441(9.8)	11.4	6.1
7	최재성(탈락)	4,051(7.3)	8.7	4.0
8	조배숙(여성 당연직)	1,216(2.2)	2.0	2.3

주: 대의원 투표 10,145명(투표율 83.2%); 당원 여론조사 17,702명(응답률 50.3%)
자료: ≪한겨레≫, 2010년 10월 4일(비율은 소수점 한자리).

한나라당 원내대표 경선에서 비주류의 황우여 의원을 당선시키는 데 앞장섰던 소장파들의 급속한 세 불리기가 그 하나라면 나머지는 이명박 정권의 실세 중 하나인 이재오 주도의 '함께 내일로' 해체였다. 파벌의 현실에도 물갈이는 엄연했고 명분과 실리의 지탱은 여전했다고 보면 크게 틀리지 않는다.

소장파의 전진은 당내 최대모임인 친이계의 '함께 내일로(회원수 70여 명)'에 버금가리란 전망까지 나왔다. '새로운 한나라'로 이름 붙인 그들은 55명으로까지 목표치를 키워 기왕의 소장파로 대변된 '민본 21(당초 12명)'과 함께 젊은 주류로 부상하고자 애쓴다. 5월 10일까지 가입 신청을 한 42명 중 친이계는 박순자·주호영 등 14명, 친박계는 이혜훈·구상찬 등 15명, 중립은 남경필·정두언 등 13명 안팎이었다(<표 4-23> 참조).

집권여당의 명분을 살려 이제 '계파는 사라졌다'며 당 내외에 정치적 새로움을 천명하려 했던 그들이지만 권력의 확장을 위해 끓어오르는 원초적 정치본능을 억제하기란 말처럼 쉬운 일이 아니었던 터다. 아울

〈표 4-23〉 '새로운 한나라' 의원 명단(2011년 5월 10일 기준)

	'새로운 한나라' 의원 명단(총 42명)
친이(親李)	김정권 임해규 박순자 주호영 권영진 김동성 윤석용 박영아 신성범 여상규 이범래 정양석 주광덕(이상 13명)
친박(親朴)	이혜훈 장윤석 구상찬 김선동 김세연 배영식 박보환 허원제 유재중 이종혁 이진복 이한성 손범규 조원진 현기환(이상 15명)
중도(中途)	남경필 권영세 김기현 나경원 정두언 김성식 김성태 박민식 정태근 조윤선 홍일표 홍정욱 황영철(이상 13명)

자료: ≪조선일보≫, 2011년 5월 11일 자.

러 제아무리 정책연구와 순수한 친목 도모를 핑계로 내걸어도 '쇄신'과 '개혁'을 목적으로 삼은 소장파의 현실적 파벌화는 자연스레 노선투쟁과 승부욕을 재촉하지 않을 수 없었다.

쇄신을 표방한 친이 직계의 내부분열은 '대통령 만들기'에 나섰던 인물들의 내부갈등을 심화시키기도 한다. 이명박 정부 출범 이후 정권 중반기까지 정치적 풍파를 거치는 동안 킹메이커의 주축이었던 '안국포럼(AF)' 멤버들은 흩어지기 시작했다. 나아가 여권쇄신을 빌미로 대통령을 비판하는 데 앞장서자 친(親)이재오계는 이 같은 행태를 '배신'으로 규정하기까지 이른다(<표 4-24> 참조). 결국 정치적 동지의 균열은 파벌로 파벌 치기의 형국을 양산하기 마련이었고 거기서 등장하는 소모적 파열음이나 힘의 분산을 건설적 권력투쟁으로 흡수한다는 것은 생각처럼 쉬운 일이 아니었다.

'권불십년(權不十年)·화무십일홍(花無十日紅)'의 이치는 어김없었다. 2011년 7월 4일 치러진 한나라당 전당대회는 친이계의 확실한 퇴조와 경쟁계파의 전진으로 압축되기 때문이다. 친이계는 그보다 앞서 열린 원내대표 경선에서도 고배를 마셔야 했다. 친이계가 조직적으로 지지한 원희룡은

〈표 4-24〉 '안국포럼(AF)' 구성원들의 분화(2011년 5월 13일 기준)

안국포럼 명함 번호	성명
001	결번(缺番) - 이명박 대통령
002	이춘식(국회의원, 친이상득계 + 친이직계)
003	정두언(국회의원, 소장·쇄신파)
004	김백준(대통령 총무기획관)
005	백성운(국회의원, 친이재오계 + 친이 직계)
006	박영준(지식경제부 차관)
007	정태근(국회의원, 소장·쇄신파)
008	강승규(국회의원, 친이 직계)
009	조해진(국회의원, 친이 직계)
010	권택기(국회의원, 친이재오계)
국제전략연구원(GSI) 정책국장 - 김영우(국회의원, 친이 직계)	

자료: ≪한국일보≫, 2011년 5월 13일 자(괄호 안은 당시 현직과 정치성향).

  예상외로 고전(苦戰), 전당대회 후보별 득표에서 4위에 그치고 만다. 같은 해 5월에 열린 원내대표 경선에서마저 소장·친박계 지지에 힘입어 중도 비주류의 황우여가 친이계의 강력 지원을 받던 안경률 후보를 눌렀던 일도 이변이었다.

  유난히도 집중호우가 많았던 그해 여름, 친이계의 절망은 빗물처럼 거듭되고 있었다. 게다가 그 결과는 친박계의 압도적·상대적 전진으로 요약된다. 친박계·쇄신파의 표가 더해진 것으로 보이는 홍준표·유승민이 각각 1·2 위를 기록함으로써 당내 무게중심이 곧 박근혜 전 대표로 옮겨가고 있음을 고스란히 입증했기 때문이다. 특히 유승민의 2위 진입은 단순히 '박'의 위상만으로 가능했다는 분석보다 주변 경쟁계파의 암묵적 지원 없이 불가능했다는 해석이 지배적이었고 보면 직업정치인들 내부에서 빚어지는 가치의 교환과 이익의 균점(均霑)은 이미 상식 중의

〈표 4-25〉 2011 한나라당 전당대회 후보별 득표(2011년 7월 4일 기준)

순위	후보	총 득표수(총 득표율)	선거인단 + 대의원	여론조사	비고
1	홍준표	41,666(25.5%)	29,310	12,356	대표
2	유승민	32,157(19.7%)	27,519	4,638	최고위원
3	나경원	29,722(18.2%)	14,819	14,903	
4	원희룡	29,086(17.8%)	22,507	6,579	
5	남경필	14,896(9.1%)	8,860	6,036	
6	박진	8,956(5.5%)	5,662	3,294	
7	권영세	6,906(4.2%)	5,695	1,211	

자료: ≪매일경제≫, 2011년 7월 5일 자.

상식으로 자리 잡고 있었던 터다.

<표 4-25>는 이들의 세력판도와 정치적 영향력 동원 정도를 잘 말해 준다. 특히 당시 전당대회가 대의원들의 투표권 행사뿐 아니라 일반 당원을 포함한 선거인단과 청년 선거인단 등 비교적 당성이 옅은 사람들이 대거 포함되어 있었다는 데 주목한다면 선거 결과의 의미는 컸다.

누가 언제 어디서 뭘 말하고 또 어떻게 행했는지 각 파벌 단위에 관한 정밀 추적은 끝없이 이어질 역사의 기록과 의미 파악 앞에서 이제 호흡을 정돈할 필요를 느낀다. 그것은 곧 살아 움직이는 생명체로 대권장악과 자기이익의 확장을 위해 한사코 탐욕의 속내를 가리며 치러야 할 파벌들의 '시간 벌기'와도 직결될 것이다. 그뿐 아니라 솟구치는 정치 본능을 불태우는 이들의 표류와 이동이 장차 어떻게 변할지 냉정하게 관찰해야 할 학문의 역할과도 무관하지 않다. '한국의 파벌정치'가 현재로서의 역사성을 지니는 민감한 연구대상이자 관찰자 모두의 각별한 비판적 근력을 요청하는 일임도 물론 아우르며 말이다.

이 땅에 정치파벌이 존재한다는 사실은 문제의 핵이 아니었다. 그것은 지금 이 순간도 마찬가지다. 스스로 사라질 조짐은커녕, 파벌이 주변 파벌을 강하게 의식하며 그들을 능가할 궁리로 늘 골몰하거나 적어도 경쟁에서 밀려서는 안 된다는 강박에 빠져 사고의 합리성을 잃어버리기 쉬웠다는 것이 문제였다. 그뿐 아니라 '있던' 파벌을 졸지에 없애버리거나 주변의 또 다른 '그들'과 합쳐버리는가 하면 홀로 '빠져나가' 기탄없이 '숨어들며' 또다시 어딘가를 향해 홀연히 '사라지는' 배반의 행각이 주목해야 할 대상이었다.

변절보다 무서운 것은 권력을 향한 조바심이었다. 그저 바라만보다 되돌아설는지 모른다는 불안이 싫었고 혹여 나 아닌 다른 누군가가 독차지할지도 모른다는 염려가 죽음보다 깊은 혐오로 자신을 감쌀 때 '파벌'은 그 같은 부정(否定)의 심리를 달래고 숨기기 좋은 정치적 핑계였던 셈이다. 따라서 내가 '아니라면' 그도 '아니어야만' 했고 내가 '모르는 것'이라면 그 역시 '몰라야만' 하는 기이한 공평(公平)과 균형의 감각이 요긴했던 것이다.

그것은 곧 정치적 시기와 질투의 균형으로 집약된다. 한 사람밖에 거머잡지 못할 '대권'이자 둘일 수 없는 '실세'라면 선거 때마다 반복되는 경쟁자들의 각축과 알력은 모두가 궁극의 용서나 화해를 목적으로 한 갈등이 아니었다. 대신 한으로 응어리지거나 언젠가는 통렬한 승리로 상쇄해야 할 과거의 업보로 차곡차곡 쌓여갈 파벌 구성원 각자의 잊지 못할 사연이었다.

보스의 속내를 잘 알면서도 직설적 비판이나 적합한 공격으로 파벌의 비민주성을 극복하지 못했던 것은 자기 지분의 영원한 상실이 두려워서였을까. 아니, 어쩌면 이를 예비하는 분명한 공포의 사전 배제 아니면 그 제어 때문이었으리라. '그'를 따라 천신만고 걸어온 풍랑의 세월이

'항심(抗心)'과 '비례(非禮)'에 묻혀 최소한의 권력조차 보상 못할 일이라면 차라리 참고 챙기거나 등 돌리며 자취 바꿔서라도 확보할 일신(一身)의 안일이 한결 아쉬웠던 것이다. 그것이 이 나라 파벌이 넘지 못한 두텁고도 덧없는 인연의 벽이었다.

은근하고 비밀스러우며 보이지 않아도 보이는 '그것'. 끈적이는 거미줄 같은 파벌 세계에 그렇다고 누구든 걸려드는 것은 아니다. '진입'과 '퇴출'이 자유롭진 않되, 그러나 배신의 기회는 늘 열려 있고 뛰쳐나가도 되돌아올 명분만 그럴듯하면 용서의 계기마저 마련되는 '그곳'. 저 희한한 면피의 쌍방 통행로와 '고비용·고부가가치'의 변신 계기 또한 널리 열려있는 응달진 공간. 아직도 거기서 음험한 한국정치는 기꺼이 배양되고 '민주'와 '자유'를 가장한 그늘의 논리가 턱없이 양산된다.

사라진 듯 사라지지 않고 재생된 듯 다시 자취 숨기는 파벌의 역사가 정치사의 여전한 축 하나를 형성하는 한, 민주주의라 믿고 있는 그것은 허울로 존재할 것이다. 그것은 '제도'도 '원칙'도 아니며 합목적적인 정당 '조직'이나 '기구'는 더더욱 아니다. 파벌은 단지 자기중심적 권력 팽창을 꿈꾸는 자들의 치사한 도구일 따름이다.

# 5
파벌의 표류 정치학

1. 파벌의 어제와 오늘

한국정치의 파벌화 경향은 단절되었는가, 지속되고 있는가? 단절되었다면 그 단층구조는 어떤 모습을 드러내고 있는가? 파벌의 끈질긴 생장력이 이 같은 가능성을 비웃으며 세포분열중이라면 그 그림은 어떻게 그릴 수 있을까? 한국의 정치파벌구조가 해방공간의 정치세력들이 보인 갈등과 모순이 역사로 누적되고 현재화된 결과에 지나지 않는다면 파벌정치의 구체적인 현주소는 어느 지점인가? 그리고 그 파쟁의 역사가 다다른 오늘의 간이역은 어디일까?

실제 힘 크기에서는 편차가 있지만 1990년대 말까지 한국정치파벌의 대결구도는 크게 네 세력을 꼭짓점으로 삼는다. 네 개의 점들은 각기 크고 작은 정치파벌들을 휘하에 거느리면서 새로운 힘의 균형과 정치활로를 모색한다. 기득권의 유지를 위한 집권여당의 치열한 파벌갈등이 그 첫째였다. 그것은 곧 6공 중반부의 차기 정권 대표선정 과정이나 김영삼 정권 말기의 대권 도전을 향한 집권당의 권력투쟁을 고스란히 반영한다.

　6공 말기, 민자당의 대권 경쟁은 김영삼의 단독 입후보로 막을 내렸지만 전두환을 정점으로 출발한 범(汎)민정계는 TK계와 이종찬계 그리고 노태우 직계로 삼분된다. 통일민주당 출신의 김영삼계는 권력지분의 우위를 놓고 낙관적으로 파벌을 관리한 반면, 권력투쟁 과정에서 계속 실패한 김종필계는 구(舊)민주공화당과 구(舊)신민주공화당의 잔여세력을 이끌고 수성(守城)의 전략을 지탱한다. 그것은 결국 김영삼 집권 이후 간단없이 계속된 '용도폐기 - 축출 - 배반'의 전략으로 영욕을 거듭하는 형국이었고 여와 야를 넘나드는 특유의 변신으로 구체화된다.

　둘째, 야권 파벌구도 역시 좋게 말해 '다원적'이었다. 1995년 중반까지도 민주당은 김대중을 정점으로 한 파벌관리체제를 여전히 청산하지 못한다. 6·27 지방선거 후, 이들은 새정치국민회의와 민주당 잔류파로 갈라섰고 이기택과 김종필이라는 그다지 달갑지 않은 적들과 때에 따라 손잡거나 어쩔 수 없는 '전략 동거'를 간헐적으로 계속한다.

　과거 평화민주당 출신의 김대중 직계를 파벌 꼭짓점으로 삼으면서 야권은 호남권 신(新)정치세력과 반김대중세를 형성한 평민련(平民聯)의 힘을 분산·통제한다. 아울러 김대중은 '박정희 없는 시대'의 또 다른 라이벌, 김영삼과 경쟁관계를 유지하면서 제3의 경합대상인 이기택과 기형적 통합을 시도하거나 김상현이라는 복병을 견제한다. 이기택은 김씨들의 하수이길 끝내 거부하고 양김 휘하 파벌에서 동조 이탈한 소장파 그룹을 이끄는 보스로 민주당의 한쪽 기둥을 맡는다. 한편 오랜 재야투쟁으로 청·장년기를 보낸 이부영의 민주연합계가 제도권으로 흡수됨으로써 민주당의 남은 터를 채우기도 하지만 그들은 늘 역부족이었다.

셋째, 재야의 보수정당 견제는 더 복잡했다. 특히 이부영의 운동세력 일부는 김대중 파벌 밑으로 부분 통합되지만 그의 영향력은 계속 재야와 연계된다. 그것도 다시 이기택·김원길 등이 이끄는 민주당으로의 '역(逆)편입' 절차를 밟으며 재야의 홀로서기가 얼마나 힘든지 여실히 반증하기도 한다. 투옥과 출옥을 반복한 김근태를 비롯, 재야활동가들의 집결체인 '전국연합(全國聯合)' 세력과 14대 총선에서 완패해 선관위로부터 당 해체명령을 받아 일단 사라진 장기표·이우재 등 민중당 측은 재도전을 위한 전열정비에 들어간 다음 15대 총선 후 거의 제도권에 편입한다. 이들 주변에는 또다시 민노총과 전농, 전교조, 경실련(經實聯), 한총련(韓總聯) 등 민간·대학·노동운동조직이 연대하거나 때로 경쟁하는 등 치열한 난맥상을 보인다. 그러나 이들은 기본적으로 순수재야의 자기정체를 지탱해야 한다는 논리와 민중정권수립을 위한 민중독자후보론 등 시국과 역사 전망에서 다른 입장을 갖고 계속 대결한다.

넷째, 재야의 극심한 정치적 시각편차와 노선갈등과는 달리 '자유민주연합'은 창당 직후부터 주변 세력들의 파쟁과 전력(前歷)의 오점들을 자신들의 '세몰이 전략'의 일환으로 활용한다. 그들이라 해서 과거가 깨끗한 것은 아니지만 김종필이 이끄는 자민련 파벌의 응집력이 주변보다 상대적으로 높았던 것은 흥미롭다. 하지만 이들의 성분도 화학적으로 대단히 복잡했다. 과거 '친(親)구공화당계'와 '친(親)민자·신민주공화계'에 속했던 정치 인사들과 14대 총선 당시 민자당 공천에서 탈락된 인사 상당수가 뒤섞여 있던 당인만큼 이들이 남은 정열과 의욕을 모조리 불사르기 위해 모여든 것인지, 아니면 또 떠날 일을 은밀히 다짐하며 잠시 비바람 피하려 했던 것인지도 불분명했다. 네 세력군의 세기말 대결상

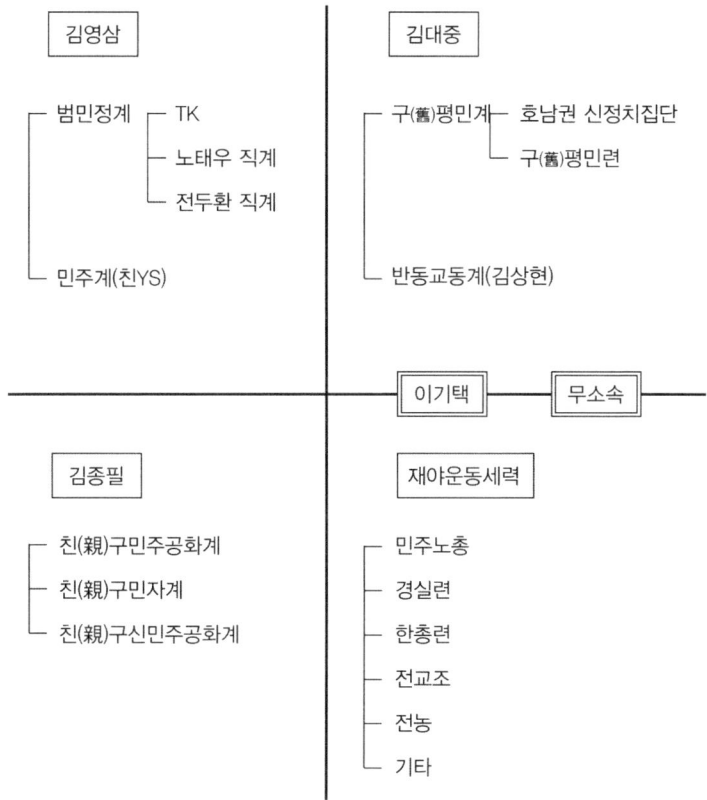

〈그림 5-1〉 세기말 한국의 파벌정치와 대결구도

황을 계파별로 나눠보면 그 모습은 <그림 5-1>처럼 정리할 수 있을 것이다.

밀레니엄의 요란한 구호와 함께 새로운 세기가 열리자 3김이 물러가고 대권의 순환이 이루어진 것은 역사의 '우연'이었다. 이를 무슨 정치적 세태의 '필연'이나 예정된 '몰락'쯤으로 헤아리려는 것도 21세기를 여는 현란한 대문소리만큼이나 유별난 자세다. 하지만 한 번씩이라도 대권을 거머잡을 수 있었던 양김의 처지에 비하면 김종필의 울기(鬱氣)는 적잖았을 터였다. 세기의 전환에도 그 같은 '우울'과 '침통'의 문화가 '세습·순환'하는 현상은 정녕 희한하기만 했다. 파벌문화의 유증에 앞서 한(恨)의 관리와 제도적 해소는 그래서 분명 아이러니였다.

3김의 퇴조와 맞물리는 한국파벌정치의 순환은 이 같은 측면에서 주목해야 할 또 다른 과업이다. 그 대체적 특징은 어떻게 '분석·재구(再構)'할 수 있을까. 김종필이 비워놓은 자리를 이회창이 채우는 정치지형의 변화는 단순한 형국의 '이동' 이상의 의미를 지닌다. 그것은 1인자를 꿈꾸며 최고 권력의 주변에 퍽이나 가깝게 접근했던 자들의 돌이키지 못할 통한과 울분의 처리와 직결되기 때문이다.

21세기 초 한국 파벌정치의 특징은 뭘까. 첫째, 구(舊)자유민주연합을 지탱한 '문화'와 '지역'의 정치적 터전이 다시 이회창에게 맡겨지는 모습은 그저 일상적인 대체 관리나 건전한 위탁쯤으로 치부해버리고 말 사안이 아니다. 가능하다면 쟁취하고 설욕해야 할 일정 지분의 한이 고스란히 대물림되고 있었다는 점에서 세기의 전환이 몰고 온 파벌정치 관전의 우선 포인트는 충청권의 지속적인 권력 정체(停滯)와 항구적인 정치균형 추(錘)의 역할을 둘러싼 능력 있는 리더십의 부활 문제다. 거듭되는 대권 장악의 좌절과 꿈의 답보는 '대통령'이라는 단어의 무게만큼이나 강한 '두 사람' 모두의 절명(絕命)의 기억이었다. 이회창은 곧 김종필의 '거울'이었고 김종필은 이회창의 잊지 못할 '추억'이었다.

둘째, ('자민련'과 '자유선진당'의 정치적 성분비가 지니는 근소한 편차만큼이나 비슷하게) 열린우리당의 생성과 소멸에 담긴 파벌의 이합집산은 민주당사(民主黨史)의 곤혹스런 과오이자 떨치지 못할 업보로 남는다. 특히 노무현의 대권장악과 민주당의 극한 균열(extreme cleavage)은 결과적으로 그의 정치적 급부상이 지니는 예외적 기대효과를 잠식한다. 그것은 자신의 정치적 태생과 성장 공간을 파괴하는 동시에 새로운 정치활동무대를 보장하려 스스로 애쓴 자유의 '과잉'과 조급한 의지의 '승리'였다. 그뿐 아니라 노무현 파벌의 집단적 이동이라는 한계를 일거에 드러내는 사건이었다.

열린우리당의 창당과 조기 해체, 그리고 민주당으로의 복귀와 통합의 일정이 노무현의 정치적 집권 스케줄과 궤(軌)를 같이한다는 사실은 또 다른 이례적 현상이었다. 그것은 노무현의 정치적 출발과 숙성에 관한 한, 일정 지분의 심리적 부담이나 대한민국 정부수립 후 최초의 '탄핵대통령'이었다는 예외적 곤궁(困窮) 모두를 뛰어넘는 역사의 한계로 기록된다.

나아가 정작 그 자신은 '개혁'과 '진보'를 내세우며 계보정치의 종말과 파벌의 완전해체를 부르짖었으되, 자기 파벌의 사후(死後) 존치와 정치적 제도화의 욕구만큼은 막아내지 못한 시대의 제물로 잊혀져간다. 2009년 한 해 동안 겹쳐 발생한 두 전직 '대통령의 죽음'은 기실 우연의 일치였다. 게다가 그것만으로 이 땅의 파벌정치가 완전 소멸하거나 계보정치의 부활은 이제 없을 것이라고 기대한다는 것이 얼마나 막연한 일인지 따져보는 것은 여전히 중요하다.

18대 대선을 앞두고 노무현의 정치적 후예들이 다시 '당'을 만들면서 활동을 재개한다든가 '노사모(노무현을 사랑하는 사람들의 모임)'의 울기를 곱씹으며 기왕의 중심인물이었던 '유시민·이해찬·한명숙·이병완' 등에게 적극적 지지의사를 표명하는 일 등을 파벌의 재생산이 아닌 참신한 '정치적 이변'으로 보기 어려운 까닭도 그래서 새삼스럽다. 민주당의 재구성에 따른 여러 가치판단과 그 적합성 여부와 함께 한나라당을 떠나온 손학규의 당 장악과 기존 계파와의 갈등 관리는 김대중 퇴장 이후 혼란스러운 당 사정을 잘 말해주고 있었다. 다시 대권도전을 꿈꾸는 정동영과 오랜 야망을 숨기고만 있을 수 없는 손학규의 대결도 대결이려니와 그 틈새에서 재기를 노리는 정세균의 저항도 민주당이 극복해야 할 파벌 갈등의 내용물이었다.

셋째, 세기의 전환기에 민주당이 겪는 '지리멸렬'보다 상대적으로 안정적이었던 한나라당이 파벌정치현장에서 자유로웠던 것은 결코 아니다. 17대 대선에서 이명박이 거둔 승리는 결과적으로 당내 주도권 장악을 둘러싼 박근혜 파벌의 역부족을 반증한다. 18대 대선을 앞둔 당내 파벌정치현장에서 박근혜가 차지하는 정치적 '우위'가 차별성을 지니는 까닭도 지배적 압도감이라든가 돌출적 영향력에 기인하는 게 아니었음도 주지하는 바와 같다.

그 같은 성정(性情)이 바람직한 것이었는지 여부와 관계없이 당내 주류와 늘 일정한 거리를 유지한 박근혜의 태도는 자기 파벌의 관리와 지탱에서 합목적적인 힘을 발휘한다. 돋보이게 행동하지 않아도 돋보였고 굳이 파벌의 '세'가 강력하지 않았어도 주류권 파워를 견제하던 힘의 실질은 결국 '박근혜'라는 한 개인의 존재감에서 비롯되고 있었던 터다.

친이계와 친박계라는 비교적 단순한 힘의 양극화 현상 주변에 '범친이계'라 불리는 애매한 '세력단위'가 존재하고 있었음은 곧 당의 상대적 안정 속에 기생(寄生)하려는 불안정한 집단 파벌의 속성을 잘 드러낸다. 그들은 이명박의 퇴장 이후 새롭게 떠오를 당내 지도세력―그것이 박근혜든 아니든 관계없이―을 향한 자발적 복종과 인입(引入)을 예고했다. 이른바 '합리적 중도'의 허울 안에 스스로를 가두고 차기 권력의 향배를 보며 처신과 자기세력운용의 탄력을 도모하려는 생각의 '끝'은 이기(利

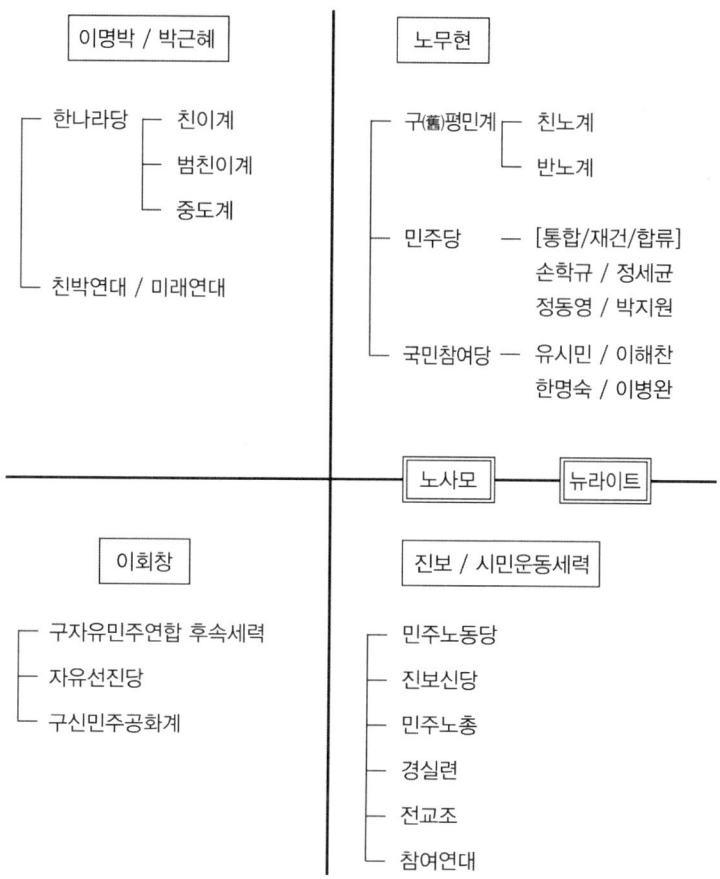

〈그림 5-2〉 세기 초 한국의 파벌정치와 대결구도

근)의 그늘로 접어들 수밖에 없는 노릇이었다.

 넷째, 세기말의 재야 활동이 점차 제도권 정치 과정으로 '편입·정착' 되어갔던 과거는 고무적이었을 것이다. 한때 '운동'과 '정치'를 혼동하거나 극한 저항만이 살길이라는 호전적 정치행태가 온몸에 배어 있었음은 이따금 재현되는 진보정당의 장외투쟁 역시 관용할 만한 경험적 척

도였을 것이리라. 그럼에도 재야의 정치화 과정이 노조 활동의 태생적 특성을 벗어나 정당의 틀과 문화의 흡수를 감행하는 모습은 세기의 전환기를 돋보이게 한 또 하나의 특징이었다.

하지만 '그들' 역시 정당정치화 과정에서 파쟁의 덫을 피하지 못한 한계는 치명적 흠결로 남는다. 당내 파쟁의 와류가 분당과 파행으로 이어지거나 끝내 그 갈등관리에서 시속적으로 실패하는 모습은 기성 정당이 넘지 못했던 파벌정치의 모순을 고스란히 답습하고 있었다. 나아가 주변에서 제도권 정치세력들을 가열 차게 압박해 들어간 다양한 시민운동단체들과 '그들'이 어디에서 어떻게 다르고 누가 적합한 대안의 존재가 될 것인지 도무지 변별해낼 수 없었다는 점에서 진보의 힘은 사실 뒤처지고 있었다.

운동단체의 다양한 분화와 치열한 경쟁 역시 운동의 원심력을 차라리 제도정치의 세계로 구심화(球心化)하는 편이 낫지 않겠냐는 안팎의 비판을 낳는다. 운동단체의 건전한 재정 자립과 정책적 독립성의 담보 역시 피하지 못할 한계로 남아 있었다.

이 같은 네 가지 힘의 길항관계를 세력 단위별로 다시 나눠보면 그 내용은 위와 같이 압축할 수 있을 것이다. 수장을 정점으로 펼쳐진 한국의 현대파벌정치는 외형상 정권별로 달리 보인다. 그러나 가까이 다가서면 '다르게' 보이는 부분 위에는 그대로 '이어지는' 정치적 과거와 그 부정적 잔해가 고스란히 '겹침'을 알 수 있다. 한국정치는 결국 해방 후 난립한 여러 얼굴의 정치세력과 그들 배후에 도사린 욕망의 그늘이 빚어낸 '그림자 극'이었다. **파벌의 대결과 정치적 욕망의 승수(乘數)효과는 해방 후 오늘까지 재생산된다.** 대권을 향한 파벌 보스의 본능이 사라질 수 없었던 것처럼 새 보스를 찾아 집을 옮겨 다니는 정객들의 표류도 오늘에 이른다.

오늘의 파벌문화가 과거의 그것과 단절되어가고 있음을 일깨워주는 부분도 있긴 있다. 그것은 지배세력의 욕망에 관한 중산층 다수의 반대의사 표시와 도덕적 응징의 맥이다. 권력교체기마다 '표'의 형식으로 반복하는 시민사회의 정치적 견제는 오늘의 한국정치를 그나마 크게 끌어올린 밑거름이다. 중산층의 정치적 헤게모니를 지키고자 애쓴 잠재적 정치문화의 힘이 컸다면 해방 후 오늘에 이르는 현대정치사는 분명 공화국의 단순 교체가 아니다. 부단한 정치적 저항과 응징의 결과이자 죽어도 다시 살아나는 민주화의 신장이었다.

여전히 문제를 껴안는 주체는 기존 보수정치권이다. 이들이 머무는 자리는 아직도 불안하다. 언제 어떻게 그리고 또 누가 누구와 같이 자리를 옮기고 이삿짐을 싸야 할지 모르기 때문이다. 앞의 〈그림 5-1〉과 〈그림 5-2〉에 나타난 정치세력의 각축과 경쟁 그리고 타협 현장에는 의리와 규범은 물론 질서조차 자리 잡을 여지가 없다. 그런 것들은 필요할 때 잠시 빌려다 쓰는 장식품에 지나지 않는다. 이 그림은 따라서 언제라도 다시 바뀔 수 있다. 한국정치사의 비극은 바로 여기에 있다. 내일이라도 당장 보스의 의향에 따라 얼마든지 파벌 양상이 바뀔 수 있기 때문이다.

한국의 정치파벌은 유권자를 두려워하지 않는다. 투표와 선거행위 역시 이들에겐 '정례화된 축제'에 지나지 않는다. 따라서 투표혁명이 한국파벌정치의 근본을 해체하거나 도덕적으로 희석시키는 것은 쉽지 않다. 민중이 크게 분노하거나 실천적 응징의 방법에 합의할 사회혁명의 징후는 더더욱 보이지 않는다.

2. 변혁기 한국의 정치질서와 파벌

투표로든 집단행동으로든 행동의 변혁주체로 기능할 한국 중산층의 정치적 가능성은 숙성되고 있다. 그것만으로도 앞으로의 정치가 분명한 전환의 계기를 맞을 것이라는 예측은 얼마든지 가능하다. 한국정치가 '인물중심주의'와 '지역주의' 그리고 '파벌주의'라는 세 가지 바이러스에 감염된 지 오래임에도 정치적 지각변동과 민의의 복합적 화학반응은 그래서 한국 민주화가 포기할 수 없는 분명한 목표임을 반증한다.

현재의 상황은 그렇다면 우리에게 어떤 사고 틀을 요구하는가? 앞으로 한국정치가 어떻게 변할지는 근본적으로 현재의 파벌정치가 어떤 변화의 길로 접어들 것인지와 직결되는 만큼 매우 중요하다. 변화의 정도와 깊이뿐 아니라 속도와 방향은 이합집산의 모습 또한 암시할 것이다. 하지만 한국정치가 어떤 방향으로 어느 정도의 강도와 깊이를 유지하며 빠르기를 조절할지 예측은 어렵다.

현 단계에서 생각해볼 문제는 변화의 강도나 속도보다 변화의 방향이다. 이론적으로 방향을 세우자면 엘리트와 대중이 미래 정치현장에서 각자 어떻게 사고·행동할지와 깊게 맞물린다. 무엇보다 유권자들이 민주적 제도화의 방향으로 움직일 수 있는지와 관련, '민주화-탈민주화'의 큰 방향을 상정할 수 있을 것이다.

이 같은 변화 축을 중심으로 엘리트들의 행동과 능력은 또 다른 힘의 변수를 제공할 것이 분명하다. 오래도록 제도권력을 누려온 기존 정치엘리트들이 대권 재도전기회를 전후해 어떤 변화를 자초할지가 또 다른 관심 축이다. 이런 변화가 권력 내부의 파벌적 자리바꿈에 직접 영향을 줌으로써 미래의 변화와 파쟁양상을 결정할 것이라는 예측은 무리 없이 수용될 것이다. 그렇다면 엘리트들이 결정할 정치변화방향은 어떻게 상정할 것인가?

우선 그려볼 수 있는 변화의 방향은 '그들'의 권력향배가 제도화의 틀을 벗어나지 않고 모범적 정합성(整合性)을 어느 정도 지탱할 것인지와 직결될 것이다. 스스로 법을 지키며 유권자 집단 전체를 제도적으로 존중하는 정치 지도자적 면모를 견지할 것인지, 아니면 여전히 파쟁과 술수의 정치공학에 의존하면서 변명과 핑계를 일삼을지의 두 방향이다.

하지만 시민사회의 민주화 욕구분출은 가시적인 반면, 이에 대한 엘리트의 정치적 대응능력과 확고한 제도화 의지는 아직 불확실하다. 이러한 현상적 애매함은 적어도 앞으로의 정치변동을 '민주화-제도화' 관점에서 분석하고자 할 때 상당한 장애요인이 된다. 현재 당면한 최대의 선결 과제는 민주화의 순조로운 진행과 제도화 과정의 합리적 숙성 여부를 둘러싼 파행적 의문의 해결이다. 물론 앞으로의 정치변동방향을 예측하는 작업에서 '제도화'가 곧 '민주화'를 보장하는 황금의 열쇠라거나 '탈제도화'가 민주화의 저해요인이라는 대칭적 분석은 성립하기 어렵다.

그러나 앞으로의 민주화 진행과 엘리트의 정치적 행동양식이 한국정치의 변화방향과 그에 따른 파벌들의 권력재편을 결정할 것은 분명하다. 최고 권력의 집행과 정책운용의 탄력성 여부도 이에 따라 직·간접의 영향을 받을 것이다. '민주화-탈민주화'라는 시민사회변동의 방향 축과 '제도화-탈제도화'라는 엘리트 변화의 또 다른 축이 이중 교차하면서 다양하게 나타날 앞으로의 모습에 유념하지 않을 수 없다는 얘기다.

이러한 가정 아래 앞으로의 정치변동방향을 가늠하기 위해 네 가지 시나리오를 작성할 수 있을 것이다.

1. 시민사회의 지속적인 민주화와 정치권의 순조로운 제도화 추진은 궁극적으로 정치질서의 순항을 유도할 것이다. 민주화와 제도화 추진은 시민혁명이나 투표혁명의 두 가지 수단을 모두 사용할 수 있다. 그럼에도 시민 저항이 성공직 사회혁명수준으로 극한 상승하거나 아니면 철서한 선별적 정치견제로 문제 후보들을 향한 공략이 지속되지 않는 한, 파벌의 이합집산과 표류는 근본적으로 단절되기 어려울 것이다. 그러나 정치권의 준엄한 자기 절제와 도덕적 자기 검열이 보장된다면 상황의 안착은 가능할 것이다.

2. 투표혁명에 의해 외형적 민주화는 실현된다 하더라도 시민사회 내부의 민주화 과정이 정상궤도를 이탈하거나 제도화 절차 또한 낮은 수준으로 지속될 경우, 유권자와 엘리트의 기형적 융합은 얼마든지 가능할 것이다. 즉 어떤 대통령이 나온다 하더라도 그가 자기 도덕률의 지속적 강화와 합리적 가치배분에 실패하거나 유권자 스스로 이를 제어·초극할 정치통제에 섬세하지 못할 때 세기말의 파벌표류는 다시 반복할 것이다.

3. 시민사회의 정치적 민주화도 실패하고 엘리트 집단의 감동적인 문제해결과 제도화 추진 역시 보장할 수 없을 때, 정치질서의 불안정은 국가의 위기요인으로 숙성될 수 있다. 파벌의 발호와 그에 따른 정치적 퇴행이 극한에 이를 수 있는 것도 이때 생각해볼 일이다.

4. 민주화를 향한 시민사회의 의지는 강력하나 이를 담보할 새로운 지도

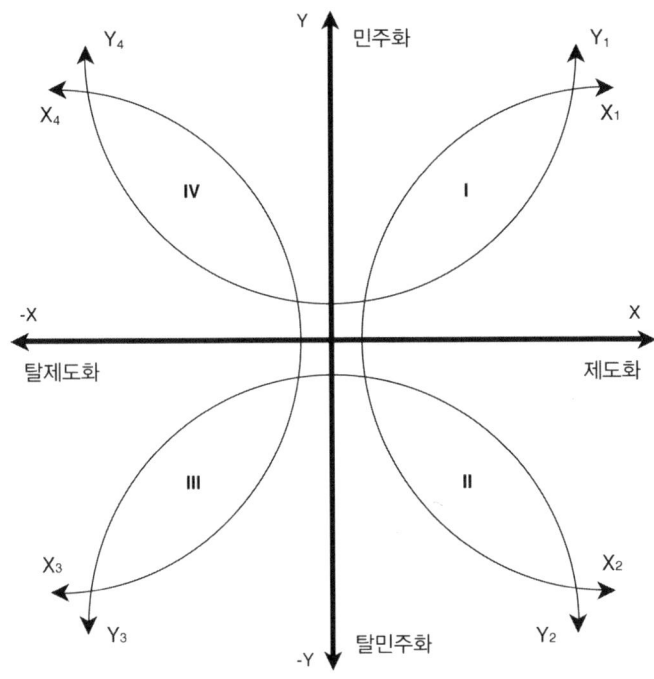

〈그림 5-3〉 민주화와 제도화의 상호관계

자의 현실 정치력과 제도화 추진력이 미약해 끝내 혁신적 체제전환에 실패한다면 과거의 권력구도는 부활·지탱할 수 있다. 이때 파벌은 여야 공생구조를 유지하기 위해 야합의 틀을 마련하거나 권력지분의 분배와 방어에서 균형을 꾀할 수 있다. 이는 곧 시민사회의 민주화 수준을 제도정치권이 부응하지 못한다는 점에서 준(準)혁명적 조건이 무르익는 상황을 뜻한다.

이러한 네 가지 시나리오는 앞으로 전개될 최악의 상황과 최선의 국면을 극단적으로 정형화하고 주변부에 형성될 가능한 조건들을 상정해본 것뿐이다. 이러한 상황들을 가정할 때 정치변화의 기본 축은 현 단계

(민중 부문 대 권력 부문 간) 힘의 역학관계와 각 정치세력이 동원 가능한 자원 변화에 따라 다른 방향으로 회전할 것이다. 아울러 서로 다른 변화의 국면마다 힘의 변수들은 다양한 형태로 조합될 수 있을 것이다. 상황변화에 따른 순차적 논의와 파벌 재편의 객관적 이해를 위해 위의 시나리오를 구도화해본 것이 <그림 5-3>이다.

무엇보다 중요한 전제는 민주화의 성패를 결정할 시민사회의 노력, 즉 $Y_1 \cdot Y_4$의 힘이 $Y_2 \cdot Y_3$의 방향으로 궤도를 이탈하지 않고 순조롭게 펼쳐질 것인지의 여부다. 또 시민사회가 정치권력의 잠재적 일탈, 즉 $X_3 \cdot X_4$의 의도를 차단할 만한 정치력을 발휘할 수 있을 것인지 역시 매우 중요하다. 파벌의 재생과 차단을 염두에 둔 한국정치의 변동방향은 그래서 각 변수 간 힘의 균형과 이를 대체하려는 새로운 힘의 출현에 따라 달리 결정될 것이며 현존질서의 보수와 새로운 구축을 향한 실천 과정에서 그 유형을 추론할 수 있을 것이다.

민주화 – 제도화

비록 '이념형'일망정, 이것이 현재 상정할 수 있는 최선의 민주정치형태(I)일 것이다. 그렇다면 이때 민주화라는 개념은 어떻게 이해해야 할까? 여기서 '민주화'란 거시적이며 포괄적인 의미를 갖는다. 이는 우선 민주주의가 숙성될 때까지 반복 사용해야 할 과정적 의미를 지닌다. 완성적 의미가 아니라 절차적 의미를 표방한다.

무엇보다 이는 생활양식으로의 민주주의의 숙성을 뜻한다. 일상적 삶의 질서와 자의식 속에 민주적 사고와 주체적 인식을 생활화하는 것이다. 따라서 민주적 욕구와 의지를 실천적으로 가동할 수 있는 삶의 양식으로 민주주의가 시민사회 전체에 폭넓게 자리 잡는 상황을 염두에 두지 않고는 이 개념의 절차적 함의는 희석될 수밖에 없다.

'제도화'란 파벌의 지탱과 재생을 정치 과정 자체가 흡수·통합할 정도로 권력의 준엄한 자기 절제와 공익 우선의 원칙이 입법화·내면화하는 합리적 절차를 뜻한다. 따라서 제도 자체가 정치적 욕망을 제압·상회하는 목적개념이 되고 어느 경우라도 이를 위반·일탈해서는 안 된다는 자기검열의 문화가 실질 담보되는 상황의 완결 혹은 그 같은 상황의 조성 과정을 의미할 것이다. 물론 이를 주도·완결하기 위해 애쓰는 주체가 '정치권력'이어야 함은 재론의 여지가 없다.

이 같은 상황 자체를 성공적으로 관리·유지하려면 상당한 부담이 뒤따를 것이다. 그 요인은 위험하고도 예민한 변수로 돌출될 수 있다. 그것은 경우에 따라 II의 국면이나 혹은 IV의 모습으로 급선회할 가능성 역시 배제할 수 없을 것이라는 데 유념해야 한다. **이 상황에 이르는 실천 경로는 크게 두 가지일 것이다.** 우선 시민사회 전체가 현 상황에 대한 깊은 도덕적 분노를 혁명적 실천으로 가라앉히는 '사회혁명'의 길이다. 현재로서는 가능성이 극히 희박하다 해도 그 경로가 절대 차단되어 있는 것은 아니다. 물론 혁명 현장에 나설 주체적 계층과 직업 그리고 연령과 지역 편차는 감안해야 할 문제로 남는다.

시민사회 전체가 혁명적 방법을 피하려 든다면 다음으로 기대할 방법은 당연히 '투표'에 의한 정치변화다. 유권자 스스로 생활양식으로의 민주주의를 체득·실천하면서 동시에 의외적 투표를 단행할 때 기대할 상황이다. **의외의 사단이란 현재 예상하는 인물이 아닌 자를 당선시키는 일이다.** 투표혁명의 지속적 실천은 대선뿐 아니라 총선에서도 같이 적용될 필요가 있다.

혁명과 투표라는 두 가지 방법은 시민사회가 사용할 수 있는 대표적인 수단으로 계속 유효할 것이다. 하지만 후자는 전자보다 그 효과가 약할 것이다. 그것은 권력구조를 뒤엎거나 근본적으로 바꾸지 못할 것이다. 파벌 경쟁과 표류의 악습을 끊지도 못할 것이다. 누가 지도자가 되든 의외의 투표 결과가 이 땅의 파벌 간 경쟁과 표류를 끝장낸 예는 단 한 번도 없기 때문이다.

탈민주화 – 제도화

지속적인 민주화 노력과 그에 따른 실천으로 크게 기대되는 상황은 투표혁명이지만 과거의 '여촌야도'나 1980년대 말에 등장한 '여소야대'와는 다른 문화가 새로운 권력구조를 출현시킬 것이라는 예상도 이제는 전혀 이상하지 않다. 하지만 투표혁명과 선거문화의 변혁이 제도 정치권의 반복적 이합집산의 악습을 치유하지는 못할 것이다.

이러한 상황은 민주화를 향한 시민적 자율성의 제고와 보수정치세력의 힘의 위축을 동시 반영할 것이다. 유권자들을 환멸과 실망으로 몰아넣거나 정치적 긴장마저 유발할 것이다. 그 결과 시민사회가 내부로부터 동요하고 '지식인 – 학생 – 노동자 – 재야'가 개별적으로든 연합적으로든 상황타개를 위해 폭발적으로 정치화할 때 그들의 잠재력은 이제까지의 민주화 추진과는 다른 방향으로 사용될 가능성 또한 높아질 것이다. 따라서 '제도화 – 탈민주화'라는 이중의 변동축이 서로 교차할 때 등장하는 상황(II)은 매우 복잡한 양상으로 전개될 수 있다.

첫째, 시민사회가 탈민주화하는 경로는 신제도권에 대한 정치적 기대 상승이 끊임없이 지속되는 곳곳에서 찾을 수 있다. 앞으로의 권력구조나 정부형태가 현재와 같을 것인지 아니면 단절적으로 변할 것인지와 문제의 올바른 해석 여부는 맞물린다. 유권자들은 새롭고 혁신적인 요구와 함께 연이어 등장하는 정권을 향해 문제해결능력까지 기대할 것이다. 하지만 현실 정치력과 제도적 구현 능력을 성공적으로 뒷받침하지 못할 경우, 이러한 기대치는 곧 불신과 반대로 연결될 높은 가능성을 지닌다.

그다음 경로는 제도권 정치인들의 정치행태가 전혀 나아지지 않았다고 평가할 경우다. 그것이 현실로 나타나는 모습은 순차적이거나 상호 중첩적일 것이다. 특히 **제도화 추진세력($X_1 \cdot X_2$)은 민주화 추진세력($Y_1 \cdot Y_4$)과의 파워게임에서 자신들의 의도와 능력을 훨씬 웃도는 힘이 상대에게 비축되어 있다는 사실에 유의해야 할 것이다.**

이러한 가상 경로 주변에서 과거 보수 파벌들은 적잖이 동요할 수 있다. 그것은 새로운 대통령 당선자와 신(新)집권여당을 향한 파벌들의 재규합으로 구체화할 것이다. 새로운 권력의 핵을 바라보며 과거를 쉽사리 망각하는 이 땅의 정치풍토는 투표혁명에 의해서도 결코 단절되지 않을 것이기 때문이다. 이러한 상황 출현과 관련해 앞으로의 한국정치 변화 경로를 가늠하는 다음 연구 결과는 시사하는 바 크다.

지금 시점에서 보면 이미 과거가 되어버린 '미래'를 조심스레 내다본 대과거(大過去)의 예측이 한결 흥미롭다. 밀레니엄의 호들갑이 아직은 모습을 드러내기 훨씬 전의 일이니까 말이다. 세기말의 불안과 밀레니엄의 기대가 아직 형체를 드러내지 않고 혼미하게 뒤섞이던 1990년의 한 분석을 들여다보자.

앞으로 10년간의 정치상황에 대해 49%가 정권교체를 전망한 반면, 23%

〈표 5-1〉 한국정치의 변화 전망

단위: %

10~20년 후 우리나라의 정치전망		10년 내 한국의 정치변화 예상	
응답 범주	비율	응답 범주	비율
안정된 민주주의정착	47.0	현 집권세력 유지	22.5
불안정한 민주주의	29.9	선거통한 여야교체	48.5
권위주의 체제복귀	7.2	군부쿠데타	2.1
기타	0.9	민중혁명	12.8
잘 모르겠다	14.6	잘 모르겠다	13.6
무응답	0.4	무응답	0.5
합계	100	합계	100

자료: 서울대학교 사회과학연구소, 「21세기를 향한 국민의식성향 조사연구」(1990. 11), 37쪽 〈표 2-6〉, 39쪽 〈표 2-7〉 참조.

는 현 집권세력 유지를, 13%는 민중혁명을 전망했다. 군부쿠데타를 예견한 응답자 비율은 2.1%로 거의 무시할 만하다. 즉 대다수 국민들은 어떤 방식이든 정치변동을 전망하고 있다. 우리 사회의 가장 시급한 과제가 무엇인지에 대해 서로 의견이 다른 사람들도 10~20년 내 우리나라 정치전망에서는 대략 유사했다. 다만 민주화 추진과 남북통일을 꼽았던 사람들은 민중혁명을 전망하는 비율이 상대적으로 높았다. 10년 내 정치상황을 민주주의 정착으로 전망한 사람들은 59%가 여야정권교체를 내다보아 그들이 생각하는 민주주의 내용을 시사해준다. 권위주의체제의 도래를 예견한 사람들은 28%나 민중혁명을 내다보았다. 학생들은 다른 직종에 비해 현 집권세력의 유지를 가장 많이 전망하고 여야정권교체에 대해서는 가장 비관적이며 민중혁명을 전망하는 비율이 25%나 된다. 이상의 결과를 볼 때, 우리나라 국민 중 반수 이상은 정치변동을 예견하고 있다. 민중혁명을 전망하는 절대비율은 상대적으로 적지만 무시할 비율은 아니다[서울대학교 사회과학연구소, 「21세기를 향한 국민의식성향 조사연구」(1990. 11), 37~39쪽에서 재인용].

<표 5-1>은 「21세기를 향한 국민의식성향 조사연구」에 나타난 응답자 간 답변내용과 비율을 정치변동 부문에 맞춰 견주어본 것이다.

탈제도화 – 탈민주화

이 상황은 한국정치가 권력 주도의 제도화 추진에 실패하고 시민사회의 민주화 노력마저 심각하게 일탈할 경우 등장할 최악의 시나리오다. 현재로서는 지식인이나 정치인 그리고 심지어 군인들까지도 이런 국면이 나타나진 않을 것이라고 낙관한다. 그러나 이러한 상황(III)의 직·간접 계기는 다양하게 등장할 수 있다. 주로 선거나 정변 혹은 혁명 직전에 단행되는 전형적 쿠데타로 한국정치의 군부화가 반복·심화할 것이라는 예측도 이론적으로는 가능하다. 이는 한국정치가 극단적 파행과 혼란으로 점철되어 최악의 조건을 갖출 때, 그리고 파행적 민주화가 최고의 비등점에 다다를 때 제한적으로 상정 가능할 것이다.

이러한 상황은 어떤 모습으로 구체화될까? **최악의 상황은 오늘의 현실로 미루어 실현 불가능한 시나리오로 치부될 가능성이 높다.** 그러나 **제도와 절차를 준수하면서 엘리트와 시민 각자가 정치적 순기능을 발휘하지 못할 경우, 대립과 불신 속에서 위기의 변수는 커질 수 있다는 점을 인정해야 한다.** 최악의 상황이 현실로 나타난다면 현존 파벌들은 전면 해체하거나 정치활동이 규제됨으로써 일대 혼란에 직면할 것이다. 그러나 민간파벌은 이들의 정치적 동태를 주시할 것이며 신군부 역시 시간

이 흐름에 따라 과거의 민간 세력을 선별 심사·활용할 것이다.

그러나 현재의 정치파벌은 이 경우 더 강력한 참여 명분을 내걸고 이에 맞설 수 있다. 순조로운 민주화 추진은 어느 한 파벌을 다른 파벌로 자연스레 해체할는지 모르지만 군부의 급격한 재출현은 이들을 권력 주변부에 기다리게 할 소지를 높일 것이다. 가능성은 희박하지만 군부 주변의 예외적 소견으로 쿠데타의 개연성이 현실적으로 '전무(全無)'한 것만은 아니라는 데 잠시 눈길을 모을 필요가 있다.

한 예비역 장성은 향후 한미연합사 '해체'가 쿠데타의 빌미가 될 가능성에 무게를 두면서 이처럼 예측하기도 한다.

2014년 5월 23일, 정부에 불만을 품은 일부 장성들이 동조세력이 이끄는 수도권 인근 병력을 동원해 서울을 장악한다? 지난 1961년 5·16이나 1979년 12·12를 연상케 하는 군부 쿠데타가 다시 일어날 수 있을까? 김성만 전 해군작전사령관(예비역 해군 중장)은 "충분히 가능성이 있다"고 주장한다. …… 김 제독이 말하는 쿠데타 가능성의 논거는 '한미연합사령부 해체'에서 시작한다. 한미연합사는 2012년 4월 17일 해체된다. 노무현 정부의 전시작전권 반환 결정에 따른 것이다. 김 제독은 "한미연합사 해체로 우려되는 국방력 손실 외에 쿠데타 가능성의 우려도 현실적으로 존재한다"고 밝혔다. 연합사가 해체되면 한국의 전쟁억제력이 약화되어 한반도 전쟁재발 가능성이 높아지고 함께 쿠데타 발생 가능성 또한 높아진다는 것이 그의 경고다. …… 왜 쿠데타가 우려되는가? 김 제독은 "합참의장(합동군사령관)이 한국군 군사력 운용에 대한 전권(全權)을 장악하기 때문"이라고 설명했다. 합동군사령부는 연합사 해체 이전에 한국 합참에 창설된다. 그 모체가 될 합동작전본부가 지난해 4월 1일 이미 창설되었다. 김 제독은

"앞으로는 합참의장을 견제할 제도적 장치가 없어진다"며 "따라서 합참의장이 마음만 먹으면 언제든지 쿠데타를 도모할 수 있다"고 설명했다. 그는 "혹자는 1979년 12·12사태 이후 한국에는 쿠데타가 없었고 한국 민주주의가 많이 성숙해 이제 쿠데타를 걱정할 필요가 없다고 하지만 사실과 다르다"고 말했다. 한국 민주주의가 이렇게 안정되고 발전함에는 연합사의 큰 역할이 있다는 사실을 아는 사람이 많지 않다는 주장이다. 김 제독은 한미연합사는 한국 대통령과 미국 대통령이 대등한 권한을 연합사에 행사하는 아주 좋은 체제로 한국 대통령과 국방부장관이 연합사를 통해 군을 통제-감독함으로써 쿠데타가 발생할 여지를 주지 않았다고 설명했다. 하지만 연합사가 해체되면 이런 견제기능이 사라지고 군은 대통령도 통제할 수 없는 집단이 된다는 것이다. 김 제독은 "현재의 태국 정치상황이 우리에게는 좋은 교훈"이라고 강조했다. 태국은 합동군사령관(통합군사령관)이 전권을 행사함에 따라 쿠데타가 수시로 발생하고 있다는 것. 1946년 이후 19차례 군사정변이 발생했다. 군통수권자인 태국 총리도 합동군사령관의 지지가 없으면 정권을 유지할 수가 없다. 김 제독은 "한국도 연합사가 해체되면 태국과 같은 정치상황이 되지 말라는 보장이 없다"고 다시 강조했다[http://www.newdaily.co.kr/html/article/2010/05/23/ART47881.html].

탈제도화 - 민주화

민주화의 진행속도는 빠르나 현재의 권력구도도 크게 변하지 않고 제도화도 더딘 경우를 상정해볼 수 있다. 이러한 상황이 전개될 가능성은 앞으로의 유권자 의식에 따를 것이다. 구체적으로 말하자면 당선자들의 사후(事後) 행태가 유권자 의식을 따라잡지 못할 경우, 이들의 관계는 복잡할 것이다. 이 상황은 제도적 민주화가 완성되려면 그 길목에서 한국 역시 준혁명적 조건이 필요할 것이라는 사실을 암시한다.

한국사회를 구성하는 다원 요소들과 복합적 이해관계가 성공적 사회혁명을 보장할 수 있느냐는 반문은 별 의미가 없다. 이제껏 침묵으로 일관한 중산층은 민주화를 저해하는 보스들의 파벌정치를 묵인하지 않을 만큼 성숙했고 적극적으로 말하며 행동하기 때문이다.

시민사회는 분명 탈권위주의의 민주화 경로 속에서 합리적인 선택의 지를 '표'로 주장할 힘을 갖추었다. 다만 기존 정권의 도덕적 정당성을 새롭게 구축할 정도의 강한 자율성을 지니는지는 회의적이다. 이것이 한국 유권자 거의가 피하지 못하는 두 갈래 '그림자'다.

시민사회는 현재 재군부화 경향을 의식적으로 강하게 거부하지만 막상 그 같은 상황이 현실로 다가올 경우, 이를 전면 거부할 저항력이나 문민체제구축을 향한 혁명적 실천력은 그다지 강하지 않다. **민주화 과정에서 지속적으로 반복되는 한국정치의 비극은 여기서 또 연장될 수 있다.** 재군부화와 문민화의 정치적 간극을 시민사회 스스로 메울 수 있는 역량을 아직 충분히 기대할 수 없다는 뜻이다. 그 같은 역량의 한계는 투표혁명과 시민혁명의 현실적 차이와 궤를 같이한다.

그렇다면 정치적 감시 주체로 중도 자유주의자들이 선택할 행위의 대안은 무엇일까? 시민혁명인가, 친여적 투표행태의 반복인가? 아니면 이것도 저것도 아닌 '비동적 침묵(inactive silence)'의 연장일까? 한 가지 분명한 것은 이상적 사회발전이 보스정치의 한계 때문에 가로막힐 경우, 유권자들은 행동으로도 크게 분노할 것이란 점이다.

여기서 가정해본 네 가지 시나리오는 결국 민주화 추진의 힘($Y_1 \cdot Y_4$)의 변수와 제도화 추진의 힘($X_1 \cdot X_2$)의 변수가 지속적으로 길항하는 가운데 시민사회가 '탈민주화-탈제도화'로의 양 갈림길($Y_2 \cdot Y_3$) 앞에서 제도정치 과정을 크게 일탈($X_2 \cdot X_3$)하지 않고 얼마만큼 적합한 양의 힘과 속도를 유지·조절하며 스스로 민주화의 방향을 결정해나갈 수 있는지에 따라 조합적인 함수관계를 갖는다. 따라서 이 네 가지 상황은 서로 겹치거나 혹은 각 상황의 경계선상에서 2중, 3중의 복잡한 모습을 취할 수 있다.

현재 한국사회에서 가장 경계·우려해야 할 문제는 '$X_2 \cdot Y_2 / X_1 \cdot Y_1 \rightarrow X_3 \cdot Y_3$'으로의 유인 가능성이나 혹은 '$X_4 \cdot Y_4 \rightarrow X_3 \cdot Y_3$'으로의 '급전(急轉)' 가능성(sharp reversal)'을 정치적으로 어떻게 최소화시킬 것인가 하는 점이다.

한국에 정당다운 정당은 존재하지 않는다. 파벌들의 결사적 모임만 있을 뿐이다. 파벌들을 안팎으로 에워싸는 질료는 '욕망'이란 이름의 단세포다. 욕망이 죽어야 생명이 끝나는 단세포들의 모임이 '파벌'을 이룬다. 아직도 한국에 '정당다운 것'이 있다고 믿는다면 그것은 착각이다. 아마도 정당 이름을 건 정치조직이 존재하는 걸 보며 얼핏 '정당이 있다'고 믿는 건지 모른다.

유감스럽게도 한국정치의 비극은 정당을 만들겠다고 모여든 이 나라 정객들의 손과 발과 머리에서 실마리를 찾을 수 있다. '정당 만들기'의 꿈은 결국 '파벌 만들기'라는 자식을 낳고 그 자식은 다시 '무리 짓기'라는 손자를 낳아 오늘에 이른다.

수많은 정치이론이나 매력적인 정치사상들로도 풀 수 없는 현상이 바로 이 땅의 파벌정치현상일 것이라는 의문을 갖고 이 책은 출발했다. 따라서 애초부터 해방 후 현대 파벌정치사를 본격 재기술한다거나 한국

정당사를 체계적으로 정리·분석하려는 호기(豪氣)로 시작하지는 않았다. 다만 정당을 만들려다 파벌만 양산하고 흩어져버린 사람들의 행각이 오늘에 이르는 정치를 보면서 그것만으로도 현실정치를 분석할 수 있다는 결론에 다다를 수 있었다.

정당의 역사처럼 보이는 그곳에서 꿈틀거리던 것들은 얽히고설켜 꼬여 있거나 잠시 붙었다 떨어지는 열정적 무리들의 이동이었다. 파벌들이었다. 작업을 통해 얻은 몇 가지 발견물들은 정치적 상식을 웃도는 '규칙적 반복'과 '부끄러운 순환'의 현상들이었다.

첫째, 해방 후 오늘에 이르기까지 한국정치를 결정한 지배 주체는 파벌이었다. 파벌들의 정치운영에서 대중은 철저하게 격리되었고 대중의 의사와 파벌들의 그것 사이에는 아무런 관계도, 연결 고리도 발견되지 않았다.

둘째, 한국의 정치파벌들은 정치적 변혁기나 선거 시기에 격심한 해체와 분열 그리고 재통합의 계기를 맞는다. 파벌의 해체나 분열은 일정한 원칙이나 제도화 절차를 밟지 않았고 배후에 파벌 보스의 개인적 정치실익을 고려한 치밀한 계산 심리를 담고 있었다.

셋째, 파벌 구성원들과 보스의 관계는 긴밀했지만 그들의 관계는 영원하지 않았다. 파벌의 이합집산이 파행적이듯, 그들의 인간관계를 결정하는 핵심가치 역시 구성원 각자의 정치적 예상실익에 따른 계산 결과였을 뿐이다. 파벌에서 보스의 권위는 '죽도록' 담보되지 않으며 회의와 균열이 생기거나 더 나은 기회가 엿보일 때 기꺼이 '그'를 버릴 수 있다는 사실도 역사가 보여준 교훈이다.

넷째, 파벌의 정치적 이합집산은 제도권에만 머무르지 않고 재야에서도 발견된다. 한국의 파벌현상은 이로써 정치노선과 입장의 경계선을 자유로이 넘나드는 고도의 편재성을 반영한다.

다섯째, 한국의 정치파벌은 일정한 자원의 공급경로가 보장되지 않을 때 또 다른 이합집산의 위기를 겪는다. 그러나 주도 파벌의 경우, 비교적 생명의 안전을 보장받는다. 다시 말해 파벌들 간의 '자원수입편차'는 크지만 내부 공급절차와 배분의 메커니즘은 극히 단순하다. 자원의 우선순위는 먼저 정치자금에서부터 출발한다. 하지만 자금 외 자원유형은 고정적이지 않고 복합적이다. 대표적 자원 유형은 권력과 이념, 지역기반과 주변 세력 그리고 보스의 정치적 리더십 등으로 나눠지며 모든 파벌은 이들을 포기하지 못한다.

여섯째, 지속적인 민주화와 투표혁명은 앞으로도 이어질 전망이다. 그러나 시민사회의 집단적 정치역량은 아직 파벌의 역량을 통제·조절할 만큼 자율적이거나 강하지 않다. 투표혁명이나 지속적 민주화가 폭발적 시민혁명을 대체할 수 없는 한, 파벌과 대중의 단절이나 파벌 내부의 역사적 파쟁 관행은 사라질 수 없을 것이다. 한국파벌정치의 비극이 언제든 새롭게 시작될 수 있을 것이라는 추론은 여기서 다시 상상 이상의 틀을 갖춘다.

참고문헌

단행본

강창성. 1991. 『일본·한국 군벌정치』. 서울: 해동문화사.
곽상훈 외. 1966. 『사실의 전부를 기술한다: 역대주역들이 실토한 미공개 정치이면비사』. 서울: 희망출판사.
국회도서관 입법조사국. 1984. 「입법참고자료 제235호」. 『한국정치연표(1945~1984)』. 서울: 국회도서관.
김영명. 1992. 『한국현대정치사: 정치변동의 역학』. 서울: 을유문화사.
_____. 2008. 『한국의 정치변동』. 서울: 을유문화사.
김운태. 1976. 『한국정치론』. 서울: 박영사.
김윤철. 2009. 『정당』. 서울: 책세상.
김호진. 1990. 『한국정치체제론』. 서울: 박영사.
문창주. 1974. 『개정판 한국정치론: 국제정치과정에서의 한국정부와 정치의 연구』. 서울: 일조각.
박종성. 1992. 『정치는 파벌을 낳고 파벌은 정치를 배반한다』. 서울: 한울.
_____. 1997. 『인맥으로 본 한국정치』. 서울: 한울.
박종성 외. 1991. 『민주주의와 학교교육』. 서울: 일신사.
서대숙. 1985. 『한국공산주의운동사연구』. 대구: 화다.
송남헌. 1980. 『한국현대정치사: 제1권·건국전야』. 서울: 성문각.
_____. 1985. 『해방 3년사 I·II: 1945~1948』. 서울: 까치.
심지연. 2009. 『한국정당정치사: 위기와 통합의 정치』. 서울: 백산서당.
안병준. 1986. 『한국의 정치와 정책: 이론과 실제』. 서울: 전예원.
이건창. 2008. 『당의통략(黨議通略)』. 이근호 옮김. 서울: 지만지 고전천줄.
이경재. 1986. 『유신쿠데타』. 서울: 일월서각.
이기하. 1961. 『한국정당발달사』. 서울: 의회정치사.

이정식. 1986. 『한국현대정치사: 제3권·제2공화국』. 서울: 성문각.

정화암. 1992. 『어느 아나키스트의 몸으로 쓴 근세사』. 서울: 자유문고.

한승주. 1983. 『제2공화국과 한국의 민주주의』. 서울: 종로서적.

한태수. 1961. 『한국정당사』. 서울: 신태양사.

西川知一·河田潤一(編著). 1996. 『政黨派閥: 比較政治學的 硏究』. 京都: ミネルヴァ書房.

Berghahn, V. R. 1981. *Militarism: The History of an International Debate 1861~1979*. Cambridge: Cambridge University Press.

Blondel, Jean. 1978. *Political Parties: A Genuine Case for Discontent?* London: Wildwood House.

Kim, Se-jin. 1971. *The Politics of Military Revolution in Korea*. Chapel Hill, NC.: University of North Carolina Press.

Pak, Chi-Young. 1980. *Political Opposition in Korea, 1945~1960*. Seoul: Seoul National University.

Piven, Frances F., and Cloward, Richard A. 1988. *Why Americans Don't Vote*. New York: Pantheon Books.

Sartori, Giovanni. 1976. *Parties and Party System*, Vol. 1: *A Framework for Analysis*. Cambridge, MA.: Cambridge University Press.

Stepan, Alfred. 1988. *Rethinking Military Politics: Brazil and the Southern Cone*. Princeton, NJ.: Princeton University Press.

♣ 논문·월간 자료

곽진영. 2009. 「한국 정당의 이합집산과 정당체계의 불안정성」. 한국정당학회 편. ≪한국정당학회보≫, 제8권 제1호.

곽병찬. 1991. "대권주자 김영삼의 사조직 정치자금". ≪신동아≫, 10월호.

구월환. 1983. "정치자금, 그 흑막". ≪월간조선≫, 12월호.

김 철. 1982. "제5공화국의 정당들". ≪신동아≫, 10월호.

김계수. 1980. "민주주의와 정당정치". ≪신동아≫, 6월호.

김대곤. 1989. "노태우 인맥의 두 실세 '신원로그룹'과 'TK마피아'". ≪신동아≫, 1월호.

_____. 1989. "민정당의 내분". ≪신동아≫, 10월호.

김도종·김형준. 2000. 「제16대 국회의원 선거 결과에 대한 집합자료분석」. 한국정치학회

편. ≪한국정치학회보≫, 제34집 제2호.
김영빈. 1981. "파벌: 당인". ≪월간조선≫, 3월호.
김영수. 1964. "민주공화당 사전조직". ≪신동아≫, 11월호.
김영태. 2009. 「한국의 선거와 출신지역」. 서강대학교 현대정치연구소 편. ≪현대정치연구≫, 제2권 제2호.
김용술. 1980. "신민당 13년의 도전과 좌절". ≪신동아≫, 5월호.
김용호. 1990. 「거대여당의 출현과 전통야당의 문제점」. 『산업사회와 한국정치의 과제』. 서울: 한국정치학회.
김원호. 1989. "민정당의 두 실세, 'TK사단과 SK사단'" ≪신동아≫, 3월호.
김준범. 1992. "한국의 군맥 45년". ≪월간중앙≫, 7월호.
김충식. 1990. "'맹목'의 정객, 여당된 야당의원". ≪신동아≫, 4월호.
김형준. 1995. 「한국파벌의 정치경제학」. 외교안보연구원. 한국정치학회 월례발표회 발표논문(10. 21).
박세훈. 1988. "5공의 정경유착". ≪월간조선≫, 12월호.
박용환. 1989. "6공과 3·8 인맥". ≪월간조선≫, 10월호.
박종렬. 1989. "5공화국 정치자금". ≪신동아≫, 1월호.
_____. 1989. "6공 주름잡는 구공화당 정치인맥". ≪신동아≫, 6월호.
_____. 1989. "'대권주자' 김복동의 조직과 인맥". ≪신동아≫, 11월호.
박종성. 1991. 「변혁기의 한국정치와 정당구조: 1990년대의 변화 전망」. 서원대학교 사회과학연구소 편. ≪사회과학연구≫, 제4집.
_____. 1993. "전환기 한국의 정치파벌구조와 정치변동방향 연구: 민·군 관계와 엘리트 유동성을 중심으로」. 한국정치학회 편. ≪한국정치학회보≫, 제27집 제1호.
_____. 1988. 「정치변동과 의회역할」. ≪계간 사상과 정책≫, 제5집 제3호(가을).
_____. 1992. 「한국정치의 변동방향과 민·군 관계: 4개의 시나리오」. 오성제 이동희 박사 화갑기념논문집. 『한민족의 이념과 과제 : 오성의 정치이념』. 서울: 오성연구소.
백화종. 1989. "'5공 핵심'의 핵, 정호용과 TK". ≪신동아≫, 11월호.
_____. 1985. "신민당, 그 파벌의 내막". ≪신동아≫, 12월호.
서두원. 1990. "박철언 월계수회와 민자당파벌". ≪신동아≫, 3월호.
서병욱. 1988. "육사 17기". ≪월간조선≫, 10월호.
서영석. 1991. "민주당과 정치자금", ≪말≫, 12월호.
서울대학교 사회과학연구소. 1990. 「21세기를 향한 국민의식성향 조사연구」.
서형래. 1989. "민정당의 파벌암투". ≪월간조선≫, 7월호.

손병권. 2008.「제18대 총선과 서울」. 서강대학교 현대정치연구소 편. ≪현대정치연구≫, 제1권 제2호.
송 복. 1980. "정당정치와 정치자금". ≪신동아≫, 6월호.
심양섭. 1989. "표류하는 '재야신당'". ≪월간조선≫, 10월호.
안기석. 1990. "정당화 거부한 재야의 재편전략". ≪신동아≫, 4월호.
안병만·김인철·서진완. 1996.「6·27 지방선거에 나타난 유권자의 자치성향과 투표행태」. 한국정치학회 편. ≪한국정치학회보≫, 제29집 제4호.
안청시. 1990.「21세기 한국의 국가목표와 발전전략(I): 비교발전사적 고찰」. 21세기위원회 제3차 종합세미나(II). 위원연구발표 I.
_____. 1990.「권위주의 정치체제의 민주화와 변혁기의 정치문화」. 인산 김영국 박사 화갑기념논문집.『정치학의 전통과 한국정치』. 서울: 박영사.
유영을. 1990. "거대여당 민주자유당과 재벌". ≪신동아≫, 3월호.
_____. 1988. "전두환 정권의 정경유착비리". ≪신동아≫, 6월호.
윤재걸. 1985. "재야 민주·민중운동단체들". ≪신동아≫, 8월호.
윤형섭. 1986.「국회의원선거제도의 변혁과정」. 한국정치학회 편.『현대한국정치론』. 서울: 법문사.
_____. 1987.「한국혁신정당론」.『한국정치의 현대적 조명』. 서울: 한국정신문화연구원.
이갑윤. 1985.「제5공화국 국회의원선거의 분석과 전망」. 한국정치학회 편. ≪한국정치학회보≫, 제19집.
이경재. 1985. "김대중과 김영삼". ≪신동아≫, 5월호.
_____. 1985. "신한민주당의 전부". ≪신동아≫, 3월호.
_____. 1987.「통일민주당」. ≪신동아≫, 5월호.
이경재·박기정. 1980. "'3김씨'를 움직이는 사람들". ≪신동아≫, 6월호.
이계희. 1991.「한국 야당정치의 원형: 전통과 유산」. 서원대학교 사회과학연구소 편, ≪사회과학연구≫, 제4집.
이상두. 1985. "해방40년 혁신계 정당의 부심". ≪신동아≫ 9월호.
이상우. 1985. "70년대의 반체제 인권운동". ≪신동아≫, 3월호.
_____. 1984. "8기의 영광과 5기의 몰락". ≪월간조선≫, 5월호.
_____. 1984. "돈과 정치". ≪월간조선≫, 8월호.
_____. 1987. "제3공화국 이후의 '변신' 정치인들". ≪신동아≫, 2월호.
이영석. 1987. "김영삼·김대중 파벌경쟁의 뿌리". ≪월간경향≫, 3월호.
_____. 1992. "대권도박사 김영삼, 그 인간과 정치". ≪월간조선≫, 6월호.

_____. 1987. "선거자금과 재벌". ≪월간조선≫, 11월호.
_____. 1992. "양김 정치투쟁기법 대연구". ≪월간중앙≫, 7월호.
이영조. 1982. 「민주공화당 창당과정에 관한 한 연구」. 서울대학교 정치학 석사학위논문.
이윤기. 1988. 「노 정권 6개월과 장면 정권의 유사점」. ≪계간 사상과 정책≫, 제5집 제3호 (가을).
_____. 1987. 「한국야당의 파벌에 관한 연구」. 한양대학교 정치학 박사학위 논문.
이종재. 1991. "재벌과 정치헌금". ≪말≫, 8월호.
_____. 1991. "전경련과 청와대의 파워게임". ≪말≫, 7월호.
이진광. 1988. "민정당 신구파 권력투쟁 내막". ≪월간조선≫, 12월호.
임묘민. 1983. "전경련의 내막". ≪신동아≫, 3월호.
임춘웅. 1980. "재야세력이란 누구인가". ≪신동아≫, 6월호.
장영섭. 1989. "흑막 야당의 정치자금". ≪월간조선≫, 2월호.
정대수. 1984. "김종필과 4인 체제". ≪신동아≫, 1월호.
정순균. 1992. "3당 주자들 돈줄 어디에 대고 있나". ≪월간중앙≫, 7월호.
정용대. 1990. 「90년대 한국정치의 구조적 개편과 정당정치」. 『산업사회와 한국정치의 과제』. 서울: 한국정치학회.
정운성. 1989. "이종찬과 TK의 암투". ≪월간조선≫, 10월호.
조갑제. 1988. "노태우의 권부". ≪월간조선≫, 10월호.
_____. 1992. "대통령의 정치자금과 재벌회장의 비자금". ≪월간조선≫, 3월호.
_____. 1989. "전두환 잔금 139억 원의 비밀". ≪월간조선≫, 1월호.
_____. 1988. "전두환의 인맥과 금맥". ≪월간조선≫, 5월호.
조남준. 1985. "관·재계의 경북고 인맥". ≪월간조선≫, 6월호.
조성관. 1992. "비밀결사 '하나회' 인맥은 살아 있다". ≪월간조선≫, 4월호.
조용중. 1984. "5·16 승자와 패자". ≪월간조선≫, 5월호.
지해범. 1989. "재야의 정치발판 진보정당". ≪월간조선≫, 1월호.
진덕규. 1981. 「이승만 시대 권력구조의 이해」. 진덕규 외 편. 『1950년대의 인식』. 서울: 한길사.
최한수. 1984. 「민주당의 성립과 변천과정에 관한 연구」. 건국대학교 정치학 박사학위 논문.
한동윤. 1991. "노대통령 '왕당파' 연구". ≪신동아≫, 3월호.
_____. 1988. "민정당 창당 작전". ≪월간조선≫, 10월호.
허의도. 1992. "재계, 대선 줄서기로 바쁘다". ≪월간중앙≫, 7월호.

Han, Bae-ho. 1973. "Factions and the Structure of Political Competition in Contemporary Korea: Some Preliminary Observations," *Journal of East and West Studies*, Vol. 1 No. 1.

Luckham, Robin. 1971. "A Comparative Typology of Civil-Military Relations, *Government and Opposition*, Vol. 6.

Miller, Warren E. 1964. "Majority Rule and the Representative System of Government," Erik Allardt and Yrjö Littunen, eds. *Cleavages, Ideologies and Party System: Contribution to Comparative Political Sociology*. Helsinki: Academic Bookstore.

✿ 일간(신문) 자료

≪국민일보≫, 1996년 4월 12일 자.
≪대한매일≫, 2003년 2월 20일 자.
≪대한매일≫, 2003년 4월 30일 자.
≪매일경제≫, 2011년 7월 5일 자.
≪서울신문≫, 1983년 11월 4일 자.
≪서울신문≫, 2004년 2월 20일 자.
≪서울신문≫, 2004년 3월 19일 자.
≪서울신문≫, 2004년 4월 17일 자.
≪조선일보≫, 1991년 1월 12일 자.
≪조선일보≫, 1992년 12월 20일 자.
≪조선일보≫, 1993년 3월 2일 자.
≪조선일보≫, 1993년 4월 5일 자.
≪조선일보≫, 1994년 8월 12일 자.
≪조선일보≫, 1995년 2월 5일 자.
≪조선일보≫, 1996년 7월 9일 자.
≪조선일보≫, 1996년 7월 10일 자.
≪조선일보≫, 1997년 3월 20일 자.
≪조선일보≫, 1997년 5월 8일 자.
≪조선일보≫, 1997년 12월 20일 자.
≪조선일보≫, 1998년 9월 4일 자.
≪조선일보≫, 1999년 1월 30일 자.

≪조선일보≫, 1999년 2월 13일 자.
≪조선일보≫, 2001년 4월 16일 자.
≪조선일보≫, 2001년 6월 4일 자.
≪조선일보≫, 2001년 6월 7일 자.
≪조선일보≫, 2002년 8월 3일 자.
≪조선일보≫, 2002년 9월 17일 자.
≪조선일보≫, 2002년 9월 30일 자.
≪조선일보≫, 2003년 2월 18일 자.
≪조선일보≫, 2003년 9월 8일 자.
≪조선일보≫, 2003년 9월 9일 자.
≪조선일보≫, 2004년 5월 24일 자.
≪조선일보≫, 2004년 8월 28일 자.
≪조선일보≫, 2011년 5월 11일 자.
≪중앙일보≫, 1996년 4월 12일 자.
≪중앙일보≫, 2000년 5월 16일 자.
≪한겨레≫, 1998년 9월 7일 자.
≪한겨레≫, 2010년 10월 4일 자.
≪한겨레≫, 1992년 8월 12일 자.
≪한겨레≫, 1996년 4월 13일 자.
≪한국일보≫, 2011년 5월 13일 자.

인터넷

http://v.daum.net/link/8138425
http://www.mt.co.kr/view/mtview.php?type=1&no=2010100311113271633&outlink=1
http://www.newdaily.co.kr/html/article/2010/05/23/ART47881.html

찾아보기

항목

ㄱ

가족주의 210
가톨릭노동사목연구소 142
가톨릭노동청년전국협의회 142
가톨릭농민회 142
각목(角木)전당대회 90
감성 민주주의 254
강경주류 96
강경파 89
강여약야 41
개발독재 81
개혁국민정당 250
개혁당 265
개혁당계 273
개혁신당 259
거여야소 40~41, 47
건국준비위원회 71
경구회 114
경북 마피아 182
경실련 292~293, 297
계보정치 210, 214, 231
고흥문계 86, 88
공화계 42
공화당 52, 95, 97, 106, 110, 112~113, 151~153, 155, 188, 190
관제정당 32
광고수입 157
교회여성연합회 139~140
구속자동지회 139
국고보조금 156~157
국민경선 277
국민경선제 225, 228, 231
국민당 34, 37~41, 84, 118, 121, 134, 158~159, 238, 243
국민승리21 250
국민신당 205, 211, 233, 238~242, 250
국민의 당 82~83, 188
국민전선론 143
국민정치 모임 261
국민중심당 251, 278
국민직접선거 108
국민참여당 297
국민통합21(준) 240, 242
국민통합추진회의 238
국회의 171, 205~207, 210~211, 245
군부파벌 82, 91
군부화 30
권노갑계 222

찾아보기   323

권위주의 31
근로농민당 160, 238
기독교노동자총연맹 142
기독교농민운동총연합 142
기독교정의실천목회자협의회 142
기부금 159, 162
기층민중 140
기탁금 157~159
긴급조치 154, 277
김근태계 273
김대중계 87, 116, 155
김상현계 120, 213
김영삼계 116, 291
김윤환계 213
김종필 플랜 92~94
김종필계 291
김태환회(金泰煥會) 105
김홍일계 87~88
꼬마민주당 237, 239, 241

ㄴ

남조선노동당 71
남화연구소 100
내각책임제 35, 115
내란음모죄 99
내외문제연구소 88, 125
노사모 253, 295, 297
뉴라이트 297

ㄷ

다원주의 47
당권파 88
당료계 95
대여강야 39~41
대여야합론 155
대통령제 115
대통합민주신당 212, 251, 263, 278
대한국민당 74~75
대한독립촉성국민회 71~72
도시산업선교회 139~140, 142
독수리 5형제 262
동교동계 15, 125~126, 225, 227, 229~230, 232, 261
동아정경연구소 88

ㄹ, ㅁ

명동사건 138
명동성당청년단체연합 142
무소속 34~35, 37, 50, 52, 55, 116, 121, 190, 205, 207, 211, 237~243, 271, 293
미래를 위한 청년연대(한나라당) 214
미래연대 297
민국당 52, 74~75, 77, 82, 84, 188, 228, 230
민국당계 78
민권당 34, 237
민노총 292
민농당 34
민본 21 284
민사당 34

민자계 122~123
민자당 15, 36~38, 40, 47, 50, 74, 111, 117, 119~123, 183, 206, 243, 291
민정계 82~84, 121~123
민정당 35, 44, 82~84, 104, 107, 110, 112~113, 115, 117~118, 132, 134, 156, 158~159, 161, 182, 188~189, 206, 243
민정회 98
민주·통일민중운동연합 142
민주계 83~84, 121~122, 191~193, 293
민주공화당 74, 91~95, 132~133, 177, 188, 238, 241~243, 291
민주국민당 74, 243
민주노동당 52, 55, 250, 278, 297
민주노총 250, 293, 297
민주당 15, 33~34, 36~38, 40~45, 47, 50, 52, 68, 74, 76~78, 80~84, 112, 118~121, 124~126, 132~133, 150, 159, 177, 188, 206~207, 211~213, 217, 219~220, 223, 225~228, 231, 233, 235~238, 240, 243, 245, 251, 253~254, 258~260, 262~263, 267, 271~272, 274, 277~280, 282, 284, 291~292, 294~297
민주당 동교동계 125
민주당 신주류 261
민주당 탈당파 265
민주당계 89
민주대동파 77
민주문화운동협의회 142
민주언론운동협의회 142

민주연합계 291
민주자유당 36, 74, 104, 117, 132, 177, 237~243
민주정의당 34~35, 74, 104, 132, 160, 177, 190, 237~243
민주주의 국민연합 138~139
민주주의민족통일전국연합 144
민주주의와 민족통일을 위한 국민연합 139
민주청년인권협의회 138~139
민주통일국민회의 142
민주통일당 241
민주한국당 33~34, 40, 101, 131, 160, 177, 238~239, 243
민주헌정동지회 100, 138~139
민주헌정연구회 142
민주혁신당 78
민주화 20, 30~31, 33, 35, 109, 115, 140, 195~196, 210, 213, 236, 248, 299~304, 306~308, 311~313, 315
민주화운동청년연합 142
민주화추진협의회 142
민주회복국민회의 137, 139
민주회복기독자회 139~140
민주회복청년회의 137, 139
민중당 37, 59, 83~84, 188, 237, 240~241, 244, 292
민중민주운동협의회 142
민중불교연합 142
민중전선론 143
민한당 102~103, 134, 158, 188

ㅂ

바른정치 실천연구회 261
박근혜계 280
반(反)김종필계 91
반(反)진산계 84~85
반노계 297
반사이익 277
반여반야(半與半野) 40~41
백범사상연구소 139~140
범(汎)국민당 82~83
범(汎)동교동계 125, 221~222, 225, 261
범(汎)민정계 291, 293
범(汎)민주계 16, 193~194
범(汎)민주연합 143
범(汎)주류 84~86
범(汎)주류계 85
범(汎)진산계 84~85
범(汎)친이계 282, 296~297
보조금 157
복기왕 273~274
복종효과 127
부마사태 100
불새 274
비동교동계 125
비주류 84, 88
비주류계 85
비토 그룹 45

ㅅ

사사오입개헌 76
사회주의 70

사회혁명 299, 302
상도동계 231
새로운 한나라 285
새벽 21 261
새정치국민회의 47, 58, 74, 126, 208, 237~243, 250, 291
새천년민주당 177, 208, 237~243, 250~251, 262
새한국당 238
서명파 223, 261
소장계 88
소장파 228, 284
수구파 112, 115
순수재야 140
순혈(純血)주의 252
시민혁명 20, 27, 130, 315
신군부 99, 101, 104, 309
신군부파벌 107
신기남계 273
신당추진파 227
신민당 34, 69, 82~101, 104, 115~117, 133, 141, 154~155, 177, 188~190, 238, 241~242
신민주계 123
신민주공화당 34~35, 40, 110~111, 117, 131, 177, 238~240, 242, 291
신민주당 34
신민주연합 40, 118, 237~243
신정당 34, 37, 238
신조회 88
신중(愼重)파 261
신한계 84

신한국당　47~48, 50, 58, 74, 171~174, 192~194, 205~207, 211, 237~244
신한당　83, 188
신한민주당　33~34, 40, 101, 177, 237~243

ㅇ

안국포럼　285~286
안민당　34
알래스카파　182
애국군인　98
양당제　101, 133
양심범가족협의회　139
양일동계　85~88
여대야소　107, 203, 207
여성평우회　142
여소야대　34, 36, 40~41, 107~108, 203, 207, 213, 306
여의도정담　261
여촌야도　51, 306
열린개혁 포럼　261
열린우리당　74, 251~254, 256, 262~266, 270~271, 273~274, 282, 294~295
열린정치포럼　214, 261
영남파　68
오물투척사건　153
5월동지회　96
온건주류　96
온건파　89
YH 사건　99
왕당파　88

월계수회　114
유신본당파　112
유신정우회　97
유정회　97, 111, 189~190
유진산계　88
이기택계　42, 118, 120, 125, 213
이명박계　280
이인제계　227
이종찬계　291
이철승계　86, 88
이합집산　60, 80, 98, 104, 118, 131, 188, 269, 272, 294, 300, 306, 314
인물중심주의　25, 49, 183, 300
인천지역사회운동연합　142
잉여정치자금　163

ㅈ

자민계　83
자민당　83, 188
자민련　48~50, 52, 171, 205~208, 210, 228, 230, 235, 245, 292, 294
자유당　33, 68, 74, 76~80, 133, 150~151, 177
자유당계　77, 84, 94~95, 188
자유민주연합　47, 237~243, 250~251, 294
자유민주파　77
자유선진당　55, 278, 294, 297
자유실천문인협의회　138~139, 142
자유주의　70
자유화　30~31

잔류파 126
재군부화 312
재문민화 204
재야중도계 84
전교조 46, 144, 292~293, 297
전국기독교청년연합 142
전국연합 59, 292
전남민주청년운동협의회 142
전노협 59
전농 59, 144, 292~293
전대협 144, 274
전민련 144
전북민주화운동협의회 142
정경유착 152
정당기탁금 156
정대철계 120
정동영계 273
정의구현사제단 139~140
정치공학 126, 202, 204
정치군부 68
정치문화 53, 80, 102, 212, 259, 271
정치문화연구소 139
정치발전연구회 74
정치범동지회 139
정치변동 24, 31
정치엘리트 24, 42
정치윤리 58, 202, 210
정치자금 70, 87, 90, 146~148, 150~155, 159~161, 163~164, 166, 169, 315
정치자금법 161
정치적 인간 22, 24, 184

정치철새 245
정치파벌 9, 22, 25~27, 29, 65, 67, 70, 128, 130, 145, 165, 167, 175~176, 180, 183, 205, 287, 290, 299, 310, 314
정치풍토쇄신법 189
제도화 301~307, 309
조민당계 77
조선공산당 71
조선공산당 북부조선분국 71
조선민주당 71
조선신민당 71
주류계 95
중도개혁세력 278
중도개혁통합신당 212, 251
중도계 84, 86, 88, 297
중도통합론 90
중도통합민주당 212, 251
중도파 221~222, 228, 263, 269
중도포럼 227
중립계 282
중산층 20, 32, 312
중석불(重石弗) 사건 149
중앙정보부 150
지방선거 49~50
지배연합세력 153
지역주의 25, 49, 183, 300
지역중심주의 49
진보당 78
진보신당 55, 297
진보신당연대회의 278
진보정당추진위원회 144
진산계 83

ㅊ

참여연대 297
참여정부 253
참여정치연구회 273~274
창조적 개혁연대 214
창조한국당 55, 251, 278
천정배계 273
천주교정의구현전국사제단 142
천주교정의평화위원회 142
철새형 243~244
청계피복노동조합 142
청년진보당 52
체육관 선거 109
최병렬계 269
충남민주화운동협의회 142
친김종필계 91
친노계 297
친박계 282, 284, 286
친박연대 55, 297
친이계 284~286, 296~297
칠성회 105

ㅋ, ㅌ, ㅍ

캐스팅보트 206
쿠데타 91, 94, 113, 150~151, 182, 308~311
크로스보팅 95
탈민주화 300~301, 303, 306, 309, 313
탈제도화 301, 303, 309, 311~313
통일국민당 177, 238~240, 242
통일당 100, 188
통일민주계 120
통일민주당 33, 35, 40, 104, 115~117, 131, 177, 237~242, 291
통일주체국민회의 108
통합민주당 55, 177, 212, 237~243, 263~264, 278
투표혁명 27, 130, 299, 302, 306~307, 315
파벌이동 130, 204, 210
파벌주의 49, 183, 210, 300
파워엘리트 114
평민계 293, 297
평민련 291
평화민주당 33~36, 40, 42, 44, 117~118, 120, 131, 159, 177, 237~243, 291
포퓰리즘 248~249

ㅎ

하나회 99, 105~106, 114
한겨레민주당 35, 237, 242
한광옥계 222, 228
한국가톨릭농민회 139~140
한국공해문제연구소 142
한국교회사회선교협의회 142
한국교회협의회 인권위원회 142
한국국민당 34, 101, 131, 160, 238~239, 241
한국노동자복지협의회 142
한국독립당 71
한국미래연합 239
한국민주당 70~71, 177

한국신당 52, 238
한국인권운동협의회 139
한국전쟁 113
한국정책연구회 88
한국정치문화연구소 100~101
한나라당 52~53, 55, 74, 205~206, 209, 211, 213, 217, 219, 233, 235~243, 245, 250~251, 258, 262, 265~266, 268~271, 277~282, 285, 287, 296~297
한독당 72
한미연합사 310
한민당 68, 70, 72~75, 82~84, 89, 130, 177, 180
한총련 292~293

한화갑계 222, 227~228
할복 197
함께 내일로 284
항명파동 151
해직교수협의회 138~139
혁명 21, 91, 305
혁신계 78, 84, 188
혁신정당 36
호남파 68
호헌동지회 77
호헌론 115
후원금 157
후원회 156
흥사단계 77

인명

ㄱ

갈봉근 190
강경대 143
강경식 122, 172, 174, 207
강근호 88
강기정 265, 273~274
강길부 265, 273~274
강문봉 188
강병규 190
강봉균 263, 265, 273, 277
강봉룡 100
강삼재 103, 116, 172, 174, 194, 237
강상욱 92, 96

강선영 174
강성구 223, 227, 233
강성재 171, 191, 194
강성종 265, 273
강수림 120, 125
강승규 286
강용식 171, 174
강운태 227, 233, 237, 261, 263
강인섭 237, 269
강자화 106
강재섭 114, 171, 174, 216, 237, 269
강종희 211
강창성 105~106, 120, 125, 237, 316

강창일 265, 273
강창희 171, 237, 245
강철선 120, 125
강현욱 171, 174, 191, 237, 271
강혜숙 265, 273
강희찬 120, 125
계훈제 100, 138~139
고건 106
고귀남 106, 190
고명승 106
고은 138
고재청 100, 102~103, 116, 189
고재필 190
고진부 237, 261, 263
고한준 102, 116
고흥문 85, 87, 89
공덕귀 139
곽병찬 317
곽상훈 77~78, 188, 316
곽진영 317
곽치영 227, 233
곽해곤 257
구논회 265
구상찬 284~285
구월환 317
구자춘 111~112
구종태 261, 263
구창회 106
구천서 171~172
구태회 95~98, 188
국종남 120, 125
국창근 171~172

권기술 171, 237, 269
권노갑 120, 125, 171~172, 211, 221~222, 225
권병식 106
권선택 265, 273~274
권수창 171, 211
권영길 51
권영세 269, 285, 287
권영자 171~172, 174, 191, 194
권영진 285
권영휘 106
권오석 96
권오을 171, 237
권오태 103, 116
권익현 105~106, 115, 171, 174
권정달 171, 205, 207, 211
권중돈 85, 88
권중동 106
권철현 172, 191, 194, 237
권태망 269
권택기 286
길승흠 171~172
길재호 92, 95~97
길전식 111
김경재 171, 227, 234, 237, 261, 263
김경천 222~233, 263
김계수 317
김고성 171
김관석 138
김광수 171
김광운 171, 194
김광원 191, 269

찾아보기 **331**

김교홍 265
김구 70~71, 73
김규식 71
김근수 114
김근준 106
김근태 142~143, 171, 214, 217, 219, 227, 237, 261, 263, 265, 272, 277
김기배 237, 269
김기석 273~274
김기섭 88
김기수 122, 172, 191, 194, 205, 211
김기재 171, 191, 194, 211, 234, 237, 261, 263
김기철 106
김기춘 171, 191, 194, 237, 269, 277
김기현 285
김길홍 114, 122
김길환 171, 191, 194, 211
김낙기 237
김낙순 265, 274
김달수 100
김달호 78
김대곤 317
김대식 281~282
김대중 41~42, 47, 50~51, 53, 65~69, 85~86, 99, 102~103, 108, 111, 115~120, 124, 126~127, 132, 138, 140~142, 183, 190, 198, 201~202, 204~205, 208~210, 212, 216, 219~220, 224, 226, 231, 233, 236, 253~254, 279, 283, 291~293, 296
김덕 171, 174, 191, 194

김덕규 120, 125, 237, 261, 263, 265
김덕룡 104, 171, 174, 191~194, 208~209, 216, 218, 237, 269, 277
김덕배 222, 227, 237, 263, 265
김도언 171~172, 191, 194
김도연 73, 77, 82~83
김도종 53, 317
김동규 103, 116
김동근 111
김동성 285
김동영 103, 116, 193
김동완 142
김동욱 102~103, 116, 171, 194, 237
김동주 103, 116, 211
김동철 265
김동하 92
김동환 96
김두섭 121
김두한 153
김득수 102~103, 116
김록영 100, 103
김만수 257
김말룡 120, 125
김맹곤 273~274
김명규 120, 125, 172
김명섭 172, 191, 205, 211, 228, 233, 237, 263, 265
김명윤 104, 171, 174, 194
김명자 265, 273
김무성 172, 191, 194, 237, 269
김무웅 106
김문수 122, 172, 191, 194, 237, 277

김문원　111
김민석　171, 223, 227
김방림　222, 227, 237, 261, 263
김백준　286
김범명　121, 171
김병걸　137~138
김병로　82~83, 271
김병수　102, 116
김병순　188
김병오　120, 125
김병태　171
김병호　269
김복동　105~106, 114, 121, 171
김봉기　190
김봉욱　102~103, 116
김봉조　116, 194
김봉호　102~103, 106, 116, 120, 125, 172
김부겸　214, 237, 262, 265, 277
김삼룡　71
김상구　106, 121~122
김상석　190
김상우　171
김상진　88
김상현　85, 100~101, 103, 125, 171, 261, 263, 291, 293
김상협　106
김석원　171, 191, 194, 205, 211
김선길　171
김선동　285
김선미　265, 273~274
김성곤　96~97, 151, 172, 188, 265
김성수　70~71, 73, 77, 149

김성순　261, 263
김성식　102~103, 116, 281~282, 285
김성용　188
김성조　214, 269
김성진　96
김성철　111
김성태　285
김성호　214, 223~224, 261, 263, 265
김세연　285
김세웅　271
김수선　77
김수한　85, 88, 116, 174, 192, 194
김숙현　106
김승목　190
김승훈　138, 142
김영　127
김영구　113, 171, 174
김영명　72~73, 316
김영배　100, 116, 120, 125, 171, 227, 234, 237
김영빈　318
김영삼　35, 41~42, 47, 50, 56, 65~66, 68~69, 74, 77~78, 85~90, 99, 101~104, 108, 111, 115~117, 119~123, 132, 141~142, 155, 174, 190, 192~193, 198, 201~202, 204, 210, 231, 291, 293
김영선　171~172, 188, 190~191, 194, 269
김영수　93~94, 190, 318
김영우　286
김영일　172, 191, 237

김영자	111, 190	김운환	172, 174, 194, 205, 211
김영정	174	김원기	100, 120, 125, 190, 227, 234, 238, 261, 263, 265, 273
김영주	265, 273~274		
김영준	171, 191, 194, 207, 211	김원길	120, 125, 171, 227, 234, 238, 292
김영진	120, 125, 171, 191, 214, 222, 238, 261	김원만	85, 89
		김원웅	120, 125, 238, 265, 273~274
김영춘	214, 238, 262, 265	김원호	318
김영태	54, 318	김유덕	100
김영환	171, 222, 227, 234, 238, 261, 263	김유복	190
김옥두	120, 125, 171, 222, 227, 238, 261, 263	김유택	95
		김윤식	100, 138, 227, 233
김옥렬	190	김윤주	271
김옥선	42, 116	김윤철	56, 316
김옥천	120, 125	김윤환	106, 112~114, 171, 174, 189, 191~192, 208~209
김옥형	188		
김완태	102, 104, 116	김은하	85, 88, 190
김용갑	172, 207, 238, 269	김응주	85
김용구	188	김의준	76~77
김용균	238, 269	김의택	85, 88
김용석	257	김익준	188
김용성	188	김인곤	120, 125, 171
김용술	318	김인기	114
김용오	102~103, 116	김인영	171, 174, 205, 211
김용채	111~112	김인철	50, 319
김용태	95~97, 111, 114, 174, 285	김일성	71, 73
김용학	269	김일윤	114, 172, 174, 207, 211, 238
김용호	190, 318	김일주	211
김용환	111~112, 121, 172, 238	김장곤	120, 125
김우경	96	김장섭	188
김우남	265	김재광	85~86, 88, 101~102, 116
김운용	233, 261, 263	김재순	97, 112, 188
김운태	316	김재윤	265, 273

김재창	106	김준섭	88, 190
김재천	171, 191, 194, 207, 211	김준연	68, 77, 82~83
김재춘	82, 92, 151	김준태	95, 188
김재홍	190, 265, 273~274	김중권	113~114, 217~219
김재화	88	김중위	171, 174
김정권	285	김진만	95, 98, 188
김정근	188	김진배	171~172
김정길	102, 104, 116	김진영	106, 114, 121
김정남	122	김진재	172, 174, 238, 269
김정두	88	김진표	265, 273~274, 277
김정렬	188	김찬우	121~122, 172, 194, 238
김정렴	153	김찬진	211
김정례	106, 113	김창근	106
김정룡	106	김창환	101
김정수	116, 171, 174, 194	김철	171, 191, 194, 317
김정숙	211, 238	김춘진	265, 273
김정헌	106	김충섭	100
김종갑	97	김충식	318
김종규	190, 271	김충일	171~172, 191, 194, 205, 211
김종기	106, 114, 190	김충조	120, 125, 171, 222, 227, 238, 263
김종률	265	김충현	120, 125
김종배	171	김칠환	171
김종완	100, 120, 125, 138, 142	김태년	265, 273~274
김종철	190	김태룡	103, 116
김종필	35, 42, 47, 74, 92, 95~99, 107, 110, 112~113, 117~119, 127, 151, 153, 171, 182, 188, 190, 231, 238, 291~294	김태식	120, 125, 171, 214, 227, 238, 261, 263
		김태호	106, 172, 174
		김태홍	223~224, 238, 261, 263, 265, 273
김종하	171, 174, 190, 238, 269	김택기	227, 233, 261, 263, 265
김종학	171~172	김택수	95~96
김종호	106, 171~172, 174, 205, 211, 238	김학송	238, 269
김준범	318	김학원	171, 191, 194, 205, 211, 238

김한규 114
김한길 171, 265, 273
김한수 116
김한식 51
김해석 121
김허남 172
김혁규 265, 271, 273
김현규 103, 116
김현기 85
김현미 257, 265, 273
김현수 100, 103, 116
김현욱 113, 171
김현철 191~192
김형경 102~103, 116
김형광 116
김형래 116
김형오 171, 191, 194, 238
김형욱 92, 151, 257
김형일 85~86, 88
김형주 265, 273~274
김형준 53, 318
김호일 121~122, 171, 191, 194
김호진 316
김호철 95
김홍신 172, 238
김홍일 85, 87, 101, 172, 227, 238, 261, 263
김화남 171, 211
김화중 227, 233
김황식 269
김효석 227, 233, 261, 363
김효영 121

김훈 188
김희선 223, 227, 238, 261, 263, 265, 273~274

ㄴ

나경원 281~282, 285, 287
나병선 120, 125
나석호 88, 106
나소열 271
나오연 171, 191, 238, 269
나중배 106
남경필 211, 214, 239, 269, 284~285, 287
남궁석 227, 233, 261, 263, 265
남궁진 120, 125, 171, 222
남덕우 106
남재희 106, 114, 190
남평우 171, 191, 211
노기태 171, 191, 194
노무현 53, 67, 108, 132, 211, 217, 219, 225, 227, 229~230, 235, 247~252, 254~255, 257~258, 260~261, 266, 269, 272~273, 275~277, 282, 294, 297
노석호 106
노승우 171, 191, 194, 205, 211
노승환 88, 100, 116
노영민 265, 273~274
노웅래 265, 273
노인환 190
노정기 106
노태우 35, 44, 50, 66, 74, 105~110,

112~114, 117, 132, 164, 183, 248, 291
노현송 265
노현승 273

ㄷ, ㄹ

도진희 77
라스웰 184
류성범 88
류청 88
리종남 88

ㅁ

맹형규 171, 191, 194, 208~209, 239, 269
명계남 250
명화섭 103, 116
목요상 102~103, 116, 171~172, 174, 194, 239, 269
문국현 251
문동환 138
문민화 312
문병호 265, 273
문부식 103
문석호 228, 239, 261, 263, 265, 274
문성근 250
문익환 138, 142
문정수 103, 116, 192
문창주 316
문학진 257, 265, 273~274
문희상 120, 125, 222, 227~228, 234, 239, 261, 265, 273

민관식 77, 95, 97, 174, 188~189
민병권 98
민병돈 106
민병두 265, 273~274

ㅂ

박계동 120, 125
박관용 116, 171, 174, 194, 208~209, 239
박광태 120, 125, 222
박구일 121, 171
박권흠 106, 190
박규상 95
박규식 121
박근혜 211, 216, 218, 239, 267, 287, 296~297
박기춘 265
박기출 78, 85
박기환 257
박동묘 190
박동진 106
박명광 265, 273~274
박명근 189
박명환 171, 191, 194, 239
박민식 285
박범계 257
박범진 171, 191, 205, 211
박병배 85, 88
박병석 227, 263, 265
박병윤 227, 233, 264
박병효 100
박보환 285

박상규　171, 227, 234, 239
박상돈　265
박상천　120, 125, 171~172, 227, 234, 239, 261, 263
박상희　227, 233, 263
박석무　120, 125
박성범　171, 191, 194
박세일　277
박세직　106, 172, 191, 205
박세환　171, 191, 194, 239
박세훈　318
박순자　284~285
박순천　77~78
박승국　211, 239, 269
박승제　142
박시균　172, 191, 207, 211, 239, 269
박신원　171
박실　116, 120, 125
박양수　222, 228, 261, 263
박영록　100
박영선　265, 273~274
박영아　285
박영준　286
박왕식　103, 116
박용만　103, 116
박용환　318
박우병　171, 174
박원빈　92
박원홍　211
박은태　120, 125
박인상　223~224, 234, 261, 263
박일　88, 102~103, 116, 120, 125

박재완　277
박재욱　239
박재호　257
박재홍　114
박정기　106
박정수　114, 171, 190
박정훈　100, 120, 125, 171~172
박정희　30~31, 66, 81~82, 89, 91~92, 96~99, 107~109, 111, 132~133, 151, 153~154, 182~183, 186, 188~189, 226, 291
박제상　121
박종근　171, 207, 211, 239
박종남　106
박종렬　318
박종률　85, 88, 100, 103, 116
박종문　257
박종성　316, 318
박종우　171, 191, 207, 211, 228, 233, 239, 263
박종웅　122, 171~172, 191, 194, 239
박종태　100, 138
박종희　214
박주선　261, 263, 280, 284
박주천　171, 191, 239
박준규　96, 112~114, 121, 171, 188, 190
박준병　106, 113
박준철　142
박지원　120, 125, 222, 297
박진　269, 287
박찬석　265, 273~274
박찬숙　277

박찬종　42, 103, 106, 116, 174, 190~191, 193
박찬주　171~172
박찬현　188
박창달　239
박철언　114, 121, 271
박태영　120, 125, 271
박태준　92, 114, 118~119, 207, 211
박태진　106
박한상　85, 88, 103, 116
박해충　102~103, 116
박헌기　171~172, 191, 239, 269
박헌영　71, 73
박혁규　269
박현서　190
박현숙　188
박형규　138, 140, 190
박희도　106
박희부　121~122
박희태　171, 174, 239, 277
반형식　116, 122
방용석　142, 172
배기문　222
배기선　222, 227, 239, 245, 261, 263~265, 273
배기운　239, 261, 263
배명국　106
배영식　285
배종렬　142
배종무　171~172
백관수　68
백기완　42, 138, 140

백낙청　138
백남억　151, 188
백남치　172, 174, 194
백남훈　77
백두진　97, 111
백성운　286
백승홍　172, 191, 194, 207, 211, 239
백영훈　190
백운택　105
백원우　265, 273~274
백화종　318
변우량　190
변웅전　171~172
변재일　265, 273
변정일　122, 171~172, 174, 190
복기왕　273~274

ㅅ

서갑원　257, 265, 273~274
서경석　138
서경원　142
서남동　138
서대숙　316
서두원　318
서민호　83
서범석　85, 88
서병수　269, 281~282
서병욱　318
서삼석　271
서상린　95~96
서상목　171, 174

서상섭 239, 269
서상일 77~78
서석재 103, 116, 171, 174, 193~194, 205, 211
서영석 318
서완수 106
서재관 265
서정귀 188
서정화 114, 171~172, 174, 205, 211, 239
서종렬 102, 104
서진완 50, 319
서청원 171~172, 174, 194, 208~209, 239
서한샘 171, 191, 194, 205, 211
서형래 318
서혜석 265
서훈 172, 174, 191, 194, 207, 211
선병렬 265, 273
선우련 190
설송웅 222, 227, 233, 239, 263, 265
설훈 171, 214, 222, 227, 261, 263
성낙현 188
성래운 138
성무용 121
성원경 77
성환욱 106
소선규 82
손범규 285
손병권 319
손봉숙 277
손세일 120, 125, 171
손승덕 190

손영길 105~106
손주항 100
손창규 92
손학규 122, 171, 191, 194, 211, 217, 239, 251, 280, 282, 284, 296~297
손희정 239, 269
송경희 257
송광호 121, 239
송남헌 316
송방용 77, 190
송병태 271
송복 319
송석찬 227, 234, 240, 245, 261, 263, 265
송영길 214, 223~224, 240, 258, 261, 263, 265, 273~274
송영진 121, 227, 233, 240, 245, 263, 265
송요찬 92
송웅섭 106
송원영 85, 88, 100, 103, 116
송진우 68, 70~73, 149
송천영 103, 116, 121, 174
송현섭 102~103, 116, 211
송훈석 171~172, 191, 194, 211, 227, 233, 240, 261, 263
신각휴 84
신경설 102
신경식 171, 174, 240
신계륜 120, 125, 227, 234, 240, 261, 263, 265, 273
신광순 190
신기남 171, 214, 223, 227, 234, 240, 258~259, 261, 263, 265, 272

신기하	103, 116, 120, 125, 172, 211	심봉섭	88
신낙균	172	심양섭	319
신달수	102, 116	심완구	102, 104, 116
신도성	77~78	심융택	190
신도환	85, 87~90, 101~102, 116	심재권	138, 214, 223, 227, 261, 263
신동순	190	심재덕	265, 273
신말업	106	심재철	214, 240, 269
신병렬	102	심정구	113, 171, 174
신병현	106	심지연	54~55, 267, 316
신봉호	257		
신상우	171~172, 174, 190, 194, 208~209		

ㅇ

신상철	190	안갑준	106, 190
신상초	106, 188~189	안경률	240, 269, 286
신성범	285	안교덕	106
신순범	103, 116, 120, 125	안기석	319
신영국	211, 240, 269	안대륜	240
신영균	171, 191, 240	안동선	116, 120, 125, 172, 222, 227, 240
신오철	112	안동준	188
신우식	106	안무혁	106
신윤창	96~97	안민석	265
신익희	70~74, 77~78	안병만	50, 319
신재기	106	안병무	138
신재휴	102, 104, 116	안병엽	265, 273
신정일	51	안병준	316
신중목	84	안병호	106
신진욱	120, 125	안봉모	257
신철균	111~112, 190	안상수	172, 191, 194, 240, 269, 281~282
신학용	265	안영근	214, 240, 262, 266
신현확	189	안재홍	211
신형식	97	안청시	319
심명보	113	안택수	171, 207, 211, 240, 269

안필준 106
안현태 106
양경자 174
양길승 257
양문희 120, 125
양민호 257
양성철 171
양순직 96, 100, 106
양승조 265
양일동 85~86
양정규 121, 171, 174, 216, 218, 269
양찬우 190
양창식 114
양해준 88
양형일 265, 273~274
어준선 171
엄민영 95, 188
엄항섭 71
엄호성 269
여상규 285
여운형 71, 73
염동연 265, 273~274
예춘호 95~97, 100, 106, 138
오경훈 269
오상직 188
오세웅 88, 106, 171, 174, 189
오세훈 214, 269
오양순 172, 191
오영식 261, 263, 273~274
오용운 111~112, 172
오위영 77
오장섭 205, 211, 240

오제세 265
오치성 92, 95
오탄 120, 125
오한구 106, 114
오향순 194
오홍석 85, 88, 100
오홍석 190
옥만호 112
옥창호 92
우경윤 106
우근민 271
우상호 265, 273~274, 277
우원식 265, 274
우윤근 265, 274
우제창 265
우제항 265
우홍구 85
원광호 121
원용석 95
원유철 171, 194, 207, 211, 227, 233, 240
원혜영 120, 125, 265, 273, 277
원희룡 214, 240, 269, 277, 287
유갑종 103
유경현 106, 190
유기홍 265, 273, 274
유동우 142
유봉열 271
유선호 171, 265
유성엽 271
유성환 103, 116, 194
유수호 114, 121
유승민 286~287

유승희　266
유시민　250, 265, 272~274, 295, 297
유양수　92
유영을　319
유옥우　88
유용근　190
유용태　171, 191, 194, 211, 227, 233, 240, 263
유원식　92
유인태　120, 125, 144, 265, 273, 277
유인학　120, 125
유재건　171, 214, 240, 258, 261, 263, 265
유재규　227, 263
유재중　285
유제연　100, 103, 116
유종수　122, 172, 191, 194, 207, 211
유준상　102~103, 116, 120, 125
유진산　77, 82~85, 87~88, 101
유진오　84, 101
유창순　106
유청　85, 100
유치송　85, 88, 190
유필우　265
유학성　113~114
유한열　102~103, 189, 269
유흥수　171, 174, 240, 269
육인수　111
윤경식　214
윤국로　106
윤길중　77, 85, 106, 113, 115
윤동환　271
윤반웅　138~139

윤보선　77, 82~84, 108, 138
윤석용　285
윤석중　257
윤순녀　142
윤식　190
윤여훈　190
윤영정　103
윤영탁　102, 116, 122, 240, 269
윤원중　171, 191
윤원호　265, 274
윤인식　190
윤일로　190
윤재걸　319
윤제술　77, 85
윤철상　222, 227, 240, 261, 263
윤치영　73, 188
윤태균　106
윤태영　257
윤한도　171, 191, 194, 240, 269
윤형섭　319
윤호중　265, 274
윤훈열　257
이갑윤　319
이강두　121, 171, 191, 194, 240, 269, 277
이강래　227, 240, 258, 261, 263, 265, 273
이강희　172, 191, 205, 211
이건개　171
이건영　121
이건일　102, 104
이건창　316
이경숙　265, 273
이경재　116, 120, 125, 171, 191, 194, 316,

       319
이계안 265, 273
이계희 319
이광재 257, 265, 273, 274
이광철 265, 273
이광표 106
이교선 188
이국헌 171, 191
이규정 171, 211
이규택 120, 125, 172, 191, 194, 207, 211,
       240
이근식 265
이근진 227, 233, 240
이근형 257
이긍규 172
이기문 171
이기붕 75
이기우 265
이기택 87~88, 90, 102, 116, 118, 120,
       125, 127, 291~293
이기하 316
이기형 122
이길범 102, 116
이길재 120, 125, 171
이낙연 227, 263
이대우 88
이대희 106
이도선 113, 190
이동근 120, 125
이동녕 188
이동복 171
이동원 171

이만섭 171, 174, 190, 211, 227, 233, 241,
       261, 263
이명박 108, 132, 171, 191, 194, 211, 267,
       277, 280~281, 284, 286, 296~297
이명춘 190
이목희 265, 274
이문석 106
이문영 138
이미경 142, 172, 223, 227, 241, 261, 263,
       265, 277
이민우 85, 88, 115~116
이방호 269
이범래 285
이범석 73, 83
이병완 257, 295, 297
이병호 42
이병희 95~96, 111~112, 171, 211
이부영 120, 125, 142, 144, 171, 208~
       209, 216, 241, 262, 265, 291~292
이사철 171~172, 191, 194
이상경 265, 273
이상돈 100
이상두 125, 319
이상득 114, 174, 241, 269
이상면 171
이상민 102, 116, 265
이상배 191, 241, 269
이상수 171, 214, 227, 234, 241, 259, 261,
       263
이상신 88
이상우 319
이상익 106, 190

이상재　121~122
이상현　171~172, 191, 194
이상회　114
이상희　111, 171, 174, 241
이석제　111
이석태　257
이석현　120, 125, 171, 207, 265
이성근　190
이성재　172
이성헌　214, 241, 281~282
이성호　171, 174, 205, 211
이세기　171, 174
이수인　171
이승만　70~76, 80, 108, 132, 149~150
이승윤　106, 112~113, 189
이승철　241
이시종　265, 273
이신범　171, 191, 194
이신행　172, 191, 194, 211
이양우　106, 190
이양희　171, 241
이영권　103, 116, 120, 125
이영근　111, 190
이영석　319
이영일　211
이영조　320
이영준　102, 116
이영호　265
이완구　171, 191, 194, 205, 211, 241
이용삼　122, 172, 191, 194, 211, 227, 233, 241, 261, 263
이용희　100, 102~103, 116, 265

이우재　106, 171, 191, 194, 241, 262, 265, 292
이우정　120, 125, 137~138
이우회　140
이웅희　171, 174
이원경　106
이원만　188
이원범　171~172
이원복　171, 191, 194
이원성　227, 233, 263, 265
이원영　265, 273
이원조　114
이원창　241
이원형　120, 125, 241, 269
이윤기　320
이윤성　171, 191, 194, 241
이윤수　120, 125, 172, 227, 241, 261, 263
이은영　265, 273~274
이응선　172, 191
이의익　171~172, 205, 207, 211
이익흥　76
이인　73, 82~83
이인구　171
이인영　265, 273~274, 277, 280, 283~284
이인제　51, 193, 217, 219, 226~228, 230, 233, 241
이자헌　106, 113, 121, 190
이장희　120, 125
이재근　102~103, 116
이재명　171, 191, 205, 211
이재선　172

이재오 171, 191, 194, 241, 269, 284
이재욱 116
이재정 223~224, 227, 233, 259, 261, 263
이재창 172, 191, 207, 211, 241
이재형 106
이재환 121
이정래 84
이정무 114, 171~172
이정식 190, 317
이정일 227, 233, 241, 261, 263
이종걸 214, 223, 233, 261, 263, 265, 274
이종구 106
이종근 92, 111~112, 190
이종률 189
이종식 190
이종재 320
이종찬 114~115, 118, 121
이종혁 285
이주영 241
이주하 71
이준섭 190
이중재 85, 88, 100, 102~103, 116, 171
이진광 320
이진복 285
이진삼 106
이진연 100, 102~103, 116, 190
이진우 114
이진희 106
이찬진 205, 211
이창복 227, 233, 261, 263, 265
이철 116, 120, 125~126
이철승 68, 85~90, 101~102, 115~116, 155
이철우 274
이철희 106
이청천 73~74
이춘구 106, 113
이춘식 286
이충환 85, 88
이치호 114
이태섭 106, 190, 211
이태영 138
이태용 77
이택돈 88, 100, 103, 116
이택석 171, 174, 205, 211
이택희 115~116
이필선 100
이학봉 106
이학원 121
이한동 171, 174, 191, 193, 208~209, 241
이한성 285
이한종 106
이해구 171
이해룡 211
이해봉 171, 207, 241
이해원 106, 190
이해찬 120, 125, 172, 214, 220, 227, 234, 241, 259, 261, 263, 265, 277, 295, 297
이현우 106
이협 120, 125, 171, 214, 241, 261, 263
이형배 211
이혜훈 281~282, 284~285
이호동 190
이호웅 223~224, 227, 234, 261, 263,

265, 273, 277
이호정　121
이호종　190
이호철　137, 257
이홍구　171, 174, 191, 193, 205, 211
이화영　265, 274
이환의　174
이회창　51, 171, 174, 191~192, 194, 208~
　　　209, 211, 216~217, 241, 250, 267,
　　　278, 294, 297
이효상　96~97, 111
이후락　97, 151, 153
이훈평　222, 227, 241, 263
이희규　227, 234, 242, 263
이희일　111~112
이희천　120, 125
인태식　188
임묘민　320
임방현　106, 112~113
임복진　120, 125, 171
임영득　189
임인배　171, 191, 194, 242
임종기　88, 100, 102~103, 190
임종률　102
임종석　214, 223, 227, 233, 261, 263, 265,
　　　273~274
임종인　265, 273~274
임진출　171~172, 174, 191, 207, 211, 242
임채정　120, 125, 172, 214, 227, 234, 242,
　　　261, 263, 265, 274
임철호　76
임춘웅　139, 320

임춘원　102~103, 116, 121
임태희　214, 269
임해규　285
임호　190
임흥순　77

ㅈ

장경근　76
장경수　265, 273
장경순　95~97, 151
장경우　121, 125
장기선　190
장기영　84, 153
장기오　106
장기욱　102, 116, 120, 125
장기표　143, 292
장기하　106
장덕수　68, 71, 73
장면　68, 77~79, 132
장복심　266
장석규　106
장석화　120, 125
장성만　113
장성민　214, 223
장성원　171, 278, 234, 242, 263
장세동　106
장승태　189
장영달　120, 125, 171, 214, 227, 242, 261,
　　　263, 265, 273
장영섭　320
장영순　111

장영철　114, 171~172, 174, 211
장윤석　285
장을병　171, 211
장재식　120, 125, 171, 242, 246, 261, 264
장재영　271
장준영　257
장준익　120, 125
장준하　84~85
장지민　190
장충준　102, 116
장태완　227, 234, 263
장택상　73, 77
장향숙　265
장홍렬　106
전갑길　222, 242, 261, 263
전동철　106
전두환　30~31, 50, 66, 99, 101, 104~110, 113~114, 132, 159, 163~164, 183, 291
전병헌　265, 273~274
전부일　190
전석홍　171, 191, 194
전예용　111, 188
전용원　171~172, 191, 242
전용학　227, 233, 235, 242
전정구　190
전진한　82~83
정구영　96
정규헌　88
정균환　120, 125, 171, 214, 222, 227, 242, 261, 263
정기호　120, 125

정대수　320
정대철　100, 125, 227, 234, 242, 261, 263, 265
정덕구　265, 273~274
정도영　106
정동성　106, 190
정동영　171, 214, 220~223, 227~228, 230, 234, 242, 258, 261, 263, 265, 272, 277, 280, 282, 284, 297
정동윤　114
정동채　171, 222~223, 227, 234, 242, 261, 263, 265, 273
정동호　106, 121
정두언　281~282, 284~286
정래혁　106, 189
정만길　106
정만호　257
정몽준　121, 171, 228~229, 242
정문화　211, 269
정미경　281~282
정범구　214, 223~224, 234, 261, 263
정병국　214, 242
정병학　190
정봉주　265, 273~274
정상구　102~103, 116, 172
정상용　120, 125
정상천　171
정석모　106, 114, 171, 189
정성철　122
정성태　85, 88
정성호　265, 274
정세균　171, 222, 227, 234, 242, 261, 263,

	265, 273, 280, 282, 284, 296~297
정순균	320
정순덕	106~113
정시채	174
정양석	285
정영훈	171, 191, 205, 211
정용대	320
정우택	172, 242
정운갑	85, 89
정운성	320
정의용	265, 273~274
정의화	172, 191, 194, 242
정일권	97, 153
정일영	171, 190
정일형	69, 77, 85, 138
정장선	223~224, 227, 233, 242, 261, 263, 265, 273~274
정장현	121
정재문	102, 116, 171~172, 174, 194, 242
정재식	227
정재원	102~103
정재철	114, 171, 174, 211
정종택	106
정주영	39, 41~42, 118~120, 198~199
정주일	122
정진태	106
정창화	114, 211, 242, 269
정철기	227, 242, 261, 263
정청래	265, 273~274
정태근	285~286
정태성	95~96
정태수	191~192
정태영	121
정태화	106
정한용	171
정해영	85~86, 88~89
정헌조	188
정헌주	85
정형근	171~172, 191, 194, 242, 269
정호선	171
정호용	105~107, 113~115, 121
정화암	317
정휘동	106, 190
정희경	171~172
정희섭	190
정희채	106, 190
제정구	120, 125, 144, 171, 211
제종길	265, 273
조갑제	320
조경태	265, 273~274
조광한	257
조규선	271
조규창	190
조남준	320
조남철	92, 95
조남풍	106
조명기	106
조배숙	234, 261, 263, 265, 273, 280, 284
조병규	190
조병봉	102, 116
조병옥	68, 73, 77~78
조봉암	77~78
조부영	242
조상호	190

찾아보기 **349**

조성관 320
조성래 265, 273~274
조성준 172, 214, 222, 227, 242, 261, 263
조성태 265, 273~274
조세형 100, 120, 125, 211
조소앙 71
조순 211
조순승 120, 125, 171
조순형 103, 116, 120, 125, 171, 227, 234, 242, 261, 263
조연하 85, 100~101, 116
조영봉 103
조영수 102~103, 116
조영재 171
조용식 111
조용중 320
조웅규 171, 191, 194, 242
조원진 285
조윤선 285
조윤형 85, 120~121, 125
조익현 211
조일제 190
조일현 265
조일환 85, 88
조재환 222, 227, 242, 261, 263
조정무 243
조정식 265
조종석 171, 211
조종익 102, 104, 116
조종호 100, 106
조중연 172, 190, 211
조진형 121, 172, 191

조찬형 171
조창대 95
조철구 172, 211
조한백 84~85
조한천 211~222, 227, 243, 261, 263
조해진 286
조형 142
조홍규 120, 125, 171
조홍래 103, 116, 188, 190
주광덕 285
주승용 265
주진우 171, 191, 243
주호영 285~285
지대섭 171~172
지병문 265
지은희 142
지해범 320
진덕규 320
진의종 88, 106

ㅊ

차수명 121~122, 171, 191, 205, 211
차화준 121
채문식 88, 106, 113~114, 189
채수찬 265, 273
채영석 120, 125, 171
천명기 100, 106, 189
천병규 188~190
천용택 171~172, 227, 243, 261, 263, 265
천정배 171, 223, 227, 234, 243, 261, 263, 265, 272, 274, 280, 284

천호선　257
최각규　111~112
최경록　189
최광수　106
최규성　265, 273
최규식　265, 273~274
최규하　107, 108
최낙도　116, 120, 125
최대현　190
최도술　257
최돈웅　243
최두고　111
최두환　120, 125
최명헌　228, 234, 243, 263
최명희　227
최문규　106
최병국　269
최병길　88
최병렬　171, 174, 211, 216, 243
최석림　106, 188
최선영　227, 243, 263
최성　265, 273~274
최성석　100
최성연　171
최성택　105~106
최세창　106
최연희　171~172, 191, 194, 243, 269
최영철　106, 190
최영한　121
최영희　234, 261, 263
최용규　227, 234, 243, 261, 263, 265
최우근　190

최욱철　125, 172, 191, 207, 211
최운지　102, 104, 114
최웅　106
최은순　257
최재구　111
최재성　265, 280, 283~284
최재승　120, 125, 171, 222, 227, 243, 261, 263
최재욱　114
최재천　265, 273~274
최정기　111
최철국　265, 273~274
최치환　188
최평욱　106
최한수　320
최형우　103, 171, 174, 191~194
최훈　102~103, 116
최희송　188
최희준　171
추미애　171~172, 223, 227, 234, 243, 258, 261, 263

ㅌ, ㅍ
태완선　188
편용호　85

ㅎ
하경근　171~172
하근수　120, 125
하대돈　190

찾아보기　**351**

하순봉　122, 171, 174, 216, 218, 243, 269
한갑수　190
한건수　88, 100
한광옥　120, 125, 221, 225, 227
한광원　265
한기춘　189
한동윤　320
한명숙　265, 273, 277, 295, 297
한병도　265, 273
한병채　88, 106, 190
한석봉　102~103
한선교　281~282
한승수　171, 174, 191, 194, 243
한승주　79, 317
한승헌　138
한영수　121, 171~172, 189
한영애　172
한옥신　190
한이헌　171, 191~192, 194, 205, 211
한태수　317
한태연　190
한호선　211
한화갑　120, 125, 172, 219, 221~222, 225, 243, 261, 263
한희석　76
함명수　190
함병춘　106
함석재　171, 243
함석헌　138~139
함세웅　138
함승희　214, 223, 234, 261, 264
함종빈　188

함종한　171, 174
허가이　71
허경구　102, 116
허경만　100, 103, 116, 120, 125, 190
허경영　51
허남훈　171
허대범　171, 191, 194
허삼수　106
허용범　126
허운나　223, 234, 261, 263
허원제　285
허의도　320
허정　83
허청일　106
허태열　243, 269
허화평　106, 121, 171, 211
현경대　121, 172, 174, 243
현기순　190
현기환　285
현석호　77
현오봉　95~98, 188
홍기훈　120, 125
홍문종　171, 191, 205, 211, 269
홍미영　265, 273
홍사덕　103, 116, 120, 125, 171, 243, 269
홍성우　106, 190
홍성철　112
홍영기　88, 104, 120, 125
홍우준　106
홍익표　85
홍인길　171, 191~192, 194, 211
홍일표　285

홍재형　227, 233, 243, 263, 265, 277
홍정욱　285
홍종철　92
홍준표　172, 191, 243, 269, 281~282, 286~287
홍창선　265, 273
황규선　172, 191, 194, 207, 211
황낙주　102~103, 116, 171, 174, 194
황남팔　77
황덕남　257
황명수　104, 194
황병우　102~103, 114
황병태　171, 174, 191~192, 194, 211
황성규　211
황성균　172, 191, 207
황승민　243
황영철　285
황우여　172, 191, 243, 269, 284, 286
황윤기　114
황은환　88
황의성　120, 125

황인성　106, 174
황인수　106
황진기　106
황학수　171, 191, 194, 207, 211
황호현　188

기타

Berghahn, V. R　317
Blondel, Jean　317
Cloward, Richard A.　41, 317
Han, Bae-ho　321
Kim, Se-jin　317
Luckham, Robin　321
Miller, Warren E　321
Pak, Chi-Young　317
Piven, Frances F.　41, 317
Sartori, Giovanni　317
Stepan, Alfred　317
河田潤一　317
西川知一　317

지은이_ **박종성** 朴鍾晟

서원대학교 정치행정학과 교수
한양대학교 법정대학 정치외교학과 졸업(정치학사)
서울대학교 대학원 정치학과 석사과정 졸업(정치학석사)
서울대학교 대학원 정치학과 박사과정 졸업(정치학박사)

❧ 저서
『혁명이론의 재구성에 관한 연구』(1982)

『혁명의 이론사』(1991)

『박헌영론』(1992)

『정치는 파벌을 낳고 파벌은 정치를 배반한다』(1992)

『한국의 매춘』(1994)

『왕조의 정치변동』(1995)

『권력과 매춘』(1996)

『강점기 조선의 정치질서』(1997)

『인맥으로 본 한국정치』(1997)

『정치와 영화』(1999)

『한국정치와 정치폭력』(2001)

『백정과 기생』(2003)

『포르노는 없다』(2003)

『문학과 정치』(2004)

『조선은 법가의 나라였는가』(2007)

『한국 성인만화의 정치학』(2007)

『씨네 폴리틱스』(2008)

『패션과 권력』(2010)

『사랑하다 죽다』(2012)

❧ 공(편)저
『민주주의와 학교교육』(1991)

『갑오동학농민혁명의 쟁점』(1994)

『성·권력·정치』(1995)

『한국영화문화』(2005)

한울아카데미 1412

한국의 파벌정치
떠나고 머무는, 흩어지고 돌아오는

ⓒ 박종성, 2012

지은이 • 박종성
펴낸이 • 김종수
펴낸곳 • 도서출판 한울

편집책임 • 김경아
편집 • 조인순

초판 1쇄 인쇄 • 2012년 2월 5일
초판 1쇄 발행 • 2012년 2월 10일

주소 • 413-756 파주시 문발동 535-7 302(본사)
          121-801 서울시 마포구 공덕동 105-90 서울빌딩 1층(서울 사무소)
전화 • 영업 02-326-0095, 편집 031-955-0606, 02-336-6183
팩스 • 02-333-7543
홈페이지 • www.hanulbooks.co.kr
등록 • 1980년 3월 13일, 제406-2003-051호

Printed in Korea.
ISBN 978-89-460-5412-7 93340 (양장)

* 책값은 겉표지에 표시되어 있습니다.